国家知识产权局专利局专利审查协作北京中心◎组织编写

美国337调查

——中国企业应对之路（2010~2016年）

知识产权出版社
全国百佳图书出版单位

图书在版编目（CIP）数据

美国337调查：中国企业应对之路：2010－2016年/国家知识产权局专利局专利审查协作北京中心组织编写．—北京：知识产权出版社，2018.10（2019.3重印）

ISBN 978－7－5130－5873－5

Ⅰ.①美… Ⅱ.①国… Ⅲ.①关税法—研究—美国Ⅳ.①D971.222

中国版本图书馆CIP数据核字（2018）第222019号

内容提要

随着经济全球化和贸易自由化的不断发展，中美贸易规模不断扩大，中国企业逐渐成为贸易保护主义的矛头所向，针对中国企业发起的337调查愈演愈烈，337调查也成为中国企业之痛。本书介绍了337调查的基本程序，并首次整理了2010～2016年对中国企业提起337调查的案例，分析调查发展趋势。本书结合行业背景、程序特点、市场影响等因素，筛选出35件典型案例，系统梳理案件调查过程中各方当事人的应对策略和抗辩理由，调查案件前后涉诉企业或行业的发展状况，从而总结其中的经验教训，希望提高中国企业“走出去”过程中应对和利用337调查的能力和水平。

责任编辑：龚　卫　　　　**责任印制：**刘译文

装帧设计：张　冀

美国337调查——中国企业应对之路（2010～2016年）

国家知识产权局专利局专利审查协作北京中心　组织编写

出版发行：知识产权出版社有限责任公司　　网　址：http://www.ipph.cn

电　话：010－82004826　　http://laichushu.com

社　址：北京市海淀区气象路50号院　　邮　编：100081

责编电话：010－82000860转8120　　责编邮箱：gongwei@cnipr.com

发行电话：010－82000860转8101　　发行传真：010－82000893

印　刷：三河市国英印务有限公司　　经　销：各大网上书店、新华书店及相关专业书店

开　本：720mm×1000mm　1/16　　印　张：29

版　次：2018年10月第1版　　印　次：2019年3月第2次印刷

字　数：442千字　　定　价：118.00元

ISBN 978－7－5130－5873－5

编　委　会

序　言

经济全球化历经几十年发展，使国际产业形态发生了根本改变，也将世界经济前所未有地融为一体。世界各国命运相连、休戚与共，健康有序的经济贸易体系是世界各国的共同需要，也是全球经济增长的基石，需要各国共同努力建设与维护。中国自入世以来，始终秉持着“相互尊重、公平正义、合作共赢”的理念，遵循“合则强、孤则弱”的古训，努力维护世界贸易组织规则，支持开放、透明、包容、非歧视的多边贸易体制，为构建开放型世界经济以及人类命运共同体贡献中国智慧、中国力量和中国方案，充分体现了负责任大国的担当。

然而，随着中国产业结构调整和产业升级步伐加快，出口产品在国际市场上所占份额的持续增长，中国企业逐渐成为贸易保护主义的矛头所向，越来越多的国家开始以反倾销、反补贴和保障措施等贸易救济措施对中国出口产品设置贸易壁垒，限制中国产品进入当地市场，其中以美国337 调查最具有代表性。

337 调查，是指美国国际贸易委员会（简称 ITC）根据 1930 年《美国关税法》第 337 条款的有关规定，针对进口贸易中的知识产权侵权行为以及其他不公平竞争行为开展调查，裁决是否侵权及是否有必要采取救济措施的一项准司法程序。由于 ITC 对案件的审结时间较短，救济措施严厉有效，337 调查被国际贸易专家认为是阻止竞争对手的产品进入美国市场最省钱、最省时的法律途径。自 1972 年以来，美国持续不断地在全球范围内发起了千余起 337 调查，涉及全球 61 个国家（地区）。时至今日，中美经贸关系已经成为世界上规模最大的双边经济往来，中美贸易不平衡问题也日益加剧。近十年，中国已经成为每年遭遇 337 调查最多的国家，每年约有 1/3 的案件都涉及中国的企业。中国企业大面积遭遇美国 337 调查，直接影响我国企业发展，同时也阻碍了国家整个行业的发展和转型。

本书从理论和实践两个层面对美国337调查制度进行了详实客观的梳理研究。介绍了337调查的历史起源、调查规则和调查现状；采用数据统计分析和案例分析研究相结合的方法，以真实、直观的统计数据对国家（地区）、行业、企业遭遇337调查的现状进行分析，包括案件数量趋势、侵权类型、涉案产品类型、调查周期、调查结果等；在上述分析研究的基础上，综合考量调查程序特点、调查结果、国内外的影响力、所涉标的物大小、目标市场潜力、对行业的影响以及案件背后的启示等多种因素，选取了35件2010～2016年期间中国企业涉案337调查的典型案例，从案例特点、应诉程序、应诉策略等方面深入进行分析研究；最后，还总结了中国企业应对美国337调查的策略和技巧。

“明者因时而变，智者随事而制”。面对美国337调查的大棒，中国企业应以积极的态度加以应对，充分发挥企业自身、行业组织的作用，扭转被动不利的局面，力争实现一个公平合理的国际商业环境。本书从预防、应诉和利用3个角度构建了企业应对美国337调查的策略体系，从而更好地为创新主体服务。进而，本书旨在引发知识产权从业者共同思考，探讨中国企业防范知识产权风险的可借鉴经验以及在我国法律体系中增加类似“337调查”机制的可行性和必要性，为中国企业的健康发展助力，推进建设知识产权强国。

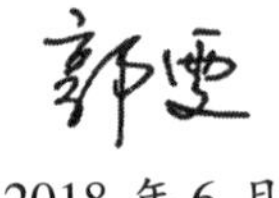

2018年6月

前　言

自加入世界贸易组织以来，中国积极深化市场经济体制改革，全面参与国际分工、协作与竞争。随着经济全球化和贸易自由化的不断发展，我国出口产品技术含量不断提高，部分产品在国际市场上所占的份额也持续增长。某些国外企业甚至感受到其市场地位正在接受严重的威胁和挑战，为了保护其在国际市场的既得利益，其往往会利用单边贸易保护的制度来保证其市场地位，其中最为典型、最为常用的是美国 337 调查。

美国 337 调查制度是美国国际贸易委员会依据 1930 年《美国关税法》第 337 节的有关规定，针对进口贸易中的知识产权侵权行为以及其他不公平竞争行为开展调查，裁决是否侵权及有必要采取救济措施的一项准司法程序。该制度作为美国单边贸易保护主义重要的手段之一，已成为美国知识产权保护体系的重要组成部分，是阻碍竞争对手进入美国市场的有效手段。

中国企业在走向海外的过程中，美国 337 调查是其经常面对的挑战之一，但大部分中国企业尤其中小企业在应对 337 调查时缺乏足够的经验，其往往会消极应诉而放弃美国市场，即使仓促应诉，也会因缺乏经验而败诉。“前事不忘，后事之师”，如果能够总结所有涉及中国企业的 337 调查案，并分析其得失成败，则有利于更为深入地了解 337 调查程序，并有针对性地提升企业预防、应对甚至反击的能力，从而推动我国企业乃至整个行业的稳步发展。

编者曾对所有涉北京企业的 337 调查案进行深入研究，并出版书籍《337 调查与应对——北京市企业涉案分析及启示》。在前期工作中，编者注意到国内著述鲜有涉及 2009 ~ 2017 年发生的 337 调查，但这期间发生的涉中国企业的案件数量比之前所有年份的总和还多，因此对这些案件进行深入研究具有非常重要的现实意义。

编者从美国国际贸易委员会网站的公开资料入手，翻译整理美国国际贸易委员会的裁定文书数百万字、调查收集背景资料、分析研判行业数据，围绕具体案例探讨涉案企业的应对策略和应诉经验。所筛选的典型案例涵盖了化工、机电、医药、轻工等多个领域，并涉及专利、外观设计、商标、商业秘密等多种知识产权类型。在总结大量详实数据和案例的基础上，明晰我国企业涉及337调查的状况及美国337调查的最新动态，分析整合对于中国企业具有较强可借鉴意义的应对策略。

“博观而约取，厚积而薄发”，编者旨在通过丰富详实的337调查案例，折射美国337调查趋势、程序特点和应对策略。基于案例研究，分析企业在不同阶段的涉诉风险，总结企业在应诉过程中的经验教训。一方面，为“走出去”的中国企业应对美国337调查提供帮助和指导，提高其知识产权风险防范意识，以及应对337调查的能力和水平；另一方面，在科技创新由“跟跑并跑”向“并跑领跑”转变的形势下，为“走出去”的中国企业如何有效利用337规则提出建议。并且，借由本书启发中国企业重视知识产权的运营和预警，提高应对贸易风险的能力，助力中国企业的海外发展，为国内科技和经济社会发展尽绵薄之力。

本书各章节具体撰写人员为：第1章由彭晓琦撰写；第2章、第3章第3.13节、第3.21～3.24节、第3.35节由姚云撰写；第3章第3.1～3.3节由仲惟兵撰写；第3章第3.4～3.7节由张瑶撰写；第3章第3.8～3.10节由张晓丹撰写；第3章第3.11、3.12节由刘文霞撰写；第3章第3.14～3.16节由高晓薇撰写；第3章第3.17～3.20节由吴燕撰写；第3章第3.25～3.28节由李冰撰写；第3章第3.29～3.33节由张成龙撰写；第3章第3.34节由张旭撰写；第4章由郑少君撰写。

由于时间限制和水平有限，书中疏漏之处在所难免，恳请读者批评指正。

目　录

第1章　337调查程序

1.1　337调查的历史

1.1.1　337调查的起源

337调查是ITC针对进口贸易中的知识产权侵权行为及其他不正当竞争行为采取的一种准司法调查程序，法律依据是1930年《美国关税法》第337条款，目前被汇编于《美国法典》第19卷第1337节，成为美国专利权人和跨国公司打压竞争对手的一件利器。

337调查制度的前身是1922年《美国关税法》第316条。该法规定：如果关税委员会（ITC前身）发现存在这些做法（即不公平贸易行为，包括进口贸易中的不公平竞争方法和不公平行为），应向总统报告，总统有权对有关产品增加关税或禁止这些产品进入美国。起初，关税委员会将不公平贸易行为列举为：假冒商标、仿造商品、伪造标志、仿造专利、虚假广告、商业威胁、行贿等。[1]之后，在该条款的实践应用中，逐渐把知识产权侵权行为作为主要调查事由。在已经进行的337调查案件中，大部分案件涉及专利侵权，除此以外还包括商标侵权、著作权侵权和商业秘密侵权等。

1.1.2　337调查的发展

337条款迄今为止共经历了4次主要修改，分别是在1974年、1979

---

[1] 杨国华．中美经贸关系中的法律问题及美国贸易法［M］．北京：经济科学出版社，1998.

年、1988年和1994年。

第一次修改是1974年《贸易法》。本次修改的目的在于增强该条款的可执行性，主要涉及5个方面：（1）将美国关税委员会更名为美国国际贸易委员会（ITC），并规定委员会有权发布最终裁决；（2）增加调查时限的要求，规定调查时限自立案公告发布日起1年，最长不超过18个月；（3）规定ITC有权签发停止和制止令，通过该救济措施以禁止已经进口到美国的产品继续销售；（4）依照《行政程序法》的要求，将听证会程序作为必经程序；（5）增加了被申请人可以通过专利无效或不具有强制执行力等进行抗辩的理由。

第二次修改是1979年《贸易协定法》。主要涉及两个方面：（1）明确ITC的管辖范围不包括单独基于反倾销和反补贴法范围的行为；（2）规定ITC有权对违反其排除令或制止令的行为通过法院民事诉讼的方式处以罚金，具体金额以10万美元/日或相当于每日违令输入或销售产品价值的2倍中的高者为上限。

第三次修改是1988年《美国综合贸易与竞争法》。主要涉及9个方面：（1）将注册类知识产权列出单独的条款，并删除对注册知识产权侵权类型案件的“国内产业损害”要求，降低了申请人的诉讼成本；（2）删除了对申请人国内产业“有效地和经济地运行”的要求，使得337条款开始背离“保护与生产有关的美国国内产业”的传统目的；（3）扩大了“国内产业”的范围，对工厂、设备的相当数量的投资、存在相当数量劳动力的雇佣或相当数量资金的投入以及“对知识产权利用（包括研究、工程、开发或许可）有相当数量的投资”也可以构成国内产业；[1]（4）授权ITC发布临时排除令；（5）明确ITC发布停止和制止令的条件，其可以与排除令同时使用；（6）明确对被申请人缺席的处理，ITC可以依据申请人提供的事实和请求作出裁决；（7）授权ITC发布扣押和没收令；（8）加强对保密信息的保护；（9）授权ITC可以通过签发同意令或当事人通过和解协议的方式终止全部或部分调查。

[1] 冉瑞雪.337调查突围——写给中国企业的应诉指南［M］.北京：知识产权出版社，2015.

第四次修改是1994年《乌拉圭回合协议法》。由于欧共体就337条款的合法性问题向关贸总协定（General Agreement on Tariffs and Trade，简称GATT）专家小组提出申诉，1989年经GATT专家小组认定美国337条款部分违反GATT关于国民待遇原则的规定，建议美国对其进行修改。针对GATT专家小组的报告，美国向国会提交了修改337条款的法案，并最终被纳入《乌拉圭回合协议法》正式实施，具体修改内容涉及：（1）取消调查的具体时间限制，以目标日期取代固定日期，规定了调查和终裁应在“可实现的最短时间内”完成，要求ITC在发起调查45日内确定作出终裁决定的期限；（2）规定了平行诉讼中的中止审理程序，允许被申请人在同时面临同一行为引发的337调查和联邦地区法院侵权诉讼时，申请暂时中止联邦地区法院的诉讼程序；（3）允许被申请人向ITC提出反诉，该反诉将被迅速移送对同案有管辖权的联邦地区法院审理，联邦地区法院仅对源于本诉的同一件事的反诉有管辖权；（4）关于普遍排除令的修改，报告指出只有在完全满足普遍排除令的适用标准，即为了防止对有限排除令的规避行为和存在普遍的违法行为并且在查证侵权产品来源困难的情况下才可以适用；（5）关于中止调查的修改，规定ITC在争议双方就违反337条款达成协议时，应终止案件调查；（6）关于保证金的修改，规定如果申请人败诉，保证金应当归对方当事人所有。虽然此次修改缓和了被申请人的应诉压力，但并没有从根本上改变337条款对外国进口产品的歧视，对国内侵权产品和国外侵权产品仍然延续两种不同的审理程序。[1]

除上述4次主要修改外，ITC还对其调查程序规则陆续进行了部分细微修改。

2008年《联邦公报》上公布的337调查程序新规则，主要涉及4个方面：（1）关于申请材料，要求申请人在申请书中附上与其独立的专利调查请求相关联的专利权利要求图表，并针对所主张的独立权利要求被侵权情况进行描述；（2）简化了申请书的准备和提交，对于专利权人提供专利许可合同副本放宽了要求和数量；（3）将行政法官的调查期限由15个月延

[1] 钟山．美国337调查：规则、实务与案例［M］．北京：知识产权出版社，2012：9-10.

长至 16 个月，并要求行政法官在期满前 4 个月向 ITC 提交初步裁决结果；（4）对于当事人针对行政法官作出的初步裁决向 ITC 提请的复审请求书的页数进行限制。

2011 年《联邦公报》上发布修改的《ITC 操作与程序规则》第 210 条主要是对公共利益的政策修改，具体为：（1）要求申请人提交申请书时另行提交关于公共利益的陈述，申请书需要说明排除令或制止令的签发对美国公共健康和福利、美国经济的竞争状况、美国境内类似或直接竞争产品的生成状况以及美国消费者状况方面可能造成的影响；（2）ITC 在《联邦公报》上公告申请，被申请人或社会公众可在 8 日内仅就公共利益问题表达意见，申请人可在 3 日之内就前述意见作出答复；（3）ITC 在衡量各方意见后，有权授权行政法官审查公共利益相关证据，并在初裁和救济建议裁决中对公共利益问题作出认定，各方应在初裁和救济建议裁决颁布之日起 30 日内提出意见。

2013 年《联邦公报》公布了《ITC 操作与程序规则》中新修订的第 210.27 条，其修改主要为了限制 337 调查的取证范围，提高证据开示的效率：（1）对证据开示的一般限制，新修订的 210.27（d）条规定了行政法官必须通过命令限制证据开示的频率和范围；（2）适用于电子证据的特别限制，新修订的 210.27（c）条规定允许某些电子信息的取证由于一方认为不适当的负担或费用而不可合理获取而不提供。除此以外，ITC 还对第 210.28 条和第 210.29 条进行了修改，规定申请人可以在一个调查中最多调取 20 个证人的宣誓证言，或者对每个被告调取 5 个证人的宣誓证言，以多者为准，并将一方向另一方发送问卷的总数限制在 175 个。而第 210.12 条要求申请人在申请书中详细说明是否存在国内产业或者国内产业正在建立，如果属于后者，需要说明原告正在积极使用知识产权的事实以及相关产业在将来很可能会建立。

1.1.3 337 调查的涉案国家（企业）概述

第一起 337 调查案件发生在 1972 年，自此以后，美国持续不断地在全球范围内发起了更多的 337 调查案件，截至 2017 年年底，案件总数已经达到 1091 起，案件变化情况如图 1 – 1 – 1 所示，这些案件共涉及全球 61 个国家（地区）。

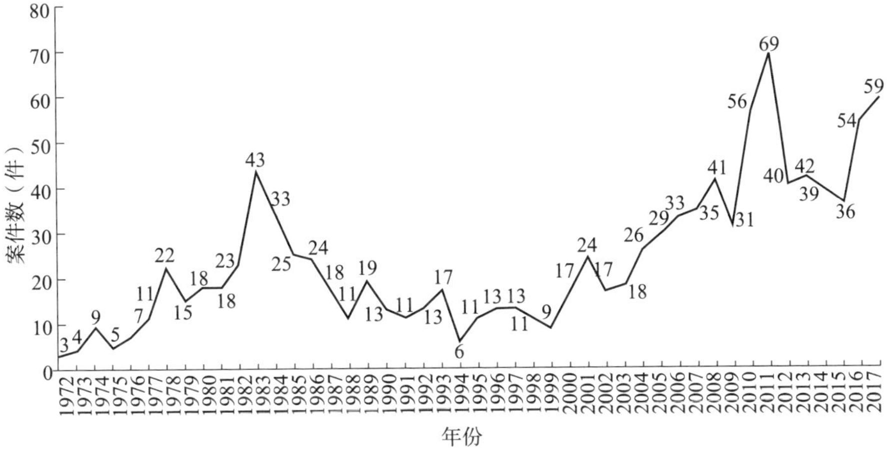

图 1 – 1 – 1　美国 337 调查案件数按照年度统计图

美国制定 337 条款的主要目的在于保护进口贸易中的本国利益。在 2000 年以前，由于中国出口美国的产品很少，遭遇 337 条款的情况并不多。进入 21 世纪以后，随着中国产品大量出口美国，中国企业也继日本、加拿大、德国的企业之后，开始大面积遭遇 337 调查。

1.2　337 调查的规则

1.2.1　337 调查的参与方

337 调查涉及申请人、被申请人（以及第三人）和 ITC 的相关部门和人员［包括不公平进口调查办公室（Office of Unfair Import Investigation，简称 OUII）及其调查律师、行政法官、委员会、总法律顾问办公室等］。调查的审议执行还涉及美国总统和海关。如果当事人在案件中提出司法诉讼，或者对专利的行政审查，还有可能涉及美国联邦地区法院、美国联邦巡回上诉法院（the United States Court of Appeals for the Federal Circuit，简称CAFC）、美国联邦最高法院以及美国专利商标局。

1. 调查机关和裁决机关

ITC是美国国会于1916年设立的准司法机构，最初名称为“关税委员会”，1974年《贸易法》改为该名称。ITC由6名委员组成，对内负责337调查申请立案，调查和裁决的部门或者人员包括不公平进口办公室、行政法官和委员会委员；对外负责调查进口货物是否侵犯美国知识产权的案件，有权要求海关禁止侵权产品进入美国境内，同时要求停止进口商的有关侵权行为，还负责反倾销、反补贴案件中的国内产业损害调查、保障措施调查等。ITC同时也是全国收集分析贸易数据的信息中心，负责向美国总统和国会提供贸易数据、产业分析报告供制定政策参考。

OUII是下设于ITC的三个职能机构之一，组成人员为调查律师。在337案件立案以前，OUII负责受理申请，与申请人和被申请人沟通，对申请书中的主张进行非正式的调查，向ITC提出是否立案的建议。立案以后，OUII会指定律师担任337调查的调查律师，在整个调查程序中维护公共利益，即“公共健康和福利、美国经济的竞争条件、美国境内相似产品的生产及美国消费者”。调查律师的地位相对独立，有权提请证据开示、提交动议、答复其他当事人的动议、对证人证言进行质证等，也负责监督当事人对ITC发布的救济措施的执行情况，在特定条件下参与相应的执行程序。

行政法官（Administrative Law Judge，简称ALJ）负责337调查的程序审理和作出初裁，主要职责是发布调查取证的具体程序和规则、召集听证会、对案件作出初裁并对救济措施提出相应建议，现有6人，1人为首席行政法官，其余5人为行政法官。ITC启动337调查以后，首席行政法官会指定1名行政法官负责案件的审查，该行政法官在337调查中所做的初裁往往是ITC终裁的基础。行政法官审查的依据为《ITC操作与程序规则》和《行政程序法》。在接受指派以后，行政法官会为案件制定基本规则，包括证据开示规则、动议的形式以及其他文件的要求等。行政法官需要在立案之日起45日内颁布《案件进度命令》，设定结案日期，并举办听证会，在结案日期之前4个月对“进口行为是否违反337条款”作出初裁，如果结论是违反337条款，则需要在初裁后14日内提出建议的救济方式，由委员会决定该救济方式能否成为终裁。

2. 当事人

337 调查案件中的当事人包括申请人、被申请人和第三人。

申请人，是向 ITC 提出申请，宣称它的一项或多项知识产权受到侵犯，或者受其他不公平行为影响的当事方。申请人可以是一个或多个实体或自然人。知识产权受到侵犯的情况包括进口产品侵犯申请人在美国登记或注册的专利权、商标权、版权或集成电路布图设计权等。申请人在提出申请时，需要证明在美国有涉诉知识产权相关的国内产业，或者证明这种产业正处于设立过程中，即已经在厂房和设备方面进行了重要的投资、雇佣大量的劳动力，并对涉案的相关知识产权产品进行了设计、研发或许可。国内产业要求并不限制申请人必须是美国企业。事实上，在 2007 年以来立案的 337 调查案件中，几乎有 1/3 的申请人来自美国以外的国家。也有一些跨国企业选择由位于美国之外的母公司与位于美国境内的子公司联合提起调查申请。

被申请人，即涉案产品的制造商、将涉案产品进口至美国的进口商、在美国对涉案产品进行销售的销售商，其地位相当于一般法院程序中的被告。相对于法院的诉讼程序而言，337 调查针对的是具体的侵权货物，因此，并不要求 ITC 具有属人管辖权。申请人通常会将其认为的侵权产品的所有制造商和进口商都列为被申请人。但如果某一个大企业（如“沃尔玛”）既是申请人也是被申请人的客户，且该企业从拟定的被申请人那里进口了涉案产品，申请人往往要从商务角度慎重考虑是否将该大企业列为被申请人。在 337 案件中，申请人申请的排除令只能针对已被列为被申请人企业的下游产品。如果一个申请人既想要申请有限排除令，又想获得针对侵权商品下游产品的救济，那它必须明确地将其所意欲限制的下游产品的相关公司列为被申请人。

第三人，即当 ITC 发布普遍排除令时，除了受其影响的被申请人以外的其他在申请书中未被指名但可能向美国出口同类涉案产品的企业。这些企业可以用“第三人”的名义或以被申请人的名义参与到 337 调查的程序中，包括涉嫌侵权产品的生产商、进口商和消费者等。有的案件中，申请人可能要求发布普遍排除令，此时，未被列入被申请人的企业，由于其产品可能受到普遍排除令的影响，因而可以考虑申请介入案件调查。《ITC操作与程序规则》本身并没有对介入者作实质要求。通常，ITC行政法官会参考《联邦民事程序法》第24条的规定："如果及时提交了申请，应该准许符合以下条件的第三方参与诉讼：（1）美国的法律授予了无条件的介入权利；（2）申请人宣称与涉诉财产或交易有利害关系，如果不批准其介入申请，会阻碍和损害他维护自己利益的能力，除非现有当事方能够充分代表申请人的利益。"

3. 执行机构

337案件涉及的执行机构包括美国海关、美国联邦地方法院、美国联邦巡回上诉法院、美国联邦最高法院、美国专利商标局。

美国海关在337案件的调查中，主要负责执行ITC的裁决、ITC发布的排除令、罚款和查封。ITC的裁决是海关执行的依据和基础。如果ITC发布的是普遍排除令，海关的执行主要针对涉案商品本身，而不管相关的进口商是否是337调查的当事人。除此以外，美国海关还设有自动的联网检索系统，以便对已经备案的版权、商标等知识产权进行保护。

美国联邦地方法院管辖普通刑事和民事案件的一审或初审。在337案件中，美国联邦地方法院主要负责337调查的反诉以及平行诉讼，并可以依据ITC起诉判定罚金。

美国联邦巡回上诉法院专门负责美国所有涉及专利案件的审理，并且受理对ITC最终裁决不服的上诉。

美国联邦最高法院是美国联邦法院系统的最高审判机关，对其管辖权范围内的案件进行初审和复审，其所作判决均为终审判决。法官以简单多数投票的方式对案件结果进行最终的表态，且持不同判决意见的各法官都会在判决书中写明自己的判决意见。在337调查案件中，联邦最高法院主要受理对美国联邦巡回上诉法院判决不服提起的上诉，其所作判决为案件的终审判决。

美国专利商标局负责专利保护、商标注册保护以及其他相关的知识产权保护。其职能包括：专利授权与商标注册；为发明人或申请人提供与其专利或商标、产品及其服务标识相关的服务；通过实施专利与商标等知识产权相关法律，管理专利、商标以及与贸易有关的知识产权事务，并向总统和商务部部长提出相关政策建议，为增强国家经济实力出谋划策；为商务部和其他机构提供涉及知识产权事务的建议和帮助；通过保存、分类和传播专利信息，帮助、支持创新和国家科技发展。在 337 调查案件中，美国专利商标局所发挥的主要作用在于反制策略中。在 337 调查的反制策略中，鉴于专利商标局是美国专利的授权机构，被申请人可以利用与专利商标局有关的复审程序和干预程序对申请人进行相应的反击，即通过对 337 调查的申请人所持专利的有效性或优先性进行相应的攻击和反驳，以使调查的进行转而有利于被申请人一方。

1.2.2　337 调查的基本程序

337 调查的基本程序包括立案、证据开示、开庭、行政法官初裁、复审和终裁以及总统审查等程序。一个完整的 337 调查程序通常持续 12 ~ 16 个月，视案件的复杂程度而定。

1. 申请 337 调查的条件

337 调查的立案条件包括存在侵犯注册知识产权类型以及存在其他不公平行为。侵犯注册知识产权，如专利权、商标权、著作权、掩膜作品（集成电路布图设计）、违反商业秘密、错误标示来源，违反《数字千年著作权法》等情况。

对于侵犯注册知识产权类型的案件，申请人需要证明：（1）被申请人有向美国进口涉案产品的行为；（2）申请人在美国具有与涉案知识产权有关的国内产业；（3）被申请人进口的产品侵犯了申请人在美国注册的知识产权。

对于是否存在国内产业，行政法官通常会考察：一是经济上，申请人在美国境内存在除了销售以外的重要运营行为，即申请人是否对工厂和设备有相当数量的投资，有相当数量的劳工和资金的使用，对知识产权利用（包括研究、工程、开发或许可）有相当数量的投资。二是技术上，申请人的经济行为与其所主张的知识产权的利用有关。对于国内产业的状态，要求已经有国内产业，或者国内产业正在设立过程中。

对于涉案知识产权，申请人应当在申请书中说明它从技术角度上符合国内产业的要求。

对于证明存在侵犯知识产权行为的条件，与美国知识产权实体法中证明存在专利侵权、商标侵权、版权侵权等规定一致。申请人需要证明有一项有效的、可执行的美国知识产权权利，包括专利（产品或方法）、登记的版权、注册商标或注册的掩膜作品（集成电路布图设计）。知识产权权利的独占许可人也可以提起337调查。

对于其他不公平行为类型的案件，申请人除了需要证明被申请人有进口行为、存在国内产业、被申请人的行为构成不公平行为以外，还需要证明存在对国内产业的损害或损害威胁，或者阻止该国内产业的建立，限制或垄断美国境内的贸易和商业等。

对于是否存在国内产业损害，申请人需要证明：（1）被申请人的行为导致国内产业遭受了实质性损害；（2）被申请人的行为与国内产业的损害之间具有因果关系。为此，ITC在裁决时需要考虑的因素有：（1）被申请人的进口量及对国内市场的渗透程度；（2）被申请人低于市场价格销售；（3）申请人丧失的销售量；（4）申请人产量、利润和销售量的减少。对于是否存在对国内产业的损害威胁，申请人需要证明：（1）国外生产成本优势和产能；（2）相当数量的产能和被申请人渗透美国市场的意图。此外，申请人还必须证明，对国内产业的损害威胁必须是实质性且可预见的，被申请人的不公平行为与所称的未来的损害之间具有因果关系。

2. 立案

337调查案件可以由申请人向ITC提起，也可以由ITC主动发起，实践中，由ITC主动发起的案件很少。当申请人认为进口到美国的产品侵犯了自己的知识产权，可以向OUII提交337调查申请。OUII可自收到申请书20日之内调查申请书中的背景情况，确定申请是否符合ITC的程序性规定，向ITC提出是否立案的建议。在调查过程中，OUII可以要求申请人对申请书进行补充或修改，被申请人得知被诉以后也可以向ITC提起动议或直接与OUII的调查律师进行非正式的沟通，提出不予立案的理由。ITC通常在收到申请书之日起 30 日内决定是否立案，对于申请人要求 ITC 签发临时救济措施的，ITC 可自收到申请书之后 35 日内决定是否立案。一旦决定立案，ITC 将在《联邦公报》上发布立案公告，将申请书和立案公告一并送达给被申请人以及被申请人所属国家驻美国大使馆，并委派一名行政法官负责审理该案件；同时，OUII 的一名调查律师也将作为独立的一方当事人全程参与调查。如果 ITC 决定不予立案，ITC 将书面通知申请人和所有的被申请人，实践中不予立案的情况比较鲜见。

立案以前，申请人可自主决定修改申请书中的内容，立案以后，对申请书的修改必须以动议的方式提出并获得行政法官的批准。对于修改申请书中细微错误的动议，行政法官通常会批准，而对于增加被申请人、增加或变更涉案专利请求、增加涉案专利等动议，行政法官除了考量被申请人和公共利益的需要之外，通常要求申请人应在合理的时限内提出动议。

《联邦公报》公布 337 调查的立案公告以后，337 调查程序正式开始。行政法官在被指定负责案件的 15 ~ 30 日内将召开初次庭前会议，设定结案期限、审理进程及基本规则。在立案后的 45 日内，行政法官将确定结束调查的目标日期，通常情况下设定在 12 ~ 16 个月内审结；行政法官将确定案件的审理进程，设定相关事项的具体时间，各个行政法官将根据其习惯设定基本规则，对调查程序中涉及的动议、证据开示、专家报告以及和解会议等事项作出明确的规定。

3. 证据开示

证据开示程序通常在《联邦公报》公布立案公告以后开始。与《美国联邦民事程序规则》相似，一方可以请求对方开示所有与请求和抗辩相关的文件、物品以及知情人的相关信息，除非该信息受拒证特权保护。拒证特权是英美普通法上一项传统的证据规则，享有拒证特权的人可以拒绝提供证言或阻止他人提供证明。在 337 调查中，享有拒证特权的材料包括律师和客户之间的某些沟通交流信息。证据开示程序通常持续 5 ~ 10 个月。如果任何一方在开示程序中拒不配合他方的开示请求，对方可以请求行政法官颁布命令强制要求证据开示。如果该方拒不遵守行政法官的命令，除罚款外，行政法官可以作出对该方不利的事实认定，以及禁止在将来的程序中使用相关证据或采取其他其认为合理的惩罚措施。证据开示的方式包括问卷、提供文件、现场检查、调取证人证言、专家证人、承认、传票以及电子取证。

4. 开庭

开庭程序是整个 337 调查程序中至关重要的一步，包括庭前准备、庭审和庭后事宜。

庭前准备包括准备庭审前陈述和证据、提交证据可采性的动议、进行某些调查中的技术演练以及召开最后一次开庭前会议。庭前陈述的内容主要包括：（1）出庭作证的证人名单；（2）出庭将提交的证据清单；（3）需要由行政法官审理的主要争议点以及表明本方的立场及理由；（4）庭审前会议将要提出的问题；（5）对由宣誓作证证言代替现场作证的看法，如果案件涉及的技术较为复杂，行政法官可能会要求进行技术演练，帮助其了解相关技术。通常情况下，技术演练由各方的专家证人进行，各方不得利用技术演练向行政法官表明其立场。

庭审由行政法官在 ITC 法庭内进行，通常会持续数天甚至数周。由于 337 调查通常涉及商业秘密信息，因此绝大部分的庭审不公开进行，期间，OUII 将作为独立的第三方参加庭审。开庭程序包括申请人律师陈词、被申请人律师陈词、不公平贸易办公室律师陈词。陈词的过程主要围绕着证据进行，任何一方都应当对自己的陈述和主张承担举证责任。举证的方式包括提供出庭证人和提供相关证据，对方和不公平贸易办公室律师将对提供的证据进行询问或提出反对意见。不公平贸易办公室通常不会提供出庭证人，主要是对申请人和被申请人提供的出庭证人进行交叉询问。传统的询问证人方式包括本方询问、对方交叉询问、不公平贸易办公室调查律师询问、本方再询问。在本方证人提供书面证词的情况下，也可以省去本方询问的步骤。

庭审后各方当事人以及不公平贸易办公室调查律师需要向行政法官提交庭审总结，时间需要 3～5 周。行政法官审阅庭审总结之后作出初裁决定，时间距庭审结束大约 2 个月。部分行政法官会在收到庭审总结之后举行总结辩论，但大部分的调查中不举行总结辩论。[1]

5. 初裁

初裁决定包括事实认定和法律结论，其中对所有重大问题作出认定，包括不公平行为、进口以及国内产业是否存在等问题，通常不包括对公共利益问题的意见。如果调查不涉及在联邦登记/注册的知识产权，行政法官还须就国内产业是否受到损害作出认定。除非 ITC 在初裁作出 60 日内作出复审决定，此时初裁被视为 ITC 的终裁。在初裁作出之后的 14 日内，行政法官将颁布建议裁决，主要对一旦 ITC 认定存在侵权时的救济措施以及总统审查期间的保证金数额提出建议。与初裁不同，建议裁决不会自动成为 ITC 的裁决，仅供 ITC 参考。

6. 复审及终裁

不服行政法官初裁的任何一方当事人可以在行政法官初裁送达以后的 12 日内向 ITC 提出申请，要求其复审。ITC 可以接受或拒绝复审申请，也可以依职权主动决定复审。当事人不提出申请则视为其放弃以后任何上诉的权利。如果 ITC 决定对初裁进行复审，将就复审范围和问题作出具体规定。如果 ITC 只决定审查初裁的部分内容，则未被列入审查范围的内容将自动成为 ITC 的终裁。如果 ITC 不进行复审，则行政法官的初裁在上报 60 日后成为 ITC 的裁决。对行政法官的初裁，ITC 可以在复审后作出终裁，维持、撤销、修改或驳回初裁的部分或全部，也可以发回由行政法官重审。ITC 终裁送达后 14 日内，任何关系方均可以提出申请要求 ITC 复议。ITC 在收到复议申请后，可以维持、撤销或修改其终裁。

7. 总统审查

ITC 作出被申请人违反 337 条款的终裁后，除了应立即在《联邦公报》上公告以外，还应立即将其终裁裁决、救济措施意见以及作出终裁的依据一并呈交美国总统或者美国总统授权的人员，即美国贸易代表。终裁以及相关文件最初递交给白宫文书办公室，之后转交 OUII，由美国贸易代表处理。在审查相关文件以后，美国贸易代表将向总统建议应采取哪种措施。

[1] 钟山．美国 337 调查：规则、实务与案例［M］．北京：知识产权出版社，2012：32.

美国法律允许在适当的情况下对美国贸易代表开展游说活动。美国总统应在收到终裁后60日内决定是否批准终裁。如果美国总统收到终裁后60日内没有作出否决终裁的决定，则视为美国总统已经批准终裁。在实践中，美国总统一般都会支持ITC的终裁。

如果ITC认定被申请人未违反337条款，则无须启动总统审查程序。如果申请人不服ITC作出的被申请人不违反337条款的裁决，可以立即启动上诉程序，向美国联邦巡回上诉法院对ITC的裁决提起上诉。

1.2.3　337调查的实体法规则

在实践中，绝大部分的337调查案件都是涉及侵犯知识产权行为的案件，在案件审理过程中涉及知识产权相关法的运用。为方便理解，以下进行简单介绍。

1. 专利法

美国专利法规的来源主要包括：《美国法典》第35编的《美国专利法》《联邦法规汇编》《美国专利审查指南》以及法院判例。

《美国专利法》第271条规定：任何人非经授权在美国制造、使用、销售或许诺销售任何专利特许发明，或在专利期限内向美国进口任何专利特许发明，均构成对专利的侵犯。

依据337条款，专利权人可以请求禁止侵权产品（包括含有侵权产品的下游产品）的进口以及没收已进入美国流通渠道的侵权产品。作为337调查涉案产品利害关系方的进口商、出口商以及生产商，若希望其产品继续进入美国市场，则须针对专利侵权的指控作出相应抗辩。主要的抗辩方式有三种：一是挑战专利的有效性，如果专利被无效，则不存在侵权问题。二是质疑专利的可实施性，如果专利被认定为不可实施，也不存在侵权问题。三是证明进口产品不侵权，即证明涉案产品所含的技术或方法与涉案专利不同。

通常情况下，挑战专利有效性的方法包括：新颖性抗辩、非显而易见性抗辩、实用性抗辩。即被诉企业如果发现涉案发明与一项或多项现有技术相同，则可以向ITC主张该发明不具备新颖性而无效；或者，如果被诉企业认为发明与现有技术之间的区别在本领域技术人员看来是显而易见的，可以主张该发明不具备创造性而无效；由于绝大多数的发明都被认为具有实用性，因此以发明不具备实用性的理由进行抗辩的情况极少。

如果专利申请人在撰写申请文件时，将实施发明所必要的信息作为商业秘密予以保留，则有可能违反发明可实施性的要求。

如果被诉产品的技术特征没有落入涉案专利的权利要求的范围，则不构成专利侵权，这也是专利纠纷案件中通常采纳的抗辩方案。

2. 商标法

美国现行商标法是 1948 年颁布的《兰哈姆法》，载于《美国法典》第 15 编，最近一次的修订是 1982 年 10 月。《美国商标法》《兰哈姆法》规定，商标包括文字、名称、符号、图形或者其组合，由制造者或者销售商用以识别其商品，以区别于其他生产商或者销售商。商标可以是平面视觉商标，也可以是立体（三维）的视觉商标。

美国各州都有商标立法权和“州级注册权”，并设有州级注册机关。在各州注册的商标在本地区得到保护，而联邦注册商标则可以在全国范围内得到保护。

美国申请商标注册有 4 种：（1）在先使用；（2）意图使用；（3）单独申请；（4）国际申请。

根据《兰哈姆法》第 32 条，获得联邦注册的商标所有人，可以在两种情况下提起诉讼：（1）他人未经许可而复制、假冒、模仿或欺骗性地仿造其商标，用于商品或服务的销售、提供、广告等商业活动，并且有可能造成混淆、误导、欺骗；（2）他人未经许可而复制、假冒、模仿或欺骗性地仿造其商标，并在商业活动中将此种商标用于标签、标记、印刷物、包装盒、包装纸、包装容器和广告，有可能造成混淆、误导、欺骗。由此可见，商标是否侵权的根本问题在于商标的相同或者近似是否会导致消费者对于商品或服务来源产生混淆。如果只是商标近似，但由于销售途径、销售方法的原因，消费者不会因为商标的近似而混淆商品或服务的来源，则不会构成商标侵权。

3. 版权法

《美国版权法》来自《美国宪法》第 1 条第 8 款第（八）项的授权："议会有权为促进科学和实用技艺的进步，对作家的著作在一定期限内给予专有权利的保障。"美国版权保护存在联邦法和州法在不同领域的保护。规范版权的联邦法律主要有《美国版权法》。具体而言，受美国《美国版权法》保护的作品种类包括但不限于以下 8 种：文字作品、音乐作品、戏剧作品、表意动作和舞蹈作品、绘画图形和雕刻作品、电影和其他视听作品、录音作品、建筑作品，其中，计算机软件被归于文字作品。

《美国版权法》第 102（b）条规定：在任何情况下，对于作者原创性作品的版权保护，都不延及思想观念、程序、工艺、系统、操作方法、概念、原则和发现，不论它们在该作品中是以何种方式描述、解释、说明或体现的。版权法的保护范围限于"固定在任何有形表述工具上的原创性作品"。因此，版权保护需要满足至少两个条件：一是作品的原创性，二是作品在有形载体的固定。对于"原创性"，美国最高法院在 1991 年"Feist 案"中指出："版权的绝对必要条件是原创性。为了符合版权保护的要求，一部作品必须是由作者原创的。版权中所使用的原创性这一术语，仅仅意味着作品是由作者独立创作的（与复制他人的作品相反），而且至少具有某种最低限度的创造性。当然，创造性要求的水平是极低的，甚至有一点点就可以满足。"对于创造性的判断，法院也会尽量避免采用艺术的或文学的标准判断"原创性"。对于"固定"，1976 年《美国版权法》第 102（a）条规定："版权保护固定在任何有形表述工具上的原创性作品。通过有形的表述工具（不论是现在已知的还是以后产生的），作品可以或直接或借助机器、设备而被感知、复制或传送。"该法第 101 条规定了作品固定的两种形式：一是复制品，二是唱片。

对于版权侵权，美国司法实践确认了两步法的认定方法：第一步，是否存在复制行为；第二步，这种复制行为是否已经达到了非法占用的程度，即两部作品之间是否存在实质性相同或相似。其中的"复制"不仅包括复制，还包括抄袭、改变、演绎等。包括 3 种情形：（1）有直接证据证明被告复制了原告的作品；（2）被告接触过原告的作品，并且二者的作品的表述相似；（3）被告的作品与原告的作品具有显著的相似性，以至于可以据此断定存在复制行为。“实质性相似”可以分为两种情形：一是字面相似性，即被告逐字逐句地抄袭了原告的作品；二是对原告的作品稍作修改使用。第一种情形比较容易判断。第二种情形则难以判断，因为版权保护对于创造性的要求较低，超过一定程度即认为构成新的创作。因此，此种情况的判断存在一定的主观性。美国法官也曾说：“从来也没有人确立过，而且也没有人能够确立那个界限。”

4. 商业秘密法

美国商业秘密保护法律体系包含了判例法、各州商业秘密成文法、联邦商业秘密成文法以及商业秘密示范法。成文法主要包括：美国法学会和律师协会发布的《美国侵权法重述》（1939 年）、《美国统一商业秘密法》（1979 年）、《美国反不正当竞争法重述》（1995 年），以及克林顿总统签署的 1996 年《美国经济间谍法》。

对于侵犯商业秘密的行为，如果权利人未经授权许可的商业秘密的获取及其后续披露和使用都构成侵犯商业秘密。而侵权当事人获得商业秘密的途径可能是通过非法手段，或者是违反保密义务。

第三次《美国反不正当竞争法重述》第 39 节指出：“构成商业秘密的信息必须是秘密，然而并不要求绝对的秘密。如果他人不通过第 40 节所述违法手段，而以合法手段得到该信息是困难的或代价是昂贵的时候，该信息即可满足秘密性要求。”美国法官在审判实践中提出了判断秘密性的一些标准，包括：信息在行业内被知晓的程度；信息被其雇员或其他业务有关人知晓的程度；信息所有人采取保密措施的程度；他人可正当获得或复制的难易程度。可见，美国商业秘密法中的“秘密性”要求已经涵盖了我国商业秘密的要件之一，即“采取了保密措施”。

对于商业秘密的经济价值，1939 年第一次《美国侵权法重述》中，商业秘密是指其所有人在商业业务中使用的，并提供机会使其较之其他不知或没有使用该信息的竞争对手优势的信息。1985 年《美国统一商业秘密法》提出了商业秘密是“具有实际存在的或潜在的独立经济价值的信息”的观点，即具有“潜在的价值”的信息也属于商业秘密。

证明商业秘密侵权成立的关键在于：一是证明存在商业秘密，即所涉及的信息符合商业秘密的构成要件；二是证明商业秘密被侵犯。1979 年《美国统一商业秘密法》的定义部分对“不正当手段”和商业秘密的“侵占”进行了界定：“不正当手段”包括盗窃、贿赂、虚假陈述、违反或诱使违反保密义务，或通过电子或者其他手段进行商业间谍活动。“侵占”包括：（1）明知或者应知所获得的他人的商业秘密是通过不正当手段获取的该商业秘密；（2）未经明示或暗示的同意、披露或使用他人的商业秘密且该人（A）使用了不正当获取的商业秘密；（B）在披露或使用时知道或者应该知道他对商业秘密的了解是（i）源于或经由使用了不正当手段获取了商业秘密的人获得；（ii）在负有保密义务或者限制使用义务的情况下获取；（iii）源于或经由对寻求救济以保护商业秘密的秘密性或限制其使用的人负有保密义务的人获得；（C）在他的地位发生实质性变更以前，知道或者应该知道这是商业秘密，但因意外或者错误而获得。

在涉及商业秘密的 337 调查案件中，被诉企业通常会从以下几个角度进行抗辩：（1）申请人的商业秘密不是商业秘密，已经是业内公开的信息，即不具有秘密性；（2）被诉企业使用的技术是自己研制开发的，即不是通过不正当行为获取的；（3）被诉企业所使用的技术与申请人所主张的商业秘密不同。

1.2.4 违反 337 条款的处罚与执行

1. 排除令

排除令是 337 条款中最重要也最具威慑力的处罚措施，这将直接导致相关产品无法进入美国市场。排除令由美国海关与边境保护局知识产权保护部执行，禁止侵犯申请人知识产权的产品入关。排除令包括有限排除令和普遍排除令。

有限排除令禁止被申请人的涉案产品进入美国。有限排除令也会通常要求被申请人提交报告。如果 ITC 有此种要求，被申请人应当定期向 ITC 报告涉案产品相关的活动。与普遍排除令相比，如果被认定存在侵权，ITC 通常针对被认定侵权的被申请人颁布有限排除令。

申请人可以要求 ITC 颁布普遍排除令，即裁定所有涉案产品将不问来源地被排除在美国市场之外。与有限排除令不同的是，普遍排除令针对的是产品，且不限于被申请人的产品，也即普遍排除令是一个针对全世界的禁令，而不论产品来自哪个国家和地区。普遍排除令的签发有其严格的前提条件：普遍排除产品进入美国市场对阻止规避有限排除令的行为是必要的，或存在违反 337 条款的侵权模式且难以确定侵权产品的来源。ITC 虽然很少颁布普遍排除令，但是一旦颁布将给整个行业带来毁灭性的打击。

有限排除令和普遍排除令的期限依据所侵犯的知识产权类型的不同而不同。如果产品侵犯的是美国专利，那么排除令的期限就等于该专利的有效期限；专利到期失效，排除令也就自动失效。但是，如果是商标侵权，则没有明确的期限，因为商标可以无限期续展。只要商标仍然合法有效，排除令就继续有效。

由于侵权产品可能以不同的形式进入美国市场，有的是以独立产品的形式，有的是作为其他产品的一部分组装加工成下游产品后进入美国市场。对于前者的出口，排除令排除的产品容易界定，海关执行起来也较为容易。而对于后者，由于打击面扩大，增加了海关执行的负担。对于下游产品的排除范围，美国联邦巡回上诉法院在著名的“京瓷案”中确定了 ITC 仅有权将列为被申请人的下游产品排除在美国市场之外；如果 ITC 没有颁布普遍排除令，而未被列为被申请人的下游产品仍可以进入美国市场。对于违反有限排除令或普遍排除令的行为，ITC 可以命令扣押和没收货物。

2. 制止令

与排除令不同，制止令不是交由美国海关执行，而是由 ITC 自行实施，因为制止令主要针对美国企业，尤其是被调查企业在美国的分支机构。与排除令防止侵权产品进入美国市场不同，制止令主要为了禁止继续销售已经进口到美国的产品。ITC 在作出制止令裁决时通常会考量已经进口到美国侵权产品的库存数量。如果库存数量可观，ITC 很有可能根据申请人的要求颁布制止令。违反制止令的行为将导致没收侵权产品、罚款或其他制裁。以罚款为例，违反制止令的企业将被处以 10 万美元/日的罚款，或相当于每天输往美国产品价值 2 倍的罚款，两者以较高者为准。制止令也适用于企业的股东、管理人员、董事、雇员、代理人、被许可人、分销商，以股权或其他形式被控制的企业、被诉企业的继承人或被转让人等。因此，有些作为被申请人的企业在美国设立销售公司，如果这些销售公司销售的进口产品被 ITC 认定为侵权且 ITC 颁布了制止令，其也应当遵守制止令的要求，不得继续销售库存的产品。

一旦 ITC 作出侵权裁决，如果进口商在总统审查期间继续向美国进口侵权产品，则必须向海关缴纳保证金，保证金的数额由 ITC 确定；同样，在总统审查期间，只要被申请人向 ITC 缴纳保证金，则可以不执行制止令，继续在美国销售侵权产品。如果总统没有否决 ITC 的救济命令，在 60 日的审查期届满时，制止令将发生效力，上述保证金有可能将归申请人所有。

3. 临时救济措施

申请人在提交 337 调查申请书的同时还可以提交要求 ITC 采取临时救济措施的动议，包括临时的制止令和/或排除令。申请人通常应当在提交申请书时一并提交获得临时救济措施的动议。在有正当理由的情况下，申请人可以在提交申请书之后至 337 调查正式立案之前向 ITC 提起获得临时救济措施的动议。在 337 调查正式立案以后，申请人不得再提起要求临时救济措施的动议。在 337 调查正式立案之前，申请人可以随时修改临时救济措施的动议；在立案之后，申请人不得增加请求的临时救济措施的范围。ITC 通常在决定是否立案的同时决定是否受理申请人的临时救济动议。被申请人通常应在收到临时救济措施动议申请后 10 日内作出答复，在案情复杂的情况下，可以延长至 20 日。

ITC 在判断是否采取临时救济措施时，通常需要考虑如下因素：申请人在调查中胜诉的可能性，如不采取临时救济措施可能对美国国内产业造成的损害；采取临时救济措施对被申请人可能造成的损害以及对公众利益的影响程度。被申请人可以提出的反驳理由通常有：

（1）专利无效的有力证据。

（2）不侵权的证据，只要对是否侵权提出实质性疑问即可。

（3）申请人不存在国内产业。

（4）申请人不能证明其不颁布临时救济将造成不可弥补的损害，具体如申请人提出的不可弥补的损害的各种情形不存在；即使有，也有很多其他可能的原因。例如，在337－TA－777案中，申请人说自己的产品因为被申请人的进口被迫降价。被申请人指出，第一，申请人没能证明其特定产品的价格应该更高，第二，申请人的平均价格变低是因为它销售了更多的低端产品。

（5）被申请人将会因为临时救济受到重大损害。

（6）公共利益因为临时救济受到损害。

（7）如果要颁发临时救济，申请人应该提供充分的保证金等。

是否采取临时救济措施，行政法官通常在立案以后不迟于70日（疑难案件延长至120日）内裁定。对于行政法官采取临时救济措施的初裁，委员会的审查应在立案后90日（疑难案件延长至150日）完成。《ITC操作与程序规则》第210.60条对如何认定哪些案件属于疑难案件作出了规定，既可以由ITC作出认定，也可以由行政法官依职权或动议作出认定。通常，被申请人会倾向于主张属于疑难案件，以争取更多的时间来做案件准备工作。

被申请人主张属于疑难案件的通常理由是：

（1）涉案证据不在美国境内。

（2）关键证人进入美国作证需要复杂的程序。

（3）涉案专利较多，被申请人要做的专利检索较多。

（4）涉案证据与证人不使用英文，语言上存在较大障碍等。

与在专利侵权诉讼中原告通常请求法院颁布诉前禁令不同，337调查的申请人通常不提交获得临时救济的动议，主要原因是337调查程序快速推进的特点以及颁布临时救济措施的标准与联邦法院颁布诉前禁令的标准一样严格。1976～2012年，申请人总共向ITC提交了45个临时救济动议，获得批准的仅有9个。

在337调查程序中，即便认定存在违反337条款的情形，ITC无权给予侵权人罚款或者裁决侵权人应当给知识产权所有人以民事赔偿；只有在侵权人不遵守ITC颁布的救济措施时，ITC才有权申请法院给予罚款。

4. 执行机关

ITC 发布的排除令和制止令分别由美国海关和 ITC 执行。

美国海关负责执行与进口相关的排除令和临时排除令，由其判断相关进口的产品是否落入 ITC 裁决中的侵权产品范围。如果进口产品落入侵权产品范围，则美国海关将阻止相关产品进入美国市场。尽管美国海关无权对是否侵权等实体问题发表意见，但是在执行 ITC 颁布的排除令时，美国海关具有一定的自主性，可以对相关产品是否落入排除令的范畴作出判断。通常情况下，在收到 ITC 的排除令通知后，由美国海关与边境保护局知识产权保护部具体负责执行，知识产权保护部将在《海关知识产权搜查通告》（Custom's Intellectual Property Rights Search）上公布排除令通知并列入海关数据库，由美国全境海关执行。该通知列出 ITC 调查案号，排除货物清单，简要介绍排除进口的货物，列出专利权人并说明专利的有效期限等。除了那些很容易判断是否落入排除令的产品外，知识产权保护部通常会列出一些判断是否侵权的标准。此外，美国海关还有一些实验室来判断一些复杂产品是否落入排除令。美国海关通常在 60 日总统审查期间结束之后才颁布排除令通知。当某一海关口岸判断进口产品落入排除令后，将禁止其进口，但通常会允许其远离美国，但如果是第二次进口落入排除令的产品，美国海关将有权直接予以没收。

ITC 负责制止令和临时制止令的执行。如果被申请人违反制止令，ITC 可以对相关申请人处以罚款。ITC 同时有权监督以同意令结案的 337 调查的执行情况。此外，如果申请人认为相关产品的进口已经违反 ITC 颁布的救济措施，该申请人可以请求 ITC 启动执行程序。根据法律规定，ITC 有权对违反制止令和同意令的被申请人处以每天 10 万美元罚款或者违令进入美国市场的产品价值两倍的罚款，以多者为准。ITC 作出处罚决定后，便向联邦地区法院申请予以执行。联邦地区法院的程序是一个纯粹的执行程序，通常不对 ITC 作出处罚决定的事实与法律适用予以全面审查。

需要注意的是，虽然海关负责执行排除令而 ITC 负责执行制止令，但两家机构在执行过程中有信息共享机制，以确保有关救济措施能够得到落实。例如，在 ITC 有关程序规则中，ITC 有广泛的权力要求“任何人”

（Any person）向其提供有助于 ITC 或海关执行救济措施的信息，被要求的人必须以书面和宣誓形式报告有关信息，如果被要求人不配合（拒绝提供或者不实提供），ITC 可以向法院申请对被要求人进行惩罚。

5. 被申请人的救济措施

在 ITC 作出排除令或者制止令后，并不意味着被申请人在整个程序中的机会完全丧失。恰恰相反，被申请人此时还有一系列机会全部或者部分扳回案件结果，这方面也有很多成功的案例。具体来说，首先，ITC 的裁决不是终局性的，在 ITC 作出裁决以后，在总统审查期间，被申请人可以通过缴纳保证金的形式继续向美国进口产品。其次，被申请人还可以就 ITC 的裁决向 CAFC 上诉，虽然在上诉期间联邦巡回上诉法院批准中止执行排除令和制止令的可能性极低，但对于被申请人来说，在提出上诉的同时申请中止执行排除令或者制止令仍然是一个较好的选择。最后，被申请人还可以充分利用其他程序性机会，积极进行规避设计并寻求合法进入美国市场。

在 ITC 作出的救济措施进入执行阶段以后，被申请人还有很多程序性机会。就海关执行程序来说，如被申请人可以向海关申请认定某一产品未落入排除令，海关就此作出的决定将可以上诉至美国国际贸易法院（United States Court of International Trade）。此外，被申请人也可以对特定批次的被排除的产品向海关提出申诉，美国海关作出的决定也可以上诉至美国国际贸易法院。

就 ITC 程序来说，例如，被申请人可以依照 ITC 的有关程序规则基于情势变更（如申请人的知识产权被无效或者商业秘密被公开等）向 ITC 申请变更或者撤销排除令和撤销令。同时，被申请人还可以申请 ITC 启动咨询意见程序，就被申请人的产品是否落入被禁止进口美国的范围寻求咨询意见。当然，ITC 是否启动咨询意见程序需要考虑被申请人是否有真正需求，是否有利于已有排除令（制止令）的执行，是否符合公共利益等因素。

在实践中，以上执行过程中程序性机会主要用于被申请人经规避设计后的产品。实务操作中，被申请人大体有 4 种选择：

第一种选择是什么都不做，即被申请人直接向美国市场进口完成规避设计后的产品。但这么做风险较高。法律上的风险主要是美国海关可能直接禁止进口以及337调查程序中的申请人可能启动执行程序要求处罚被申请人。当然，如果海关禁止进口被申请人可以提出抗议，海关就抗议作出决定；如果被申请人还不满意，可以向美国国际贸易法院提出上诉。

第二种选择是在进口前向美国海关申请认定规避设计后的产品未落入排除令。

第三种选择是要求ITC启动咨询意见程序认定规避设计后的产品未落入排除令。

第四种选择是向联邦地区法院提出确认之诉，要求联邦地区法院宣告规避设计后的产品未侵犯337调查程序中的申请人的知识产权。但联邦地区法院就这种确认之诉有一定的立案门槛，在本质上如果属于纯粹的就未来可能出现的问题或者理论上存在的问题寻求咨询意见的起诉，联邦地区法院通常不予立案。因此，为使用第四种选择，被申请人通常需要证明有一种实际的案件或者争议存在。

在实践中，较多被申请人选择适用第二种和第三种方式。

1.2.5　337调查的后续和关联司法程序

1. 上诉程序

ITC对337调查的裁决结果不具有终局性。任何受到ITC终裁不利影响的当事人（包括申请人、被申请人、第三人），当在ITC用尽行政救济仍不服裁决决定时，可在ITC终裁生效之日起60日内向美国联邦巡回上诉法院上诉。

美国联邦巡回上诉法院的审理范围包括事实问题和法律问题。对于事实问题，只有在缺乏实质性证据之时，往往是ITC基于案卷证据不能自证其说时，美国联邦巡回上诉法院才会推翻ITC的事实认定。对于法律问题，美国联邦巡回上诉法院可以依据其自身对法律的理解作出结论。

美国联邦巡回上诉法院经审理，可能作出维持原判、改判或发回ITC重审的判决。通常情况下，美国联邦巡回上诉法院的判决是终局裁决。如果当事人对美国联邦巡回上诉法院的判决不服，还可向美国联邦最高法院上诉，但美国联邦最高法院极少受理此类案件。

2. 平行诉讼和关联诉讼

为弥补 ITC 无法就损害赔偿问题作出裁决的不足，同时通过诉讼手段向竞争对手施加更大的压力，337 调查的申请人在向 ITC 提起调查请求的同时还经常在美国联邦地方法院提起专利诉讼（又称“平行诉讼”），甚至有可能在其他国家和地区对竞争对手提起诉讼（又称“关联诉讼”）。为了避免两头应诉造成的沉重负担，被申请人可以请求联邦地方法院中止平行诉讼。联邦地方法院通常会同意中止审理。337 调查结束后，联邦地方法院将恢复诉讼。ITC 的 337 调查案卷将应美国法院的要求移送到美国联邦地方法院。对于专利侵权案件，美国联邦地方法院对于专利相关问题有专有的管辖权，因此 ITC 关于专利事项的裁决不能作为既判事项约束美国联邦地方法院。联邦地方法院的法官通常尊重 ITC 行政法官对是否侵权的事实认定，因此，在 ITC 调查程序中获得行政法官的支持至关重要。

3. 反诉类似于美国联邦地区法院的民事诉讼

作为 337 调查被申请人的企业可以向 ITC 提起反诉，但为了不拖延案件的审理进程，ITC 并不会审理该反诉，而是自动交由有管辖权的美国联邦地区法院审理。对于提起反诉的时间要求，根据《ITC 操作与程序规则》第 210.14（e）条规定，被申请人可以在调查启动后至开庭之前任何时候提出反诉。此外，被申请人提出反诉时应根据 1930 年《关税法》第 337 节第（c）条的规定向 ITC 提交单独的文件，并向具有管辖权的联邦地区法院提交移案通知。

尽管在 337 调查中提起反诉可以在一定程度作为迫使申请人接受和解的筹码，但 337 调查实践中提起反诉的案例较少，主要是因为反诉的程序复杂以及不太容易确定管辖法院。

1.3　337 调查的现状

自 337 条款出台以后，就不断受到国际社会关于其是否符合国民待遇原则的质疑和抗议。作为美国贸易保护主义的典型代表和贸易制裁的单方条款，337调查给国际贸易和产业发展带来了很大的负面影响，并引发了世界各国的强烈不满。1983年，加拿大政府向GATT提请成立专家小组认定337条款违反GATT的规定。1989年，欧共体向GATT就337条款与GATT的规定不符提请专家小组审理。2000年，欧盟要求在WTO框架下进行337条款的磋商，加拿大、日本也相继加入。

第2章　337调查情况总体分析

2.1　337调查整体情况分析

近年来337调查日益成为人们关注的热点，本节主要从案件数量、侵权类型、涉案产品类型、撤诉及和解比例、救济令类型、调查周期等方面对近年来发起的337调查案进行统计分析。[1]

2.1.1　337调查案件数量趋势分析

2006～2017美国财年（Fiscal Year）共发起了643件337调查，从案件数量的时间分布上看，近十余年337调查案件数量处于稳中有升的增长态势，平均54件/年，案件数量在2016财年出现峰值，达到79件，如图2-1-1所示。这表明，作为维护知识产权的救济手段，337调查依然受到美国知识产权所有人的青睐。美国是全球最大的消费市场，全世界生产的产品源源不断地出口到美国，随着越来越多发展中国家的经济起飞，美国市场将对越来越多的国家和企业产生巨大的吸引力，这势必将加大知识产权纠纷发生的风险，越来越多的摩擦将导致美国知识产权所有人更加频繁地采取救济手段，因而在可预见的未来，预计337调查案件数量仍将保持一定的增长趋势。

2.1.2　337调查侵权类型分析

近十几年，在当年正在进行的调查案件中专利侵权仍旧是337调查的

---

[1] 数据来自ITC网站337 statistics。

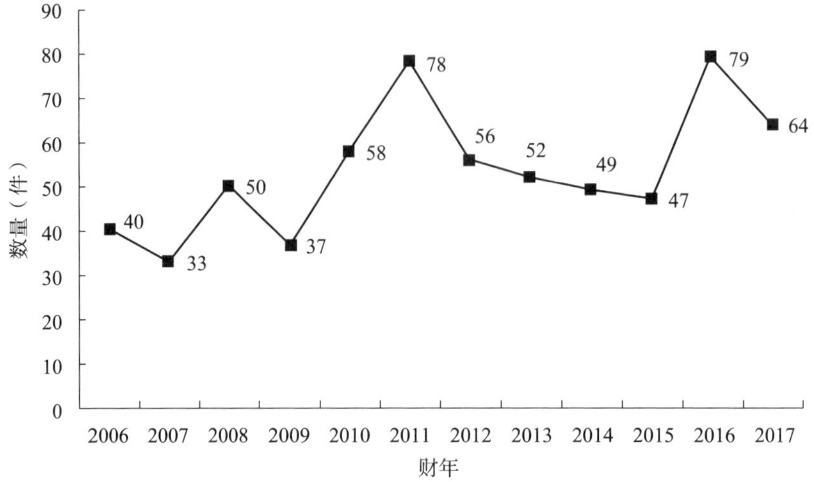

图2-1-1　2006~2017美国财年337调查案件申请数量分布

主要侵权类型，其数量远远大于商标侵权、盗用商业秘密（Trade Secret Misappropriation）、侵犯版权等其他不公平竞争行为，如图2-1-2所示。

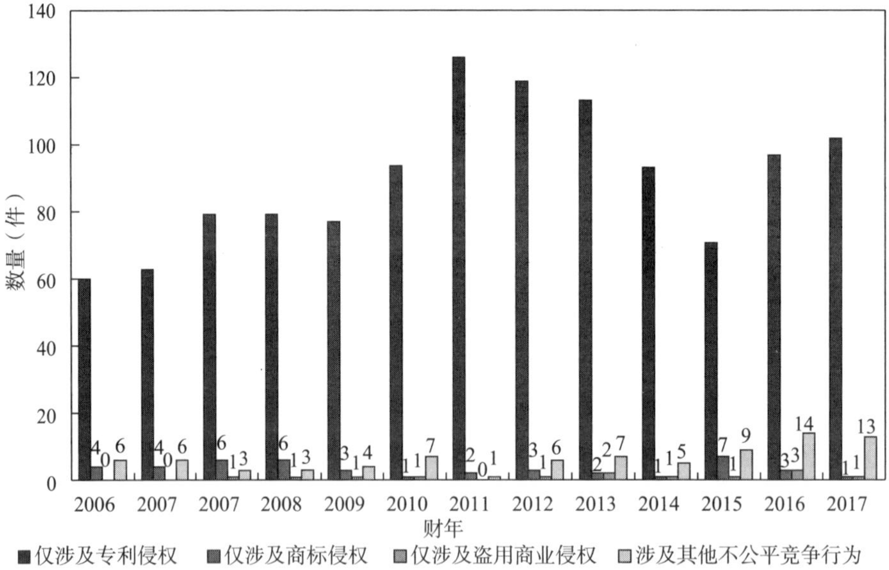

图2-1-2　2006~2017财年正在进行的调查案件侵权类型分布

图2-1-2中显示的仅涉及专利侵权的案件数量与图2-1-1中发起337调查的案件数量在变化趋势上基本相符，体现了专利侵权案

件在 337 调查中占主导地位。对于进口到美国的产品而言，通常较少地涉及侵犯商标和版权等其他知识产权，更加常见的情况是模仿乃至抄袭他人的专利技术用于生产自己的产品，而相较于侵犯其他知识产权，侵犯专利权往往表现出一定的“隐蔽性”，对于是否侵权常常难以“一目了然”地作出判断，这表明了 337 调查在侵权判定上存在较大的复杂性。

2.1.3　337 调查涉案产品类型分析

图 2－1－3 显示了近几年 337 调查涉案产品类型在时间上的分布情况。按照 ITC 给出了分类，涉案产品类型分为：汽车/制造/运输、化学产品、计算机和通信设备、消费电子产品、集成电路、LCD/TV、照明设备、记忆存储产品、药品和医疗器械、打印设备、小消费品、其他 12 类。上述 337 调查涉案产品，根据其每年涉案所占比例，大致可分为 3 种类型，即“重点关注”型、“逐渐降温”型和“默默无闻”型。

1. “重点关注”型

该类型的特点是近些年一直占有较大的案件比重，可以说是被调查的“重灾区”，相关的产业通常具有发展速度快、市场规模大、利润率相对高等特点，如图 2－1－3 中所示的计算机和通信设备、汽车/制造/运输、药品和医疗器械。计算机和通信设备属于专利密集度极高的领域，这一领域中的专利如丛林般密布，各大公司的产品往往难以避开同行的专利，因而交叉许可及专利池等情况在该领域中普遍存在，对于这种专利密度非常高的领域，专利侵权的发生概率也非常大，因而很容易成为 337 调查的“重灾区”。汽车/制造/运输行业涉及大型和复杂机械产品，这一领域的特点一是产业链长，牵涉的企业众多；二是由于机械产品的结构无法隐藏，易被仿制，因而倾向于采用专利保护。因此，该领域也具有较大的发生专利纠纷的可能性，是 337 调查的多发领域。药品和医疗器械行业往往对专利具有极高的依赖性。新药的研发资金投入大、研发周期长，因而研发成本很高，但药品的单纯生产成本却相对不高，如

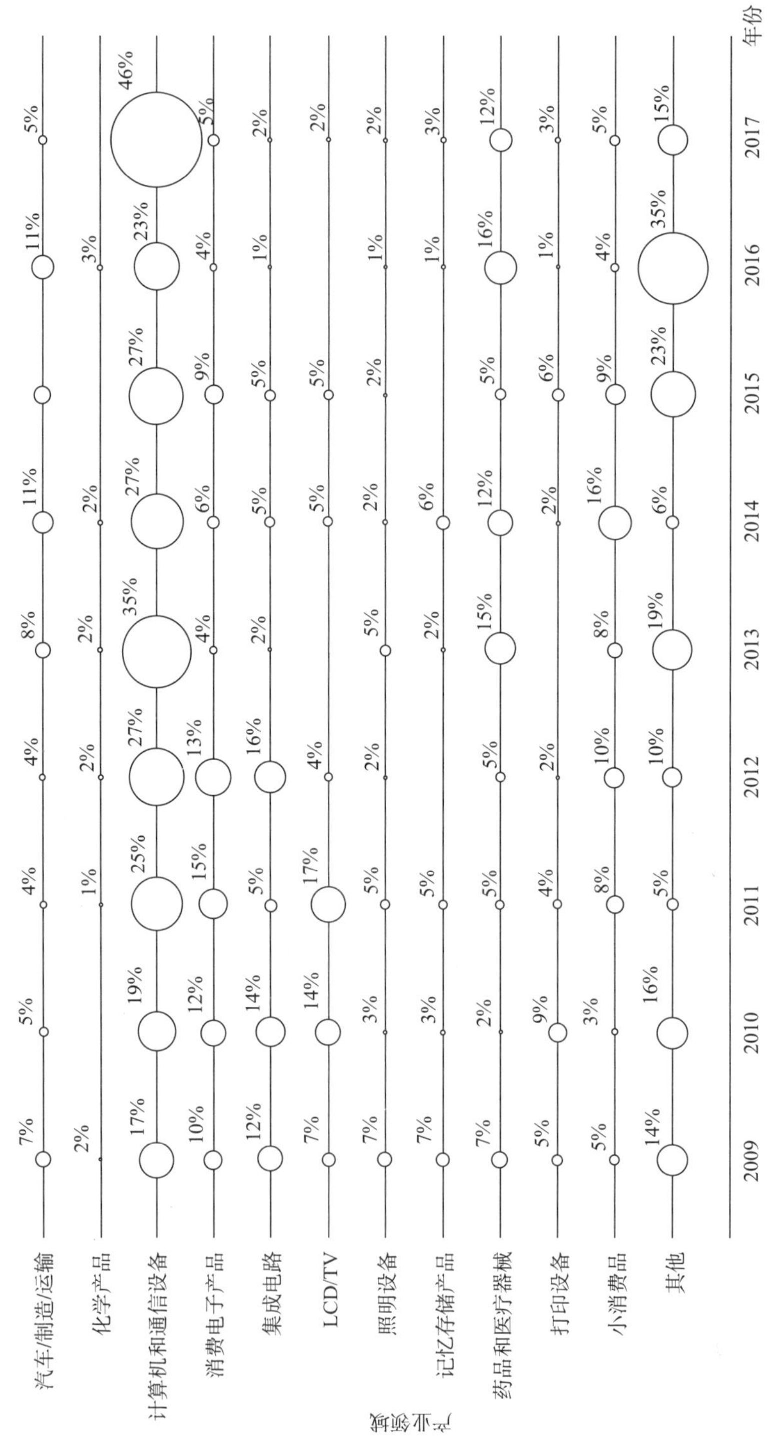

图2－1－3 2009～2017财年337调查涉案产品类型

果企业无法独占市场，那么将极易面临同质化竞争带来的价格战，不仅无法盈利，甚至无法收回研发成本，导致巨额亏损，所以医药企业往往对专利极其在意，并且比其他企业更加不能容忍侵权产品出现在市场上，因而采用 337 调查来保护自身的市场地位也是该领域的企业通常所采用的手段。

2. “逐渐降温”型

该类型一般是那些由于消费习惯或产业调整等原因导致最近几年热度下降的领域，如消费电子产品、集成电路、LCD/TV、照明设备、记忆存储产品等。这些领域经过前些年的高速发展，经过市场的优胜劣汰，已逐渐步入成熟阶段，表现为新技术增长放缓，产品换代周期延长。以记忆存储产品为例，U 盘、硬盘、固态硬盘等主打产品在技术上已经接近“天花板”，产品利润率相比于高速发展期有所下降并趋于平稳，消费者也已经养成了固定的使用和消费习惯，对新产品的兴趣大减。在这样一个“逐渐降温”的领域中，不管大公司还是小公司已经逐渐接受了自身的市场份额，市场竞争趋于平淡，挑起纠纷的意愿降低，自然导致 337 调查比重的下降。但是，不能排除由于某项技术出现革命性突破而带来的新一轮市场热度，导致这样的领域再次成为兵家必争之地。

3. “默默无闻”型

所谓“默默无闻”仅是相对于那些热门领域而言，并不表示该类型不值得关注，只是相对于那些 337 调查的“重灾区”，该类型的案件数量占比较小，且每年所占比例相对稳定，给人“不抢眼”的感觉。该类型有化学产品、打印设备等。上述产业发展得非常成熟，相对于计算机和通信设备、药品和医疗器械等领域，其专利相关度不高，市场竞争并不主要以技术为主导，有渠道、价格、品牌等多方面因素的影响。但是，数量少并不等于其没有价值，如著名的“三氯蔗糖案”（337 – TA – 604），胜诉的江苏捷康公司一举成为全球第二大三氯蔗糖供应商。

2.1.4 337 调查和解及撤诉比例分析

和解是 337 调查最为常见的结果，近些年，和解/同意令的比例处在较高的水平，如图 2 -1 -4 所示。和解比例高的原因主要是 337 调查对涉案双方都意味着投入高昂的成本，不仅是金钱上的直接投入（如高昂的律师费），还有时间成本和机会成本的损失，虽然 337 调查程序已经比法院的司法程序要快捷许多，但是十几个月的平均结案周期对于企业来说依然是一个漫长的过程，面对有可能瞬息万变的市场环境，时间成本和机会成本的损失所带来的间接损害往往要远大于企业参与调查的直接花费。所以，尽早结束调查，从纠纷中解脱，对申请人和被告双方往往都是有利的。

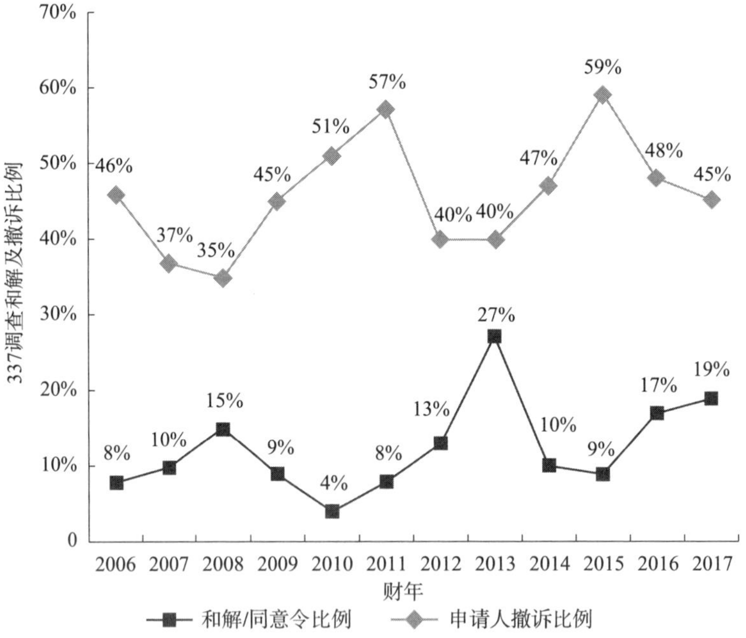

图 2 -1 -4　2006 ~ 2017 财年 337 调查和解及撤诉比例分布

另外，如图 2 -1 -4 所示，以申请人撤诉而告终的 337 调查案每年也占有一定的比重，有的时候甚至撤诉比例高达 27%。这表明，并不是所有申请人提出调查时都有十分过硬的证据和理由，更有的申请人甚至仅是利用337调查程序中对被告缺席需承担不利后果的规则，对不熟悉337调查规则的对手发起恶意攻击。所以，作为337调查的被告，如果确实对自身的产品有信心，则应当积极应诉。

2.1.5 337调查救济令分析

普遍排除令、有限排除令、停止和制止令（Cease and Desist Orders）是337调查中最常出现的救济措施。普遍排除令和有限排除令的目的是防止侵权产品进入美国市场，其针对的是尚未进口到美国的产品，停止和制止令的目的在于禁止销售已经进口到美国的产品，其针对的是已经进入美国的产品。2006~2017财年ITC共颁布了40项普遍排除令、76项有限排除令、223项停止和制止令，平均每年颁布10项排除令和19项停止和制止令，如图2-1-5所示。可见，近些年美国一直在337调查中给予美国知识产权所有人有力的保护。

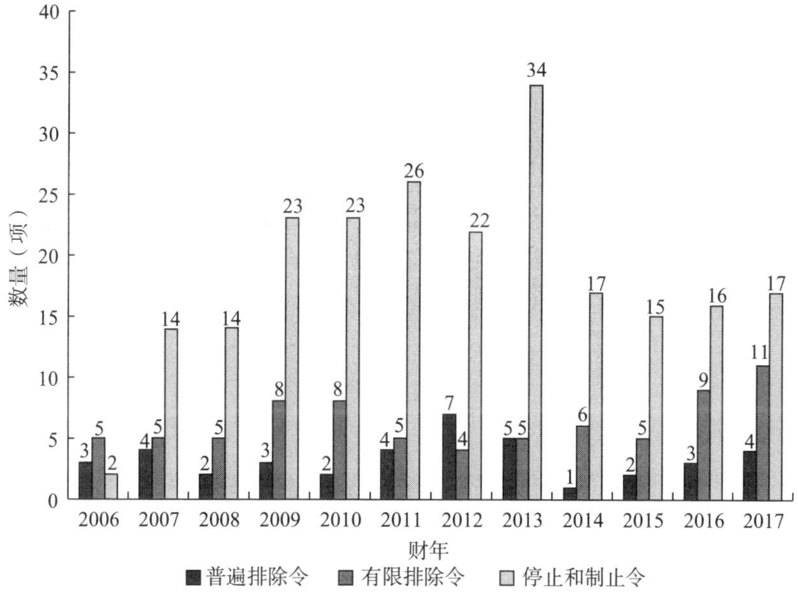

图2-1-5 2006~2017财年337调查救济令数量分布

2.1.6　337调查周期分析

图2－1－6显示了2006～2017财年337调查案件周期分布。从中可以看出，近些年来，337调查案件的平均周期均在12个月以上20个月以下。根据案件具体情况的不同，结案周期存在较大的差别，其中结案周期最长的案件为30.1个月，最短的为2.6个月。

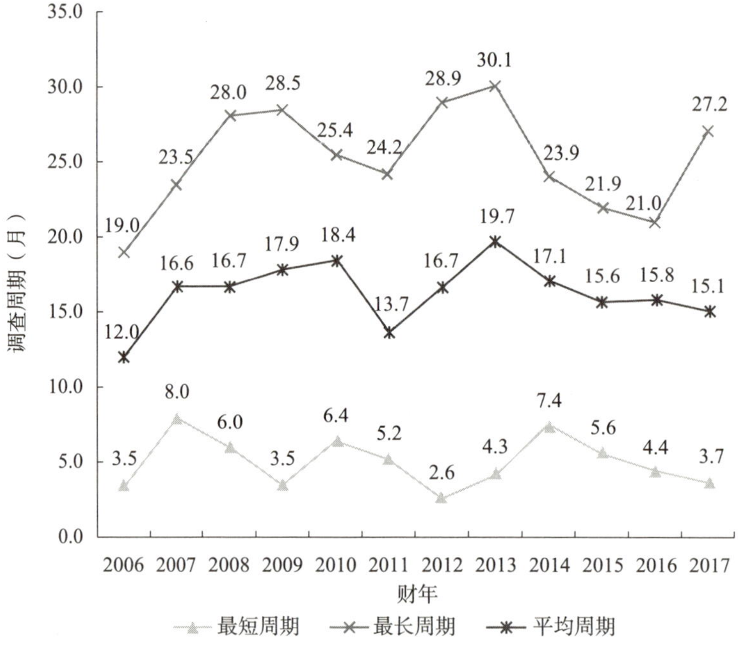

图2－1－6　2006～2017财年337调查案件周期分布

2.2　我国企业受到337调查的情况分析

自从2001年我国加入WTO以来，十几年来我国出口贸易蓬勃发展，贸易额快速上升，我国企业被发起337调查的频率也逐渐增多。随着我国企业“走出去”的步伐进一步加快，今后我国企业依然将会是337调查的主要目标。

2.2.1　我国涉案企业的 337 调查年份分析

首次针对我国企业发起的 337 调查始于 1986 年，此后 10 余年间 337 调查数量一直很少，并未引起人们的重视。直到我国正式加入 WTO 之后，随着外贸出口活动日益活跃，针对我国企业的 337 调查数量出现了快速增长，2007 年当年的 337 调查发起数量为 19 件，达到了第一次高峰。然而，在 2008 年全球金融危机的影响下，美国知识产权所有人似乎对我国企业发起 337 调查的意愿有所降低，2008 年和 2009 年案件数量出现回落态势。随着世界经济的复苏，2010 年和 2011 年案件数量突然猛增，并超过了 2008 年金融危机前的第一次高峰，最高值达到 27 件。接下来几年，案件数量呈现下降趋势，直到 2016 年我国企业被发起 337 调查的数量开始回升，近两年稳定在每年 20 几件的水平上。总体上看，针对我国企业发起的 337 调查案件数量呈现稳步增长的趋势，如图 2－2－1 所示。

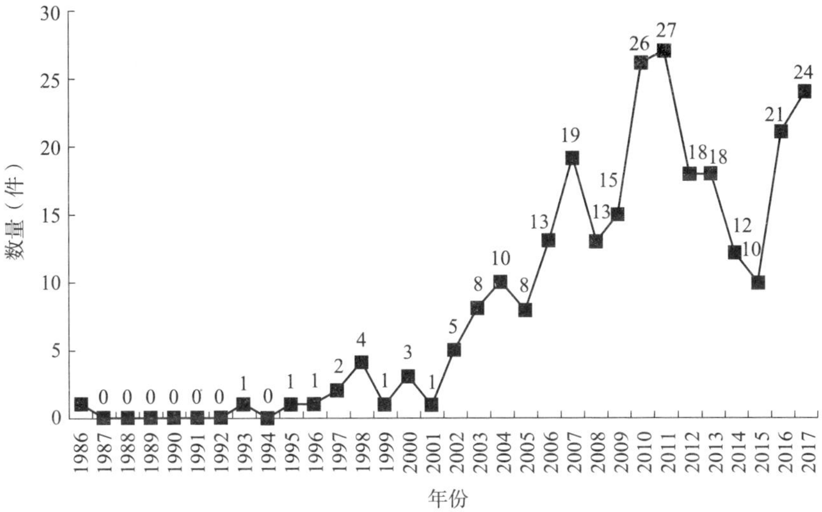

图 2－2－1　我国企业被发起 337 调查数量趋势

2.2.2　我国涉案 337 调查企业的省（市）分布

我国被发起 337 调查的企业主要集中在广东、浙江、上海、江苏、北京等地，如图 2－2－2 所示。这些省（市）均为我国经济发达的地区，不仅企业数量众多，涉及出口贸易的数量也很大，因而被发起 337 调查的频次居于全国前列也属意料之中。

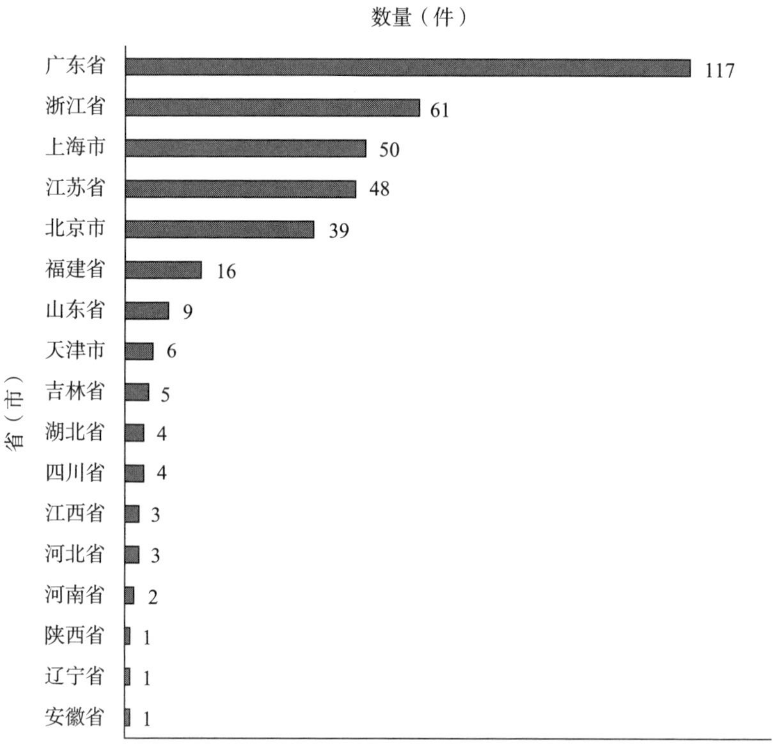

图 2－2－2　我国企业被发起 337 调查的省（市）分布（1986 ~ 2017 年）

2.2.3　我国涉案 337 调查企业的侵权类型分析

针对我国企业发起的 337 调查案件主要涉及专利侵权，如图 2－2－3 所示。从图中可以看出，涉及专利侵权的案件数量占据了绝对多数，这与近些年 337 调查侵权类型的总体分布相符，这说明专利权是国外竞争对手狙击我国企业的主要手段。随着我国企业出口到美国的产品从二十几年前的以原材料和农产品为主，转变为如今的以工业消费品为主，这一转变过程依赖于大量的技术支持、产品设计、服务标识等，这势必会大量涉及各种知识产权，尤其是专利权的问题。

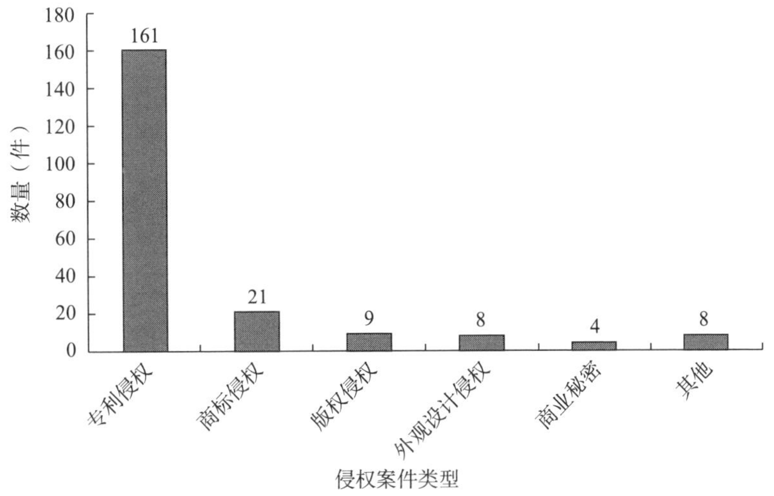

图 2－2－3　我国企业被发起 337 调查案件侵权类型

2.2.4　我国涉案企业的 337 调查结果分析

图 2－2－4 显示了针对我国企业发起 337 调查案件的结果，从中可以看出，主要的结案方式是和解，比例为 43%，这与近些年 337 调查案件的总体和解比例基本持平。此外，胜诉率 13%、败诉率为 23%、申请人撤诉率为 21%。

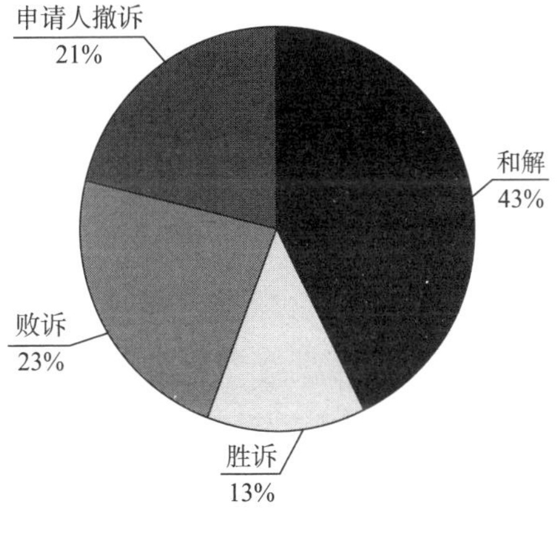

图 2－2－4　我国企业被发起 337 调查案件结果

2.2.5 我国涉案337调查企业被颁布禁令分析

从ITC针对我国企业颁布的禁令上看，截至2016年，ITC共发出了29次普遍排除令、38次有限排除令、49次停止和制止令，如图2－2－5所示。我国企业收到ITC禁令的数量在全球属于较高水平，可见337调查对我国企业进军美国市场起到了明显的阻碍作用。

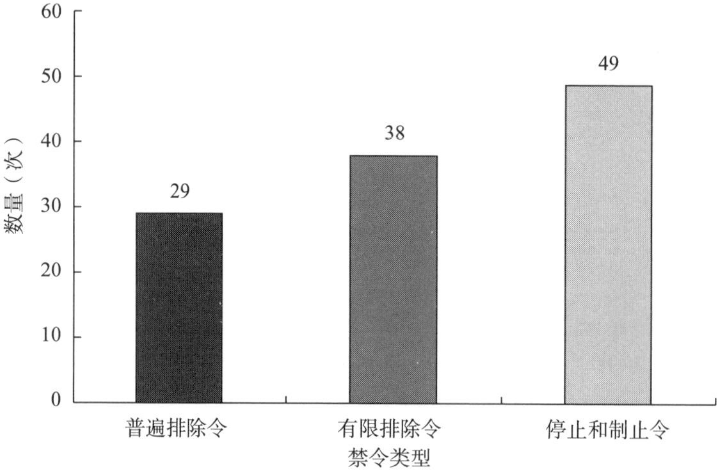

图2－2－5 我国企业被颁布禁令的数量

第3章　中国企业的应对之路

3.1　数字电视337调查案（337－TA－617）

中国作为全球最大的数字电视制造中心和销售中心，数字电视乃至整个消费电子已成为专利诉讼的重灾区，337调查的利剑直指中国彩电企业。该案经历了复杂的调查程序，因中国企业缺乏自主知识产权被认定侵权，在严酷的数字电视国际市场竞争环境中，中国电视制造业走向成熟仍有待时日。

2007年10月15日，日本船井电机株式会社（简称“船井”）及其设在美国新泽西的销售子公司向ITC提出启动337调查的申请，指控包括唯冠科技（深圳）有限公司在内的中国国内和国外的共计14家企业，向美国出口和销售的数字电视及相关产品侵犯了其所拥有的美国专利权。

3.1.1　当事双方及行业背景

1. 申请人

船井成立于1961年，总部位于日本大阪，是日本最大的家电委托生产企业。经过50多年的发展，现已成为以开发、生产和销售智能家电为主的大型跨国上市公司，在新加坡、美国、马来西亚、泰国以及中国等均设有子公司，产品主要销往以美国为主的海外市场，其在美国的电视销售量排名前三位。

船井拥有500多项数字电视的核心专利技术。此外，船井在微流体技术领域也有长足发展并获得了大量的知识产权。在微流体技术、化学、材料和集成电路设计方面的独特结合，使得船井的微流体业务能够为跨越工业、商业和消费者空间的各种各样的应用程序设计全面的解决方案，如设计、集成、服务和制造。船井目前的业务主要是为工业和消费者印刷、生物医学、医疗设备的微流体模块提供解决方案，同时，也在积极开发刺激味觉和嗅觉的设备以及健康美容设备。

日本船井于 1991 年在美国新泽西州成立了销售子公司——船井有限公司。❶

2. 被申请人

唯冠科技（深圳）有限公司（简称“深圳唯冠”）是唯冠集团最大最核心的研发生产基地，公司于 1991 年落户深圳，1994 年进驻沙头角保税区，拥有员工 5000 多人，是深圳高新技术企业及中国外贸出口百强之一。深圳唯冠是一家以专业电脑显示器研发、生产、销售为主的综合性 IT 集团企业，属下有两家分别在中国台湾、中国香港的上市公司以及分布在中国大陆、美国、欧洲、南美洲的 16 家分支机构和遍布全球的销售和服务网点。2010 年，深圳唯冠因财政困难，无足够营运资金而导致破产。2011 年 12 月，苹果公司状告深圳唯冠有关 iPad 侵权一案在深圳中院进行一审判决，深圳唯冠胜诉。随后，深圳唯冠对苹果授权经销商提起诉讼，要求其停止使用商标。

苏州乐轩科技有限公司（Suzhou Raken Technology Limited，简称“苏州乐轩”），是韩国 LG 集团与中国台湾上市集团瑞轩科技携手打造的合资企业，为北美市场占有率第一名的 VIZIO 电视主要供应商。

VIZIO 是知名的高清电视机品牌，公司总部位于美国加州尔湾。2007 年，VIZIO 实现突飞猛进，一跃成为北美最畅销的平板高清电视品牌，同时也成为 10 多年来首个引领美国主要电视销售市场的美国品牌。VIZIO 致力于通过实践创新以适当价格将功能丰富的平板电视推向市场。VIZIO 提供多种获奖的等离子和液晶高清电视，包括全新的 XVT 系列。❷

---

❶ 船井官网 http：//www2. funai. co. jp/en/index. html.

❷ 百度百科 https：//baike. baidu. com.

3. 行业背景

1997~2006年10年间，全球围绕数字电视的专利数量激增，表明数字时代的到来。从发明专利数量看，日本和韩国排在首位，紧随其后的是美国，中国位居第四，这确保了亚洲在该领域的主导地位。在数字电视发明专利高速增长率的背后，是各公司在该领域研发活动中的巨大投入。2006年全球排名前10位的专利受让人和发明专利数量分别是：LG，379件；三星，310件；松下，257件；东芝，200件；索尼，87件；船井，77件；夏普，77件；汤姆逊，61件；韩国电子通信研究院，56件；三洋，56件。❶

中国是全球最大的数字电视制造中心和销售中心，数字电视有ATSC、DVB、ISDB、DMB-TH等技术标准。据工信部的统计数据显示：在2009年，我国共生产9600万台彩电，其中出口超过5200万台，占我国数字电视终端产量的54%，主要采用欧美单一标准。长虹、TCL、海信、康佳、九洲、同洲等数字电视终端产品大量出口到欧洲、北美、南美、东南亚等地区。据深圳海关数据显示：2009年1~11月，深圳口岸出口电视机1130万台，价值13.3亿美元，其中数字电视机633.8万台，增长37.3%；美国、欧盟、中国香港仍是前三大出口市场，分别为232.5万台、153万台、144.6万台；出口非洲60.5万台；出口澳大利亚34.5万台。❷

3.1.2 337调查过程

1. 立案

2007年10月15日，船井及其设在美国新泽西的销售子公司向ITC提出申请，请求审查包括深圳唯冠在内的中国大陆、中国香港、中国台湾和国外共计14家企业，指控上述企业向美国出口和销售数字电视及相关产品侵犯了其所拥有的美国US6115074、US5329369专利（分别简称“074专利”“369专利”）部分权利要求的专利权。因此，申请人申请发布临时救

❶ 斯坦芬·托特．强势崛起的中国数字电视产业［N］．中国知识产权报，2007-7-11(009).

❷ 代月波．从未停火的数字电视专利战［J］．卫视传媒，2010（14）：26-27.

济程序以及在调查结束后：（1）发布有限排除令，禁止被申请人及其关联方出口侵权产品进入美国市场；（2）发布永久制止令，禁止被申请人在美针对涉案产品存货进行进口、销售、展示出样等。

ITC于2007年11月15日确定立案并启动调查程序（《联邦公报》72 *Fed. Reg.* 64240），案号为337-TA-617。

2. 侵权调查（Violation）

2008年6月18日，ITC对船井有关撤回对涉诉专利某些权利要求侵权调查的动议进行了初裁，同意申请人的上述动议；2008年9月15日，包括深圳唯冠在内的几个被申请人要求行政法官作出司法认知，驳回369专利的所有权利要求；2008年12月16日，行政法官作出初裁决定，裁定包括深圳唯冠在内的被申请人对于074专利的权利要求1、5、23存在侵权行为，对于369专利不存在侵权行为；2009年4月10日，ITC发布终裁决定，对包括深圳唯冠的几个被申请人颁布有限排除令，对美国本土的被申请人颁布制止令。

3. 执行程序（Enforcement）

2009年8月14日，申请人以被申请人违反制止令/排除令为由，上诉ITC请求启动执行程序（Formal Enforcement Proceedings）并采取临时救济措施，被申请人包括深圳唯冠及苏州乐轩；该执行程序申请于2009年9月4日立案；2010年5月28日，ITC公布初裁决定，苏州乐轩与申请人船井达成和解，终止针对苏州乐轩的执行程序；2010年5月26日美国联邦巡回法院撤销了ITC的侵权判决，认为规避设计后的产品（Work-around）不存在侵权行为，ITC决定对初裁决定进行修改；2010年8月10日，因双方和解，ITC解除了对苏州乐轩等被申请人的有限排除令和制止令；2010年11月22日，申请人提交动议，申请撤销启动执行程序的申请并终止执行程序，随后，行政法官发布初裁决定批准上述动议；2010年12月17日，ITC委员会决定对上述初裁不进行复审，本执行程序就此结案；ITC于2010年12月21日针对规避设计的产品修改了有限排除令和制止令。

4. 赎回保证金（Bond Return）

2010年6月29日，包括深圳唯冠、苏州乐轩的被申请人联合申请赎

回保证金（Bond Return）；ITC于2011年1月10日对上述申请立案并初裁同意。❶

3.1.3　案件分析及启示

该案在337调查过程中经历了三种调查程序，即侵权认定、执行程序和赎回保证金，这与申请人在申请立案之初的侵权指控以及要求的各种救济措施及后续执行相关。申请人在指控被申请人专利侵权的同时，还要求临时救济程序、有限排除令、永久制止令等。

1. 临时救济措施

《ITC操作与程序规则》第210.52条规定，申请人在提交337调查申请书的同时还可以提交要求ITC采取临时救济措施的动议，包括排除令和/或制止令。排除令和制止令分别由不同机关执行。美国海关负责执行与进口相关的排除令和临时排除令。

ITC负责制止令和临时制止令的执行，该案中的申请人就是在ITC认定了被申请人存在侵权行为，并颁布了排除令和制止令的基础上，认为被申请人存在违反救济措施的行为，从而向ITC申请启动执行程序。❷

2. 保证金

临时排除令签发后，在总统审查期间，涉诉侵权产品仍然可以进入美国，前提是被申请人需要交纳保证金。保证金的数额应当足以保护申请人的利益。如果ITC裁决被申请人存在侵权行为，那么被申请人先前交纳的保证金将归申请人所有。另外，ITC也可以要求申请人交纳保证金以保证被申请人在临时排除令实施期间的利益。如果ITC裁决被申请人没有违反337条款，那么，申请人的保证金将归被申请人所有。

3. 337调查后续程序

该案虽然经历了复杂的诉讼程序，但是在侵权认定过程中，中国企业因缺乏自主核心技术，既被动又无奈，也让我们看到了中国彩电企业面临着严峻的“专利困境”，表现为以下几方面。

---

❶ http：//edis. usitv. gov.

❷ 钟山．美国337调查：规则、实务与案例［M］．北京：知识产权出版社，2012.

（1）由于中国企业最早都是以生产为主，研发上以跟随国外潮流为主，常常被动接受国外家电联盟制订的技术标准，故而只能套用别人的核心技术，造成了明知已落入国外家电巨头设置的专利陷阱却又无法自拔的怪圈。

（2）由于技术水平的差距和专业法律知识的缺乏，面对国外企业的侵权指控，无法对其专利进行快速有效的分析。

（3）技术储备严重匮乏，短期来看，无力与收费集团进行专利交叉许可以冲抵许可费用；长期来看，还将面临列强更为猛烈的专利战略打击。

在严酷的数字电视国际市场竞争环境中，国内企业只有联合起来，掌握和学习先进的知识产权运营经验，加强联合创新和国际合作，推动建立知识产权合作共赢的新模式，才能使我国的彩电产业最终走向成熟。[1]

3.2 葡萄糖胺337调查案（337－TA－668）

在金融危机背景下，中国企业自主创新产品走向世界会遭遇更多壁垒，只有积极应诉才能保护自己，在国际市场赢得一席之地。该案是中国企业在337调查应诉史上“结案迅速、成本低、结果有利”的第一案，有许多值得借鉴的宝贵经验。

2009年1月28日，美国嘉吉公司向ITC提出启动337调查的申请，指控以南通市外贸医药保健品有限公司为第一被申请人，包括上海Hygieia Health公司及其他国外企业的共计6家中外企业，向美国出口和销售非贝类D－氨基葡萄糖盐酸盐（又称“素食氨糖”）侵犯了其所拥有的美国专利权。

3.2.1 当事双方及行业背景

1. 申请人

美国嘉吉公司（Cargill，简称“嘉吉”）是屈指可数的动物营养品和农产品制造商。总部设在美国明尼苏达州，由Willam Wallace Cargill先生

[1] 汪云．专利之战：烽火太平洋［J］．中国数字电视，2007（32）．

于 1865 年创立，经过 150 年的经营，嘉吉已成为大宗商品贸易、加工、运输和风险管理的跨国专业公司，已是一家全球性的贸易、加工和销售公司，经营范围涵盖农产品、食品、金融和工业产品及服务。嘉吉公司在 59 个国家拥有 10 万名左右的员工。嘉吉公司和中国的合作关系可以追溯至 1971 年，嘉吉在中国台湾的高雄设立饲料加工厂。从 1972 年尼克松总统访华后不久便开展了对华贸易，1972 年《中美联合公报》发布后不久，嘉吉就与中国进行贸易合作。目前在中国销售谷物、油籽、糖、棉花、果汁、肉类等，同时从中国购买钢材、苹果汁和食品配料。如今嘉吉在中国拥有 5000 多名员工，投资成立了 34 家独资子公司和合资企业。❶

2. 主要被申请人

南通市外贸医药保健品有限公司（简称“南通医保”）成立于 1988 年，位于经济、文化、交通和港口条件都十分优越的中国江苏省南通市，专门从事进出口贸易业务。出口产品涵盖了医疗产品，如一次性医疗产品、外科敷料、医院的器皿、医疗仪器、医药材料、中药和其他健康产品，与许多国家和地区建立了业务关系。南通医保在美国的分公司 LeFeng International Inc. USA 成立于 2011 年 5 月，公司位于美国洛杉矶，是全中资在美国注册的企业。主要销售产品是素食氨基葡萄糖盐酸盐系列，已经获得美国专利，专利号为 US8383808B2。此外，该美国分公司的肌酸和其他氨基酸也具有超强的国际竞争优势，公司发展迅速，市场稳步扩大，销售量逐年增加，已经与 40 多家美国企业建立了长期稳定的业务关系，产品受到越来越多的美国商业伙伴的青睐。❷

3. 行业背景

葡萄糖胺（又称“氨基葡萄糖”）是人体内合成的物质，是形成软骨细胞的重要营养素、健康关节软骨的天然组织成分。随着年龄的增长，人体内的氨基葡萄糖的缺乏越来越严重，关节软骨不断退化和磨损。作为一种基础原料，葡萄糖胺主要被应用在有利于关节健康的膳食补充剂中。研究显示，葡萄糖胺可以帮助重建和修复人体软骨，它经常与软骨素结合在

❶ 百度百科 https：//baike. baidu. com.

❷ 南通医保官网 http：//www. ntmeheco. com.

一起使用，软骨素能让人体软骨充满弹性。

根据 Mintel 公司全球新产品数据库（GNPD）的记录，2007 年，全球各地共推出了 60 只含有葡萄糖胺的新产品，比 2006 年的 49 只和 2005 年的 34 只均有较大幅度的增长。根据 GNPD 提供的数据，2007 年，北美和亚太地区均推出了 21 只新产品，欧洲紧随其后，推出了 16 只新产品。其他地区的葡萄糖胺市场仍然处于尚未发育的阶段：拉丁美洲及中东/非洲地区 2006 年都仅推出了 1 只含有葡萄糖胺的产品。美国市场，2007 年该市场推出了 17 只含有葡萄糖胺的产品，2006 年、2005 年和 2004 年分别推出了 7 只、5 只和 9 只。

早前，国际市场上的氨糖主要从虾壳、蟹壳等贝类产品提取。由于作为原料的贝类产品有限并受季节影响，加上海洋环境污染，此种工艺提取的氨糖产品重金属成分高，且容易导致部分用户出现过敏反应。一些西方的素食消费者也因为其原料为动物，而拒绝此种产品。2004 年年底，由于虾产品短缺使得原材料甲壳素（90% 来自中国）的供应成为竞价大战的目标，葡萄糖胺市场大受冲击，再加上美国实施反倾销税政策，葡萄糖胺的价格大幅上涨。为了满足市场上的这种需求，许多商家开始推出素食来源的葡萄糖胺（即素食氨糖），其中包括嘉吉的 Regenasure（源自黑曲霉真菌）和 Cyanotech 公司的 JointAstin。DNP 国际公司也在去年年底推出了一种素食葡萄糖胺，中国 Hygieia Health 公司则在今年 1 月份推出了类似产品。最新加入这一行列的生产厂家有 Ethical Naturals 公司，该公司在 2008 年 1 月底推出了素食葡萄糖胺（Green Grown）。

中国是世界上葡萄糖胺的主要供应国，其大约 80% 的葡萄糖胺产量出口海外市场，主要的目的地有美国、欧洲、韩国、日本等。南通医保投入几千万元人民币，用 10 多年的研究和不断试验，在 2007 年自主研发成功经由玉米发酵之后再加工提取素食氨糖的技术。同时，该公司还研发了素食氨糖生产废渣制造活性炭的工艺，整个生产过程体现了循环经济的特点，解决了废料的环保处理困难，为国家节约了大量木材资源。公司在批量生产试产成功后，向美国市场进行了试探性销售，市场反应强烈，美国经销商纷纷向南通医保批量订货，南通医保于 2009 年将素食氨糖进行大批

量生产，成为中国唯一可向美国市场及其他国际市场提供素食氨糖的公司。❶

3.2.2　337 调查过程

1. 立案

2009 年 1 月 28 日，嘉吉向 ITC 提出申请，请求审查以南通医保为第一被申请人，包括上海 Hygieia Health 公司及其他国外企业，共计 6 家中外企业作为被申请人在美国销售素食氨糖，侵犯其美国 US7049433 专利（简称“涉案专利”）部分权利要求的专利权。因此，申请人要求签发临时救济措施以及在调查结束后：（1）颁布普遍排除令，禁止侵权产品进入美国市场；（2）颁布有限排除令，禁止被申请人及其关联方进口侵权产品进入美国市场；（3）颁布制止令，禁止被申请人在美针对涉案产品存货进行进口、销售、展示样品等。

ITC 于 2009 年 3 月 4 日确定立案并启动调查程序（《联邦公报》74 *Fed. Reg.* 9428），案号为 337 - TA - 668。❷

2. 简易裁决

立案之后，除南通医保和天成国际（美国）公司（简称“天成国际”）之外的其他 4 个被申请人先后与嘉吉达成了和解或以同意令的方式终止了此次 337 调查。

南通医保于 2009 年 3 月 31 日向 ITC 递交了答辩状后，开始在律师的协助下进行工艺改进以确保强有力的不侵权抗辩。中美律师多次到企业的生产基地进行新工艺测试运行并进行摄像、详细进行生产记录等证据收集。4 月中，律师团开始准备不侵权简易速裁动议中所需的专家报告的材料，此时工艺改进已成型并固定。5 月初，美国斯坦福大学化学工程系著名教授作为南通医保聘请的专家证人在威桑古罗律师陪同下到访企业生产基地现场。经过亲自全程考察生产过程，专家认定南通医保的生产工艺与

---

❶ 李高超，王其仁．速战速决——南通民企上演 337 调查完胜奇迹［N］．国际商报，2009 - 8 - 10（001）．

❷ http：//edis. usitv. gov.

嘉吉的涉案专利有根本差别，从而提出了生产工艺不侵权的专家报告。截至5月底，律师团已从国际文献中收集了大量的证据并整理出累计近万页的现有技术材料，收集范围早至1912年的葡萄糖胺提取文献。经过专家分析和论证，于6月1日向ITC提交了基于大量现有技术的嘉吉公司涉案专利全部权利要求1～10无效的简易裁决动议。[1]

2009年6月12日，ITC针对南通医保的上述简易裁决动议给予了回复，部分支持此项动议，即认定涉案专利的部分权利要求1～6无效。南通医保做好了诉讼到底的决心，在证据和案情分析上准备充分，在双方证人质询阶段取得了实质性突破，案情走向也逐渐明朗，诉讼结果将明显对嘉吉公司不利。

3. 初裁与终裁

2009年6月22日，嘉吉公司向ITC提出动议，请求撤销对南通医保和天成国际的诉讼，并终止此项337调查。随后，ITC于2009年7月6日发布初裁，同意嘉吉公司的上述动议请求。7月28日，ITC决定上述初裁不进行复审，该初裁结果即为最终裁决。

同时，嘉吉公司也撤销了其于美国新泽西州地方法院提起的诉南通医保专利侵权赔偿案。

3.2.3 案件分析及启示

1. 简易裁决

根据《ITC操作与程序规则》第210.18（a）条的规定，对于双方没有争议的案件事实，任何一方当事人可以请求ITC就某些问题或全部问题作出简易裁决。若申请人提出动议，其可以在送达申请书和调查通知后20日提起；若为被申请人或其他方提起动议，则其可以在《联邦公报》公布立案公告后的任何时间申请作出简易裁决。任何简易裁决的动议最迟应当在开庭日60日以前提出。《ITC操作与程序规则》第210.18（b）条规定，在收到简易裁决动议后，该方应在10日内提交答复。除无争议的事实之

[1] 丁育生．南通医保打败美国嘉吉的奥秘［J］．WTO经济导刊，2009（8）：89－90.

外，当事人也会请求 ITC 就是否存在国内产业以及被申请人缺席等事宜作出简易裁决。此外，一些当事人会请求 ITC 作出专利无效的简易裁决，获得无效的裁决可直接导致 337 调查结案。[1] 实践中，很多被申请人向 ITC 提出简易裁决的申请，要求 ITC 针对涉案专利的有效性进行裁判，以期望节省时间和精力。

该案最终取得胜利，也是采取简易裁决的诉讼策略奠定了坚实的基础。但是，如果被申请人期望以简易裁决的方式胜诉，或期望通过简易裁决动议给对方造成压力，使得申请人主动撤诉或以有利于被申请人方的方式和解是非常困难的。从时间上来看，简易裁决离正式听证仅有几个月时间，主要靠法官审核包括专家报告在内的证据，而不是依据当事人在正式听证时的充分质证来进行裁决，因此其对证据的质量要求比正式听证要高得多。在提出申请前，被申请人需要作深入的研究，保证有充分的证据和理由证明涉案专利无效，否则，行政法官将拒绝作出认定专利无效的简易裁决。

2. 案件启示

南通医保作为一家国内小型民营企业，在不到 4 个月的短时间内取得了 337 调查案件的胜利，创造了中国企业在 337 调查应诉史上结案迅速、成本低廉、结果利好的经典，其应诉经验值得总结和推广借鉴。

（1）增强信心，积极应诉。

应诉 337 调查需要高达数百万美元的律师费用，赴海外取证、现有技术查询等程序复杂，这让不少国内的中小企业望而却步，许多企业往往选择不应诉，最终败诉结案，放弃了国际市场。该案中，南通医保面对国际巨头企业的挑战，为保住需求旺盛的国际市场，企业决定迎难而上、积极应诉。基于此，南通医保一方面与相关专家和律师团队进行接触和咨询，经过大量的调查研究和筛选，聘请了美国在处理 337 案件方面知名的专业律师事务所威尔逊·桑西尼·古奇·罗沙迪律师事务所（简称“威桑古罗”）以及中国江苏泰和律师事务所作为该调查案的代理律师。另一方面

---

[1] 冉瑞雪. 337 调查突围——写给中国企业的应诉指南［M］. 北京：知识产权出版社，2015.

南通医保积极向商务部、江苏省相关外经贸部门以及南通市政府寻求应诉337 调查的咨询和指导帮助，各级部门和领导的支持也给予了企业应诉的信心和勇气。

南通医保应诉 337 调查的胜利让我们看到，中国企业在面对国际贸易壁垒诉讼时，选择合理的策略积极应诉，就有希望获得理想的结果。此外，外向型企业要注重日常的规范管理，常规保留各类财务数据、产销资料、试验和生产记录、研发凭证，积极申请注册各类知识产权。在做好充分准备的情况下，国内企业完全有能力成功应对反倾销、反补贴、337 调查等国际贸易壁垒诉讼。

（2）准备充分，策略得当。

江苏作为我国的经济大省，江苏企业历来是欧美反倾销、反补贴以及337 调查的主要目标。江苏省司法厅、省外经贸厅组织江苏涉外律师赴美培训，培育江苏本地的律师，使江苏本地律师发挥地域优势，更高效、有力地为中国企业应对国际贸易壁垒诉讼提供法律服务。中美律师结成配合默契的工作团队，在该案中充分发挥了专业优势，保证了该案在诉讼策略正确的基础上以极低的成本迅速成功结案，极好地服务了被诉企业。同时在案件中，本土律师可以大量增加现场工作时间，为美国的专业律师和企业起到极为良好的沟通作用，充分发挥了本土律师的优势。该案为今后中美律师的长期合作、以本土律师服务为本土企业树立了良好的先例。[1]

该案在立案后的 2 个月内，除南通医保和天成国际之外的其他 4 个被申请人即以和解和同意令的方式结案，这使得南通医保承受了巨大的应诉压力。但是，在律师团的鼓励下，南通医保积极收集证据，改进工艺，坚持继续诉讼。至 5 月底，威桑古罗向 OUII 律师展示了大量证据，在此基础上，提出了关于涉案专利无效的简易裁决动议，该应诉策略的制定为南通医保的最终获胜奠定了坚实的基础。

[1] 泰和律师事务所官网 http：//www. jcmaster. com.

3.3　闪存系列337调查案（337－TA－685和337－TA－735）

闪存技术更替引导下市场竞争激烈，市场上处于领先地位的企业通过提起337调查，以达到巩固技术领先优势，保护已有市场份额的目的。该案中，涉诉中国企业作为下游厂商遭遇上游企业的竞争漩涡，究其根本还是在于下游生产企业缺少发言权、受制于上游大企业的被动局面。我国芯片企业如何摆脱被动牵连的局面，值得业界深思。

2009年8月28日，韩国三星电子有限责任公司向ITC提出启动337调查的申请，指控美国飞索半导体公司以及包括作为下游厂商的中国深圳亿格瑞科技有限公司等共计12家中外企业向美国出口和销售部分闪存及其制品侵犯了其所拥有的美国专利权。案号为337－TA－685（简称“685案”）。

2010年8月6日，美国飞索半导体有限责任公司也向ITC提出启动337调查的申请，指控韩国三星电子有限责任公司以及作为下游厂商的创见科技发展有限公司（上海工厂）等共计24家中外企业向美国出口和销售部分闪存芯片及其同类产品侵犯了其所拥有的美国专利权。案号为337－TA－735（简称“735案”）。

3.3.1　当事双方及行业背景

1. 当事双方

在685案中，申请人是韩国三星电子有限责任公司（以下简称“三星电子”），被申请人是美国飞索半导体公司（以下简称“美国飞索”）以及包括作为下游厂商的中国深圳亿格瑞科技有限公司等共计12家中外企业；在735案中，申请人是美国飞索，被申请人是三星电子有限责任公司以及作为下游厂商的创见科技发展有限公司（上海工厂）等共计24家中外企业。下面主要介绍以下本系列案的两个主角三星电子和美国飞索以及中国的被诉企业。

（1）美国飞索。

美国飞索最初是超微半导体公司（Advance Micro Device，AMD）和富士通（Fujitsu）的合资公司。AMD和富士通最早于1993年在日本合资建立AMD富士通半导体公司，共同生产闪存，然后各自分开销售。因为一直以来非常强的联合关系，2003年7月，AMD和富士通双方通过知识产权和工厂等资产合资建立飞索半导体公司，加强这种关系，旨在取代Intel，取得最大的闪存市场份额。AMD占60%股权，富士通占40%股权。交易中，AMD付出闪存业务组和研发设备、Texas的Feb25厂以及在泰国、马来西亚、中国苏州的封装厂；富士通拿出了其闪存业务部和在马来西亚的集成电路最终封装测试厂。合并后，公司有账面资金30亿美元，合并财务报表到AMD公司。新合并公司全球有7000余员工，总部位于美国加利福尼亚的森尼韦尔，成为世界最大的闪存公司。美国飞索秉承了AMD和富士通在闪存发展初期就形成了创新和市场领先的地位。2005年12月16日，美国飞索以每股12美元公开发行42200000股A类普通股，完成在纳斯达克上市。

美国飞索是全球最大的专门提供闪存解决方案的公司，并且主要集中在NOR闪存市场。根据iSuppli的调查报告，2007年NOR闪存的主要供应商美国飞索占33%市场份额；意法半导体公司和英特尔各占13%、21%；三星电子公司占13%。美国飞索和三星电子市场份额连续三年增长。

（2）三星电子。

总部设在韩国的三星电子株式会社成立于1969年，是一家集半导体、通信、计算机产品和消费类电子产品于一体的大型电子企业，是韩国三星集团的子公司。三星集团始建于1938年，是韩国最大的企业集团。2007年合并销售收入1034亿美元。三星电子在62个国家设有134个办事处，雇佣员工15万人。公司主要由5个业务单元组成：数字家电业务、数字媒体业务、LCD业务、半导体业务和电信网络业务。三星电子被认为是全球最快成长的品牌之一，在数字电视、内存芯片、移动电话和TFT-LCD方面有市场领先的产品。

三星电子 1974 年 12 月开始进军半导体领域，在 1992 年，三星电子的 DRAM 产量已跃居全球第一。三星电子作为世界第二大半导体制造商，已连续 12 年在 DRAM 领域、连续 9 年在 SRAM 市场占有率第一位。2003 年闪存跃居第一位，其中 NAND 型闪存连续两年第一。三星电子在动态随机存储器和 NAND 闪存领域优势明显，但在整个半导体市场（包括存储芯片以及非存储芯片）其收入却远远落后于同行英特尔。从 2007 年 NOR 闪存市场份额和成长性上，英特尔和意法半导体的闪存相关部分合并产生的恒忆半导体公司（Numonyx）2007 年拥有的市场份额略微超过美国飞索。而三星电子的增幅巨大，已经从 2006 年的 9% 上升到 13%，三星电子的年增长率超过 40%，令业界刮目相看。

英特尔擅长生产针对个人电脑的中央处理器芯片，但消费者对这类设备的需要不断下滑，而随着手机等移动设备的需要不断增长，三星电子生产的内存芯片对于智能手机、平板电脑等至关重要，三星电子还生产针对手机的自主应用处理器，并为苹果、高通代工处理器。因此，2017 年，三星电子已经超越英特尔成为全球第一大生产制造商。

（3）中国主要涉诉企业。

深圳市亿格瑞科技有限公司（简称“亿格瑞公司”）是一家致力于高清播放产品自主研发、生产、营销、服务的高科技企业。公司创立于 2006 年 8 月，总部位于深圳市宝安区沙井沙三创业工业园。公司拥有集研发、制造一体的生产基地，年总产能达到上百万台。公司研发团队在影像通讯、数字音效等各方面皆具备多年资深专业经验，并且在数字电路、模拟电路技术、光电组件技术等方面有着扎实的专业知识理论基础。2009 年，亿格瑞公司获得 DTS 授权的正式会员资格，是高清播放机中唯一获得授权的企业。同年获得 DOLBY 授权的正式会员资格，是高清播放机中唯一获得授权的企业。

创见科技发展公司（简称“创见公司”）创立于 1988 年，是一家高科技跨国公司，总部位于中国台湾省台北市，产品包含各式闪存卡、U 盘、外接式硬盘、固态硬盘、内存模块组、多媒体产品、读卡器、数码周边产品与工控类产品。为了拓展国际市场，总裁束崇万先生于1990年在美国洛杉矶创立第一个海外子公司，作为拓展美洲市场的据点。而后，创见公司陆续在德国汉堡（1992）、荷兰鹿特丹（1996）、日本东京（1997）、中国香港（2000）成立子公司，在北京（2000）、上海（2001）、深圳（2005）等主要城市皆陆续成立营销据点，并与各地的经销伙伴紧密合作，建立了紧密的营销网。创见公司的上海工厂拥有14条高速SMT生产线。

亿格瑞以及创见公司上海工厂在该案中均为三星电子与美国飞索的下游制造厂商。

2. 行业背景

半导体存储器行业提供给厂商的最终产品是存储芯片。下游电子产品厂商将此芯片集成到他们的电子系统的产品中或者用其他介质封装后，能够方便实现存储功能的模组，再交付给渠道商或者最终用户。在最终消费者接收到产品的时候，由于产品外壳的遮挡，一般是难以分辨存储芯片的厂商的。电子产业是高度标准化的行业。半导体存储芯片产品在系统集成中，都是作为处理器互补品，在技术没有发生深刻变革的时候，无论处理器或者存储器都特别注重对后向的兼容，以保护客户的投资，其导致的结果是存储芯片的比较简洁，变化小。而且单方面的变化，脱离行业标准的话，将招致灭顶之灾。个人电脑行业相互兼容形成巨大产业群的历史事实，已经为整个电子行业效仿。[1]

闪存芯片市场主要被两种性能的闪存掌控，一种是NOR型闪存，其特点是高可靠性和快速读写能力，适合频繁随机读写，通常用于存储程序代码并直接在闪存内运行，比如手机就是使用NOR型闪存的大户；另一种为NAND型闪存，其特点在于容量大、成本低，广泛应用于固态硬盘（SSD）、数码相机、智能手机、平板电脑等对存储容量有较大需求的产品。随着便携式移动终端设备的普及，NAND闪存芯片的市场需求量急速上升，而NOR闪存市场逐步萎缩，自2005年起，NAND闪存的销售额超越NOR闪存，取代了NOR闪存的主导地位。

---

[1] 逄杨．闪存涉诉“337”，下游厂商受牵连——浅析三星闪存芯片知识产权纠纷案［J］．中国集成电路，2010（139）：82－87.

美国飞索作为全球最大的 NOR 型闪存供应商，一度在闪存市场声名赫赫。但是，随着 NOR 闪存在与 NAND 闪存的竞争中渐落下风，越来越多的企业转投 NAND，以 NOR 闪存为企业支撑征战闪存市场的美国飞索利润空间越来越小，在整个闪存市场上的竞争力日益下降。2009 年 3 月，美国飞索在美国申请了破产保护，试图通过企业重组化解经营困境。2010 年 5 月，美国飞索完成重组成功脱离破产保护，但比原计划多用了 4 个月的时间，这也使其失去了更多的市场份额，还承担了与破产有关的额外 2600 万美元的现金成本。竞争环境的恶化，破产重组承担的巨大债务压力，这些因素使美国飞索不得不考虑如何利用专利技术这一资本在争夺激烈的闪存市场上多分得一杯羹。正如许多以技术立足的跨国公司一样，专利诉讼被美国飞索选定为此次进攻的利器。而在 NAND 闪存市场上，三星电子与东芝稳居前两位，两家公司占据了全球 70% 以上的市场份额，而三星电子更是稳坐头把交椅。[1]

3.3.2　337 调查过程

1.685 案的简要 337 调查过程

2009 年 8 月 28 日，ITC 应三星电子公司申请，对部分闪存及其制品发起 337 调查。涉案产品主要包括闪存芯片以及 GPS 装置、路由器、网络存储器之类的芯片产品。

2009 年 7 月 31 日，三星电子提出申请（8 月 21 日提交了补充诉求），主张部分闪存及其制品的进口和销售侵犯其所拥有的第 US6930050 和 US57440065 号美国专利的部分权利要求，违反 1930 年《海关法》第 337 条规定。同时，申请人请求国际贸易委员会发布排除令和禁止令。

ITC 最终确定下列企业作为该案的被申请人：（1）美国飞索半导体公司（Spansion，Inc.，Sunnyvale，California）；（2）飞索半导体有限责任公司（Spansion LLC，Sunnyvale，California）；（3）飞索半导体（日本）有限公司（Spansion Japan Limited，Kanagawa，Japan）；（4）日本阿尔派电子公

[1] 李裕浩．飞索半导体公司发展战略研究［J］．经济与管理科学辑，2009（12）．

司（Alpine Electronics，Inc.，Fukushima，Japan）；（5）阿尔派电子（美国）公司（Alpine Electronics of America，Inc.，Torrance，California）；（6）友讯科技股份有限公司（D-Link Corporation，Taipei City，Taiwan）；（7）友讯系统公司（D-Link Systems，Inc.，Fountain View，California）；（8）Slacker公司（Slacker Inc.，San Diego，California）；（9）群辉科技股份有限公司（Synology Inc.，Taipei，Taiwan）；（10）群辉（北美）公司（Synology North America Corp.，Redmond，Washington）；（11）深圳亿格瑞科技有限公司（Shenzhen Egreat Co.，Ltd.，Shenzhen，China）；（12）美国Appro国际公司（Appro International，Inc.，Milipitas，California）。可见，涉诉被申请人中，只有一家中国企业，即深圳亿格瑞科技有限公司。

ITC于2009年9月2日确定立案并启动调查程序（《联邦公报》74 *Fed. Reg.* 45469），案号为337－TA－685。

立案后不久，该案的大多数被申请人即以同意令、协商或撤回申请的方式结案，涉诉的唯一一家中国企业亿格瑞公司则以未出庭为由终结了此次调查。自此，被申请人仅剩美国飞索以及友讯科技股份有限公司（简称“友讯科技”）。

2011年2月28日，行政法官公布初裁结果，认定被申请人存在侵权行为；2011年3月14日，被申请人和委员会调查律师（IA）分别针对权利要求解读（Construction）、不侵权、无效以及国内产业等理由申请对初裁结果进行复审。2011年4月29日，ITC决定对初裁结果进行复审。2011年6月16日，三星电子提出动议，申请以和解的方式终结对美国飞索、友讯科技以及亿格瑞公司（2011年6月20日修正动议）的调查。随后，ITC在综合考虑了动议申请、公众利益等前提下，同意了申请人的上述动议。该案就此结案。

2. 735案的简要337调查过程

2010年8月6日，美国飞索向ITC提出申请，指控进口美国及在美国市场销售的部分闪存芯片及其同类产品（Certain Flash Memory Chips and Products Containing the Same）侵犯了其所拥有的第US7018922、US6900124、US6459625以及US6369416美国专利的部分权利要求，要求启动337调查。

在申请人提交给美国ITC的诉状中，其将包括三星电子在内的24家企业列为被告。其中，中国大陆企业为创见科技发展有限公司（上海工厂）(Transcend Information Inc. (Shanghai Factory))。

ITC于2010年9月13日确定立案并启动调查程序（《联邦公报》74 *Fed. Reg.* 55604 -5)，案号为337 - TA - 735。

2011年4月27日，ITC决定对认定被申请人侵犯第US6900124号专利权利要求6~10专利权的初裁结果不进行复审；随后的6月13日，ITC决定对认定被申请人侵犯第US6369416号专利权利要求4专利权的初裁结果不进行复审。2011年6月16日，美国飞索动议在和解的基础上终止对三星电子等被申请人的调查。随后，ITC同意了上述动议并决定不对初裁结果进行复审，本次调查就此结案。[1]

3.3.3　案件分析及启示

三星电子与美国飞索之间相互发起337调查，反映了闪存技术更替引导下的激烈市场竞争。在庞大的电子技术专利技术群中，难免会有个别专利与美国市场上销售的同类产品的专利相似，因而会使市场上处于领先地位的企业有机可乘。这些企业会通过提起337调查，以达到巩固技术领先优势，保护已有市场份额的目的。

在巨头企业的市场竞争中，我国企业作为下游厂商频频遭遇上游企业的竞争漩涡，究其根本还是在于下游生产企业缺少发言权、受制于上游大企业的被动局面。我国芯片企业如何摆脱被动牵连的局面，值得业界深思。

1. 创新自主知识产权

中国芯片企业若想真正依照自己的意愿参与国际竞争，关键还在于调整产业结构，在芯片设计方面加大投入，拥有自主知识产权，力争在产业链上游占据一席之地，如此，才能避免被动地被列为337调查的共同被申请人，从根本上摆脱依附于上游企业的弱势地位，在贸易竞争中发出自己

---

[1] http://edis.usitv.gov.

的声音。

对于我国占大多数的中小型企业而言，系统完善的知识产权工作意味着大量的人力、财力投入，这与我国企业业务相对单一、企业生存目标高于发展目标的客观现状难以匹配。因此，相较于国外同行，我国产业和相关企业大多在落实知识产权工作方面存在不足，这就给国外企业频频制造知识产权争端提供了机会，激烈的市场竞争使知识产权工作不甚完备的我国企业难以招架频频发生的风险，往往成为 337 调查的最大受害者。从企业方面来讲，应该重视知识产权工作的完备，结合企业自身发展阶段，分步骤开展知识产权工作。处于发展初期的中小型企业，可以从加强自主创新、加强知识产权创造与保护的层面入手，逐步建立切合实际的知识产权工作模式；具备一定发展规模、意欲开拓国际市场的企业可以从完善知识产权管理、运用的层面出发，设立较高级别的知识产权工作部门，加强企业专利、商标、著作权、商业秘密等管理制度，加强技术人员知识产权培训以及知识产权专业人才培养等。[1]

2. 科学应对诉讼调查

我国企业在向美国出口产品前，应该尽可能将产品的知识产权状况梳理清楚，确保自主技术不侵权、引进技术有明确的授权依据、直接使用的第三方技术产品保留权利担保凭证，以便于合理抗辩。如果发现存在侵权可能，应及时对产品进行规避设计。一旦遭遇起诉也并不意味着被调查企业必然面临败局。应对得当，仍然可以将损失降到最低。但是由于法律环境的陌生，我国企业往往害怕打官司，尤其畏惧与国外大公司发生诉讼。尤其是 337 调查，相对普通诉讼而言，应诉时间不充分、应诉花销巨大，被诉企业要在短时间内付出大量人力财力，其压力可想而知，因此，有些企业宁可放弃美国市场，也不愿纠缠于 337 调查之中，如 685 案中，亿格瑞公司以未应诉缺席的方式告终。

企业作为案件应对的主体，首先应该提高风险意识，加强专利管理，形成企业独特的专利战略。337 调查不是针对我国电子产品进入美国市场

[1] 钟山．美国 337 调查：规则、实务与案例［M］．北京：知识产权出版社，2012.

的歧视性措施和不公平待遇，而是一种市场竞争的手段，努力掌握并善于运用规则，才能参与到市场竞争中去。首先，企业在应诉过程中，要通过分析申请人、国内同行、自主产品、技术和市场状况等作出正确的应诉策略，必要时还可以与同行联合应对。其次，还要善于利用各方力量，如寻求行业协会支持、联络其他涉诉企业、在美供销商等，信息共享，及时把握应诉进程。

3.4　焊丝容器和焊丝 337 调查案（337 – TA – 686）

中国药芯焊丝生产自 20 世纪 90 年代真正开始起步，从初露端倪到尽显锋芒，发展速度惊人，总产量跃居世界第一位。在此形势下，伴随着金融危机的阴霾，中国焊接材料也遭遇了美国 337 调查的挑战，而该案涉诉的中国四川大西洋公司面对挑战不轻言放弃，借用专业支持，挖掘对手的漏洞，制定合理的应诉策略，从而顺利赢得胜利，得以继续保持和维护美国市场以及企业的声誉。

2009 年 8 月 7 日，美国林肯公司（简称“林肯公司”）向 ITC 提出启动 337 调查的申请，指控包括四川大西洋焊接材料股份有限公司（简称“大西洋”）在内的来自欧洲和亚洲的共计 5 家企业，向美国出口和销售的有关焊丝、桶装焊丝材料容器及其组件侵犯了其所拥有的美国专利权。

3.4.1　当事双方及行业背景

1. 申请人

该案的申请人林肯公司，成立于 1895 年，总部设在美国俄亥俄州，是全球最大的焊接设备和焊接材料制造公司，在北美市场的份额高达 50% 左右。1989 年进入中国市场后，林肯公司先后投资上海宝山药芯焊丝制造厂，并于 2006 年在上海设立亚太区总部。林肯公司在中国市场的发展并不顺利，虽然和大西洋的市场有交融、有冲突，但在金融危机以前大家都相安无事。

2. 被申请人

大西洋是该案被诉的唯一一家中国企业。在焊接材料行业，大西洋是一家老牌国字号龙头企业，其前身是创建于1950年的上海斌诚焊接材料制造厂，1969年内迁到四川省自贡市，直到1996年才改制为“四川大西洋集团有限公司”（国有独资），并于2001年2月27日在上海证交所上市。大西洋的年产能近40万吨，并于2000年左右进入北美市场。起初，大西洋在北美市场的份额和销售总量非常小，但随着大西洋积极实施国际化战略，产品在欧美市场攻城略地，初露头角，尤其在北美的产品销售不断增长。

3. 行业背景

随着国民经济的快速发展及冶金工业的技术进步，焊接技术水平逐步提高，电焊条比例逐渐下降，气体保护焊丝生产日臻发展壮大，并取得长足进步。中国现有气体保护焊实心焊丝生产企业200余家，生产品种包括碳钢、低合金高强钢、耐热钢、不锈钢等气体保护焊实心焊丝，年产能在5～10万吨以上的骨干企业群已初步形成。许多大型生产企业可生产高效桶装实心焊丝，反映了中国焊接技术水平的提高，焊接材料生产技术的逐步完善和日趋成熟且向高效自动化方向发展并与国际接轨。气体保护焊实心焊丝行业的发展趋势为产能和产量不断增加、产品质量逐步提高、产品品种日渐完善。

中国药芯焊丝生产自20世纪90年代真正开始起步，短短十几年间，已从初露端倪到尽显锋芒，发展速度惊人。尽管占焊接材料总量的比例仍然偏低（2008年占9.1%左右），但总产量从2007年开始跃居世界第一位，超过韩国、日本和美国等国家。[1] 2007年，中国的药芯焊丝总产量跃居世界第一，达22万吨，2008年超过34万吨，其中结构钢药芯焊丝约32万吨，堆焊药芯焊丝约2万吨，继续保持世界冠军的地位。经过十几年的发展，目前国内已有药芯焊丝生产企业60多家。2008年产销超过3万吨的企业有6家，年产1万吨以上的企业有10余家，这标志着中国药芯焊丝

[1] 李连胜，栾敬岳，孙晓红，等．我国焊接材料发展状况浅析（下）［J］．市场透视，2010（2）：10－22.

企业的蓬勃发展，标志着中国焊接材料企业在高技术生产领域已成为世界大国，并大踏步地向世界强国进发。❶

在 2008 年焊接材料出口统计中，气体保护焊实心焊丝 ER70S－6 等品种出口约 15 万吨，出口量约占焊接材料总出口量的 39.5%，已接近传统酸性碳钢焊条的出口比例（41.1%），标志着中国气体保护焊实心焊丝的质量已得到国际认可，接近或达到国外同类产品水平。2003～2009 年，中国气体保护焊实心焊丝出口量及其所占焊接材料总出口量的比例逐年上升。

中国药芯焊丝生产企业呈现国资控股、外资和民营三足鼎立之势。外资企业主要有美国 ITW 集团、天泰公司、林肯公司、韩国现代、韩国高丽等；国资控股企业主要有天津三英、北京安泰等；民营企业主要有天津金桥和天津大桥等。2008 年这些企业生产的药芯焊丝产量在 25 万吨左右，约占中国市场的 73.5%。

3.4.2　337 调查过程

林肯公司于 2009 年 8 月 7 日向 ITC 提出申请，指控 5 家欧洲和亚洲公司在美进口和销售有关焊丝、桶装焊丝材料容器及其组件中出现的不公平行为，在这 5 名被申请人中，大西洋是唯一一家中国公司。林肯公司声称被申请人在不同程度上侵犯了其所拥有的美国 US6260781、US6648141、US6708864、US6913145、US7309038、US7398881 和 US7410111 号专利。同时，林肯公司在其总部所在地美国俄亥俄州联邦地区法院提起了一系列的专利侵权诉讼，主张与其在 ITC 申诉中相同的专利，并将大西洋作为被告。2009 年 8 月 13 日，林肯公司以相同的涉诉专利仅针对大西洋提起了第二起诉讼。❷

该次调查事件发生之初，大西洋并没有从美国官方渠道获悉诉讼消息，而是在立案几天后，陆续接到几家律所的电话，才知道自己惹上了官

❶ 李连胜，栾敬岳，孙晓红，等．我国焊接材料发展状况浅析（上）［J］．市场透视，2010（1）：10－16.

❷ http：//edis. usitv. gov.

司，不过虽然事出突然，但公司上下并没有惊慌失措，而是由总经理牵头，迅速成立了一个由技术工程师和法律部门人员共同参与的工作小组，并借助律师渠道，认真分析起诉内容、涉案产品和技术专利等。大西洋根据各家律所提出的抗诉方案及预算，选择了美国德杰律师事务所和北京天达律师事务所组成的律师团队。其中，德杰团队的领导人史蒂夫·J. 罗斯曼自1983年起，曾先后参与过30多起337调查案。[1]

研究之后，根据焊接行业的经验，大西洋发现，除了不侵权抗辩和无效专利的抗辩之外，自身还拥有一项至关重要的抗辩：林肯公司起诉的产品不论从焊丝储存卷筒内的特征还是从标签中含有的标准认证信息都与大西洋的产品有本质不同，林肯公司的起诉有重大缺陷，其起诉前的调查工作没有达到提起专利诉讼的标准。

在确定这个重大突破口后，大西洋积极进行抗辩和反击，为ITC提供了大量事实证据，应用ITC程序法，迫使林肯公司迅速结束对大西洋的调查程序。在行政法官Robert K. Rogers召集第一次会议后，大西洋代理律师立即首次与林肯公司的代理律师进行了会晤，阐述了林肯公司的诉前调查缺陷。林肯公司的诉前缺陷可以从贴在焊丝储存卷筒的标签上显而易见，虽然标签没有注明生产商，但却标注了ISO的质量认证标识，这种标识的代码对每个企业是具唯一性的，通过标识可准确锁定生产商；还有一些缺陷可以通过检查焊丝储存卷筒内的特征发现，如密封环和大西洋一贯在卷筒内使用的密封环不同。

大西洋的策略使得林肯公司向提供涉案产品的第三方发出查证请求，同时，大西洋于2009年12月10日向ITC提出针对林肯公司有关诉前调查缺陷的处罚动议。在大西洋提出处罚动议后不久，第三方销售商通过查证发现，林肯公司在该美国销售商处指定要购买大西洋的产品，而这家曾经销售过大西洋产品的经销商却将并非大西洋的产品误称为大西洋产品卖给了林肯公司。林肯公司随即于2009年12月18日提出终止对大西洋调查的动议申请。同期，林肯公司于2009年12月17日和21日提出动议撤销俄

---

[1] 杨颖．中国焊接企业在美337诉讼大获全胜［N］．中国贸易报，2010－1－28（006）．

亥俄州联邦地区法院的司法诉讼。ITC 的调查律师也于 2009 年 12 月 28 日表示支持林肯公司的动议申请。行政法官于 2010 年 1 月 11 日作出初裁决定，同意林肯公司的动议，终止对大西洋的调查。2010 年 1 月 27 日，ITC 决定对初裁不进行复审，该调查案在原计划的庭审开始时间 2010 年 4 月前就实现结案。

针对大西洋提出的惩罚动议，行政法官于 2010 年 4 月 16 日驳回了该动议。

3.4.3　案件分析及启示

1. 制定应对策略

一般而言，在 337 调查案件中，申请人在提交 ITC 之前会做详细的调查以获取确切的证据，确定被申请人名称以及产品等。该案的申请人林肯公司是焊材行业内占据领先地位的公司之一，它用其他公司的产品来充当大西洋的产品并提起 337 调查，确属意外。但针对这一错误的指控，若大西洋不应诉的话就可能阻止大西洋相应产品进入美国市场。也许，林肯公司正是打了这样的如意算盘。可惜，大西洋公司在 337 调查案中并未如林肯公司所预想的避而远之，反倒是迎面而上，积极寻求制胜策略，最终发现了申请人的重大漏洞，保住了自己的美国市场，维护了自己的声誉。林肯公司针对大西洋公司的指控因缺乏事实基础，注定了不得不终止对大西洋公司的 337 调查。

这个成功案例给中国企业的重要启示是，面对 337 调查，不要轻言放弃，要借用专业支持，挖掘对手的漏洞，制定应诉策略，从而顺利地继续保持和维护美国市场以及企业的声誉。知识产权一向是中国企业外贸出口的短板，因此，美国企业利用 337 调查这一特有的法律规定频频向中国企业发起诉讼，以期对中国商品设置障碍，使其失去与美国相应产品的竞争优势，这种做法已成美国企业的习惯。如今，美国企业这一行为的真正目的不在于保护知识产权，而在于保护自己的市场份额的观点已经获得普遍认同。

2. 惩罚动议

《联邦法律汇编》第19卷第210.4节（简称“规则210.4”）明确规定要求申请人保证其诉称的事实需要有相应的证据支持（具体参见规则210.4（c）），否则，行政法官（或ITC）有权主动或者根据对方受害当事人的动议对申请人发起惩罚令。惩罚的目的是阻止重犯类似行为。惩罚的内容包括金钱性和非金钱性惩罚，前者包括支付罚款或者支付对方律师因提起动议而引起的合理费用；非金钱性惩罚包括认定对方拒绝开示的证据存在等（具体参见规则210.4（d））。

大西洋提出惩罚动议，要求对方承担合理的律师费用，理由是林肯公司在提起337调查时未进行充分的调查，误将他人的产品列为大西洋公司的产品，违反了ITC的上述原则。但是，行政法官认为林肯公司并不满足惩罚的要件，因此没有支持大西洋的动议。总体来说，很少有人在ITC调查中提起处罚动议，或许是因为程序的复杂性，或许是因为ITC使用的是必须基于事实的申请书/答辩状，这一般就要求申请人对其提交的文件的信息进行广泛的调查和取证。无论什么原因，惩罚动议提起的数量和成功率都非常低。

该案中，虽然大西洋未获得惩罚令，但这一策略对于ITC的被申请人来说，在面对调查阶段甚至是在提交申请书启动调查程序的阶段出现违反审慎义务的行为时，不失为一种切实可行的解决方案。只要程序方式恰当，可以通过此方式给对方施加压力，迫使申请人撤回申请或达成和解。而一旦ITC同意予以处罚令，ITC可以授予的惩罚令中就包括了终止调查。

3.5 双通道锁337调查案（337－TA－689）

该案申请人Safe Skies与非涉诉方旅安公司，是仅有的两家与TSA签署了TSA锁谅解备忘录企业，此次337调查是双方在司法诉讼的同时进行的另一场博弈。该案涉诉的中国企业均是美国旅安公司的许可制造商或经销商，调查结果仅决定了中国企业向哪家企业缴纳专利使用费，但是在本次调查中，中国企业积极应诉，取得了胜诉的可喜结果，为中国企业面对 337 调查积累了宝贵的借鉴经验。

2009 年 9 月 15 日，美国 Safe Skies 有限公司以及该公司的董事主席及所有人向 ITC 提出启动 337 调查的申请，指控包括中国中山皇冠箱包制造有限公司等 7 家中国大陆企业、6 家中国台湾企业和 3 家中国香港企业在内的共计 20 家中外企业，向美国出口和销售的部分双道锁及其产品侵犯了其所拥有的美国专利权。

3.5.1　当事双方及行业背景

1. 申请人

该案的申请人为美国 Safe Skies 有限公司（简称“Safe Skies”）以及该公司的董事主席及所有人大卫·特罗普（David Tropp）。Safe Skies 位于美国纽约州，该公司主要生产、许可经营、销售 TSA 锁（亦称 TSA 海关锁、关锁、TSA 认证锁）以及含有 TSA 锁的箱包产品。申请人大卫·特罗普先后于 2003 年 11 月 12 日、2004 年 11 月 12 日提出 US7021537 以及 US7036728 号发明专利申请，两项专利分别于 2006 年 4 月 4 日以及 2006 年 5 月 2 日被美国专利商标局授予专利权（简称“涉诉专利”）。[1] 受涉诉专利保护，Safe Skies 的 TSA 锁是由美国交通安全管理局（Transportation Security Administration，简称“TSA”）、英国皇家税务和海关等接受和认可的行李锁。

2. 被申请人

该案被申请人包括中山皇冠箱包制造有限公司（简称“皇冠公司”）、杭州杰玛箱包有限公司、江门丽明珠箱包皮具有限公司、东莞怡丰制造有限公司、珠海市天宏科技实业发展公司、宁波先锋工艺饰品有限公司、杭州信天游贸易有限公司在内的 7 家中国大陆企业，包括台湾泰联工业股份有限公司、台湾竞泰股份有限公司（Sinox Company，Ltd.）、台湾金泰工业有限公司、台湾富尔亿实业有限公司（Fullyear-Brother Enterprise，Co.，

---

[1] DWPI 数据库.

Ltd.）、台湾Paloma Enterprises有限公司、台湾Tekraft Industrial有限公司在内的6家中国台湾企业，包括香港The Sun Lock Company、香港雅来金属制品厂有限公司、香港M-Power Lock Manufactory公司在内的3家中国香港企业以及日本株式会社日乃本锭前（Hinomoto Jomae，Ltd.）、英国Cometform公司、英国Design Go公司、德国Franzen International公司在内的4家国外企业，共计20家中外企业。

其中，皇冠公司是亚洲最大的箱包制造基地，1992年由台湾皇冠集团在广东省中山市三湘镇成立，拥有50多年行李行业从业经验。皇冠的每一个产品都是由日本、美国或欧洲的知名设计师设计的。因此，该公司的产品风格和质量被认为是世界上最好的产品之一。皇冠公司每年为其世界各地的客户制作约200万件行李箱包。除了其制造能力，公司还拥有两个著名品牌“C&C”和“CROWN”，这两个品牌已在全球注册。凭借BSI认证的良好的管理和质量体系（ISO 9001），该公司能够在全国各地销售其产品，在中国许多大城市共拥有600多个分销点。此外，产品还出口到100多个国家和地区，包括美国、加拿大、英国、法国、意大利、日本、中东和东南亚，在全球形成了巨大的销售网络。此外，皇冠公司还获得了政府不同层次的多项奖项，其中包括“国家二级企业”“双重企业”“前100家中在中国有外商投资企业”。CROWN品牌产品也成为代表中国参加第十三届、第十四届亚运会和2000年奥运会的中国运动代表团使用的指定行李箱包。皇冠公司也是2008年奥运会竞标奥林匹克委员会的资深赞助商。CROWN品牌还在2006年被选为中国十大品牌之一。[1]

3. 行业背景

为防止恐怖袭击以及考虑其他安全原因，从2003年1月开始，TSA规定所有进入美国机场的行李必须打开接受检查，同时TSA发出警告：除非使用TSA认证的锁，否则被检查行李要么不要上锁，要么海关有权撬开破坏被检查的行李锁。该项规定给旅客带来了很多不便，若不使用行李锁，会造成物品丢失；但使用一般行李锁，又会受到海关安检人员例行安全检

[1] 皇冠网 http：//www. crownluggage. com.

查时的撬开破坏，以致行李锁无法继续使用，且行李无法被锁存。旅客在旅行时总希望他们的财物安全受到保护，而安检机构则希望在必要的时候，能检查托运行李，并且不要破坏行李上的锁。TSA 锁应运而生，其解决了安检机构与旅客之间的矛盾，使双方的需求得以实现。

TSA 锁是一种采用国际海关全球通用的万能 TSA 专用钥匙可以打开的锁。这种锁的正反两面有一个可识别为 TSA 锁的标志，其中，Safe Skies 的标志为红色火炬（如图 3 – 5 – 1 所示），美国旅安公司（Travel Sentry, Inc.，简称“旅安”）的标识为红钻（如图 3 – 5 – 2 所示）。海关只要看到这两种标志，就能够识别其为 TSA 锁，当需要开箱检查时，根据锁底部注明的号码，拿对应的钥匙开锁，而不会撬开破坏。TSA 严格培训海关检查人员，打开行李检查时要非常仔细确保安全，检查完后也要重新锁上行李。TSA 锁在美国及其他 40 多个国家和地区可以使用。

图 3 – 5 – 1　Safe skies ISA 锁

图 3 – 5 – 2　旅安 TSA 锁

美国占有了 TSA 锁超过 95% 的市场份额，目前，TSA 仅与该案申请人 Safe Skies 以及旅安签署了关于 TSA 锁的谅解备忘录。旅安是在 TSA 的支持下，并在与全球主要的箱包及其配件的生产商的配合下，于 2003 年成立的公司。该案的被申请人均为旅安公司的授权生产商或经销商。旅安通过与政府安全部门、航空公司、机场和旅行用品生产行业的紧密配合，创造并管理着可以增强旅行安全的标准——旅安标准。旅安开发的旅行箱安全系统在全球数百个机场已经采用，此系统在美国所有机场都已得到应用，包括美国的海外附属地，包括美属维尔京群岛、美洲萨摩亚群岛、关岛以及密克罗尼西亚群岛。

3.5.2 337调查过程

1. 立案

2009年9月15日，涉诉专利的所有人大卫·特罗普及其所持有的公司Safe Skies向ITC提出申请，请求审查中国中山皇冠箱包制造有限公司等20家中外公司对美出口、在美进口和在美销售的部分双道锁及其产品侵犯其美国US7021537号专利之权利要求1～21的专利权以及US7036728号专利之权利要求1～20的专利权。因此，申请人申请颁布临时救济程序（临时排除令和临时制止令）以及在调查结束后发布排除令和制止令。

ITC于2009年10月21日确定立案并启动调查程序（《联邦公告》74 *Fed. Reg.* 54065），案号为337－TA－689。

2. 初裁

2009年10月30日，该案的19个被申请人联合指定Seyfath Shaw LLP律师事务所的作为首席代理律师，于2009年11月13日针对申请人申请337调查的理由分别进行了抗辩。随后，彼得·陈作为其余的被申请人台湾泰联工业股份有限公司的代理律师于2009年11月23日也进行了针对337调查的抗辩。最后，所有被申请人决定联合指定布瑞恩·L.米凯利斯作为该案的代理律师。

2009年12月1日，申请人提交了2008年12月16日在美国纽约东区地方法院审理的有关原告旅安起诉被告大卫·特罗普所拥有的两项美国US7021537以及US7036728号专利权无效以及不侵权诉讼案的马克曼决定。该决定对涉诉专利的权利要求进行了详细解读。

该案申请人与被申请人的代理律师代表双方当事人，先后于2009年12月17日以及2010年2月4日进行了两次和解会谈，双方针对该项337调查提出了多种解决争端的商业提案。

2010年2月23日，被申请人提出作出该案被诉产品不侵权的简易裁决的动议；随后，ITC决定授权该项动议，被申请人与ITC联合动议作出被诉产品不侵权的简易裁决。2010年3月8日，申请人针对上述动议进行了抗辩。

2010 年 3 月 22 日，行政法官发布初裁公告，认定被申请人的被诉产品对申请人所拥有的两项涉诉专利均不构成侵权，终止对该案的 337 调查。行政法官在该初裁报告中指出：涉诉专利的权利要求涉及一种改进航空行李安检的方法，具体为通过使用一种既可以由旅客使用以保护他们行李安全，又可以由安检人员通过万能钥匙打开的双道锁来保障航空行李检查安全进行的方法。被申请人承认，TSA 是检查航空行李的主体，该案的 20 个被申请人都是旅安的被许可人（被申请人与旅安均签署了“营销许可协议”和/或“制造商商标许可协议”），而旅安并不是该案的调查主体。被申请人认为其并没有任一方执行涉诉专利权利要求的任一步骤，也没有指示和控制某一主体执行涉诉专利权利要求的任一步骤，且无论是被申请人还是旅安都没有直接或通过签署合作备忘录向 TSA 行使控制权，因此，被申请人的产品并没有直接侵犯涉诉专利的专利权。而申请人认为旅安是主要的策划者，其控制 TSA 执行涉诉专利权利要求所述的方法。申请人还指出，旅安已经知晓或意识到其侵权行为，因此，旅安以涉诉专利的专利权无效起诉了申请人大卫·特罗普。行政法官认为，由申请人的指控可以看出，申请人并没有指控被申请人直接的侵权行为，而是指控被申请人、旅安以及 TSA 联合侵权。因此，作为一个法律问题，被申请人没有构成对涉诉专利的直接侵权。对于申请人指控的旅安直接侵犯其涉诉专利以及操控第三方，包括其制造商和经销商实施侵权行为，行政法官和被申请人均不认可上述指控，认为作为非该案被申请人的 TSA 并没有受到同样是非该案被申请人旅安的指导或控制。最终，行政法官认定，针对被申请人要求 TSA 实施涉诉专利权利要求的某些要素的指控，即使旅安是此次调查的被申请人，对于旅安的指示和控制行为的指控均不成立。此调查结果显示，被申请人没有直接侵权行为，没有违反 337 条款，此次调查结束。

3. 复审与终裁

2010 年 4 月 1 日，申请人 Safe Skies 以及大卫·特罗普提交了对初裁结果的复审请求。随后，OUII 于 2010 年 4 月 8 日针对该复审请求进行了裁定，认为行政法官的初裁结果是合理合法的，申请人并没有提供可以表明初裁结果错误或初裁决定超越了ITC政策的合法理由，因此，对该初裁决定不予以复审。2010年5月3日，ITC发布公告，决定维持行政法官的初裁决定，结束本次337调查。[1]

3.5.3 案件分析及启示

作为此次337调查对象的中国企业均是旅安的许可制造商或经销商，如皇冠公司，其针对双道锁及其箱包产品一直在向旅安缴纳专利使用费。

而Safe Skies与旅安，作为与TSA签署了TSA锁谅解备忘录的仅有的两家企业，双方针对TSA锁的专利权纠纷在美国国内进行了司法诉讼。而此次由Safe Skies发起的337调查，很可能是Safe Skies在美国国内的诉讼面临不利，所以寻求337调查这一手段，以旅安许可的生产企业作为调查对象，意图中止诉讼程序，延长时限，调整诉讼策略。

皇冠公司在美国的产品销量有限，Safe Skies与旅安关于TSA锁权利纠纷的诉讼结果改变的只是中国企业把专利使用费交付给谁的问题。但是，我们依然欣喜地看到，在本次调查中，所涉及的中国企业都积极应诉，取得了胜诉的可喜结果，为中国企业面对337调查积累了宝贵的借鉴经验。

3.6 发光二极管337调查案（337-TA-674）

与大多数337调查案不同，该案的申请人并不是美国本土企业，而是美国公民，其利用337这个手段不排除是追求个人经济利益。在不关乎产业格局以及企业效益的前提下，涉诉的中国企业三安光电很可能根据申请人的经济诉求，综合考量了美国市场以及应诉成本等综合因素，选择以同意令的方式尽快终止了调查，这种方式很可能也在一定程度上节约了时间和经济成本，也是一种息事宁人的合理做法。

2008年3月20日，格特鲁德·尼马克·罗斯柴尔德（Gertrude Neu-

---

[1] http://edis.usitv.gov.

mark Rothschild，简称“罗斯柴尔德”）首次向 ITC 提出启动 337 调查申请（337 -- TA - 640），指控包括 4 家中国大陆公司、7 家中国台湾公司在内的国内外共计 30 家企业，向美国出口和销售的用于诸如手持移动设备等产品中的短波（例如蓝波、紫波）发光二极管和激光二极管侵犯了其所拥有的美国专利权。

2009 年 3 月 2 日，罗斯柴尔德再次向 ITC 提出启动 337 调查申请（337 - TA - 674），指控包括厦门三安光电科技有限责任公司在内的中国大陆公司以及包括中国台湾奇力光电科技股份有限公司在内的 5 家中国台湾公司等共计 6 家企业，向美国进口和销售发光二极管 LED 芯片、激光二极管芯片以及包含所述芯片的产品侵犯了其所拥有的美国专利权。

2009 年 5 月 6 日，申请人动议将上述两案合并调查。行政法官同意申请人关于合并调查的动议。

3.6.1　当事双方及行业背景

1. 申请人

罗斯柴尔德，美国物理学家，在半导体材料科学和物理学方面的工作卓越，其工作的重点是光电性能宽带隙半导体及其发光器件。

1948 年，罗斯柴尔德以优异成绩毕业于巴纳德学院，获得化学学士学位。1949 年，于拉德克利夫学院获得化学硕士学位；1951 年，她在哥伦比亚大学化学系获得了博士学位，论文题为《自由云近似分子轨道计算》。在获得博士学位后，她加入了纽约州贝赛（Bayside）的 Sylvania 研究实验室，担任高级物理学家。1960 年，她搬到了纽约州的 Briarcliff 庄园飞利浦实验室，一直工作到 1985 年。1982 ~ 1985 年，担任哥伦比亚大学材料科学教授，并于 1985 年成为全国材料科学教授。1999 年，她成为哥伦比亚大学材料科学与工程学院、应用物理与数学的荣誉退休女教授（Emerita Professor）。

在 20 世纪 80 年代，罗斯柴尔德教授开始研究宽带隙半导体的光学性质，开发出能够使用光谱范围较高的二极管，并作为优异的光源。新型短波长 LED，发出蓝光、绿光、紫光和紫外光，被证明更加节能、可靠和长寿命，而短波长发射激光二极管可以更紧密地存储更多的信息。该项技术被广泛借鉴和应用，从广告牌和交通灯到手持移动设备和高分辨率 DVD 播放器。罗斯柴尔德的研究使得电子领域取得了显著进步，包括建立蓝光、绿光和紫外光 LED 作为电子产品的常见组件。

罗斯柴尔德在宽带隙半导体技术方面拥有多项专利。2005 年，因侵犯其所拥有的两项半导体发明专利权，罗斯柴尔德向飞利浦亮锐照明公司（Philips Lumileds Lighting）、台湾晶元光电（Epistar）、丰田合成株式会社（Toyoda Gosei）和欧司朗（Osram）等几家电子公司提起诉讼，最终庭外和解。❶

2. 被申请人

厦门三安光电股份有限公司（简称“三安光电”）是目前国内成立最早、规模最大、品质最好的全色系超高亮度发光二极管外延及芯片产业化生产基地，总部坐落于厦门，产业化基地分布在厦门、天津、芜湖、泉州等多个地区，是国家发改委批准的“国家高技术产业化示范工程企业”、国家科技部认定的“半导体照明工程龙头企业”，承担国家“863”“973”计划等多项重大课题，并拥有国家级博士后科研工作站及国家级企业技术中心。

三安光电主要从事全色系超高亮度 LED 外延片、芯片、化合物太阳能电池及Ⅲ－Ⅴ族化合物半导体等的研发、生产与销售，产品性能指标居国际先进水平。目前拥有 1000 级到 10000 级的现代化洁净厂房，上万台（套）国际最先进的外延生长和芯片制造等设备。公司凭借强大的企业实力，实现了年产外延片 2400 万片、芯片 3000 亿粒的生产规模，占到国内总产能的 58% 以上，居全国第一。2014 年，公司进一步扩大和延伸 LED 产业链建设，在厦门投资新建的 LED 产业基地和通讯微电子器件项目，使公司的生产规模直接迈入国际顶尖行列，并成为中国第一家具备规模化生产、研发化合物半导体芯片能力的企业。❷

❶ 维基百科 https：//zh. wikipedia. org.

❷ 三安光电官网 http：//www. sanan－e. com.

3. 行业背景

（1）国内LED市场。

我国的LED市场的发展经历了以下4个主要时期：①萌芽期。自1999～2005年。市场上的LED产品主要为红黄光，其他应用不多，主要用于信号指示方面；而蓝光芯片主要靠进口满足需求，真正开始独立生产是在2003年以后。这段时间生产厂商较少，较早介入LED外延市场的有山东浪潮华光公司，另外有一些研究机构，包括中科院在进行研发工作。②成长期。自2006～2008年。第十个五年计划年末，2005年，国产白光芯片封装后光效非常低，只有30流明每瓦。2006年中旬，半导体照明工程重大项目正式启动，开始关注半导体照明产业链特别是上游的核心及关键技术。到2008年末为止，我国的LED芯片有一半开始在国内生产，而组装的LED成品国产化率则接近100%。可惜的是，在这阶段国产化的主要还是应用于低端的芯片产品，而应用于高端的高亮LED芯片仍然需要进口，国内的技术水平离发达国家的水平还相去甚远。③爆发期。从2009～2011年。在这几年，各个地方密集出台补贴政策，在政府红利刺激下，LED产业大规模爆发。最后经过几轮的产能扩张，在上游LED外延及芯片制造领域，国内企业已经拥有全世界六成以上的产能总和。据统计，当时全世界大概有1500台MOCVD设备，而国内企业就已经拥有900多台。就单个公司来讲，三安光电、德豪润达等成为了第一梯队的领先企业，拥有超过70%的MOCVD机台。④整合期。自2012年至今。从2011年下半年开始，市场需求没有及时打开，而已投资的项目，产能开始大量释放，在其作用下，LED芯片库存大量增加，单价一路下跌，到2012年底，芯片平均价格下降了40%。由此造成一系列公司破产，甚至包括亚威朗、宇体光电等上市很久的上游企业，资本整合也越来越多，特别是在2013年，三安光电出资收购了台湾璨圆光电约20%的股权，成为单一最大股东。同年雷士光电被德豪润达全资收购，江西瑞能被马鞍山园融收购，真明丽被同方股份收购。而感受到了威胁的台湾晶元集团，在2014年7月全资收购了璨圆集团，此事也可以看出三安光电对上游产业的影响，以及台湾晶元的快速策略反应。

（2）国际LED市场。

通过比较分析全球主要的LED企业的专利分布可以看出，各大LED企业所在的美国和日本专利申请总数较多，在中国的专利申请最少；飞利浦亮锐照明公司（Philips Lumileds Lighting）在全球的专利数量最多，其次是欧司朗（Osram）；而中国的三安光电除了在美国有9件，几乎没有国外的专利申请。

总的来说，当今的LED企业的专利技术优势，可以分为3大区域。

①欧美地区，以通用照明为主攻方向，强调产品的高可靠性和高亮度。主要厂家有3家，分别是科锐（Cree）、飞利浦亮锐照明公司（Philips Lumileds Lighting）和欧司朗（Osram）。科锐以性能优异的SiC基板技术在LED通用照明领域占据领先地位。

②日本地区，技术最为全面，通用照明和背光显示都具备最强实力。日本主要厂家有日亚化学和丰田合成，发展方向兼顾通用照明、汽车、手机和电视。

③韩国和中国台湾地区以及中国大陆，虽然这些国家或地区还没有出现可以抗衡国际LED大企业的厂商，但它们优势在于出货量大、单价低、毛利稍低。韩国和中国台湾以笔记本式计算机显示屏背光、LED-Monitor背光、LED-TV背光和手机背光为主攻方向；中国大陆以红黄和绿光为主，主攻户外显示屏、广告屏、信用灯领域，技术较薄弱。❶

3.6.2 337调查过程

2008年3月20日，罗斯柴尔德首次向ITC提出337调查申请（337-TA-640），涉案产品是短波（如蓝波、紫波）发光二极管和激光二极管，用于诸如手持移动设备等产品中。该案共涉及30家企业，其中，新加坡1家，中国大陆4家，中国台湾7家，马来西亚1家，日本10家，韩国3家，美国2家，芬兰和瑞典各1家。同年8月30日，罗斯柴尔德申请新增11家企业，其中包括中国大陆5家。

❶ 潘小明，腾牧，卢娟，等．全球企业LED专利申请分析［J］．电视技术，2013（2）．

1. 立案

2009年3月，罗斯柴尔德向ITC提出申请，请求审查包括三安光电和台湾奇力光电科技股份有限公司（Chi Mei Lighting Technology Corp. of Taiwan）在内的5家中国台湾公司作为被申请人在美国非法进口、销售发光二极管LED芯片、激光二极管芯片以及包含所述芯片的产品，侵犯其美国US5252433号专利（简称“涉案专利”）的专利权。因此，申请人申请发布临时救济程序，以及在调查结束后（1）发布普遍排除令，禁止侵权产品进入美国市场；（2）发布有限排除令，禁止被申请人及其关联方进口侵权产品进入美国市场；（3）发布禁止令，禁止被申请人在美针对涉案产品存货进行进口、销售、展示出样等。

ITC于2009年4月6日确定立案并启动调查程序（《联邦公报》74 *Fed. Reg.* 15520－21），案卷号为337－TA－674。[1]

涉诉专利发明名称为“具有低双极电导率的宽带隙半导体及其制备方法”，于1988年8月15日申请，1993年10月12日获得授权，专利期至2010年。该案申请人罗斯柴尔德教授为该涉诉专利的唯一发明人。涉诉专利共包括22项权利要求，涉及侵权的权利要求为独立权利要求10以及从属权利要求12、13和16，涉及降低杂质度的掺杂技术。

2. 初裁及终裁

三安光电于2009年4月22日应诉并提交答辩状；2009年5月6日，申请人动议合并调查该案与案卷号为337－TA－640的337调查案，随后，行政法官同意申请人关于合并调查的动议。合并案涉及其他申请人，如摩托罗拉、索尼爱立信、东芝、诺基亚等公司。2009年5月11日，三安光电单方动议在同意令基础上终止调查；2009年6月19日，行政法官作出初裁，同意厦门三安终止调查的动议，并于同年7月14日决定对初裁不进行复审，初裁结果随即成为终裁。该案就此结案。

3.6.3　案件分析及启示

与大多数337调查案不同，该案的申请人并不是美国本土企业，而是

---

[1] http：//edis. usitv. gov.

美国公民罗斯柴尔德教授，而且还是一位年迈的坐在轮椅上的老人，很难相信其有足够的精力和能力组建一个庞大的律师团来应对337调查。而据一位不愿具名的人士透露，在老人背后的是美国的利益集团，为他们服务的美国律师团没有收取罗斯柴尔德的任何诉讼费用，而是协议在获得赔偿后，按一定比例分成。这个律师团早在一年前就进入中国国内调查LED企业，甚至非法使用了一些诱惑手段。

美国本土LED封装企业很少，但成品进口量大，而我国LED出口主要就是封装和应用产品，生产企业规模普遍较小，应诉能力非常弱。而与之相对，美国申请人的证据收集则十分容易。美国人的根本目的是打击我国LED产业。由于中国出口产品技术含量上升，加上传统的制造成本优势，对美国同行构成了威胁，他们希望通过运用技术壁垒的手段遏制中国产品。针对规模较小的企业提出调查申请，有可能的话利用普遍排除令限制该行业对美出口，如果不能限制出口则狠敲一笔和解费。近年来，中国企业深受其害，因为即便和解也会由于支付高额专利费而元气大伤。

在此次调查的337－TA－674与337－TA－640合并案中，被申请人涉及许多国外大企业，它们技术专利齐全，实力雄厚，但在调查初期就纷纷和解结案，究其原因，这些大企业均是上市公司，不想因为337调查或诉讼官司影响股市。通过和解顺利获得出口权，其产生的利益也远远大于和解费用，所以这些公司都采取息事宁人的态度。据悉，全球被诉的30家企业中，除了中国两家企业外，只有一家外国公司在真正与美方较量，众多大公司的和解无疑给应诉的小企业带来了压力。

但是，从该案涉诉专利的申请时间来看，其早在1988年，主要保护的是一种II－VI族的半导体掺杂技术，虽然曾经一度是研究热点，但这个材料没有工业化应用。而目前LED工业化产品几乎都是用III－V族的半导体材料制备的，与涉案专利几乎没有相关性。所以从专业的角度来看，如果被申请人积极应诉的话，申请人没有获胜的可能。但是，被申请人决定是否应诉需要考虑的因素很多，该案的申请人作为个人，其利用337调查这个手段不排除是追求个人经济利益，因此，在不关乎产业格局以及企业效益的前提下，三安光电很可能根据申请人的经济诉求，综合考量美国市场以及应诉成本等综合因素，选择以同意令的方式尽快终止调查，这种方式很可能也在一定程度上节约了时间和降低了经济成本，也是一种息事宁人的合理做法。

3.7　覆铜板337调查案（337－TA－659）

该案发起于我国已成为全球覆铜板制造大国并向制造强国发展的背景下，随着我国自主研发实力的提升，一些公司的产品已直接威胁到国外老牌公司的市场，形成了新的格局。该案在其他被申请人均以和解和同意令终止调查的情况下，广东生益公司却能成功迫使申请人依索拉以撤诉而告终，生益公司的大获全胜带给中国企业很多值得借鉴的宝贵经验。

2008年10月6日，美国依索拉股份有限公司向ITC提出启动337调查的申请，指控包括中国广东生益科技股份有限公司、中国腾辉电子（苏州）有限公司在内的中国大陆、中国香港、中国台湾和国外的共计7家企业，向美国出口和销售的黏结片、覆铜板和制成品线路板侵犯了其所拥有的美国专利权。

3.7.1　当事双方及行业背景

1. 申请人

美国依索拉股份有限公司（Isola USA Corporation，简称“依索拉”）是覆铜板的行业巨头，世界第三大生产商。公司成立于1903年，开始的主要业务以生产销售陶瓷和贵金属为主，1951年4月，第一张覆铜板在新罕布什尔州的工厂中诞生，标志着依索拉正式进军印制电路板基板行业。集团自成立以来迅速成为行业中的领头羊，其主要产品有阻燃型环氧玻纤布覆铜板、复合基材环氧覆铜板及多层板用系列半固化片。产品主要供制作单、双面及多层线路板，广泛用于计算机、通信设备、数码家电、汽车、航空航天以及各种中高档电子产品领域。1985年，由依索拉投资的德联覆铜板台湾公司正式在中国台北桃园县开工，标志着依索拉正式进军亚洲。

2. 被申请人

广东生益科技股份有限公司（简称“生益”），成立于 1985 年，位于广东省东莞市，在 2009 年是国内唯一一家覆铜板上市公司。作为中国大陆最大的覆铜板生产企业，该公司先后开发出诸多具有国际先进水平的产品，并成功进入包括美国在内的国际市场。作为领先中国的高品质多层印制电路板制造商、中国电子电路行业第一届“民族品牌”企业的杰出代表，生益实现了持续二十多年的业绩增长及规模扩大。生益万江工厂占地 4.4 万平方米，东城工厂占地 18 万平方米，现有员工 3000 多人，系专业制作高精度、高密度、高品质印制电路板的高新技术企业，以多层板为主导，产品广泛用于电脑、通信设备、汽车、电源、仪表及家电等领域，行销北美、欧洲及亚太等国家及地区。

3. 行业背景

覆铜板是印制电路板极其重要的基础材料，各种不同形式、不同功能的印制电路板，都是在覆铜板上有选择地进行加工、蚀刻、钻孔及镀铜等工序，制成不同的印制电路。覆铜板制造行业是一个朝阳产业，它伴随电子信息、通信业的发展，具有广阔的发展前景，其制造技术是一项多学科相互交叉、相互渗透、相互促进的高新技术。它与电子信息产业，特别是与印制电路行业同步发展，不可分割。它的进步与发展，一直受到电子整机产品、半导体制造技术、电子安装技术及印制电路板制造技术的革新与发展所驱动。

在 2010 年全球刚性覆铜板的 97.11 亿美元产值中，亚洲地区达到 89.96 亿美元，占全球总产值的 92.64%。2008 ~ 2010 年全球刚性覆铜板的产值及增长情况如表 3 -7 -1 所示。

表 3 -7 -1　2008 ~ 2010 年全球刚性覆铜板产值及增长情况

国家或地区	产值（百万美元）				面积（百万平方米）			
	2008 年	2009 年	2010 年	2010 年比 2009 年增长率（%）	2008 年	2009 年	2010 年	2010 年比 2009 年增长率（%）
美国	416	308	374	21.43	15	11	12	7.27

续表

国家或地区	产值（百万美元）				面积（百万平方米）			
	2008 年	2009 年	2010 年	2010 年比 2009 年增长率（%）	2008 年	2009 年	2010 年	2010 年比 2009 年增长率（%）
欧洲	369	241	341	41.49	15	8	10	27.85
日本	981	732	886	21.04	36	25	28	12.50
中国	1019	3662	5621	53.50	253	261	332	27.49
亚洲（除日本和中国大陆）	2198	1879	2489	32.46	109	96	117	21.60
合计	8013	6822	9711	42.35	429	401	499	24.59

由表 3－7－2 可以看出，全球覆铜板行业的发展重心在亚洲。无论从覆铜板产值或是增长率来看，亚洲均位于世界前列，特别是中国大陆地区的总产值，目前已超过全球总产值的 50%。

表 3－7－2　世界主要覆铜板生产企业[1]

国家或地区	主要生产企业
中国大陆	建滔化工、生益、金安国际、联茂、日立化成、依索拉、松下电工、住友电木、南亚塑胶、台耀
日本	日立化成、松下电工、住友电木、三菱瓦斯
中国台湾	长春、联茂、依索拉、松下电工、台耀
韩国	斗山、LG
美国	雅龙、依索拉、Park Electro、罗杰斯
欧洲	依索拉、松下电工、Park Electro
新加坡	依索拉、Park Electro
马来西亚	依索拉、住友电木
泰国	松下电工

2008～2010 年全球主要刚性覆铜板公司排名如表 3－7－3 所示，主要的生产厂商来自中国香港和中国台湾及日本和韩国。

[1] 世界覆铜板生产现状解析．中国产业信息网，2013－6－14.

表3-7-3　2008～2010年全球主要刚性覆铜板公司排名情况

单位：百万美元

公司名称	2008年度		2009年度		2010年度	
	产值	份额（%）	产值	份额（%）	产值	份额（%）
建滔化工（中国香港）	1125	14.00	995	14.60	1385	14.30
南亚塑胶（中国台湾）	1050	13.00	836	12.30	1287	13.30
松下电工（日本）	793	9.80	610	9.00	808	8.30
生益（中国）	665	8.30	580	8.50	780	8.00
依索拉（美国）	610	7.60	430	6.30	635	6.50
联茂（中国台湾）	396	4.90	353	5.20	615	6.30
斗山（韩国）	360	4.50	349	5.10	477	4.90
日立化成（日本）	421	5.20	360	5.30	420	4.30
台光电子（中国台湾）	265	3.30	272	4.00	390	4.00
三菱瓦斯（日本）	340	4.20	290	4.30	340	3.50

国内方面，中国大陆覆铜板工业从20世纪50年代中期诞生至今，已经有50多年的发展史。21世纪以来，随着中国台湾、中国香港、日本、美国等在中国大陆大批投资建设覆铜板项目，民营企业不断进入覆铜板行业，我国已经成为世界覆铜板的第一生产和消费大国。[1]

3.7.2　调查历史

1. 立案

2008年10月6日，依索拉提出申请，请求审查包括生益、中国腾辉电子（苏州）有限公司两家中国企业在内的中国香港、中国台湾、美国等7家中外公司对美出口、在美进口和在美销售的黏结片、覆铜板和制成品线路板侵犯其美国US6187852、US6322885、US6509414号专利部分权利要求的专利权。因此，申请人申请发布临时救济程序，以及在调查结束后发布排除令和制止令。

ITC于2008年11月12日确定立案并启动调查程序（《联邦公告》73 *Fed. Reg.* 66919），案号为337-TA-659。

---

[1] 覆铜板行业竞争格局及发展前景分析.PCB信息网，2013-1-3.

2. 初裁

2008 年 12 月 8 日，生益向 ITC 提出动议申请，请求终止对其侵犯 US6509414 号专利部分权利要求专利权的调查；2008 年 12 月 22 日，行政法官作出初裁，认为申请人依索拉并没有提供能够支持其所诉侵权行为的事实资料，因此，同意生益的上述动议申请并作出初裁，终止对包括生益在内的几个被申请人有关侵犯 US6509414 号专利部分权利要求专利权的调查。

2009 年 3 月 12 日，依索拉提出动议申请，请求撤回其对生益调查案的申请，并终止调查。行政法官于 2009 年 4 月 16 日同意了伊索拉的上述动议申请，作出初裁。2009 年 5 月 11 日，ITC 决定对上述初裁决定不进行复审，终止对生益的调查，就此结案。[1]

3.7.3　案件分析及启示

该案发起于我国已成为全球覆铜板制造大国并向制造强国发展的背景下。我国自主研发的覆铜板在无卤材料、无铅化高耐热材料、高多层用材料、高可靠性材料方面，都取得了长足的进步，一些公司的产品已直接威胁到国外老牌公司的市场，形成了新的格局。

尽管 337 调查已被美国企业作为一种隐藏的手段来遏制中国企业在美国市场的发展，被诉企业胜诉率不足 10%，但本调查案在其他被申请人均以和解和同意令终止调查的情况下，生益却能成功迫使申请人依索拉以撤诉而告终。

1. 积极组建应诉团队

生益董事会在充分了解了 337 调查的来龙去脉之后决定应诉，并随即成立了以总经理、运营总监、法务主管、总工程师、总工助理、市场工程师组成的六人专项工作小组。“六人小组”的第一项工作就是律师海选战。经过多方面考虑，最终生益聘请美国 Steptoe & Johnson 律师事务所团队作为其代理律师。Steptoe & Johnson 律师事务所在美国的资源、人脉条件很

---

[1] http：//edis. usitv. gov.

好。该律所派出的 4 位律师之一的 Charles Schill 是 337 调查专家，从事 337 调查案件已经 40 余年，参加过 337 调查的立法、修订，以前曾经是 337 调查委员会律师。除此之外，律师黄迎是华人，能够帮助生益准确无误地沟通信息，保证方方面面的对接和有效配合。

由此可见，生益在应诉前期积极组织内部团队、选择外部律师，为最终胜诉奠定了良好的基础。

2. 汲取多方应诉经验

生益“六人小组”认识到，应诉的关键是要寻求政府主管部门的支持和指导，因此，其先后赴广东省外贸厅公平贸易局、商务部公平贸易局寻求相关指导和帮助。

商务部建议生益，一定要考虑应诉方式。被诉企业从降低应诉成本方面考虑一般都会选择联合抗辩，但这种方式有许多潜藏的问题，其中最大的问题是各被告内容不同、利益不同、追求的结果不同，被诉各方不可能把底子暴露给对手，都有所保留，导致很难充分沟通。而且应诉过程中，有的被申请人会提前退出，如果其他被申请人还要继续调查程序就会有很多矛盾。在此之前，生益曾经考虑过与中国台湾的其他几个被告联合抗辩，分担费用。在听取了商务部相关人士的建议之后，生益彻底打消了“联合抗辩”的念头，一心一意独自应诉。

此外，广东省外贸厅公平贸易局的相关人士也给予了生益很大的帮助，他们找出 337 案件实例，针对案子的过程、细节进行了详细说明，给出了重要的建议。

3. 成功制定应诉策略

生益的代表律师反反复复地向生益代表问一个问题：“你们是不是很肯定？不管你们有没有用这项技术，关键是你们有没有把这类产品卖到美国去？如果你没有卖到美国去，就不构成侵权。”针对律师提出的疑问，生益做到了近乎百分百的回复程度，最后律师坚定地相信，生益是清白的。律师私下曾表示，生益是唯一没有对他进行保留的企业，除了一点点敏感问题。

2009 年 2 月，证人取样阶段即将到来。生益提出约见对方在夏威夷进行面谈，希望对方撤诉。生益“六人小组”去了4位。律师建议生益为自己多加一个谈判筹码，即需要对方进行赔偿。对方只派来了一个技术方面的负责人。当时，中国台湾的几个企业都已经采取和解方式，对方因此显得较为傲气，也以为生益最终将改变配方，争取和解。对方代表刚开始显得很轻松，材料准备得较为粗糙，连和解协议也带过来了。原告本以为生益是来认输的，没想到听到的居然是生益代表的严厉措辞，并且要求他们免费提供几项专利供生益使用，这是对方代表始料未及的。

夏威夷谈判是生益获得大胜的决定性环节。谈判之后，依索拉随即向ITC提出了撤诉并终止调查的申请。[1]

4. 思考和启示

（1）337调查对企业影响不容小视。

337调查案一旦认定被调查企业侵权，ITC可能会向中国覆铜板企业发布普遍排除令，不分来源禁止所有同类侵权产品进入美国，甚至包括侵权产品的下游产品以及上游的部分零部件产品，并且没有确定的有效期，一般与涉案的知识产权有效期相同，可能导致我国覆铜板企业失去美国市场。对于那些小企业，如果没有能力将337官司从头打到尾，也不应该选择不应诉，可以请个律师帮助谈判并和原告进行协商，从商业的角度走出另一条路。

（2）政府和行业协会发挥关键作用。

国家应是本国企业利益的捍卫者，政府应当积极研究并建立对外贸易中的知识产权保护整体战略，通过立法形式保护本国企业的正当利益。法律专业人士认为，337条款的单边贸易制裁破坏了WTO多边贸易的稳定性，我国应就其合法性与美国政府协商；应建立相应的情报体系和预警系统，为企业应诉提供一个良好的服务平台，推荐好的专业的律师事务所和律师；在知识产权行政管理体系中，还应建立可操作的中国版的337条款。

（3）总结经验，加强自主知识产权。

越发达的国家，对保护知识产权的重视程度越高，国外企业已经习惯

[1] 生益科技打赢电子元器件337调查案追踪．新浪网，2009-5-19.

运用技术壁垒方式来确保市场的竞争优势，企业知识产权战略融于各部门的决策中，对竞争对手的产品、技术紧密跟踪，对市场有较强的洞察力，具有较强的主动出击能力等，都值得国内企业借鉴学习。生益从长远战略、当前安排、研发过程、出口之前、是否选择应诉、如何寻找最好的律师事务所和律师等方面，都有可鉴之处。此次生益凭借过硬的专利技术不战而胜，自然赢得了所有人的尊敬，其意义之深远自然不言而喻。随着贸易壁垒的加深，企业所要面临的知识产权纠纷可能会越来越多。然而，我们也应该看到，绝大多数对于海外的知识产权侵权指控仍然是以被动防范为主。即便是此次光荣胜利的生益，也不得不为调查付出了300万美元的律师费和8个月的时间——如此代价并不小。因此，主动构建知识产权保护体系，也应该纳入企业的战略层面，对于出口型企业，更是要研究如何构建国际化的知识产权保护体系。[1]

3.8 制冷剂337调查案（337-TA-623）

制冷剂案是为数不多的方法侵权案例，本节详细介绍了控辩双方针对方法权利要求解读上的分歧，并分析了多次复审过程中委员会对于权利要求有效性的不同结论。被申请人中化公司在该案中应对策略得当，其一方面不屈不挠地坚持不侵权抗辩，同时还积极进行规避设计，在该案中取得了最终的胜利。

2007年11月20日，英国英力士氟有限公司以及英力士氟美国公司向ITC提出启动337调查的申请，指控中化近代环保化工（西安）有限公司、中化宁波（集团）有限公司、中化环保化工（太仓）有限公司、中化美国公司4家企业，以JINCOOL©为商标向美国出口和销售的制冷剂HFC-134a侵犯了其所拥有的美国专利权。

[1] 薛习．“337调查”胜诉案带给业界的诸多启示——读《中国电子报》专题文章的启示[J]．覆铜板资讯，2009（03）：43.

3.8.1 当事双方及行业背景

1. 申请人

该案申请人为英力士氟有限公司（INEOS Fluor Limited）以及英力士氟美国公司（INEOS Fluor Americas LLC），二者均隶属于英国英力士集团。英力士集团是一家拥有近200年历史的化学品公司，主要生产石油石化产品及特殊化学品，其在全球16个国家有67个分支机构，共计约有17 000名雇员，每年生产6000万吨产品，销量达到400亿美元，是世界第三大化学品公司。英力士氟有限公司成立于2001年，其制冷剂产品主要有HFC－134a（1,1,1,2-四氟乙烷）和HFC－125，两种产品商品名为Klea，生产地主要在美国的圣加布里埃尔（路易斯安那州）和日本三原市。其中美国的工厂建于1992年，拥有价值数百万美元的成套设备专门用于生产HFC－134a。

2. 被申请人

该案的被申请人共计4家公司（下文统称“中化公司”），分别是中化近代环保化工（西安）有限公司、中化宁波（集团）有限公司、中化环保化工（太仓）有限公司、中化美国公司。

其中，中化近代环保化工（西安）有限公司（简称“中化西安”），成立于1997年，是由中国中化集团（控股）与西安近代化学研究所共同出资组建的高科技股份制产业实体，专业从事HFC－134a及相关有机氟产品和催化剂的开发和生产，是中国HFC－134a国标起草单位，是国内最大的HFC－134a生产基地，2007年其产能达到3万吨/年，2010年产值近5亿元人民币，为国内80%汽车企业配套生产空调制冷剂。

中化宁波（集团）有限公司（简称“中化宁波”），成立于1987年，其前身为中化宁波进出口有限公司，是中国外贸行业具有相当知名度的大型企业之一，截至2010年，出口额达到3000万美元以上，销售收入超过30亿元人民币。

中化环保化工（太仓）有限公司（简称“中化太仓”）成立于2003年，隶属于中国中化集团，主要产品为HFC－134a和HFC－125等相关产品。中化太仓产能为3万吨/年，是国内最大、全球重要的氟化工产品供应商。

中化美国公司于1988年成立，是中化集团公司所属的全资子公司，为总公司实现在美国地区提供支持的地区性公司。

3. 行业背景

化工产业是高技术、高资本门槛行业。在全世界范围内，制冷剂HFC-134a的制造商数量有限，在中国少于10家，全世界少于15家。英力士公司的生产地点多设在欧美等发达国家，如英国、德国、法国、比利时和美国5个国家的产能占英力士全球产能的67%以上。英力士氟公司对中化公司提出337调查的时机，正是中国HFC-134a制冷剂生产技术日趋成熟的关键时刻，随着不断的发展，中国企业拥有大规模的厂房以及先进的设备，产品品质优越，价格有竞争力。中国制造商的产品快速占领了中国市场，并逐渐向境外市场扩张。英力士氟公司对于这些中国制造商的成长充满了警惕，为了打击具有竞争力的中国对手，稳固自己作为全球行业老大的地位，英力士氟公司打响了针对中国企业的知识产权战役。

该案的涉案产品是制冷剂HFC-134a（1,1,1,2-四氟乙烷，又称为"R-134a"），其为制冷剂氟里昂CFC的替代品。氟里昂是全球近几十年来使用最广泛的冰箱制冷剂，由于其中氯原子的存在，光化学反应导致每个释放到大气层中的氟里昂CFC分子能够降解大约10 000个臭氧分子。随着排放到大气层中的氟里昂越来越多，臭氧层逐渐减少，更多有害的紫外线穿越大气层来到地球表面，使人类产生更多的皮肤疾病，除此以外，臭氧层的破坏直接导致全球变暖。1987年9月16日各国共同签署了蒙特利尔草案后，在全世界范围内氟里昂的使用开始受到限制。该案中的氟里昂替代品HFC-134a由氢、氟和碳组成，不含有氯原子，与氟里昂具有相同的低毒、难燃和热稳定性，并且不破坏臭氧层。

3.8.2 337调查过程

1. 立案

2007年11月20日英力士氟有限公司以及英力士氟美国公司向ITC提

出申请，请求调查中化西安、中化宁波以 JINCOOL ©为商标向美国进口和销售制冷剂 HFC－134a，侵犯了其所拥有的美国 US5744658 号专利（简称“658 专利”）的专利权，要求 ITC 发布永久普遍排除令、停止以及制止令。其提供的侵权证据包括中国专利 CN1153160A（专利权人为西安近代化学研究所），认为该专利记载的制备工艺就是中化公司进口至美国的产品的制备工艺，并指出该工艺构成对 658 专利的侵权行为。申请人用于证明进口行为发生的证据是一艘装载 R－134a 的货船（估价约 256 480 美元，于 2006 年 3 月 29 日到达美国）的运单证明。

ITC 于 12 月 31 日确定立案并启动调查程序（《联邦公报》72 *Fed. Reg.* 74326），案号为 337－TA－623。

2. 侵权行为调查

ITC 指定该案进行裁决的行政法官为 Paul J. Luckern，同时指定调查律师为 Erin Joffre（后更换为 Heidi E. Strain）。双方随即组建律师、顾问团队递交出庭声明。2008 年 2 月 4 日被申请人对请求书进行答复。2 月 29 日至 3 月 6 日，被申请人以 DVD 和 CD 的方式提交了大量的文献证据。3 月 18 日，申请人提出动议要求对请求书进行修改，所作修改包括追加中化太仓、中化美国公司作为被申请人以及追加 US5382722 和 US5559276 号专利为涉案专利（简称“722 专利”和“276 专利”），同时要求将救济方式由普遍排除令变更为有限排除令。被申请人认为涉案的 658 专利的优先权日存疑，于 3 月 19 日提出动议要求对 658 专利的优先权日进行简要裁决。随后双方针对优先权日分别提供了争辩理由。

在证据开示阶段，申请人于 6 月 11 日提出动议要求行政法官下令支持其在证据开示阶段完成后（即 6 月 25 日后）派遣专家参观被申请人位于中国的工厂。

被申请人于 6 月 16 日，提出一项动议，要求对其设计的“新工艺”不侵犯 658 以及 722 专利的专利权进行简易裁决（该动议后被行政法官驳回）。7 月 1 日至 2 日，行政法官发布初裁决定认为申请人满足国内产业要求、进口事实存在。3 日至 7 日，涉案双方分别提交了庭前陈述。18 日，调查律师也提交了相应的庭前陈述。7 月 21 日，申请人的专家证人 Leo

Manzer 博士到达位于太仓的工业园进行考察，然而工厂由于一定原因没有进行生产；7 月 22 日，Leo Manzer 博士到达西安工厂，发现生产线上涉及“旧工艺”的设备没有运转，而涉及“新工艺”的生产设备正在生产。8 月4 日，申请人以考察受阻为理由提出制裁动议，要求将侵权举证的责任转移至被申请人（该动议随后被行政法官驳回）。

2008 年 8 月 18 日，被申请人提出动议，要求以同意令为基础，终止对其“旧工艺”的相关调查。20 日，行政法官同意了被申请人的动议，发布终止关于“旧工艺”调查的初裁决定，随后的调查只针对“新工艺”展开。9 月 11 日，ITC 发布上述决定的公告，同意令正式生效。

2008 年 8 月 18 日至 21 日，行政法官召开证据预听证会和证据听证会。针对“新工艺”产品是否进口至美国，在美国销售，以“新工艺”生产的产品是否侵犯 276 专利以及该专利的有效申请日和发明日，专利是否属于现有技术等问题双方展开激烈交锋（由于“旧工艺”基于同意令停止调查，276 专利是唯一的涉案专利）。12 月 1 日，行政法官作出初裁决定，认定被申请人存在违反 337 条款的行为：（1）被申请人提出的“新工艺”对 276 专利的权利要求 1 构成侵权；（2）276 专利满足国内产业要求；（3）276 专利的权利要求 1 有效，并且可以实施；（4）建议 ITC 签署有限排除令以禁止侵权产品进入美国，但不建议签署停止和制止令；（5）建议在总统复核期间对进口到美国的相关产品按其价值 100% 征收保证金。12 月15 日，被申请人对上述最终初裁决定中优先权日的认定以及涉案权利要求的显而易见性的结论不满，提出对初裁的复审请求。7 天后，申请人和调查律师分别提交了反对复审的意见。

2009 年 1 月 30 日，ITC 发出通知，要求案件返回行政法官进行部分重审，重审内容包括：（1）276 专利的有效申请日；（2）276 专利的权利要求 1 相对于参考文献是否可预期或显而易见。控辩双方被要求在 2 月 25 日前答提问。2 月 4 日，申请人提出动议，要求缩短答复时间至 2 月 6 日并随即得到授权。在双方提交陈述意见之后，4 月 1 日，行政法官签署重审决定，认为被申请人对于优先权以及显而易见性的争辩理由是无效的。重审结果依然认定被申请人的行为构成侵权行为。

2009年4月15日，被申请人表示对上述重审结果严重不满，提交动议请求复审。6月1日，ITC决定对重审决定的全部内容进行复审，将目标日延长至2009年8月3日，并要求各方对4个问题进行简要答复。在对所有记录进行复审，以及了解了各方的答复意见之后，8月3日，ITC最终决定反转前次重审决定的意见，认为276专利的权利要求1基于现有技术是显而易见的，因而无效，侵权不成立。

3. 违反同意令行为调查

2008年8月18日，被申请人提出一项动议，要求以同意令为基础，终止对“旧工艺”的相关调查。8月20日，行政法官同意了被申请人的动议，发布终止关于“旧工艺”的调查的初裁决定。9月11日，ITC发布通知对基于同意令停止对“旧工艺”调查的动议的初裁决定不再复审，同意令正式生效。

2008年12月12日，申请人英力士氟控股有限公司、英力士氟有限公司和英力士氟美国公司向ITC递交申请书，指控被申请人中化太仓违背了2008年9月11日生效的关于“旧工艺”的同意令。声称被申请人的行为包括：（1）一艘装载制冷剂R－134a的货船于2008年8月4日离港，最终到达美国客户手中；（2）中国的工厂没有依照同意令的约定进行改造。要求ITC进行强制执行程序，要求宣告同意令无效，ITC签发永久排除令使涉案物品不能进入美国，并向被申请人征收罚金。

2009年2月18日，ITC决定开始关于“旧工艺”的同意令的正式强制执行程序。3月11日，被申请人递交对申请书的答辩意见。双方经过预听证抗辩、听证会，9月21日，行政法官签署执行程序决定，认为被申请人中化太仓不构成对于同意令的违反。

2009年10月6日，申请人提出对于上述决定的复审要求。10月13日，中化太仓和调查律师分别对该要求提出反对意见，ITC最终决定不予复审。

3.8.3　案件分析及启示

1. US5559276专利的争议点

276专利涉及制冷剂HFC－134a的生产工艺，相关的权利要求1的主题是一种方法，具体内容如下：

一种在两个单独反应区域生产 1,1,1,2-四氟乙烷的方法，包括：(1) 在反应区①内将三氯乙烯和氟化氢反应生成 1,1,1-三氟-2-氯乙烷；(2) 在反应区②内将 1,1,1-三氟-2-氯乙烷与氟化氢反应生产 1,1,1,2-四氟乙烷。两个反应都在超大气压下进行，反应②的温度范围是 250～450℃，反应①的温度范围是 200～400℃，但低于反应②的温度，未转化的 1,1,1-三氟-2-氯乙烷回收与氟化氢进一步反应。

由权利要求 1 限定的特征可知，该方法由两个反应构成，这两个反应分别为：

① $CHCl{=}CCl_2 + 3HF \longrightarrow CF_3{-}CH_2Cl + 2HCl$

② $CF_3{-}CH_2Cl + HF \rightleftharpoons CF_3{-}CH_2F + HCl$

该案中，申请人与被申请人的争议焦点共有两处，其一是权利要求 1 是否限定了两个反应的特定顺序（侵权判断），其二是权利要求 1 中的两个特征：将反应设置在两个独立的反应区进行、区域①的温度低于区域②的温度是否显而易见（专利有效性判断）。

对于争议点一，权利要求是否限定了特定的反应顺序。276 专利说明书中记载了两个扩展例，而这两个扩展例中两个反应的顺序是不同的。扩展例一的反应是由 R－133a 和 HF 反应得到 R－134a 开始（即上文化学式的第二个反应式开始），扩展例二是由三氯乙烯和 HF 得到 R－133a 式开始（即上文化学式的第一个反应式开始），说明书还指出，扩展例一相比较更加优越，因为其产生的有毒不纯物 1122 的含量明显减少。

中化公司认为：权利要求 1 的表述方式暗含了反应①和反应②存在特定顺序：三氯乙烯和 HF 生成 R－133a 的反应必然属于上游反应，R－133a 与 HF 生成 R－134a 的反应是下游反应，也就是说反应①必然在反应②之前，否则与权利要求 1 中记载的“未转化的 1,1,1-三氟-2-氯乙烷”相矛盾。因此 276 专利的权利要求 1 与中化公司的生产工艺不完全相同，不构成侵权。

初裁决定中，行政法官认为 276 专利的权利要求 1 的保护范围覆盖了一种特殊的生产 R－134 的方法，其指明了反应区①用于三氯乙烯和 HF 反应得到 R－133a，反应区②用于 R－133a 和 HF 反应得到 R－134a。该权利要求中既包含说明书扩展例一的反向反应，也包含扩展例二的正向反应，不需要特定的顺序。未转化的 1,1,1-三氟-2-氯乙烷可以解释为反应区②中的 R－133a，或不仅限定反应区①中的。因此中化公司的限定某一反应顺序的制备工艺落入权利要求的保护范围。

对于争议点二，权利要求 1 的两个技术特征是否显而易见。中化公司提供的现有技术证据体现了生产 R－134 的两个反应都是已知技术。调查律师以及申请人则强调生产工艺要作为一个整体来看待，并认为权利要求 1 限定了反应的装置、循环方式、温度参数等，由各个特征组合构成的生产 R－134a 的工艺步骤非显而易见。

初裁决定中，行政法官认为：中化公司提供的文献证据仅仅揭示实验室规模的原料向 R－133a 的转化过程以及 R－133a 向 R－134a 的转化的过程，没有揭示权利要求 1 中循还利用的特征、未反应的 R－133a 存在、反应区①和反应区②反应温度之间的关系以及由不同反应区进行不同反应构成的一个整体的方法。因此，权利要求是非显而易见的。

经过复审，ITC 认为基于申请人和被申请人的共识，技术方案中涉及的两个反应都是本领域技术人员知晓的，而且本领域技术人员也均知晓先生成 R－133a，再由 R－133a 生成 R－134a 的反应顺序（276 专利说明书的背景技术部分第 1 页 18～35 行的相关记载）。现有技术证明：可以以一定顺序进行两个反应来生产 R－134a。本领域技术人员由此必然获知可以在不同区域进行上述两个反应，如在不同的反应器中进行。申请人提供的专家证人曾在问询中表示，“总的来说，R－133a 是一种单独的中间产物，将其放入第 2 个反应器可以转化为 R－134a”，由此可知，反应可以在两个分离的反应器中进行。因此，该技术特征是显而易见的。

对于权利要求 1 中限定的区域①的温度低于区域②的温度，ITC 认为，首先，两个反应器的温度只有 3 种选择，即区域①可以高于、低于或等于区域②的温度；其二，在先证据证明区域①和②的温度都是本领域的常见温度。中化公司和调查律师都指出，权利要求 1 中限定的两个区域的温度范围是有重叠部分的（250～400℃是反应区①和②的重叠范围）。双方的专家证人都证明，反应①的温度需要适当的降低以避免有毒副产物的产生。如申请人指出，两个反应区不一定是连续的，即使这些区域需要连接起来，一个本领域技术人员会明白如何将两部分连接起来，因此权利要求 1 的结构不必是个“整体”。所以，一个普通的本领域技术人员能够掌握权利要求 1 中全部的要素，也知道如何将这些要素组合来生产 R－134a。通过以上分析，ITC 认为实际上权利要求 1 与现有技术所覆盖的范围没有区别，因此权利要求 1 是显而易见的。

由该案的审查过程可知，面对相同的事实、理由、证据，不同的行政法官以及 ITC 的结论之间差异很大，甚至可以说是天壤之别。由此可知，调查结论不仅受客观事实的影响，还与行政法官或 ITC 成员的个人习惯、偏好、思维方式有很大关联（每个行政法官的审查基础规则都会根据其自身习惯有不同的调整），存在一定的主观性。中国企业在应诉时应首先充分了解所属行政法官的性格特点以及个人喜好，并严格遵守所属行政法官的个性化具体要求，确保在调查过程中给主审法官留下积极主动可信的正面印象以增强个人好感，以便增加获胜机率。另外，由该案分析可知，主审法官的结论是基于证人证言、物证、分析等多重因素构建，在调查取证环节，证据数量庞大，被申请人应慎重的对待每一份证人证言，以免考虑不周对后续结论产生不利影响。最后，在得到不利初裁甚至是终裁结论时不能轻言放弃，要充分利用复审程序规则要求提出复审，当主要调查人更换时翻盘可能仍然存在。

2. 违背同意令行为分析

2008 年 12 月 12 日，申请人英力士氟控股有限公司、英力士氟有限公司和英力士氟美国公司向 ITC 递交申请书，主张被申请人中化太仓违背了 2008 年 9 月 11 日生效的关于“旧工艺”的同意令。英力士公司认为中化太仓违背同意令的行为共有两点：（1）一艘装载制冷剂 R－134a 的货船于 2008 年 8 月 4 日离港，最终到达美国客户手中；（2）中国的工厂没有依照同意令的约定进行改造。

针对第一点，申请人提供的证据表明：2008 年 8 月 4 日，一艘货船载着由中化太仓生产的质量总计为 15 876 千克的 R－134a 制冷剂（价值约为

47 518美元)，由上海启程。于 9 月 11 日，货船到达纽约，收货人是位于 Quarrville. PA. 的 Stoner 公司，9 月 15 日该货船清关后进入美国，上述行为违背了同意令的要求。

被申请人中化太仓对此表示，同意令的初裁决定日为 2008 年 8 月 20 日，并于 9 月 11 日生效，而最后一船产品是早于该日期离港的，因此不违背同意令。

对此，行政法官认为：同意令的生效日期为 ITC 决定对初裁决定不予复审的日期，即 2008 年 9 月 11 日。而货物是 2008 年 7 月底离开太仓工厂，于 8 月 4 日在上海装船并离港，并于 9 月 5 日到达美国海关，于 9 月 9 日清关进口。上述时间均早于同意令的生效时间 9 月 11 日。此外，通过调查得知，美国收货方已于 2008 年 8 月 19 日付完了全部货款，此时，作为销售方的被申请人在收到货物全款后，货物的所有权已发生转移，转移至收货方，双方的买卖行为已经完成。也就是说自 8 月 19 日起，被申请人不能停止货物的继续运输，也没有权利要求运货的船只返航。因此不属于违背同意令的行为。

针对第二点，申请人指出，同意令中约定了中化太仓工厂需要对其设备改造为“新工艺”的装置。然而中化太仓工厂没有改变其任何生产设备，因此没有遵守同意令中的约定部分，构成了对同意令的违背。

被申请人辩称：同意令的实体内容没有要求被申请人将“旧工艺”设备更新为“新工艺”设备。在法律事务上，ITC 不会用罚金或其他方式来处理执行同意令约定（同意令约定是同意令前序部分）。委员会也没有法定的管辖权来强制执行域外的变更，因此被诉人不构成违约行为。

对此，行政法官认为：ITC 本身不会强制执行私人协议，如和解协议或同意令约定。强制执行程序仅针对违背同意令本身实体内容，而该案的同意令实体内容部分没有要求被诉人必须将装置进行改变。从同意令文本的撰写方式来看，其前半部为约定内容，后面是同意令实体内容。可见，工厂装置改变没有列入同意令的实体部分，实体部分主要涉及合规报告（Compliance Report）以及对于发货单的详细要求。当被申请人提出包含同意令内容的相关动议时，申请人没有对其提出反对意见。而且，对于工厂改造的行为，ITC不采取境外行动，因此，所有有关工厂改造的内容均未列入同意令中。另外，被申请方的马斌（音译）在问询时曾指出太仓工厂将在2008年12月至2009年1月间进行“新工艺”代替“旧工艺”的改造。其在被询问目前已进行的措施时曾回答：在2008年9月11之后，中化太仓公司向客户解释了产品不能被销往美国的原因，停止了美国的询价，取消了2009年1月参加AHR贸易展销会的计划。行政法官与调查律师都认为，即使在争议的情况下认为同意令被违背，所有记录均表明被申请人没有主观的故意，也没有对公众的损害和从中获益。而且，ITC最近发现276专利的权利要求1是无效的。综上所述，行政法官认为被申请人没有将工厂装置由“旧工艺”改造成“新工艺”并不构成对于同意令的违背。

通过该案可知，首先，ITC仅针对同意令的实体内容具有管辖权，因此撰写在同意令实体内容之前的双方约定部分的具体内容不受ITC监管。约定部分与实体部分的区分由文中相应的语段来进行划分（语段内容为“所以现在，依据《ITC操作与程序规则》第210.21（c）（1）（ii）和（c）（3）（i），被诉人约定同意基于以下的同意令内容发出停止部分调查的动议”，后面部分属于同意令实体内容部分）。其次，同意令的生效时间为ITC决定不复审之日，在此前完成的进口行为不属于违背同意令的行为。最后，如果早先签约的进口行为时间上来不及在同意令生效日之前完成，可以采用收货方提前支付全款的方式在短时间内完成货物所有权的转移，即可以避免构成违背同意令的行为。

3. 企业应对策略

该案的申请人英力士氟公司以及英力士氟美国公司提起337调查的时机，正是我国制冷剂产业发展最迅猛的时候，不但中国企业逐步占据本国市场，连美国市场也出现了不少忠实的顾客，如前文提及的美国公司Stoner，为了配合中化集团完成货物交割，在未收到货物的情况下就提前支付了全部货款，足以证明中国产品的质量信誉充分得到了客户的认可。然而中国企业的急速发展，严重威胁了美国垄断企业的市场地位，为了遏制这种发展态势，英力士氟公司不但提出了337调查，还在美国的3个不同地点的地方法院分别提起了针对中化公司的专利侵权诉讼，其意图显然是要打击中国产品的美国销售商的信心，消耗中化公司的资金和精力，从而阻止其在美国市场的进一步扩张。老练的英力士公司在首次递交申请书时，只列出了两个被申请人却提出了普遍排除令的诉求。在此情况下，中国氟硅有机材料工业协会主动向 ITC 提交书面意见，指出 R－134a 的生产方法包括气相法和液相法，该案涉案专利的权利要求为气相法，中国国内还存在许多利用液相法生产 R－134a 的企业，申请人仅列具了两个被申请人进行调查就要求签署普遍排除令排除所有中国制造商的产品，这显然是不合理的。在中国氟硅有机材料工业协会的压力下，英力士公司主动修改了申请书，将诉求由普遍排除令修改为有限排除令。

该案的被申请人中化公司面对强大的英力士多种方式的轰炸，没有因为恐惧而选择放弃。面对 337 调查，中化公司积极聘请有经验的律师、顾问，组成了一支作战细致高效的团队，在调查过程中合理利用规则，一方面坚持不侵权抗辩，同时置疑涉案专利的有效性，争取采取釜底抽薪的方式推翻申请人的全部优势。其中充分展示出中化公司行动高效的是，其在半年之内就提出了一种“新工艺”，并在很短时间内根据“新工艺”的要求完成了工业园区内部生产线的改造。当“新工艺”规避设计完成之后，中化公司还利用“新工艺”作为筹码将“旧工艺”以同意令方式结束调查，有效地减少了精力、时间、金钱的消耗。虽然中化公司是首次遭遇 337 调查，然而面对初裁决定不利，复审再次不利的局面，没有被困境所打倒，而是冷静地分析局势，取得了最终的胜利。中化公司作为国内的龙头企业，为逐渐走向美国市场的国内中小企业开了好头。

通过数十年无数的经验教训可知，中国企业在走出去的同时，要充分作好知识产权战役的准备，避免盲目出口，一旦 ITC 签署普遍排除令，则会导致企业乃至整个行业丧失美国市场。在面对一个新国外市场的时候，中国企业首先要熟悉对方的相关法律、法规。同时应当了解产品的相关领域在目标国的专利布局情况，检索有可能构成侵权的有效专利进行分析，预先评估自身产品是否有可能侵权，如果存在侵权可能，则要充分考虑能否通过一系列手段避免的潜在风险。总之，作为走出去的企业，应计划长期策略性知识产权投入，将其作为总体商业计划的一部分，并且高度重视知识产权的创新、获取以及知识产权部署，才能形成与国外企业对抗的能力。

3.9 汽车外观设计337调查案（337-TA-722）

外观设计专利是针对产品的形状、图案、色彩或它们的结合所作出的设计进行的专利保护，保护的内容是一种富有美感的产品的外观。在一些领域中，产品的实质技术已经趋于成熟，外观设计的优美使某些产品体现出明显的销售优势，为了避免仿冒产品使原创设计者的利益受到侵害，外观专利保护制度应运而生，该案就是一个典型的外观专利侵权调查案。

2010年5月14日，美国克莱斯勒公司（Chrysler Group CL，简称“克莱斯勒公司”）向ITC提出启动337调查的申请，指控中国星月集团、上海星月动力机械公司、上海星月美国公司、浙江星月车业有限公司、上海天顿实业有限公司等共9家企业向美国出口和销售的电动汽车侵犯其拥有的美国专利权。

3.9.1 当事双方及行业背景

1. 申请人

该案申请人为克莱斯勒公司，成立于1925年，是美国第三大汽车工业公司，总部设在底特律。其拥有Chrysler©、Jeep©、Dodge©、Mopar©等众多知名子品牌。其产品包括轿车、轻型车、货车等，强项是大型SUV、越野吉普车、皮卡和小型面包车。克莱斯勒公司93%的销售额源自北美地区，其他地区的份额只占7%。1998年6月，克莱斯勒公司与德国戴姆勒-奔驰公司宣布合并成立戴姆勒-克莱斯勒公司，合并后的克莱斯勒品牌销售不理想，最终于2009年4月30日宣布破产。随后，意大利汽车制造商菲亚特股份公司对其完成了全部股权的收购，公司更名为菲亚特克莱斯勒公司，更名后逐渐扭亏为盈，2016年第三季度销售额为268亿欧元，盈利为6.1亿欧元。

克莱斯勒公司长期关注知识产权保护，在不断投入研发的同时，其不断递交外观、发明专利申请以寻求科技成果保护。截至目前为止，其以Chrysler Group LLC的名义共申请了640余件专利申请，其中包括140余件中国专利，涉及变速器、内燃机、减振器、发动机、燃油系统、离合器、座椅、头枕、方向盘、气囊、控制台等多方面的技术改进。

2. 被申请人

被诉企业包括中国星月集团、上海星月动力机械公司、上海星月美国公司、浙江星月车业有限公司、上海天顿实业有限公司、Excalibur Motorsports公司、Boat N RV Supercenter公司（简称“BNRV公司”）、Recon Cycles公司、Vehicles on line公司，其中，后4家公司均为美国零售公司或网站销售公司。中国星月集团（Xingyue Group Co.，Ltd）是国家大型工业企业，其产业涉足汽油机、柴油机、发电机、摩托车及摩配、电动助力车等。上海星月动力机械公司、上海星月美国公司、浙江星月车业有限公司均为其子公司。

3.9.2 337调查过程

1. 立案

2010年5月14日，克莱斯勒公司向ITC提出申请，请求调查中国星月集团、上海星月动力机械公司、上海星月美国公司、浙江星月车业有限公司、上海天顿实业有限公司以及美国公司Excalibur Motorsports、BNRV公司、Recon Cycles、Vehicles on line销售的XYJK800/GP800F1 4x4产品侵犯其美国USD513395S号外观专利（简称“395专利”）之专利权。

表3-9-1 涉案专利USD513395S与被诉侵权产品之对比表

图例	专利附图	涉案产品图
图1 汽车的前方		

续表

图例	专利附图	涉案产品图
图 2 侧视图		
图 3 前视图		
图 4 后视图		
图 5 后方		
图 6 顶视图	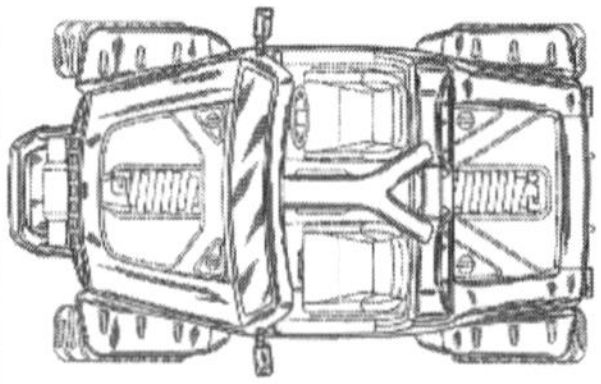	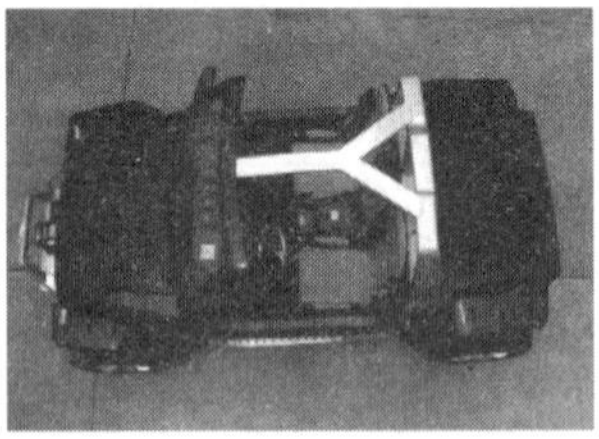

在立案前，克莱斯勒公司与 Excalibur Motorsports 以及 Recon Cycles 公司进行了沟通协商，在达成一致意见后，于 2010 年 6 月 4 日克莱斯勒公司提出请求对请求书进行第一次修改，将上述两家公司从被申请人名单中

删除。

ITC 于2010 年6 月17 日确定立案并启动调查程序，案号为337 – TA – 722。

2. 中间过程概要

中国星月集团及其子公司（上海星月动力机械公司、上海星月美国公司、浙江星月车业有限公司，合称“星月公司”）得知被诉后，立即聘请了 Mcandrews，Held & Malloy，LTD 律师事务所的5 位律师，随后又聘请了 Arent Fox LLP 的2 位律师共同作为其代理律师。

2010 年6 月30 日，OUII、克莱斯勒公司以及中国星月集团分别对证据开示令进行答复。其中，中国星月集团对涉案专利的所有权、合法性、可实施性、有无进出口所诉产品、出口是否侵权以及涉案专利是否具有国内产业等方面进行了置疑，并要求克莱斯勒公司提供涉案专利的研发、设计、市场推广、许可、生产、投资、具体的电动车产品、相关发明人及其贡献、涉案专利授权前的公开等方面的相关证据。

2010 年7 月14 日中国星月集团答复指控，否认其产品侵权，并提出以下几方面的抗辩：

（1）克莱斯勒公司不是涉案专利的所有人或唯一被许可人，其不具备申请337 调查资格；

（2）克莱斯勒公司没有涉及涉案专利的相关国内产业；

（3）涉案专利不符合35 U. S. C. 102/103，不符合35 U. S. C 102（f），不符合35 U. S. C 112；

（4）星月公司的电动车不侵犯涉案专利的保护范围；

（5）涉案专利是不能执行的；

（6）由于不洁之手或专利权滥用，涉案专利不能被执行。

2010 年7 月22 日，克莱斯勒公司与中国星月集团通过电话的方式进行了和解会议。

2010 年8 月5 日，行政法官 Charneski、克莱斯勒公司与中国星月集团的代理律师共同出席了庭前会议。

2010 年8 月11 日克莱斯勒公司提出动议要求对申请书进行第二次修

改，修改内容为将涉案专利不存在专利许可修改为费雪公司（Fisher-Price）和美泰公司（Mattel）应用了相关的Jeep Hurricane设计，产品用途为儿童骑行汽车以及压铸汽车模型。克莱斯勒公司对上述修改的合理性作出如下解释：克莱斯勒公司长期以来一直委托Joester Loria集团谈判并签署其相关协议，因此申请人刚刚知晓相关许可的存在，其修改不属于策略性修改，而仅仅是对申请书中出现的错误进行澄清。其修改是针对星月公司对涉案专利是否满足国内产业的置疑而进行的，因此存在合理性。

2010年8月19日BNRV公司递交出庭通告。

2010年8月23日中国星月集团对克莱斯勒公司的修改动议提出措辞严厉的反对意见，指出克莱斯勒公司在2010年5月14日以及2010年6月4日提交的证据中都明确记载针对395专利不存在已实施的许可，此次修改直接导致其违背自己的誓言。克莱斯勒公司在递交申请时实际上已经知晓其公司的经营及许可状况，尤其是其文件中指出该许可活动已经进行接近11年，足以看出克莱斯勒公司并不诚信。到目前为止，调查已开始两个多月，没有合理理由对申请文件再进行修改。另外，克莱斯勒公司请求补充的许可内容均不属于专利许可，更非涉及395专利的许可。如果允许了相关修改，该案还需引入涉及专利许可的第三方，更会直接构成对中国星月集团利益的侵害。

2010年8月24日BNRV公司声明其反对克莱斯勒公司修改动议，理由与中国星月集团相同。

2010年9月2日克莱斯勒公司改变策略，递交动议请求接受其不合时机的答辩，答辩主要内容为，本次修改改正的仅仅是一个诚实的错误（Honest Mistake），并针对中国星月集团的反对修改意见进行答复。

2010年9月3日中国星月集团以及BNRV公司联合递交针对涉案专利的现有技术证据，其中包括28篇美国外观专利、8篇俄罗斯专利、4篇期刊文献、14款JEEP及其他车型资料等共计63件证据。同时，中国星月集团及BNRV公司还联合递交了针对其不合时机答辩的反对理由，指出，《ITC操作与程序规则》210.15（c）记载“提出动议的一方没有答复的权利，除非得到行政法官或委员会的许可”，因此克莱斯勒不具有答复反对意见的权利，更没有不合时机答辩的权利。况且其答复理由仅仅是修改动议中相关内容的简单重复。此外，克莱斯勒的答复理由中存在许多存疑之处，比如，其提交的许可协议中没有提及任何专利号。此外，克莱斯勒于2010年5月12日在佛罗里达地方法院递交的文献中还明确记载了Joester Loria集团为克莱斯勒品牌唯一的运营公司，Fisher-Price出售和制造用于骑行的玩具车。由此可知，其不可能是刚刚知晓涉案专利的许可状况。

2010年9月3日克莱斯勒公司也提供了13件美国外观专利作为现有技术证据。

2010年9月29日克莱斯勒公司提出动议中止调查。

3. 裁决

2010年8月11日，行政法官初裁认定Vechicles on line公司缺席。

2010年9月22日，行政法官初裁认定上海天顿公司缺席。

2010年10月27日，行政法官初裁基于同意令终止对被申请人中国星月集团及其子公司、BNRV公司的337调查。同意令的主要内容为被申请人在未经克莱斯勒公司允许的情况下以及在395专利的有效期内不再进口、销售涉案产品如XYJK800等型号如附件A所描述的电动车，但申请人可以进口、销售除XYJK800以外的其他由附件B所描述的电动车。被申请人不再挑战395专利的有效性，申请人与被申请人不再通过其他手段改变此同意令的内容。

2011年3月10日ITC发布终止调查通知，并发布针对上海天顿公司的有限排除令，认为其生产的产品构成对涉案专利的侵权，同时对Vehicles on line和上海天顿公司发布停止和禁止令。

至此，此次337调查落下帷幕，调查过程中主要环节如图3－9－1所示。

3.9.3　案件分析及启示

该案是337调查过程中为数不多的外观设计专利侵权案。外观设计专利权的保护范围通常以表示在图片或照片中的外观设计专利产品为准，其保护的是产品的装饰性的美学外表，不保护功能性的外观设计部分以及外

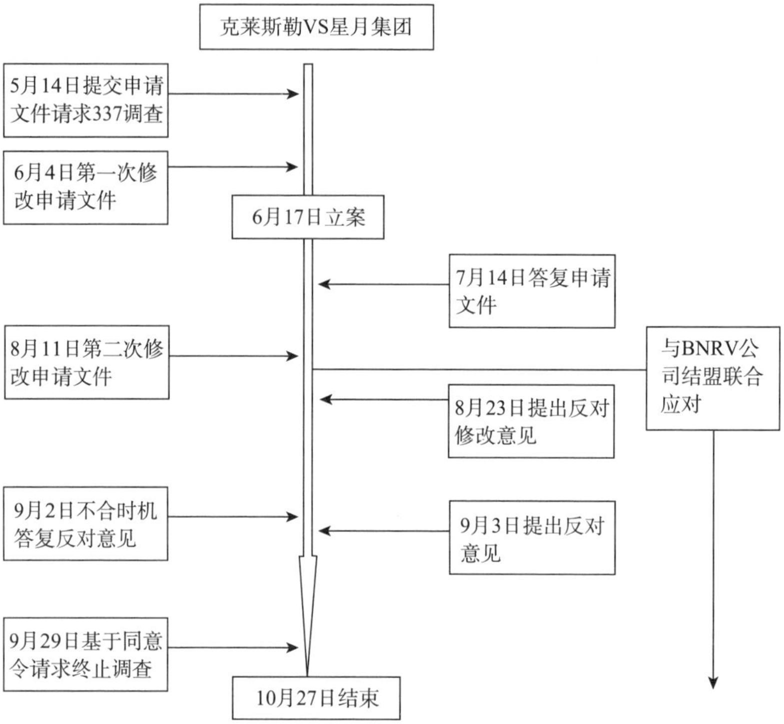

图3-9-1　案件调查过程

观设计中的公知部分。侵权的认定通常是基于判定被控侵权产品是否落入到原告专利的保护范围。

对于该案而言，立案之后申请人与主要被申请人中国星月集团仅仅交锋两个回合就匆匆握手言和，历时4个月的调查过程中对于涉案产品是否构成实质性侵权ITC尚未给出任何结论性意见。可见，双方在对抗的过程中基于对时间和金钱成本的考虑，在达到预期目标后尽可能快地结束了调查。此次调查过程中，中国星月集团的应对策略得当，变被动为主动，在有限的范围内保护了自身的利益。

克莱斯勒公司提出指控后不久，中国星月集团随即聘请了由多人组成的美国律师团队，对与克莱斯勒相关的全部信息进行详细分析，寻找突破口，采用3个主要防御手段：（1）不存在和涉案专利有关的国内产业；（2）涉案专利应被宣告无效；（3）中国星月集团的涉案产品不侵犯涉案专利的专利权。

在对涉案专利的无效抗辩中，中国星月集团指出，其6张图片之间在对相同车身部件的描绘上存在很多矛盾之处，致使其专利权的保护范围不清楚，因此应当被认为无效。在不侵权抗辩中，中国星月集团认为，其产品与涉案专利相比较，有很多不同点，因此没有侵犯其专利权。

中国星月集团在应诉之初即发现涉案专利的申请文件中并没有提供足够的证据支持其存在相关的国内产业。

根据联邦注册的知识产权要求［19 U.S.C. §1337（a）（2）和（3）］，申请人须证明其在美国境内至少满足以下3个要求之一：（1）对工厂和设备有相当数量的投资；（2）有相当数量的雇用劳动力和资金；（3）对知识产权利用（包括研究、工程、开发或许可）有相当数量的投资。这些国内产业可以为已存在或正在设立过程中的状态。如果申请人不能证明其针对涉案专利具有相应的国内产业，则不具备提出337调查的资格。

克莱斯勒公司的请求书中在“国内产业”部分指出，涉案专利指的是飓风（Hurricane）概念车，随后列举了工厂的地址、面积、建厂的费用、雇用工人的数量、人工花销、设计成本等内容作为具有国内产业的证据。然而根据这些材料难以区分是否是针对涉案专利生产、销售所用，而且克莱斯勒公司也拿不出与涉案专利相同的上市汽车产品作为实物证据，很可能该专利实际上并未投产或短期内没有生产计划，而仅仅是作为申请人的知识产权储备使用。中国星月集团的律师经过分析确定可以由国内产业入手置疑克莱斯勒公司不具备提出337调查的资格。克莱斯勒公司在抗辩中意识到此问题后，试图修改申请文件增加许可内容以补充存在国内产业的新证据。中国星月集团的律师团队对此提出言辞激烈的抗议，认为克莱斯勒公司的修改导致其可信性下降，并且其新证据难以证明这些许可与涉案专利相关。在抗辩过程中，克莱斯勒公司提出请求法庭许可其超期答复的动议（Leave to File a Motion），中国星月集团在一天之后即递交了逻辑严密、证据充足的反驳意见，直指对方抗辩理由中存在多处不实之处，体现了其对抗态度的坚决和行动力的迅猛。

另外，中国星月集团一方面积极抗辩，同时还积极着手在被诉方中寻找抗诉联盟。BNRV公司是美国的大型零售商，其在调查之初态度懈怠，一直没有应诉，克莱斯勒的代理律师与其沟通后对其在调查中缺席充满信心，不料中国星月集团方在初次庭前会议前主动与BNRV公司沟通，成功说服并与其联手形成抗诉联盟，令克莱斯勒公司措手不及。这种联盟无形中增加了对于克莱斯勒公司的压力，使其加快了谈判的意向。由此可知，中国星月集团良好的应对策略削弱了克莱斯勒公司的信心，降低了克莱斯勒公司进一步开展侵权调查的欲望，保全了中国星月集团最大的利益。

在此次调查之后，中国星月集团意识到了知识产权的重要性，因而加大了对知识产权的保护力度。经检索可知，2010年是该公司专利申请量的分水岭，在2010年之前中国星月集团仅于2001年申请了1件国内实用新型专利，而在2010年当年就申请了30件专利，其中8件是在应诉期间提交的申请，22件是在应诉完成之后提交的申请。截至目前，中国星月集团共申请了108件专利，包括发明、实用新型和外观设计专利申请，其中还包括多件美国、欧洲专利申请。也就是说，经过此次337调查的洗礼，作为一家民营企业的星月集团对此前知识产权意识薄弱这一问题进行了深刻的反思，从而调整了发展思路，在知识产权保护、专利布局、应诉抗辩等方面逐渐加大投入，为实现开拓国外市场、做大做强这一远期目标做好充分的准备。

3.10 惠普带打印头的墨盒337调查案（337-TA-723）

墨盒领域一直为惠普、佳能、利盟等大型跨国企业所垄断，也是中国遭受知识产权打压的重灾区。该案中惠普公司运用丰富经验和技巧，成功获得了行政法官以及ITC委员会的支持，获得了针对竞争对手的普遍排除令。该案对于涉案专利的侵权判断、零部件构成的进口行为有较为详细的分析。

3.10.1 当事双方及行业背景

1. 申请人

该案申请人为惠普公司（Hewlett-Packard Company of Palo Alto，California）以及惠普研发有限公司（Hewlett-Packard Development Company, L. P. , of Houston, Texas）合称“惠普”。惠普公司是世界最大的信息科技公司之一，成立于 1939 年，总部位于美国加利福尼亚州的帕罗奥多，惠普的核心业务主要包括 3 个方面：（1）商业和家用电脑、移动计算设备以及工作站；（2）喷墨打印机、激光打印机和商业印刷、印刷配件、数码成像以及娱乐装置；（3）存储器和服务器，EDS，管理装置以及软件。其在全球 170 个国家共拥有约 320 000 名员工，69% 的销售额源自美国以外的地区。在打印领域，惠普公司在 1984 年开发了热喷墨打印技术代替了以往噪声很大的点阵打印机。从此以后，惠普在美国及全世界销售了数百万台喷墨打印机以及打印盒。惠普研发有限公司是惠普公司的全资子公司。“高科技”是惠普的业务发展战略之一，其每年的研发投入超过 40 亿美元，在全球共拥有 40 000 余项专利技术。

到目前为止，惠普作为申请人共发起 4 次 337 调查，时间段主要在 2009 ~ 2010 年，全部调查内容均与打印机及配件相关。其中“711 案”“723 案”“730 案”这 3 件调查的申请日均发生在 2010 年，具体调查情况如表 3 - 10 - 1 所示。

表 3 - 10 - 1　惠普公司发起的 337 调查

编号	立案时间	被申请人	涉案专利	调查结果
337 - TA - 691	2009 年 10 月 29 日	香港麦普国际有限公司；中国傲为有限公司；上海安捷打印材料有限公司；深圳普林美亚电子有限公司；中国泰达电子科技有限公司；珠海中润靖杰打印机耗材有限公司；珠海格力磁电有限公司	US6089687 US6264301 US6959985 US7104630	普遍排除令
337 - TA - 711	2010 年 4 月 6 日	中国台湾研能科技股份有限公司；中国麦普科技有限公司；香港麦普科技有限公司；香港 PTC 控股有限公司	US6234598 US6309053 US6398347 US6402279 US6412917 US6481817	申请人主动撤回

续表

编号	立案时间	被申请人	涉案专利	调查结果
337-TA-723	2010年6月25日	亚太优势微系统股份（中国台湾）有限公司；中国台湾研能科技股份有限公司；香港麦普科技有限公司，中国麦普科技有限公司；香港PTC控股有限公司	US6234598 US6309053 US6398347 US6402279 US6412917 US6481817	普遍排除令
337-TA-730	2010年8月3日	香港麦普国际有限公司；上海案捷打印材料有限公司；深圳普林亚科技有限公司；泰达电子科技有限公司；珠海中润靖杰打印机耗材有限公司	US6959985 US7104630	普遍排除令

2. 被申请人

被诉企业包括研能科技股份有限公司（简称“MicroJet”）、亚太优势微系统股份（中国台湾）有限公司（简称“APM”）、香港麦普科技有限公司、中国麦普科技有限公司、美国佛罗里达Mextec集团（简称“Mextec”）、美国佛罗里达SinoTime科技公司（简称“SinoTime”）、中国香港PTC控股有限公司（简称“PTC”）共7家公司。其中，MicroJet是中国台湾鼎创达股份有限公司（简称“DBtel”）的子公司，三个营运处分别位于新竹科学园区、桃园观音工业区、土城顶埔高科技园区，还有位于上海洲谷实业的运营点，目前拥有约500名员工，核心业务包括喷头、墨盒、喷墨打印引擎、喷码机、3D打印机以及微型泵浦等。APM是一家微型机电系统芯片的代工厂，为汽车产业、消费性电子、通信产业、工业应用、医疗产业的客户制造各类微机电元件。PTC是一家位于中国香港的公司，提供诸如硒鼓、墨盒等产品。

3. 涉案产品

涉案产品为一种热喷墨打印墨盒，该墨盒包括打印头。通常情况下，喷墨打印机在使用时，包含打印头的墨盒在纸面上往复运动，运动中的打印头由控制系统如微型芯片进行控制，以使其在合适的方位喷出墨滴从而形成理想中的构图。

3.10.2　337调查过程

2010年5月25日，惠普向ITC提出申请，请求调查MicroJet、APM、香港麦普科技有限公司、中国麦普科技有限公司、Mextec、Sinotime以及PTC销售的墨盒产品侵犯了US6234598专利（简称“598专利”）的权利要求1~10、US6309053专利（简称“053专利”）的权利要求1~6和权利要求8~17、US6398347专利（简称“347专利”）的权利要求1~6和权利要求8~12、US6481817专利（简称“817专利”）的权利要求1~15、US6402279专利（简称“279专利”）的权利要求9~16以及US6412917专利（简称“917专利”）的权利要求1~21。

惠普在申诉书中指出：MicroJet和/或APM制造或组装侵权产品。香港麦普科技有限公司、中国麦普科技有限公司、Mextec、Sinotime以及PTC将这些被控侵权产品进口至美国或将直接在美国销售。其还特别指出，这些产品是由MicroJet生产的，产品中包含由APM生产的IC芯片。申请人列举的被控侵权产品包括：以麦普（Mipo）为商标的HP 57兼容型彩色墨盒（产品型号MP57-C6657A）和HP 28-兼容型彩色墨盒（产品型号MP28-C8728A）；以PTC为商标的HP 21兼容型彩色墨盒（产品型号HC21XL-C9351）和HP 22兼容彩色墨盒（产品型号HC 22XL-C9352）。以及以Pelikan为商标的HP 57和HP 58兼容型墨盒。这些型号的墨盒均部分或全部由MicroJet生产。

惠普请求ITC签署永久普遍或有限排除令、停止令和制止令以阻止被诉产品进口至美国以及在美国市场销售。

ITC于2010年6月25日确定立案并启动调查程序，案号为337-TA-723。

2010年7月6日，SinoTime和Mextec于同日提交了出庭声明以及分别对申诉书进行了答复，否认参与侵权行为。Mextec在答复中指出，其销售的是麦普品牌的产品，而不是惠普品牌的产品；惠普并不在美国境内制造墨盒，因此不存在涉案专利的国内产业；另外，惠普公司在诉状中记载“截至2008年10月31日，HP本财年的收入约1184亿美元，在2009年财富500强中位列第九”，由此可知Mextec和SinoTime完全没有对惠普构成任何实质性侵害，要求委员会否定其构成侵权行为。SinoTime的理由与Mextec大致相同。

2010年7月12日，PTC和APM同时提交出庭声明以及分别对诉状进行答复。APM认为，APM没有参与墨盒的制造、销售或以销售为目的的进口活动，也并未向美国出口任何品牌的侵权墨盒，因此APM并未直接侵权或诱导侵权。

2010年9月20日，行政法官签署初裁决定，认定MicroJet缺席调查。

2010年10月12日，APM提交现有技术证据，其中针对598专利共提供56篇证据以及4名专家，针对053专利提供40篇证据以及2名专家，针对347专利提供40篇证据及2名专家，针对917专利提供41篇证据以及4名专家，针对817专利提供49篇证据以及4名专家，针对279专利提供49篇证据以及4名专家。

2010年10月28日，行政法官发布初裁决定，批准香港麦普科技有限公司、中国麦普科技有限公司基于同意令停止调查。

2010年11月10日，行政法官初裁决定SinoTime和Mextec基于和解协议停止调查。

2010年12月22日，惠普连续提出两个简易裁决动议，分别要求对涉案专利的有效性以及是否具有国内产业进行简易裁决，随后得到行政法官的许可。

2010年12月23日，行政法官否决了APM要求对惠普进行的制裁（Sanction）动议。

2011年1月27日，行政法官初裁同意惠普撤回917专利相关调查。

2011年3月3日，行政法官作出初裁决定认为惠普满足国内产业要求。

2011年3月14～16日，惠普、APM参加了听证会；而PTC没有出席听证会以及听证会后简录会，因此失去了继续抗辩的资格。

2011年6月10日，行政法官签署初裁决定认为：

（1）关于国内产业：惠普提供的证据为H56/57系列墨盒产品，惠普专家分析了HP 57墨盒（属于H56/57系列产品的一个样品），这些证据证明其实施了所有涉案专利的至少一个权利要求，因此惠普满足国内产业技术方面的要求；

（2）关于进口和侵权行为，认为惠普已经满足了证明PTC进口涉案产品的要求。MicroJet已经缺席，基于《ITC操作与程序规则》210.16（c），对MicroJet的指控被认为成立。因此，认定侵权行为发生，ITC具有对该案的管辖权；

（3）涉案专利的权利要求有效；

（4）关于侵权认定，APM构成对598专利权利要求1～6和权利要求8～10的共同侵权。MicroJet和PTC构成对598专利权利要求1～6和权利要求8～10，053专利权利要求1～6和权利要求8～17、347专利权利要求1，权利要求3～5和权利要求8～12、817专利权利要求1～14和权利要求279专利权利要求9～15的直接侵权。MicroJet同样构成对这些权利要求的诱导侵权，APM构成对598专利权利要求1～6和权利要求8～10的共同侵权。行政法官认为被申请人APM、MicroJet和PTC均违反了337条例的规定，建议ITC签署普遍排除令，并建议对进口的侵权产品收取100%的罚金。

2011年6月24日，惠普递交了仅针对两个详细问题的复审请求。具体为：（1）行政法官在解读598专利权利要求1时，错误地认为权利要求序言中的打印头（Printhead）对权利要求有限定作用。（2）基于对“打印头”具有限定作用的理解，行政法官认为APM的产品没有构成对598专利权利要求1～5的直接侵权是错误的。

2011年6月27日，APM和调查律师也提出复审请求，认为行政法官确定其对进口美国的产品构成侵权是错误的，具体的，APM在直接侵权发生的时候才获知惠普的涉案专利，对侵权行为不负有责任，行政法官认为“被诉产品在不侵权的情况下没有实质用途”的结论是错误的，行政法官的另一结论“打印头的不侵权用途与该案无关，而涉案芯片的不侵权用途与该案是相关的”也是错误的，APM不同意行政法官认为其向美国进口了侵权产品，其认为在惠普的引导下，行政法官认为其对于AMP生产的芯片具有管辖权，并且作出墨盒进口至美国构成了未经授权的进口的结论是错误的。

2011年8月11日，ITC最终决定对初裁决定中的单一问题进行复审，并要求各方对一个问题提供简要答复，问题为，行政法官发现“自APM收到惠普申诉书的时刻起，其就应该知晓涉案专利的存在以及了解侵权行为的发生，但是APM在此后仍然继续向MicroJet出售其产品”，该书面记录证据能否证明APM的行为符合诱导侵权中对于“明显故意”的要求。

2011年8月25日，各当事方提交了对上述问题的书面意见。

2011年9月1～12日，各当事方多次答复书面意见。由于PTC没有在听证会以及会后简录时出现，因此行政法官针对PTC作出了不利的推论。随后PTC递交了日期为2011年8月24日的复审答复意见。然而，由于没有递交听证会后简录，PTC丧失了在此次调查中进行争辩的权利。基于基本规则，ITC拒绝考虑PTC的意见。

2011年10月24日，ITC重审了此次调查的记录及行政法官的初裁决定后，ITC在终裁决定中推翻了行政法官认定的惠普没有提供有力证据以支持APM构成对于涉案专利的诱导侵权的相关决定。认为惠普提供的证据足以支持APM的诱导侵权行为，采纳了初裁决定中除此以外的其他内容。ITC签署了普遍排除令阻止进口侵权的具有喷墨头的喷墨打印机，并建议在总统审查期间对进口到美国的相关产品按其价值100%的比例征收保证金。

3.10.3 案件分析及启示

1. 权利要求前序部分的限定作用

该案中一个值得思考的问题就是598专利（图3－10－1）中对于权利要求1中“打印头”是否具有限定作用的判断过程。通过对权利要求1的整体文字结构来看，“打印头”只是位于序言中关于用途的一个简单描述，权利要求的主要限定内容在于对电路结构的具体描述，如基质上具有三组热电阻，热电阻如何通过电路连接等。如果序言中的“打印头”没有限定作用，权利要求1的保护范围就是一个具有特定结构的芯片，毫无疑问

APM生产的芯片产品就构成对于权利要求1的直接侵权。那么这个位于序言中的“打印头”的限定作用如何判断？

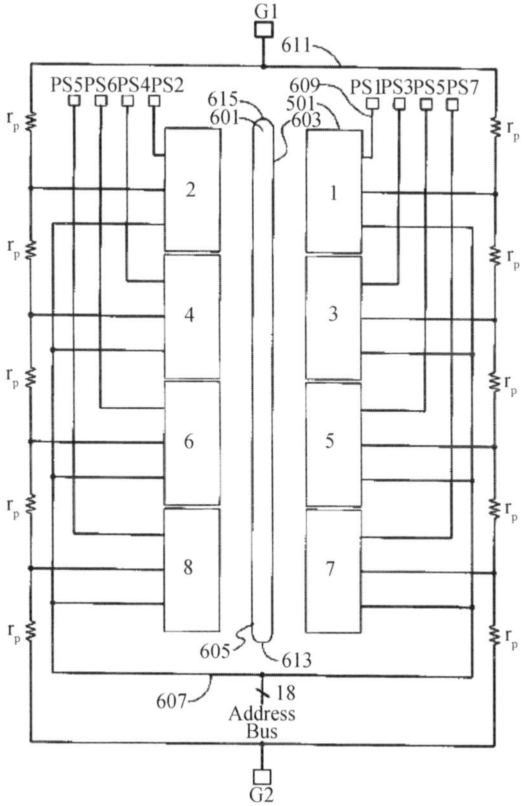

图3-10-1　598专利的相关附图

598专利权利要求1的内容如下：

“一种喷墨打印机中的打印头，包括：

一个基质；

无数个热电阻设置在所述基质上，在电路上排列成第一组和第二组；

第一电导线设置在所述基质上，与第一组的每一个热电阻耦合，结束于设置在所述基质的第一终端，以使电流从第一组的每一个热电阻经过。

第二电导线设置在所述基质上，与第二组的每一个热电阻耦合，结束于设置在所述基质的第二终端，以使电流从第二组的每一个热电阻经过。

第三电导线设置在所述基质上，将第一组和第二组的每个热电阻耦合，结束于设置在所述基质上的分隔开的第三和第四终端，电流完成电路的循环。”

惠普认为权利要求1前序中的“打印头”不具有限定作用。其理由为权利要求前序中“喷墨打印机中的打印头”仅仅是用途方面的陈述，而权利要求1的主体是对集成电路的结构的描述，“打印头”对权利要求的主体没有任何结构贡献。

APM认为“打印头”对权利要求1具有限定作用，“打印头”指的是“一个至少包括一个量孔板、一个墨水限制器和一个用于分配墨水至打印介质的薄膜基质的设备”。另外，598专利的说明书中充满了对“打印头”的介绍，包括发明名称本身以及背景技术部分。“打印头”限定了该发明的改进是用于喷墨打印机的打印头，而不是其他的发明。如果不限定“打印头”，则598专利的主体仅仅是描述了一个众所周知的包含接地回路的电路结构，不能准确地体现该发明的主题；如果缺了序言中对“打印头”的限定，该申请不具备授权的可能。

行政法官认为，一个典型的权利要求由3部分组成：（1）前序；（2）过渡；（3）主体。前序是一个用于对发明进行总结的介绍部分，体现了现有技术或表示用途或性质，其可以构成限定作用。由于598专利的背景技术强调其用于喷墨打印头，发明内容以及详细介绍部分都提到了“打印头”，说明书体现其集中用于打印头，没有其他证据证明本发明超出打印头的用途。“打印头”的限定给予权利要求以活力、含义和生命，保证了发明结构的完整性。

通过初裁决定可知，该案的行政法官通过考察说明书中对于“打印头”的记载频率，“打印头”出现的位置以及其与技术方案的关联性来从整体上进行判断。APM公司指出权利要求1限定的电路只是一个常规电路，正是发明人将其应用于“打印头”中才使权利要求1具备授权资格，因此“打印头”的限定作用不能被忽视。最终行政法官认定序言中的“打印头”具有限定作用，权利要求1中包含了打印头所包含的相应特征，而APM的产品是一个芯片，不含有打印头的结构，因此不构成直接侵权。通过该案也可知，权利要求中位于前序或其他位置，任何看似不重要的特征在侵权认定时，都构成判断中的必要元素。因此在申请专利时，要尽可能减少冗余特征，以避免带来不必要的损失。

2. 侵权判断

任何人未经专利权人许可而实施其专利构成直接侵权，而有些侵权行为却没有直接发生，而是对侵权行为进行了一定程度上的推动作用，这种行为在美国专利法中被称之为“间接侵权”。1952年《美国专利法》在侵权判断中补充了对于间接侵权的相关规定，第271条规定，任何主动诱导侵犯一项专利权的人应当承担侵权责任。下文结合对该案初审、复审裁决中的不同认定，来了解美国相关法律标准。

（1）直接侵权。在该案的初裁决定中，行政法官认为，惠普通过提供MicroJet的MJ－57产品以及PTC的HC21、HC22、HC22XJ、PTC－6657产品试图证明MicroJet和PTC构成对598专利权利要求1～6和权利要求8～10的直接侵权。MicroJet生产的墨盒对于涉案权利要求的直接侵权是显而易见的。对于APM生产的芯片而言，由于涉案权利要求的前序记载了一个关键的特征“打印头”，而该特征对权利要求具有限定作用。如Dr. Pond，惠普的专家证人，在法庭上承认APM的芯片不包含打印头，不属于打印头。因此惠普的证据不足以证明APM的芯片产品构成对598专利权利要求1～5的直接侵权。行政法官同时也指出，如果“打印头”在涉案权利要求中不具有限定作用，则惠普的证据就足以证明APM构成对598专利权利要求1～5的直接侵权行为。该初裁结论得到了ITC委员会的认同。

（2）诱导侵权。行政法官裁定，MicroJet构成了598专利权利要求1～6、权利要求8～10的诱导侵权；APM不构成对598专利权利要求1～6和8～10的诱导侵权，其理由为惠普使用的邮件证据不足以证明APM在此次调查开始之前就了解涉案专利的存在。如果不知道涉案专利，则不可能诱导侵权。诱导侵权需要“明显故意来激励其他人进行侵权行为”。惠普的证据表明：①APM的雇员在他们之间讨论惠普针对MicroJet专利侵权事务，以及会如何影响APM的生意；②MicroJet与APM分享涉案专利以外其他专利知识。惠普没有证明这些证据如何体现一种APM明显的故意激励MicroJet的侵权行为。

但是在终裁决定中，ITC认为，APM在收到惠普的指控时显然了解了涉案专利以及相关的侵权行为，但是APM在接到惠普的申请书后仍然继续向MicroJet销售商品。ITC曾要求各方简要回答APM是否满足诱导侵权中对于“明显故意”的定义。记录证据表明在获得对于涉案专利的实质性了解之前，APM选择对被诉专利以及侵权行为“视而不见”，甚至在对涉案专利有了实质性了解之后，APM继续进行诱导侵权行为。满足了美国联邦最高法院对于“视而不见”（willful blindness）行为要件的要求，因此，ITC推翻了行政法官之前认定的APM没有构成引导侵权的相关决定。其进一步解释道，“一个视而不见的被诉人是指其通过深思熟虑的行为避免高概率不利事件的发生，其几乎可以被认定对关键事实有实际的了解”。例如，在该案之前，惠普提起案卷号为337－TA－711的调查，指控了MicroJet作为被告，但没有指控APM。所有涉案专利与该案相同。惠普提供的邮件证据证明APM在了解惠普的专利没有过保护期，并了解惠普的相关法律事务之后其仍深思熟虑地采取一定手段自认没有侵权。在APM收到该案的申请书并被列为被告之后，APM并没有调查自己是否侵权而是继续进行诱导侵权行为。其行为满足了诱导侵权的要件，因此APM的行为构成诱导侵权。

（3）共同侵权。行政法官认为，惠普的证据证明APM对598专利权利要求1~6和权利要求8~10的侵权行为存在共同侵权（Contributory Infringement）。联邦法庭对共同侵权的认定解释为：①存在337条款所列的直接侵权行为；②被诉设备不具有不侵权的实质性用途；③被诉侵权物进口、以进口为目的销售或进口之后在美国销售，被诉物对于他人的直接侵权行为存在贡献。惠普的专家证人Dr. Pond认为APM的芯片产品只能喷射传统的黑色或彩色墨水，除侵权行为以外没有其他实质用途。APM辩称Dr. Pond只有热打印机装置和半导体制造领域的个人经历，墨盒还有分配墨水以外液体的功能，如用于平板电视和分配人类细胞的生物学用途。行政法官认为APM没有提供有力证据证明芯片具有涉案产品以外的用途。因此APM构成对598专利权利要求1~6和8~10的共同侵权。

通过该案的审查过程可知，诱导侵权的判断标准在初裁阶段与复审及终裁阶段之中不完全相同。初裁阶段中行政法官对于诱导侵权的认定标准为“明显故意激励其他人进行侵权行为”，其含有“故意引诱”“唆使”的诱导行为；而复审则仅仅考查了被诉人是否存在“明显故意”行为。该案的主要被申请人 APM 公司属于芯片的代工厂，其行为仅仅是为本地客户提供芯片产品，没有参与下游产品的销售或进口过程。在实体经济日渐低迷的当今，生产商不了解下游产品的销售走向似乎也是情理之中的事。而且从 APM 公司的初始动机来看，其也不大可能具备故意引诱、唆使进口美国市场的动机。然而 ITC 委员会复审后却认定 APM 公司具有明显的主观故意，认为其在有条件了解到其为侵权产品提供零部件后仍然继续生产、销售侵仅产品，使侵权行为持续进行。可见，“诱导侵权”中对于“明显故意”的判断不仅仅涉及生产商生产行为的原始动机，还考查其在具备了解相关专利情况下以及了解侵权行为之后进一步的表现。也就是说，将 APM 的生产销售行为以时间轴表示，以对于侵权行为的了解为中点划分为两半，前一半当其不知晓其芯片最终成为侵权产品时，其不构成诱导侵权。当其存在了解侵权行为的可能性而不采取措施时，随即构成了诱导侵权。

另外，该案中还提到了判断共同侵权的一个构成要件，涉案产品不具有不侵权以外的实质性用途。也就是说，被申请人如果能证明其产品具有不侵权的其他实质性用途时，有可能避免被认定为共同侵权。如果 APM 有足够的理由或证据证明，其芯片除了能在墨盒中使用，还能应用于其他装置并发挥不同的用途，则其有可能不构成共同侵权。然而 APM 及其专家证人在此方面显然没有或不能提供充分的证据，从而丧失了抗辩的机会。

3. 零部件是否构成进口行为

与 APM 生产的芯片一样，通常零部件企业的产品上都不会出现本公司的标志。这些零部件经过组装形成最终产品，再贴上品牌公司的商标进行销售。因而零部件生产商常常认为判断侵权商品某个组件的产地或来源是一件费力的事情，也难于找到相关证据加以证明，因而即使最终产品存在侵权纠纷，零部件的厂商也不至于受到牵连。而该案涉及的墨盒产品中所包含的芯片虽然没有企业标志，却依然被专利权人通过一系列手段锁定生产企业，并牵连成为 337 调查的被申请人。下面结合该案的审查过程来了解专利权人如何采证并说服行政法官认可零部件厂商构成侵权行为的一部分。

APM 在证明其没有出口行为时指出：惠普不能证明法庭上使用的墨盒的芯片是由 APM 生产的。APM 引用 MicroJet 和惠普共同的前雇员鲁本佩纳（Mr. Ruben Pena）先生的证词证明，MicroJet 没有美国客户，还规定产品不能销往美国。APM 同时质疑了惠普在拉斯维加斯电子产品展销会对侵权产品的采证，其指出，证据 CX751 只是 PTC 在展销会上出租位的照片，而证据 CX－35 仅仅是一个模糊的图片，其上有两个墨盒状的设备。惠普根本没有购买图片上的设备，惠普的专家也根本没有检查这些设备，因此没有证据证明展销会照片上的产品与经过专家检查的 PTC 产品是相同的。APM 进一步辩称，具备生产芯片能力的公司至少有 20 家，没有证据证明墨盒上的芯片都是 APM 生产的。

惠普认为，APM 将芯片销售给 MicroJet，后者将其作为配件制造墨盒产品最终进口至美国，因此 APM 存在进口至美国的行为。具体地，APM 的专家证人克拉克博士（Dr. Clark）供词中多次证明了 APM 与 MicroJet 之间有关联。此外，惠普的专家证人庞德博士（Dr. Pond）对比了 APM 产品芯片的照片与进口墨盒样品中的芯片，发现二者部分相同，因此认为墨盒中包含的芯片是 APM 的产品。惠普还提供了 APM 高级副经理孙先生的证词来证明 APM 是 MicroJet 唯一的芯片供应商，并且分析指出如果使用多个芯片，供应商会在生产销售中存在很多困难。惠普更进一步提供了曾分别在惠普和 MicroJet 工作过的前雇员鲁本佩纳的证词证明 MicroJet 在 2002～2004 年间仅使用了一个供应商。惠普认为数量巨大的 MicroJet 生产的墨盒进口至美国，每个墨盒中都至少含有一个 APM 生产的芯片同时进入美国，从数量上说形同于进口。虽然 MicroJet 的前雇员鲁本佩纳证明 MicroJet 有内部规定禁止产品销往美国，然而鲁本佩纳已经于 6 年前离开了 MicroJet，因此其陈述的事实不代表 MicroJet 的现状。惠普从网上及展销会上分别购买了多只 MIPO 或 PTC 品牌的墨盒，并通过某些手段进口并得到了由 MicroJet 生产的墨盒，通过二者共同具有的至少 6 个特征，证明它们是同样的产品。

APM 反驳称，MicroJet 是 APM 的客户，如果 MicroJet 向 APM 承诺不会将产品销售至美国，APM 有理由相信对方的承诺。APM 进一步指出，虽然庞德博士用电镜观察了 MIPO 墨盒的横截面，但其无法解释样品与 APM 产品的差异，而且使用电镜观察的样品只有一个，不能说明所有的产品都使用同样的芯片。

最后行政法官在初裁决定中认为，庞德博士的实验构建了一个具有可信性的证据，因此认定 MIPO MP－C57A 的芯片是由 APM 生产。对于 MIPO MP－C57A 墨盒进口至美国被诉人没有提出异议，因此认定被诉的 APM 生产的 IC 芯片已经被进口至美国。

由上述调查过程可见，虽然墨盒以 MIPO 品牌出售，墨盒体及其中的芯片上并没有生产商的标识，专利权人仍然可以通过特征对比确定墨盒是由 MicroJet 生产，并采用多种手段（如电镜扫描等方法）来确定墨盒中的芯片是由 APM 公司生产，并最终获得行政法官的支持。

在目前的大工业化生产时代，很多企业的产品是市售产品中的零部件，这些企业通常都不会意识到自己的企业存在着潜在的侵权风险。如 APM 所经历的一样，最终产品的销售方式并不由其决定。为尽量避免在销售过程中出现不可预期侵权行为，上游生产企业需要加强知识产权保护意识和风险意识，在签订合同之前，对客户的销售方向、委托生产产品是否存在知识产权隐患做充分的了解和调查，并在签合同时对有可能涉及的知识产权纠纷情况进行细化，保证订单不侵犯第三方的权利，若发生侵害第三方权利的情况，合同相对人应当负责与第三方交涉，并承担由此产生的全部法律和经济责任。

该案调查过程中另一值得注意的方面是，惠普在调查中出示了大量 APM 与 MicroJet 的往来邮件作为证据，正是这些证据推动了 ITC 认定 APM 在知晓侵权行为的时候采取视而不见的态度，直接导致了诱导侵权的判定，构成了 APM 的不利局面。虽然我们难以获知惠普究竟采用何种手段获得了对手公司内部的往来邮件，但是由此可知商场如战场，竞争双方的采证的手段是多种多样的，甚至是超乎想象的。因而，为了避免商业秘密泄露而产生的被动局面，在日常工作中制定严格的保密行为规范，注重内部资料的安全也是中国企业从该案中获得的宝贵经验教训。

3.11 接地故障断路器337调查案（337－TA－739）

很长一段时间内，美国的接地故障断路器市场一直为老牌公司立维腾所垄断，随着中国断路器产业的不断发展升级，新兴企业的产品日益受到美国用户的认可，于是一场旷日持久的专利战役随之拉开序幕。该案包含了第三方介入，并对咨询意见程序，即APO程序对中国企业的不利因素和国内产业进行了分析。

3.11.1 当事双方及行业背景

1. 申请人

美国立维腾公司（Levition Manufacturing Co.，Inc. Melville，NY，USA，简称“立维腾”，又称“莱伏顿公司”），成立于1906年，是三代家族产业，也是北美最大的电子设备制造商，其断路器产品约占60%的美国市场份额，基本处于垄断市场的地位。截至该案的申请日，其在全世界拥有870项有效专利。在断路器领域中，立维腾在1972年组建了第一条接地故障断路器（GFCI）生产线，并拥有70多项相关专利。

2. 被申请人

该案的被申请人多达29个企业，其中生产制造商有：（1）福建宏安电器有限公司（简称“福建宏安”）；（2）通领科技集团有限公司（简称“通领科技”）；（3）上海益而益电器制造有限公司（简称“上海益而益”）；（4）浙江三蒙电气科技有限公司（简称“浙江三蒙”）；（5）浙江东屋电气有限公司（简称“浙江东屋”）。其中销售商有Menard，Inc. of Eau Chaire，WI等24家美国企业。除此以外，立维腾在立案后修改请求书，增加了上海佳奥电子公司（简称“上海佳奥”）为被申请人。

福建宏安是一家高新技术创新企业，专门生产各类美式开关插座，年产接地故障断路器 1000 多万只，产值 4000 多万元，产品全部销往美国、加拿大等国家和地区。其 GFCI 产品已获 8 项中国专利以及 6 项美国专利。

通领科技成立于 2002 年，是中国断路器生产出口美国的主要企业。其已获美国发明专利 7 项，中国发明专利、外观设计专利与实用新型专利 62 项。公司产品进入美国市场之后，已占有 10% 左右美国市场，总额数亿美元。

上海益而益创建于 2000 年，是一家集专业电器研发、生产、销售、综合贸易于一体的高新技术企业。集团公司拥有厂房面积 12 万多平方米。

浙江三蒙成立于 2001 年，经营范围包括开关插座、断路器、接地故障断路器、浴霸等，公司总资产 2 亿元人民币，有标准化厂房 51 000 平方米。

3. 介入者

美国帕西·西姆公司（帕西·西姆）是仅次于立维腾和库柏公司的断路器行业巨头之一，美国“科技实力 100 强”企业，其成立于 1890 年，2006 年全球营业额近 26 亿美元，是世界最大的低压电器产品厂商之一。全球雇员超过 3.3 万人，全球专利部署超过 4000 项。

4. 产品简介及行业背景

接地故障断路器（Certain Ground Fault Circuit Interrupters，GFCI），通常用于居室中接近水源的位置，如厨房和洗手间，是一种很小的低压电器安全装置，其通过电插座对通过该设备的任何不平衡电流的检测来中断电流，以避免可能发生的触电。美国电气规范规定，一套住宅必须安装 8 只以上 GFCI 产品，而且每两年必须更换一次。因此，美国的接地故障断路器（图 3－11－1）形成一个巨大的需求市场，市场总额在 40 亿美元左右。

中国的乐清、温州等地区是低压电器产品的主要产区。2000 年左右，新兴企业不断涌现并规模化发展。据不完全统计，2001 年，中国对美国相关产品直接出口共计 534 万美元，并呈现不断增长趋势。中国生产的接地故障断路器相继进入美国的大型超市、电器网站，卷走了大量的市场份额。长期占据美国市场的产业巨头感到了来自中国企业的威胁。相较于中国企业的稚嫩，立维腾具有丰富的知识产权诉讼经验，其不但通过长期积

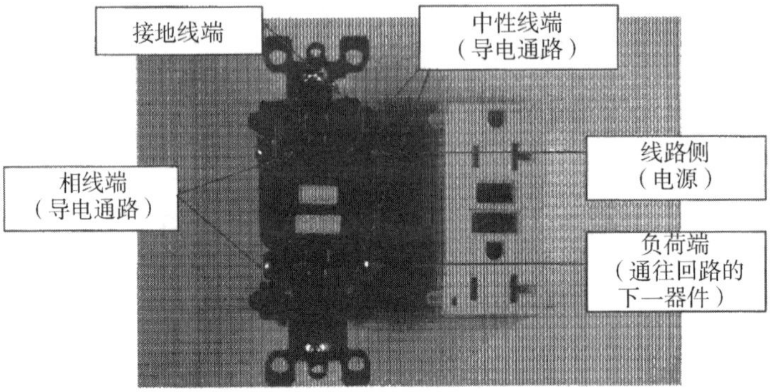

图3-11-1　接地故障断路器

累在美国布下了重重的专利防护网，还曾经将38家包括日本、韩国等外国企业通过调查、诉讼等方式赶出美国市场。美国制造业巨头立维腾、帕西·西姆在近10年中轮翻作战，指控了中国数十个大中小企业，连续不断、紧锣密鼓地进行了多次337调查和相关专利诉讼，试图遏制中国企业进入美国市场。

3.11.2　337调查过程

2010年9月3日，立维腾向ITC提出申请，指控美国市场销售及美国进口的部分接地故障断路器及包含该部件的产品侵犯了其专利权，要求启动337调查，并发布排除令和禁止令。其理由为被诉人侵犯了其US7463124专利（简称"124专利"）的权利要求1~7、9~11、13~17、23~26和权利要求32~36，US7737809专利（简称"809专利"）的权利要求1~11、13~28、30~59、61~64和权利要求74~83，以及US7764151专利（简称"151专利"）的权利要求1~4和权利要求8。立维腾声称浙江三蒙生产的TGB和TG产品，福建宏安生产的GA和GS产品，上海益而益生产的G07和ELE产品，上海佳奥生产的G1501/G2001产品和浙江东屋生产的E253345产品对其相关专利构成侵权。

ITC于2010年10月8日确定立案并启动调查程序。该调查被委派给行政法官崔尔斯·E.布洛克进行。

2010年11月9日，立维腾发出动议要求第二次修改申请书，增加上海佳奥为新的被诉人，随后被行政法官批准。

在调查的过程中，一部分被申请人基于缺席、和解协议、同意令或申请人撤回申请停止调查程序。其中，浙江东屋由于没有应诉，于 2010 年 12 月 22 日被认定缺席。此外，2011 年 1 月 19 日，立维腾撤回针对浙江通领的调查要求。

2011 年 5 月 12 日，行政法官批准立维腾关于终止部分调查的动议，终止的部分涉及 809 专利的权利要求 5、7、14、17～28、30～34、38、40、47～59、61～64 和权利要求 74～83。124 专利的权利要求 6 和权利要求 32～36。

2011 年 7 月 19 日，行政法官拒绝了上海益而益提出的请求法院许可超期的庭前陈述和简述的动议（Motion for Leave to File），认为上海益而益迟交上述意见的合理理由不成立，即出差不足以成为错过递交时机的合理理由，尤其是到目前为止调查已经进展了 7 个月，被申请人应当了解递交期限的严肃性。由于上海益而益没有提交庭前陈述，因此不允许参加听证会（包括后听证会），被视为撤回或丧失了辩论理由以及防卫的机会。

2011 年 7 月 25 日至 8 月 2 日，证据听证会召开。

2011 年 12 月 20 日，行政法官初裁认为：基于浙江三蒙承认的“他们的被诉产品已经进口至美国”，上海益而益也承认了其产品进口至美国，因而认定被申请人涉案产品的进口行为存在。对于该案中“本领域技术人员”的认定，行政法官认为本领域技术人员需要具有电子工程或相关方面的学士学位以及至少 3 年的涉案 GFCI 或相关领域的经验。行政法官认可了相关专利的有效性、可实施性，并认可被诉产品构成相对于涉案专利的侵权，还认可了涉案专利国内产业的技术要件，但行政法官认为申请人没有证明其对于涉案专利存在经济要件，因此没有达到国内产业要求，因此被申请人没有违反 337 条例。虽然没有违反 337 条例，行政法官仍然建议 ITC 针对侵权产品签署有限排除令以及停止和制止令，并在总统审查期间收取每次件进口产品 0.25 美元的保证金。

2012 年 1 月 6 日，申请人、调查律师以及包括浙江三蒙、福建宏安、The Designer’s Edge，Inc.（简称 TDE）的被申请人提出复审请求。

2012 年 2 月 21 日，在查看了全部调查记录后，ITC 决定对整个案件进行复审。各方被要求简述其观点：（1）申请人是否依法执行了其对于国内产业的证明？（2）初裁中在对于 124 专利和 151 专利有效性的分析评述中以及在侵权分析中是否暗示了不同的权利要求结构？（3）初裁中在分析 124 专利和 151 专利有效性的时候是否依赖了权利要求限定以外的其他技术特征？（4）初裁中是否对于 809 专利考虑了所有被申请人的理由？（5）涉案权利要求（124 专利的权利要求 7 以及 151 专利的权利要求 4 和 809 专利的权利要求 11、43）。其是否：A. 具有合理的结构？B. 是否保护了具有国内产业的产品？C. 被涉案物品所侵权？D. 仍未被证明无效？

随后，立维腾、浙江三蒙、福建宏安、TDE、调查律师和第三方帕西·西姆公司均递交了答复意见。

2012 年 4 月 27 日，ITC 终裁决定：（1）申请人符合国内产业的要求；（2）针对 809 专利的侵权成立；（3）124 专利和 151 专利的某些权利要求是无效的，基于这两个专利无法证明构成侵权。ITC 签署了普遍排除令（针对 809 专利的权利要求 1～4、6、8～11、13、15～16、35～37、39、41～46）以及停止和制止令，并在总统审查期间收取每件次进口产品 0.25 美元的保证金。

2012 年 8 月 29 日，立维腾提出申请要求进入强制执行程序（Enforcement Proceeding），要求部分公司停止和禁止出售侵权产品。

2012 年 11 月 2 日，帕西·西姆公司提出动议要求作为被申请人介入该案，随后获得批准。

2013 年 11 月 20 日，帕西·西姆要求启动咨询意见程序（Advisory Opinion Proceeding，即“APO 程序”）来确定其 G5 和 G6 产品没有侵犯 809 专利的权利要求 1～4、6、8～11、13、15～16、35～37 和权利要求 41～46 的专利权。

2014 年 2 月 10 日，ITC 确定立案 APO 程序。

2014 年 4 月 4 日，帕西·西姆和立维腾发出联合动议基于和解协议停止 APO 程序。

2014 年 4 月 15 日，行政法官签属了终裁决定，基于联合动议停止调查。

至此，该案宣告结束。

3.11.3　案件分析及启示

1. 产业背景

中美企业接地故障断路器市场之争已经持续了数十年，2002 年 7 月 23 日，立维腾申请的 478 号 337 调查涉及乐清华美利司电子有限公司、乐清佳美电工有限公司、上海惠中机械电子技术有限公司、温州万盛电器有限公司。该案被称作“中国机电产品 337 调查第一案”，在该案中，中国 4 家企业虽然均为初次应诉却没有畏惧，他们聘请美国律师积极答辩，充分利用规则要求惩罚申请人的滥诉行为。该案中立维腾的指控存在一个弱点，即其涉案专利的到期日为 2003 年 6 月 17 日，也就是说，在调查还没有结束之时其涉案专利就即将无效，于是在 2003 年 3 月 3 日，申请人立维腾主动提出了终止调查申请，中国企业由此在该次调查中取得胜利。

立维腾在第一次调查失利之后转换策略，至 2004 年 7 月，它分别在美国新墨西哥州、佛罗里达州、加利福尼亚州等地方法院起诉 4 家美国企业，而这些美国企业均为通领科技的重要经销商，2006 年 5 月，通领科技的产品经过马克曼听证被认定为不侵权，2007 年 7 月，美国新墨西哥州联邦地区法院认定通领科技制造的产品不侵权。该案被称为“中美专利胜诉第一案”，通领科技通过这场艰难的战役在世界范围内打响了自己的知名度，其总裁陈伍胜由此荣获 2010 年 CCTV 中国经济年度人物奖。然而美国巨型企业对中国企业打压的脚步并没有由此停止，就在 1 个月之后，与立维腾规模相当的另一家美国企业帕西・西姆公司紧接着将通领科技、上海益而益、上海美好电器有限公司（简称“上海美好”）、浙江三蒙、浙江东正电气有限公司诉至 ITC，指控被诉企业侵犯其专利权。由于断路器领域在国内没有完善的行业协会，中国企业经常以单独应诉的方式面对调查，2009 年 3 月 11 日，ITC 调查结果认为侵权行为成立，对被诉企业签发了有限排除令和制止令。

除此以外，立维腾还分别于 2009 年 7 月针对上海美好、2010 年 4 月针对通领科技、2010 年 9 月针对福建宏安提起专利侵权诉讼。紧接着，又于 2010 年 9 月 3 日向 ITC 提出了该案的 337 调查。可见立维腾将专利诉讼作为商业竞争工具，长期不间断地利用此工具对竞争对手进行打压遏制，迫使对方企业在长期消耗中客户逐渐流失、发生资金链断裂进而退出美国市场。立维腾作为世界 500 强的知名企业，其法律法规知识储备完善，技巧丰富，并且习惯于主动进攻。立维腾将专利申请和诉讼作为企业的常规投入，花费年均约 200 万美元，其在 20 多年的时间里，将日本、韩国等 38 家非美国企业赶出了美国市场。

通领科技面对来自立维腾的诉讼、调查并行的复杂局面，在积极应诉的同时，向新墨西哥州联邦地方法院提出两项动议，要求该法院将相关案件在该院共同审理，并且要求立维腾在诉讼期间不能以任何借口再起诉通领科技及其经销商。此外，通领科技还同时向 ITC 提出终止动议要求，等待地方法院的命令。虽然通领科技的动议遭到立维腾科技的强烈反对，但新墨西哥州联邦地方法院同意了相关的两项动议，并要求立维腾停止对于通领科技及其经销商的相关 337 调查。面对法院的命令，立维腾不得不在该案中发出动议主动撤回对通领科技及其销售商的相关调查。由此可知，通领科技在长期的斗争中也逐渐掌握了应诉技巧和应对策略，利用相关的规则对立维腾的连翻轰炸加以限制，从而得以在最短时间内从 337 调查中全身而退，节约了不必要的花费，同时也节省了大量的时间和精力。

2. 中国企业应对的不利因素

在该案的审理过程中，除通领科技以外，该案的被申请人形成了以福建宏安、上海益而益为代表的两个应诉小组。这两个小组分别聘请了不同的律师团队进行应诉。从审查过程来看，中国企业存在多处瑕疵。

首先，行政法官对中方专家证人莫斯利先生（Mr. Moslehi）的能力表示怀疑，认为其对于接地故障断路器的了解非常有限，没有达到本领域技术人员的技术水平，并指出该专家对于某些法律词汇如“侵权”“功能限定”“可预期”“显而易见”“优先权”等的解释“完全无能为力”。甚至该专家证人曾向行政法官承认他提供的专家报告是由被申请人的律师首先起草的，由此行政法官认定被申请人的专家报告远远不能达到清晰可信的要求，几乎不可信。

在 337 调查过程中，控辩双方当事人均提供己方的专家证人，在技术分析的过程中专家证人的表现很关键，决定了法官认为哪个专家证人的证词更可信，其在技术的判断上往往直接采用其认为更加可信一方的专家证人的证词，或在其基础上稍加调整作为结论。由此可知，专家证人的选择非常关键，甚至决定了案情的走向，该案中行政法官对于被申请人专家证人的不信任态度无疑将中国企业推向了更加不利的局面。

另外，被申请人对 124 专利提出无效抗辩所使用的相关文献是在审查过程中曾出现过文献。也就是说，当 124 专利还在审批阶段时，审查员就检索出上述文献，也考虑过上述文献，并基于此作出了 124 专利可以授权的决定。而被申请人也没有提供任何证据能够证明审查员的结论有误。可见，被申请人提出的文献证据是相当没有说服力的。

由上述情形可知，中国被申请人的抗辩过程存在诸多瑕疵，专家证人选择的失误、参考文献的无效使行政法官对中国被申请人留下了不良的整体印象。中方在抗辩的过程中不应将抗辩焦点制定得多而分散，这样既费时费力又不能起到良好的应诉效果，被申请人应集中精力针对某个或某几个相对更有希望的抗辩理由进行足够充分、完善的准备，直接放弃准备不足的环节，以降低成本、提高胜算。

3. 案件的介入者以及 AOP 程序

根据 337 调查的规则，第三方（如消费者、进口商、相关产品的制造商）如果认为 337 调查的结果将对其造成重大的影响，可以向 ITC 提交动议要求主动加入该调查。第三方选择介入时须说明希望的角色是站在申请人一方还是被申请人一方。

尽管 337 调查制度的最初目标是保护美国境内的生产型企业，但近年来美国的制造业纷纷转移到劳动力成本较低的国家，很多产品在美国境外制造完成之后再进口至美国市场。因此普遍排除令的签署客观上也阻止了除申请人以外的美国企业将相关产品进口至美国境内。

帕西・西姆公司虽然不是案件的被申请人，然而其是美国 GFCI 第二大生产和销售商，有美国市场 20% 的占有率。普遍排除令的签署导致其境外产地的相关产品也被阻止在美国境外，如果不采取适时的行动，其市场份额必将大幅缩水。为了避免这种局面的发生，警觉的帕西·西姆长期关注该案件的调查进展，在 ITC 决定重审全部案件的时刻主动加入该案，并针对 ITC 的提问进行了答辩，提出了不应签发普遍排除令的理由，其指出，普遍排除令对没有名气的制造商产生不公平，破坏贸易秩序；立维腾故意避免将帕西·西姆公司作为该案的被告，因此任何排除令都不应涉及帕西·西姆的产品。帕西·西姆在陈述中要求享有对普遍排除令的豁免权。ITC 拒绝了帕西·西姆的争辩，建议其利用其他程序来确定产品是否属于普遍排除令范围。2012 年 8 月 29 日，立维腾提出申请要求进入强制执行程序（Enforcement Proceeding），声称部分被申请人违反了禁止令，这其中就包括向帕西·西姆销售接地故障断路器的 Menard 公司。2012 年 11 月 1 日，ITC 确定进入强制执行程序，第二天，即 11 月 2 日，帕西·西姆递交申请要求作为被告介入该案，并于 2013 年 11 月 20 日要求开始确定其 G5 和 G6 产品没有侵犯 809 专利的专利权。在随后的审查过程中，立维腾与帕西·西姆达成和解协议，因而 AOP 程序终止，由此对于供货商 Menard 公司的强制执行程序也随之结束。

AOP 程序是请求 ITC 签发咨询意见书，其本意是解释 337 调查的裁决中含义不清楚的语句，从而帮助海关执行该裁决，该程序不能用于推翻或者改变 337 调查的裁决。另外，当事人不能就咨询意见书向法院提起行政诉讼，对咨询意见书有异议的下游产品厂商可以就 337 调查的裁决本身提起行政诉讼。目前该程序通常用于判断产品或规避设计是否落入已颁布的普遍排除令和制止令范围之内，如果 ITC 认定产品没有落入救济命令的约束，则该产品可以继续进口至美国并在美国市场销售。

2015 年 2 月，ITC 颁布了一项关于规避设计的新方案，其目的在于更快速有效地认定新产品或规避设计产品是否落入已发布的救济命令范围内。该方案规定了 100 天试点计划，由 OUII 判断产品是否落入已颁布的普遍排除令和制止令范围之内，由 ITC 作出最终结论。ITC 对于规避产品的认定程序大大加快，有利于被诉企业利用该程序保护其在美国的商业利益，争取迅速地确认其新产品或规避设计不在救济命令范围之内。

需要注意的是，除了ITC的咨询意见程序可以作出相关判断，在执行ITC颁布的排除令时，美国海关也可以对某产品是否落入排除令范围作出独立判断，并可以直接允许其判定结论为未落入排除全范畴内的产品进入美国市场。

4. 国内产业

在337调查过程中，申请人在美国是否存在国内产业一般从两个方面进行考量。第一是经济要件（Economic Prong），第二是技术要件（Technical Prong）。经济要件是指，若受保护的专利、版权、商标、掩膜制品或设计被认为是存在美国产业，需要在美国具备：

①对工厂和设备有相当数量的投资；

②有相当数量的雇用劳动力和资金；

③对应用（包括研究、工程、开发或许可）有相当数量的投资。

上述3个条件满足其中任何一条就认为经济要件得到了满足。

技术要件的判断标准与侵权判断基本相同，也就是说，专利权人必须充分证明其国内的产品实施了涉案专利的一个或多个权利要求。将产品的技术特征与权利要求限定的技术特征一一比对，可以是字面完全相同或等同。需要指出的一点是，判断国内产业技术要件是否满足时，只需判断申请人的产品或方法是否实施了涉案专利中的任何一个权利要求的技术方案，不必要求其实施了涉案专利中被诉侵权的权利要求。

美国国会在1988年修改了337条款对国内产业的要求，使它包括了与“为使用该专利”有关的经济行为。这是由于此前对国内产业的要求使得该条款只能保护在美国境内直接加工生产产品的企业。随着经济全球化的不断发展，许多美国企业为了降低成本纷纷将加工环节移出美国本土。修改后的条款放宽了对国内产业的要求，申请人可以通过许可或对技术进行投资来满足国内产业的要求，从而使在境外加工的美国企业也可以得到相应的保护。

该案的初裁决定中行政法官认为立维腾证明了其满足三个涉案专利的技术要件。为了证明符合经济要件的要求，作为证据立维腾列举了其用于设计、包装、质保涉案专利的雇员数目及其工资情况以及总部对于三个专利的投资数额。被申请人辩称立维腾在国内劳动力的支出相对于其在别国的投入是微不足道的，因此其没有足够证据证明其满足经济要件的要求。立维腾在答复时提出了一些观点，但是没有列举“相对于每个涉案专利所花费的具体数目”，行政法官据此拒绝了立维腾的答复，认为其不能满足经济要件，因而不存在相关的国内产业。然而在复审过程中，ITC对行政法官的判定提出置疑，并最终推翻了初裁决定。由该案可知，行政法官对于国内产业的判断标准存在一定的主观性、独立性以及机械性。虽然该案的调查律师坚持认为立维腾满足经济要件的证明，并提供了支持的理由，而行政法官仍然以立维腾没有提供针对每个涉案专利的具体支出花费数据为由拒绝了其意见，可见不同行政法官对于证据形式的要求存在不同的偏好，其判断方式角度也不尽相同，调查的过程也是比较机械的，因此在调查之初充分了解不同行政法官的特点和偏好尤为重要。另外，由该案可知，判断国内产业的两个标准，技术要件和经济要件是完全独立的，且不存在优先顺序。任何一个条件不满足都能推翻整个调查结论。许多国外大型企业的专利申请量惊人，其中相当数量的专利仅仅用于知识产权布局而并没有实际投入生产，因此中国企业在面对337调查时要善于首先利用国内产业这一条款，分析申请人是否存在相关产业，如果确实存在一定缺陷，可以以国内产业为主要进攻点，推翻申请人的根基，在调查中化被动为主动进而取得胜利。

3.12 液晶显示器领域竞争对手的长期较量（337-TA-741/749/760）

在液晶显示器领域，中国台湾企业与外国大企业的市场竞争和专利纷争可以说是由来已久，中国台湾地区液晶显示器企业经过十多年的历练，已具备与国外大型企业相互抗衡、相互制约的实力。近年来，中国大陆企业在液晶显示器制造方面也取得了瞩目的成绩，但随之也会受到337调查等专利纠纷的困扰，因此，可以借鉴中国台湾企业在专利战中的经验为我所用。

3.12.1　当事双方及行业背景

1. 申请人

337 - TA - 741 案、337 - TA - 749 案的申请人均是法国汤姆森许可公司（Thomson Licensing SAS of France）和美国新泽西州普林斯顿汤姆森许可有限责任公司（Thomson Licensing LLC of Princeton，NJ）（合称“汤姆森公司”）。

汤姆森公司成立于 1897 年，是法国最大的国家企业集团，在美国是第一电视制造商、第二音响制造商，是全球第一数字电视机顶盒供应商以及第二屏幕彩管生产商。1988 年收购通用电气 GE 的消费电子部门，在美国收购家电品牌 RCA，将其彩电技术的 1000 多项专利收入囊中。RCA 在美国家电市场份额巨大，是美国多媒体家电销售冠军。汤姆森公司业务遍布 100 多个国家和地区，是世界上拥有专利权最多的公司之一，是全球第一台互动电视专利技术的拥有者，在数字电视、解码器、调制调解器、DVD 机、电子图书和家用数网络等方面均具有很强的技术优势。[1]

337 - TA - 760 案的申请人是日本夏普公司（简称“夏普”），夏普于 1912 年由创始人早川德次创立，总部位于日本大阪，是一个大型的综合性电子信息公司，开展的业务包括收音机、太阳能电池、液晶显示器等，曾经被称为“液晶之父”。夏普曾经以 1 ~ 2 年生产 1 件独创品的速度，创造了近 80% 产品均为世界首创的记录。2006 年是夏普的巅峰时期，夏普启动了唯一一条液晶面板 10 代线规划设计工作，并投产了全球首条 8 代液晶面板线，夏普彩电厂甚至扩展到波兰，而彩电业务的畅销使得夏普旗下的液晶电视 AQUOS 仅用了 5 年 5 个月的时间，就在世界上卖出了 1000 万台，这堪称液晶电视界的奇迹。目前，夏普在全世界 26 个国家、64 个地区开展业务。

---

[1] 张平. 产业利益的博弈——美国 337 调查［M］. 北京：法律出版社，2010：201.

2. 被申请人

337－TA－741案的被申请人为：台湾明基电通公司（简称“明基”）、明基电通美国公司，台湾群创光电公司、群创光电美国公司，台湾佳世达公司（简称“佳世达”）、苏州佳世达公司、佳世达美国公司，台湾晨星半导体公司，台湾瑞昱半导体公司。

337－TA－749案的被申请人为：台湾明基电通公司、明基电通美国公司、明基电通拉美公司，台湾友达光电公司，台湾佳世达公司、美国佳世达公司、苏州佳世达公司。

337－TA－760案的被申请人为：台湾友达光电公司（简称“友达光电”）、台湾明基公司、明基美国公司、青岛海尔集团公司和海尔美国贸易有限公司（简称“海尔公司”），广东惠州TCL公司（简称“TCL公司”）。其中海尔公司和TCL公司是友达光电公司生产的液晶面板的使用客户。

上述3个案例的被申请人（见表3－12－1）主要为中国台湾著名的液晶显示器企业，包括明基、佳世达、友达光电等，其中佳世达、明基、友达光电均隶属于明基友达集团。明基友达集团的发展历程如下：1984年，成立明基电脑（现为佳世达和明基），1996年投入光电技术，成立达基集团（现为友达光电）。明基友达集团拥有跨产业的整合价值链与领先的关键技术，通过垂直分工、水平整合创造最佳综效，是光电、数位媒体和网络通信领域的大型专业化集团企业，属于世界500强企业，是亚洲最大的跨领域华人企业，中国台湾地区二十大国际名牌。目前，明基友达集团旗下共有16家独立公司，横跨信息科技、消费电子与医疗电子等领域，从关键技术到品牌产品和服务，明基友达集团充分整合竞争优势与各项资源，进而形成独特的“5C”策略。集团包括佳世达科技、明基电通、友达光电、达方电子、明基材料、威友光电、瑞鼎科技、达虹科技、达兴科技、明基逐鹿、达运精密、明基医院、三丰医疗。

表3－12－1　涉案当事人

案例	申请人	被申请人
337－TA－741	汤姆森公司	明基、明基电通美国公司、台湾群创光电公司、群创光电美国公司、佳世达、苏州佳世达公司、佳世达美国公司、台湾晨星半导体公司、台湾瑞昱半导体公司
337－TA－749		明基、明基电通美国公司、明基电通拉美公司、友达光电、佳世达、美国佳世达公司、苏州佳世达公司
337－TA－760	夏普	友达光电、明基、明基电通美国公司、海尔公司、海尔美国贸易有限公司、TCL公司

3. 行业背景

液晶显示器技术最早起源于美国，日本将其产业化，随后液晶产业转移至韩国及中国台湾地区，目前形成三足鼎立的趋势。液晶显示器产业大致可分为三类，即上游产业、中游产业、下游产业。上游产业主要为基础材料、零部件行业，基本上由日本企业和少数的美国、韩国企业垄断。中游产业主要是指面板的制造以及模组的组装等。其中面板生产基本由日本、韩国、中国台湾地区，模组生产由于需要的技术含量低，人工需求量大，生产企业正逐步向中国大陆转移。下游产业为终端产品的应用产业，主要是笔记本电脑、液晶电视、手机、监视器等生产企业。目前主要集中在中国大陆，但这些产品品牌仍以日本、韩国、美国和欧洲为主。

中国是世界上重要的液晶面板生产国，产量稳步增加，面板产能约占世界市场的25%，据相关机构预测，2015年，我国液晶面板的产能将超过日本，位居世界第二。[1]

3.12.2　337调查过程

1. 337－TA－741/749

2010年8月27日，法国汤姆森许可公司和美国新泽西州普林斯顿汤

[1] 陈德平. 浅析我国液晶显示板产业的困境与发展对策［J］. 管理观察，2015（27）.

姆森许可有限责任公司向 ITC 提出申请，请求审查明基、明基电通美国公司、台湾群创光电公司、群创光电美国公司、佳世达、苏州佳世达公司、佳世达美国公司、台湾晨星半导体公司、台湾瑞昱半导体公司对美出口、在美进口和在美销售的液晶显示器及相关零部件侵犯其美国专利 US6121941、US5648674、US5621556、US5375006、US5978063 的专利权。

2010 年 10 月 12 日，ITC 确定立案并启动调查程序，案卷号为 337 - TA - 741。

2010 年 10 月 25 日，法国汤姆森许可公司和美国新泽西州普林斯顿汤姆森许可有限责任公司又向 ITC 提出申请，请求审查明基、明基电通美国公司、明基电通拉美公司、友达光电、佳世达、美国佳世达公司和苏州佳世达公司对美出口、在美进口和在美销售的液晶显示器及相关零部件侵犯其美国专利 US5621556、US5375006、US5978063 的专利权。

2010 年 11 月 23 日，ITC 确定立案并启动调查程序，案卷号为 337 - TA - 749。

2010 年 12 月 16 日，行政法官认为"741 案"和"749 案"的申请人、行政法官、律师等相同，"749 案"涉及的专利均包括在"741 案"涉及的专利中，两个调查包含重复的法律问题，从效率和公平的角度考虑，将两个调查合并为一个综合调查。

2012 年 7 月 6 日，申请人和被申请人签署联合动议，终止调查。

2. 337 - TA - 760

2011 年 1 月 24 日，夏普向 ITC 提出申请，请求审查友达光电、明基、明基电通美国公司、海尔公司、海尔美国贸易有限公司、TCL 公司等 7 家公司对美出口、在美进口和在美销售的 LCD 面板、LCD 模组以及液晶电视、显示器涉嫌侵犯其 7 项美国专利权：即美国专利 US6879364、US7304626、US7532183、US7283192、US6937300、US7057689、US7838881 的专利权。夏普要求 ITC 颁布命令，禁止上述侵权产品输入美国。

2011 年 2 月 24 日，ITC 立案调查。

2011 年 3 月 25 日，进行庭前合议。

2011 年 4 月 15 日，友达光电与夏普签署专利交互授权合约，双方各自同意授权另一方各自所拥有的特定专利。

2011 年 5 月 3 日，行政法官进行初裁，基于和解和许可同意终止调查，申请人同意与被申请人友达光电之间基于和解协议和专利许可协议提出的终止调查的动议，因其他被申请人均在本企业生产产品中使用了被申请人友达光电未获授权的专利，因此被申请人友达光电获得专利许可将解决该案中的所有争议。

2011 年 5 月 23 日，ITC 决定对初裁的终止调查不进行复议。

3.12.3　案件分析及启示

上述 3 个案例的申请人和被申请人之间的专利纠纷可以说是由来已久，他们均不是第一次在专利侵权战中交手。

337 - TA - 741/749 案的申请人是汤姆森公司，被申请人包括明基和友达光电。汤姆森公司是友达光电的主要客户之一，明基公司也曾替汤姆森公司代工部分 LCDTV，可以说汤姆森公司和明基友达集团是亦敌亦友的关系。2005 年，明基作为中国台湾地区的主要液晶显示器生产企业，对汤姆森公司的液晶显示器市场构成了威胁，因此汤姆森公司为了防止其继续壮大，发展自有品牌，就曾利用 337 调查来打压明基集团，即 337 - TA - 534 案。当时的明基就没有轻言放弃，而是两手准备应对汤姆森公司，一方面面对汤姆森公司的起诉积极应诉，另一方面迅速反诉汤姆森公司，提出 337 调查，即 337 - TA - 542 案。经过多番专利战的交涉，双方最终以和解收场，此后明基和友达光电的产品可以继续出口到美国。337 - TA - 741/749 案就是当事双方在和平共处 10 年后的再次交锋相对。

337 - TA - 760 案的申请人为夏普，被申请人包括友达光电。早在 2003 年 9 月，夏普就在美国加州地方法院起诉友达光电及其下游企业侵犯其专利权。2005 年 2 月，夏普在美国再次起诉友达光电，随后，友达光电迅速反击，在美国也对夏普进行反诉。另外，2004 年和 2015 年，夏普还在日本起诉友达光电的客户——台湾东元公司的子公司三协公司侵犯其专利权。并且双方均以不正当竞争为由进行诉讼。在上述复杂的专利纠纷案进行的过程中，友达光电为了保护客户台湾东元公司的利益，于 2005 年 7

月与夏普达成协议，分享电脑用LCD显示器技术，专利交叉授权协议的期限为5年。2006年3月3日，友达光电与夏普进一步达成协议，将原先达成的显示器LCD面板的专利交叉授权许可协议扩展到LCD TV面板部分。在友达光电与夏普达成协议之后，夏普与台湾东元公司之间历时两年的专利纠纷在日本法庭以双方和解告终。[1]

此次337调查正是友达光电与夏普于2005年签订的为期5年的专利交叉许可协议到期之际。夏普的目的主要有两方面，一是希望通过发起337调查迫使友达光电与其谈判，二是希望在案件调查过程中，抢到友达光电的下游厂商订单。而中国大陆的海尔公司和TCL公司作为友达光电的下游企业，自然也被卷入到此次纷争中。当然，面对夏普的出击，友达光电及其美国子公司于2011年3月2日在美国特拉华州地方法院及美国加州中区地方法院向夏普及其美国子公司提起专利侵权诉讼。最终双方很快通过谈判达成和解。

上述3个案例均是以双方和解的方式结案，主要被申请人是中国台湾的液晶显示器企业——友达集团下属的明基、友达光电和佳世达。中国台湾地区液晶显示器企业经过十多年的历练，已具备与国外大型企业相互抗衡、相互制约的实力。我国大陆企业近年在液晶显示器制造方面也取得了瞩目的成绩，可以借鉴友达集团在专利战中的经验为我所用。

（1）提前做好专利布局。

不管是明基、友达光电还是佳世达，他们虽然起家于代工生产，但并没有受限于此，而是在企业发展的过程中注重技术创新，积极申请专利保护，进行专利布局。这些公司就是在与竞争对手的不断交涉中，汲取教训，通过迅速地提高专利申请量，增加知识产权储备，才使得其不论是在与汤姆森公司还是作为液晶之父的夏普产生专利纠纷时，都能够有资本与对方进行抗衡，或者谈判和解，不至于被动挨打。目前，我国内地的液晶显示面板制造企业也已显示其市场地位，其必然会面临竞争对手在知识产权方面的挑战和制约，因此这些企业在发展的同时应时刻提防竞争对手提

[1] 陈德平．浅谈友达光电在专利战中的成长及其启示［J］．中国发明与专利，2015（3）：18－21.

出专利侵权诉讼，尤其是337调查这样迅速、来势凶猛的调查。因此，积极做好专利布局刻不容缓。

（2）应诉的同时注重反诉的威力。

337－TA－760案的审理过程中，友达光电在积极应诉337调查的同时在美国地方法院对夏普提起了反诉，使得对方随后与其进行谈判和解。337－TA－741/749案的审理过程中虽然没有反诉，但在2005年双方的第一次337调查中，友达光电对汤姆森公司提起了337调查反诉，双方也以和解结案。作为中国企业，在具备一定的知识产权储备的情况下，面对337调查时，一方面要正面的积极应诉，另一方面要利用自己的有效专利向对方提起反诉，这样会制约对方的诉讼，使得对方在出击的同时权衡利弊，增加谈判的机会和筹码。

3.13　吉西他滨337调查案（337－TA－766）

该案申请人在应对337调查时，充分利用了其与被申请人在长达十多年的专利纠纷中积累的大量的技术和法律经验，同时根据337调查的特点和要求聘请了多个美国著名的律师团队，积极应诉，最终取得胜利。

3.13.1　当事双方及行业背景

1. 申请人

美国伊莱利利公司（Eli Lilly and Company，或称“美国礼来公司”，简称“伊莱利利公司”），成立于1876年，总部位于美国印第安纳州印第安纳波利斯市，在全球拥有500家公司和约38 000名员工。伊莱利利公司主要致力于新药的研发及生产，包括多种市场上现有的特效药物，如治疗精神分裂等症状的ZYPREXA、治疗骨质疏松等症状的EVISTA等品种。

2. 被申请人

江苏豪森药业股份有限公司（简称“豪森公司”），原连云港豪森制药有限公司，创建于1995年7月，是一家具有化学、生物药物研究，医药中间体、原料药合成，制剂制造和产品的医药集团，国内最大的抗肿瘤和精神类药物研发和生产基地之一。在上海张江设有药物化学科技开发中心，在美国新泽西州建有药物情报中心和分析试验室。部分原料药和制剂产品通过美国美国食品和药物管理局（FDA）认证，并出口至欧美、亚洲、非洲的10多个国家和地区。在抗肿瘤、精神、糖尿病、消化道及抗生素等五大领域有20多个品种进入市场销售。其生产销售的抗肿瘤药物“泽菲”（即“吉西他滨”）、“普来乐”“盖诺”，精神类药物“欧兰宁”，糖尿病药物“孚来迪”，消化道药物“瑞琪”“瑞波特”等品种，市场份额均居同品类前列。

凯华公司（ChemWerth，Inc.），成立于1982年，是一家仿制原料药开发和供应的服务公司，代表中国、美国、欧洲和印度获FDA批准的cGMP厂商。该公司帮助企业推进产品开发进程，提供创新的化学工艺和进步的技术，并向全世界的药政部门注册产品，提供多方面的药政和技术支持来推进其批准的进程。作为美国API（原料药）供应商，帮助合作伙伴成为FDA认可的、符合cGMP规范的API供应商。凯华公司是豪森公司在北美和美国的独家代理商。

辉瑞公司（Hospira，Inc.），创建于1849年，是美国最大的医药产品公司之一，产品包括化学药物、生物制剂、疫苗、健康药物等。辉瑞公司于2010年11月15日收到了美国FDA关于2 gm base/vial吉西他滨药物产品的批准同意书。

印度Intas药业公司（Intas Pharmaceuticals Ltd.，简称“Intas公司”）属于印度百强制药企业之一，该公司业务涉及制造和销售吉西他滨。

3. 行业背景

吉西他滨（Gemcitabine）是一种嘧啶核苷类似物（图3－13－1），属于抗代谢类抗癌药，具有抗瘤谱广、作用机制独特、毒性反应低、与其他化疗药物无交叉耐药且毒性反应无叠加等特点。

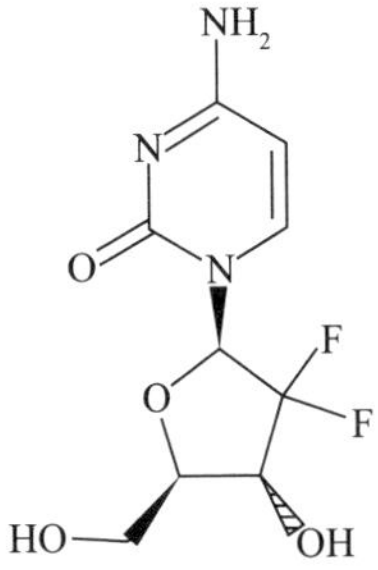

图3－13－1　吉西他滨分子结构

20世纪90年代由伊莱利利公司研制开发，1995年在南非、瑞典、荷兰、澳大利亚等国家获准上市，1996年在美国上市，并获得FDA批准用于胰腺癌的治疗，1998年获批准用于非小细胞肺癌的治疗。[1] 2000年底又被批准用于治疗膀胱癌。吉西他滨目前已在100多个国家得到广泛临床应用。在欧美及亚洲地区，已被批准用于转移性乳腺癌的一线治疗、铂类治疗后复发的卵巢癌的治疗。在我国，盐酸吉西他滨2005年被列入国家医保乙类药物，2009年在抽样医院的医院药品采购金额为人民币2.8亿元，推广到全国9000多家政府办医院，医院销售金额在人民币13.5亿元左右。由图3－13－2可以看出，2009～2014年中国吉西他滨药品总销量呈逐年增长趋势。作为吉西他滨的原研厂家，伊莱利利公司在我国市场一直占有较为强势的地位，其医院用药金额在2009年以前一直位列第一，但因其价格较国内企业的相同产品贵60%以上，市场份额逐步被仿制药企业夺走。伊莱利利公司在2010年上半年退到了第二位，而其用药数量更与冠军有了较大差距。国内最早获得吉西他滨生产批文的是豪森公司，其商品名为“泽菲”，成为国内企业在此市场领域的领军者。[2]

3.13.2　337调查过程

2011年1月20日，伊莱利利公司向ITC提出申请，请求审查豪森公

[1] 郭冬梅，等．吉西他滨临床应用进展［J］．中国中医药，2011，9（13）．

[2] 李梅梅．盐酸吉西他滨市场竞争激烈价格下降将成必然［N］．中国医药报，2011－2－28．

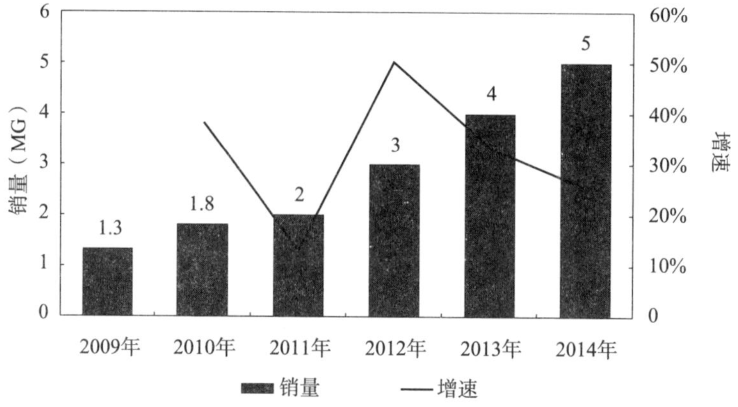

图3－13－2　2009～2014年中国吉西他滨药品总销量

司、Intas公司、辉瑞公司和凯华公司对美出口、在美进口和在美销售的抗癌药品吉西他滨及包含吉西他滨的产品侵犯其美国专利US5606048的专利权，并要求在调查过程中对其商业信息进行保密。

2011年3月23日，ITC确定立案并启动调查程序，案号为337－TA－766。

2011年8月9日，伊莱利利公司和辉瑞公司以及伊莱利利公司和Intas公司基于和解签订了终止调查的联合动议。2011年8月11日，ITC支持了该动议。

2011年8月15日，豪森公司和凯华公司同意调查终止，但是不支持基于和解的终止，他们认为应该是基于伊莱利利公司不能提供证据支持而终止调查程序。

2011年8月16日，行政法官认为伊莱利利公司和辉瑞公司、伊莱利利公司和Intas公司进行的和解解决了本调查的所有悬而未决的争议问题，因此裁定该案调查程序终止，并且认为该案的终止不会对公众健康和利益、美国经济的竞争环境、美国相似或直接竞争产品的生产以及美国消费者带来非法的负担。

2011年8月31日，ITC决定不对初裁进行复审，终止调查。

3.13.3　案件分析及启示

1. 337 调查之外的较量

伊莱利利公司与豪森公司的纠纷由来已久。早在 2001 年 4 月 13 日，伊莱利利公司向江苏省高级人民法院提起诉讼称，其拥有抗癌药品吉西他滨及吉西他滨盐酸盐的 3 项中国发明专利权，豪森公司未经许可，自 2000 年起使用涉案专利方法制备了吉西他滨和吉西他滨盐酸盐，并对其进行了销售，构成专利侵权。3 件涉案专利分别为：专利一："立体选择性糖基化方法"，授权公告日为 1998 年 6 月 20 日，专利号为 ZL93109045.8；专利二："提纯和分离 2′-脱氧-2,2′二氟核苷的方法"，授权公告日 1999 年 3 月 25 日，专利号 ZL95196272.8；专利三："1-(2′-脱氧-2′,2′-二氟-*D*-呋喃核糖基)-4-氨基嘧啶-2-酮盐酸盐的制备方法"，授权公告日为 1999 年 9 月 4 日，专利号为 ZL95196792.4。其中涉案专利二即为本 337 调查案的涉案美国专利 US5606048 的中国同族专利。

江苏省高级人民法院一审判决裁定豪森公司没有侵犯伊莱利利公司的专利权。伊莱利利公司对江苏高院的一审判决不服，上诉至中华人民共和国最高人民法院，最高人民法院于 2003 年 6 月 17 日认为一审法院违反民事诉讼法关于证据应当经过庭审质证才能够作为定案依据的规定，一审判决认定事实不清，证据不足，使用法律错误，裁定撤销一审判决，发回重审。江苏省高级人民法院重审后认定豪森公司未侵犯伊莱利利公司的专利权。

伊莱利利公司不服该重审判决，再次上诉至中华人民共和国最高人民法院，最高人民法院于 2010 年 12 月 3 日裁定，驳回上诉，维持原判。该案为最高人民法院公布的 2010 年中国法院知识产权司法保护 10 大案件之一。

在该案的专利侵权纠纷过程中，"专利一"的全部权利要求在 2007 年 2 月 28 日被中华人民共和国国家知识产权局专利复审委员会宣告无效。虽然伊莱利利公司不服该无效宣告请求审查决定，向北京市第一中级人民法院提起行政诉讼。但是 2008 年 11 月 6 日，北京市高级人民法院作出终审行政判决，维持了上述无效宣告审查决定。因此，在最终的最高人民法院的判决中，“专利一”已经不需要再进行认定。

对于该案的“专利三”，最高人民法院认为上诉人伊莱利利公司主张的等同技术特征不能认为属于等同侵权范畴，不予支持。

另外，伊莱利利公司和辉瑞公司分别在加拿大、新加坡、丹麦、英国、澳大利亚、美国存在多件专利侵权纠纷案件，伊莱利利和凯华在美国存在专利侵权纠纷案件。

2. 结论及启示

该案最终以和解的方式结案，豪森公司的积极应诉使得申请人伊莱利利公司想将豪森公司的产品限制在美国市场之外的目的没有实现，豪森公司有力地维护了自己在美国市场的利益，取得了胜利。该案诉讼过程具有两个特点，一是涉案双方在337调查之外已经在多个国家和地区涉及多项专利侵权诉讼，二是该案涉及大量且复杂的技术问题和法律问题。下面对该案特点进行分析，以期得到一些值得其他中国企业借鉴的启示。

（1）多方应诉经验对337调查的影响。

该案在337调查之外涉案各方已经在不同国家和地区进行了多番较量。在337调查之前，伊莱利利公司在中国、加拿大、新加坡等国家对豪森公司及其在美国的代理公司凯华公司、辉瑞公司等几家公司发起了多起侵权纠纷。尤其是，在中国国内的侵权审理过程中，由于对于“专利一”的无效认定以及对于“专利三”的等同侵权的否定，使得伊莱利利公司认清了形势，此次337调查中舍弃了对这两项专利的争辩，仅保留对“专利二”的同族专利的诉讼，这也使得豪森公司省去了部分麻烦。并且，在经过多轮的判决和上诉后，2010年12月3日中华人民共和国最高人民法院最终判决豪森公司没有侵犯伊莱利利公司的专利权。在此情况下，伊莱利利公司迅速出击，于2011年1月20日向ITC提起337调查。众所周知，337调查的特点之一在于调查期限短，被申请人需要在短期内迅速作出反应并答复意见。

而该案中，由于豪森公司在之前的各国较量中已经对该案的案情、对手的状况等有了深刻的了解，因此，才能在短期内迅速作出回应，而没有惊慌失措。可以说，豪森公司是在与竞争对手的长期纠纷中成长起来的，当然，并不是所有被 337 调查的企业都已经涉及诉讼，但是，作为一个企业，应该具备知识产权意识，在发展的过程中，了解自身行业的总体情况、市场，尤其是竞争对手的相关专利和专利布局，同时做好自身的专利储备和战略布局，只有未雨绸缪，企业才能在面对 337 调查时，不因临阵慌乱而放弃应诉。

（2）强大的技术和法律团队在 337 调查中的重要性。

该案中涉及事实认定、举证责任、证据采集、程序性等多方面问题，既包括技术问题，又包括法律程序方面的问题。例如，伊莱利利公司和豪森公司在中国的专利侵权纠纷审理过程中，涉及涉案专利的无效及其技术的解读、证据的合法性、程序的合法性、鉴定报告的可信性、举证责任分配等问题。要完成这些问题，一方面需要足够专业的技术知识，另一方面需要足够专业的法律知识，豪森公司在这两方面做得非常好。首先，豪森公司具备强大的研发团队，很清楚自己的产品和生产方法与竞争对手之间的差别，并没有被对方所吓倒或者迷惑。其次，对于 337 调查而言，律师团队非常重要，豪森公司在应对不同诉讼时律师团队的完美交接和配合也至关重要，在中国诉讼阶段，豪森公司的律师团队是北京市联德律师事务所，而在 337 调查中，豪森公司聘请了多个美国著名的律师团队，为这场贸易纠纷出谋划策，提供应对机制。笔者认为，在该案审理过程中，中国律师团队和美国律师团队的工作交接和配合默契非常重要，正是基于这样的配合，美国律师团队才能够在极短的时间内充分根据 337 调查的要求提供材料、接受质询等。此次面对苛刻的 337 调查时，豪森公司在诉讼的前 4 个月，共答复了 5 套质询书、接受了 83 次问答，提供了 148 套文件，纸质资料达 2000 多页。

因此，豪森公司在该案中的获胜，是与豪森公司具有充分的知识产权应对机制和较为成熟的贸易纠纷处理机制密不可分的。中国企业只有不断提高自身的实力，并同时具备一定的前瞻性和危机意识，做好知识产权战略布局和应对策略，才能突破贸易壁垒进入全球市场。

3.14　涉及代工企业的337调查案（337－TA－769/755）

代工企业或代工厂商（Orignal Equipment Manufacturer，简称OEM），即设备原件生产者，在我国通常称作“定牌生产”或“贴牌生产”。自20世纪80年代以来，在电子、汽车零件、服装纺织、家居产品、光伏、集成电路等制造业中，中国企业开始接受跨国公司的外包订单，按照他们提供的技术进行加工制造，成为跨国公司的代工企业。近年来，随着知识产权贸易摩擦的愈演愈烈，很多中国代工企业因涉及侵权纠纷而被牵涉到美国337调查案中，有的代工企业通过发展自己的技术、摆脱了代工厂的命运，成功转型，有的代工企业仍然没有自己的技术和知识产权，继续受制于国外大公司的牵制。

2011年3月21日，美国微软公司向ITC提起启动337调查的申请，指控中国台湾鸿海精密集团工业有限公司及其子公司、中国台湾英达华公司、美国B&N公司等7家中外企业向美出口、在美进口和在美销售的手提电子计算设备及其相关软件和组成部分侵犯其所拥有的美国专利权。案号为337－TA－769案（简称“769案”）

2010年12月9日，美国雷米国际公司向ITC提出启动337调查的申请，指控美国WAI公司及其代工企业浙江临海市永磁电机公司、浙江永康博宇汽车电机公司、无锡苏盛汽车部件有限公司等8家中外企业向美出口、在美进口和在美销售的起动机和发电机侵犯其美国专利权。案号为337－TA－755（简称“755案”）。

3.14.1　当事双方

1. 申请人

“769案”的申请人为美国微软公司，微软公司由比尔·盖茨于1975年创办，总部设立在美国华盛顿州的雷德蒙德，是一家跨国科技公司，也是世界PC软件开发的先驱，以研发、制造、授权和提供广泛的电脑软件服务业务为主，目前是全球最大的电脑软件提供商。

“755 案”的申请人为雷米国际公司（Remy International，Inc.，简称“雷米公司”）。雷米公司于 1896 年由雷米兄弟成立，是汽车零部件供应商，主要进行汽车起动器与发电机等零部件产品的生产与销售，主要产品包括交流发电机、起动机、动力传动装置等，旗下品牌包括 Delco Remy、Remy、World Wide Automotive 以及 USA Industries。

2. 被申请人

“769 案”的被申请人包括中国的鸿海精密集团工业有限公司、富士康电子公司、富士康精密组件（深圳）有限公司、富士康控股公司（合称“富士康公司”）、台湾英华达公司（简称“英华达”），以及美国的 Barnes & Noble，Inc 和 barnesandnoble. com LLC（合称“B&N 公司”）7 家中外企业。下面主要介绍富士康公司。

鸿海/富士康精密集团工业有限公司创立于 1974 年，是全球 3C（电脑、通讯、消费类电子）代工领域规模最大、成长速度最快的国际集团，全球 40% 的消费电子产品由其公司生产。集团旗下在中国台湾、中国香港、伦敦等证券交易所挂牌交易，富士康公司是鸿海精密集团工业有限公司的子公司。

“755 案”的被申请人包括美国的 Wetherill Associates，Inc.（简称“WAI 公司”）、Motorcar Parts of America，Inc.（简称“MPA 公司”）、Metric Sales & Engineering of Northfield（简称“Metric 公司”）、Wan Li Industrial Development，Inc.（简称“Wan Li 公司”）、American Automotive Parts，Inc.（简称“AAP 公司”），中国的临海市永磁电机公司（简称“临海永磁”）、浙江永康博宇汽车电机公司（简称“永康博宇”）、无锡苏盛汽车部件有限公司（简称“无锡苏盛”）。其中 WAI 公司、临海永磁、浙江永康、无锡苏盛是起动电机和发电机的制造商，MPA 公司、Metric 公司、Wan Li 公司、AAP 公司是起动电机和发电机的销售商。下面主要介绍 WAI 公司及其 3 家中国代工企业。

WAI 公司是雷米公司在美国市场最大的竞争对手，其在中国上海有自己的工厂生产起动电机和发电机，另外 WAI 公司还与中国的其他企业合作为其生产起动电机和发电机，然后从中国出口到美国。WAI公司是该案最主要的被诉企业。

临海永磁成立于1996年，是一家汽车零部件及配件制造企业，主要生产和经营汽车起动机、汽车零部件等。主要的产品为FORD的PMGR、4″、4.5″系列，DELCO的PG－260系列、SD系列、10MT系列、27MT系列、28MT系列、35MT系列、37MT系列、40MT系列、42MT系列、50MT系列、HITACHI系列，BOSCH系列等产品及电枢。临海永磁直接或间接生产启动电机型号N6449第二代产品，并出口到美国。

永康博宇是一家生产汽车电机和电动车电机的公司，现有国内汽车发电机、欧美汽车发电机、汽车起动机、电动车电机4个汽车零件。其制造和出口被诉产品。

无锡苏盛是汽车发电机、起动机设计开发和制造。公司现有6条电机装配线和3个发电机、起动机部件生产车间，年产60余万台各类电机，产品全部销往美国和欧洲等地。公司生产主要产品有：Ford、Delco、Denso、Valeo、Mitsubishi、Hitachi、Mitsuba等1500余种，其中，发电机54个系列800多种；起动机52个系列700多种以及相关的零部件。

3.14.2　337调查过程

1.769案

2011年3月21日，微软公司向ITC提出申请，请求审查鸿海精密集团工业有限公司及其子公司、英达华公司、B&N公司等7家中外企业对美出口、在美进口和在美销售的手提电子计算设备及其相关软件和组成部分侵犯其美国专利US5778372、US5889522、US6339780、US6891551、US6957233的专利权。

2011年4月19日，ITC确定立案并启动调查程序（《联邦公告》76 *Fed. Reg.* 22918），案卷号为337－TA－769。

2011年11月9日，微软公司和富士康公司签署联合动议，撤销富士康公司作为被申请人。2011年11月28日，行政法官作出初裁，同意上述动议，终止调查。

2012年5月1日，微软公司和B&N公司签署联合动议，基于和解终止调查；微软和英达华公司签署联合动议，撤销英达华公司作为被申请人。2012年5月11日，行政法官同意了上述动议，终止调查。

2. 755案

2010年12月9日，雷米公司向ITC提出申请，请求审查WAI公司、MPA公司、EMS公司、临海永磁、永康博宇、无锡苏盛等8家中外企业对美出口、在美进口和在美销售的起动机和发电机侵犯其美国专利5105114、5252878、5268605、5295404、5307700、5315195、5453648的专利权，并请求ITC颁布排除令和禁止令。

2011年1月19日，ITC确定立案并启动调查程序（《联邦公告》76 *Fed. Reg.* 16445），案卷号为337-TA-755。

2011年5月24日，雷米公司与无锡苏盛签署动议，基于和解终止调查。2011年6月6日，行政法官作出初裁终止对无锡苏盛的调查。

2011年6月20日，雷米公司与临海永磁达成和解。2011年7月12日，行政法官作出初裁，终止对临海永磁的调查。

2011年7月29日，行政法官初裁，基于同意令终止对永康博宇的调查。

2011年11月29日，行政法官初裁，基于和解终止对WAI公司的调查。

2011年12月30日，行政法官初裁，基于和解终止对MPA公司的调查。

2012年1月6日和2012年1月19日，雷米和EMS公司分别签订动议和补充动议，基于和解终止调查。

2012年1月24日，ITC决定不复议行政法官的初裁决定。

3.14.3 案件分析及启示

根据以上两个案例的介绍，将我国目前的代工企业大致分为两种情况，一种如“769案”中的以富士康公司为代表的大型代工企业，另一种如“755案”中的以临海永磁等为代表的中小型代工企业。对于处于不同发展阶段的代工企业，从实际情况出发，在面对 337 调查时可能需要采取不同的策略，受到的启示相应的也会有所区别。

1. 大型代工企业的创新之路

对于大型代工企业，虽然会因涉及侵权而成为 337 调查的被申请人，但由于其代工的规模性、影响性，通常不会完全处于被动的局面，在一定程度上具备谈判的资格，因此和解是通常的结果。"769 案"中，微软公司之所以能够对富士康公司撤诉，主要是因为二者之间存在着密切的利益纠葛。对于我们国内的一些大型代工企业来说，在具备一定的资金和实力的情况下，走自主研发生产的转型路线，从代工厂逐渐转向原始设计制造商，努力摆脱代工企业的困境。毕竟代工企业之所以在 337 调查中处于被动地位，究其原因，主要在于其自身的定位，作为代工企业基本只是按照外国客户的需求定制生产，缺乏技术创新以及知识产权储备。因此，在为他人代工的基础上，积极创新和转型，拥有自己的技术和知识产权储备才是解决问题的根本之道。例如富士康公司，为了摆脱代工企业的困境，进行积极转型是合适的选择。近年来，富士康公司在转型方面采取了很多举措。

2. 中小型代工企业的应对之道

对于中小型代工企业，在资金、技术等实力不足的情况下，要作为代工企业继续生存，如何避免受到 337 调查，是其必须面临的问题。在 337 调查案中，很多中小型代工企业因为高昂的诉讼费用、繁琐的调查程序等种种原因而选择缺席，即使积极应诉也会因应诉力量薄弱而败诉，即使有的中小代工企业与对方达成了和解，但是在和解的过程中，中国代工企业也通常会面临一定的经济赔偿或者在某些条款上的妥协，基本处于被动挨打的局势。因此，中国的中小型代工企业可以从以下两个方面考虑应对 337 调查带来的损失。

首先，可以选择多方合作的方式进行代工生产。"755 案"中，被申请人临海永磁一方面为申请人雷米公司代工生产涉案产品，同时也为被申请人 WAI 公司代工生产涉案产品，而 WAI 公司是雷米公司在美国市场最大的竞争对手，该案主要是雷米公司与 WAI 的市场竞争，作为代工企业的临海永磁牵涉其中，左右为难。并且，雷米公司在提起 337 调查之后，即将临海永磁作为被申请人之后，仍然继续与临海永磁签订订单合同，要求为其生产产品。[1] 在这样的情况下，即使两大竞争对手雷米公司和 WAI 公司产生了知识产权纠纷，但是申请人考虑到临海永磁对其商业利益的影响，首先有和解的动机，并且，笔者认为，在和解过程中临海永磁至少具备一定的话语权，而不是处于完全被动挨打的局面，可以降低一些损失，而另外两家中国的代工企业无锡苏盛和永康博宇则相对处于更弱势的地位，基本没有谈判的筹码。

其次，在合作之初应该采取预警机制和措施。我们的代工企业，尤其是中小型代工企业，不能总处于一个被动的局面，在 337 调查来了才考虑是否应诉、如何应诉、能否和解等问题，而应该在与委托企业签订合同之时，就应该明确今后所要面临的侵权责任以及处理办法。当然，这些问题仅仅依靠委托方的告知是不够的，代工企业可以在签订合同之前，对委托方的知识产权状况进行调查，以了解其是否拥有所要求制造的产品的知识产权，是否存在侵权风险等。笔者认为，“755 案”中，临海永磁本应可以有更好的选择，毕竟其同时为雷米公司和 WAI 公司代工产品，应该熟悉这两家企业的产品性能，对二者的市场竞争环境也应该有一定的了解。如果在合作之初临海永磁具有足够的知识产权意识，在签订合同时，就可以跟两个委托方均签订明确的侵权责任协议，这样就可避免在后续的 337 调查中，仍然被雷米公司列为被申请人，并且虽然双方最终以和解的方式收场，但雷米公司仍然支付了本该由 WAI 公司所支付的律师费用，既浪费了时间和精力去应付 337 调查，又受到了经济损失。

3.15　微处理器 337 调查案（337 – TA – 781）

该案的涉案企业较大，涉案产品，尤其是涉及的下游产品广泛，ITC

[1] 冉瑞雪. 337 调查突围——写给中国企业的应诉指南［M］. 北京：知识产权出版社，2015：156 – 157.

调查过程中充分考量了公共利益的影响因素，我国企业以后在面对337调查时，也可以考虑自身产品对美国公共利益的影响，将其作为应诉理由和争辩点。

3.15.1 当事双方及行业背景

1. 申请人

该案申请人美国X2Y衰减器公司（X2Y Attenuators，LLC of Eric，Pennsylvania，简称“X2Y公司”）成立于1996年。X2Y公司自身并不生产硬件，只是将技术授权给其他的代工厂商，以及零部件制造商，其中包括三星公司。

2. 被申请人

该案的被申请人为英特尔公司、英特尔美国公司、英特尔哥斯达黎加公司、英特尔马来西亚公司、英特尔菲律宾公司、英特尔成都公司（合称“英特尔公司”）、苹果公司、惠普公司。

英特尔公司成立于1968年7月16日，是世界上最大的半导体公司，也是第一家推出X86架构处理器的公司，总部位于美国加州圣克拉拉。主要产品包括：微处理器、闪存、主板芯片组、网上适配器、蓝牙芯片。被诉的上述英特尔分/子公司进行英特尔微处理器产品的测试和组装工作。作为中国被诉企业的英特尔成都公司，成立于2003年，是英特尔在全球最大的封装生产基地，也是英特尔全球最大的芯片封装测试中心之一，并已建设成为英特尔公司全球晶圆预处理三大工厂之一，英特尔全球一半的移动设备微处理器来自英特尔成都公司。微处理器工厂在2007年投产，封装测试英特尔最先进的多核微处理器产品。

苹果公司（简称“苹果”）的iMac、Mac Pro等产品以及惠普的大量产品使用了英特尔的微处理器，因此被列为被申请人。

3. 行业背景

英特尔公司为全球日益发展的计算机工业提供建筑模块，包括微处理器、芯片组、板卡、系统及软件等。这些产品为标准计算机架构的组成部分。业界利用这些产品为最终用户设计制造出先进的计算机。由于英特尔公司在美国工厂完成初步制造工作后，会借助其他国家的工厂来完成最终的组装，导致该公司的芯片和使用这些芯片的产品都有可能成为 ITC 进口禁令的打击对象。而惠普和苹果均使用英特尔的芯片，因此也卷入了这起官司。

英特尔微处理器包括芯片和基板。参见图 3－15－1，苹果的 iMac、Mac Pro 等产品以及惠普的大量产品均使用了英特尔的微处理器。X2Y 公司的专利涵盖了多种克服电磁干扰的方法。该公司开发了多种技术来提升电路性能，并将发明授权给了全球第一大电脑存储芯片制造商三星。X2Y 公司声称："X2Y 公司 10 多年前就与英特尔接洽，说明如果英特尔获得授权后，X2Y 公司的技术可以改进英特尔公司产品。英特尔公司没有获得授权，但似乎采用了 X2Y 公司的技术。"

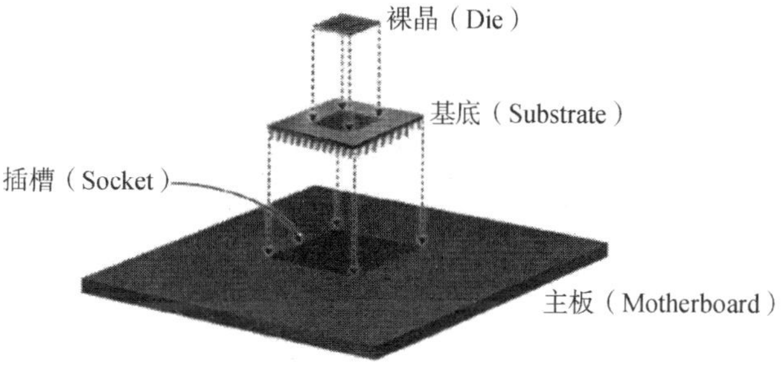

图 3－15－1　计算机内部配置示意图

3.15.2　337 调查过程

1. 立案

2011 年 5 月 31 日，X2Y 公司向 ITC 提出申请，请求审查英特尔、苹果、惠普等 8 家公司对美出口、在美进口和在美销售的微处理器、包含该微处理器的部件以及产品侵犯其如下专利权：US6738249 的权利要求 11～16、41、42、52～55；US7110227 的权利要求 1、3、4、8、9、21、24、28、29、32、35、36、39、40、52、55、56、59 和 60；US7609500 的权利要求 1～18、20～44、46、49、50、52、53、55 和 57～62；US7733621 的权利要求 1～20；US7916444 的权利要求 1～9 和 26～49。

2011年6月2日，ITC发布布告，称已收到X2Y公司的申请，并征求有关公共利益的意见。

2011年6月13日，被申请人英特尔公司、惠普分别提交了关于公共利益方面的意见陈述。

2011年6月30日，ITC确定立案并启动调查程序，案号为337－TA－781。

2. 初裁

在审理过程中，X2Y公司增加了新的涉案专利US8023241，中止了对US6738249、US7110227、US7733621的所有权利要求的调查，中止了对US7609500的权利要求1～18、20～22、24～29、31～44、46、49、50、52、53、55和权利要求57～62的调查、对US7916444的权利要求1～9、26～28、30、32、34～35和权利要求37～49的调查，对US8023241的权利要求14～19和权利要求24～27的调查。

2013年1月15日，ITC行政法官裁定英特尔、苹果和惠普公司的微处理器、部件及其产品对美出口、在美进口或在美销售均不侵犯X2Y的专利权。裁定X2Y公司的专利US7916444的权利要求29、31、33、36和US8023241的权利要求20、28、29、30、31的专利权无效，并给出了建议裁决。

建议裁决部分包括对公共利益的考量、EPROMs要素分析等。对公共利益的考量主要包括以下3个方面：（1）评估被诉产品的短缺；（2）法定的公众利益因素，包括公众健康和福利（失业情况、对美国制造业的影响、排除令对宏观经济的影响），美国经济竞争环境，美国消费者受产品短缺的影响等；（3）创新的重要性。行政法官认为，有限排除令可能会引起竞争萎缩并导致美国某些州的公民因此失业，会极大地损害美国制造业基地并导致对美国经济的负面影响。该案中排除令作为救济而对市场的介入，可能会减少在某些特定产品市场中的竞争，并且其他外国公司对美国制造业的决策行动则“抵消”了X2Y公司所提供的“英特尔公司的竞争对手会在该竞争中由此获益”的证据。因此，他无法排除特定产品市场中对美国经济竞争状况的冲击。该案中，行政法官也认定由ITC的OUII所作出的评估具有足够的说服力。OUII 的报告显示，该排除令可能会导致英特尔公司处理器在美国市场上出现“人为短缺”并直接导致苹果和惠普使用该类处理器的产品出现供应短缺。另外，行政法官考虑了 EPROMS 因素，不建议 ITC 将限制排除令延伸到下游产品的制造者——被申请人苹果和惠普。最后，行政法官认为，该案调查中没有发现侵犯 337 条款，因此不存在排除令或其他的补救。但是，如果 ITC 发现有侵犯 337 条款的情况下，并在考虑了公共利益后决定有必要颁布排除令，行政法官的建议如下：（1）建议延迟排除令的进入时间以减少对公共利益的伤害；（2）不建议排除令延伸到下游产品；（3）如果发现违反 337 条款建议颁发制止令；（4）如果 ITC 作出了禁止进口的补救办法，建议在总统复议期间，ITC 以交纳保证金的方式约束被申请人的进口行为。

3. 复审及终裁

2013 年 1 月 22 日，X2Y 公司提出复审请求，2013 年 3 月 4 日，ITC 发布终裁，维持行政法官于 2013 年 1 月 15 日作出的初裁报告，认定英特尔公司、苹果和惠普未违反 337 条款的规定，其微处理器及其部件和产品不对涉诉专利构成侵权。

3.15.3　案件分析及启示

美国专利法的所有条文中无任何一条以专门规定公共利益因素可在某些法定情形下阻止救济措施的最终发布，而 337 条款中却明确规定了若干类型的公共利益因素在确定救济措施时的重要性。1974 年，ITC 在对 337 条款的首次修订中，将公共利益因素写入其中。现行的 337 条款中规定的公共利益包括：公众健康和福利、美国经济的竞争状况、美国类似产品或直接竞争产品的生产状况、美国消费者。2011 年，ITC 修订了调查程序规则，旨在就 337 条款调查中的法定公共利益问题获得更详尽的相关信息。此次修订的预期效果在于帮助 ITC 辨别哪些是需要更多地考虑公共利益的调查，并且有利于在调查的每个环节内辨别和确认与公共利益有关的信息。这次修订要求申请人在请求 337 调查时，提交一份不超过 5 页的独立公共利益陈述报告，以明确该调查所可能涉及的公共利益因素，同时，被申请人也必须提供一份有关公共利益的陈述。该公共利益陈述报告应该涵盖：（1）解释该申请所针对标的产品，即可能受所申请裁决介入救济所影响的产品，在美国市场的使用情况；（2）明确可能因所申请裁决救济介入的影响，而引起的公共健康、安全和福利隐患；（3）明确申请人或者其所授权经营者是否可能或直接参与该类产品的竞争性经营；（4）表明申请人或者其所授权经营者是否具备足够的能力，在商业实践的合理时间内，替代提供并满足受所申请裁决介入救济影响产品的同类产品需求；（5）陈述所申请裁决介入救济可能产生的对消费者的影响。

该案中，申请人在 2011 年 5 月 31 日向 ITC 提交 337 调查的请求书中对公共利益的影响进行了陈述，2011 年 6 月 2 日，ITC 发布公告，征求社会公众及被申请人有关公众利益的意见。2011 年 6 月 13 日，被申请人英特尔公司、惠普分别提交关于公众利益的陈述，即在该案的立案日 2011 年 6 月 30 日之前，申请人和被申请人双方已就公共利益进行了陈述，这有利于 ITC 在开始 337 调查时就对公共利益进行考量并决定是否由行政法官就这些事实征询相关证据。另外，根据对由申请人、被申请人以及社会公众就该案公共利益所提交陈述的评估，ITC 也会决定是否将相关信息的质询权授予行政法官。

通常，337 调查中主要涉及的争辩理由包括无效、侵权等方面的争辩和裁定，公共利益的争论相对来说较少，但该案的裁决给了我们新的启发，在起诉和应诉中应从多角度争辩，并重视对公共利益的陈述和答辩。

近年来，中国企业在美国设置生产工厂或分公司的情况越来越多，还有的中国企业基于多种因素的考虑搬迁到美国，这些企业对美国国内的就业、市场竞争以及消费者等均会产生较大的影响。通过该案主审法官对公共利益因素的事实认定过程，可以了解到 ITC 是如何通过考虑就业机会、市场竞争以及制造业影响等因素而达到其认定的结论。该案中行政法官对公共利益和竞争情况的充分考量，揭示了行政法官们的裁决逻辑及他们愿意在公共利益方面接纳更多考量的趋势，为未来的当事人及律师提供了启示。

另外，在很多 337 调查中，将下游产品排除出美国市场是申请人的目标之一，有时甚至是主要目标，而中国的很多企业是其打击的对象，经常因原材料企业侵权而导致其生产的下游产品被排除，从而失去美国市场。ITC在裁定是否将有限排除令延伸到下游产品时，通常会考虑EPROMs要素。EPROMs要素包括以下9个因素：（1）侵权产品与使用该侵权产品的下游产品的价值比较；（2）下游产品的制造者身份，如下游产品是由被申请人或第三方制造的；（3）下游产品排除令的发布对申请人的价值增值；（4）下游产品排除令对被申请人的损失增值；（5）由下游产品排除令导致的第三方的负担；（6）其他不侵权产品的可替代下游产品的可能性；（7）下游产品确实包含侵权产品的可能性，以及被排除的可能性；（8）下游产品规避排除令的机会；（9）海关执行该排除令的可行性。通常情况下，以EPROMs要素来评估是否发布下游产品排除令是行政法官判断的主要标准，其次是公共利益的考量，但是该案的特殊之处在于，行政法官首先着重考察的是公众利益，然后分析了EPROMs要素。该案中，行政法官在裁定是否将有限排除令延伸到下游企业时，重点分析了排除令对美国国内公共利益的影响，并进行了EPROMs要素分析。最终，行政法官建议，即使ITC认定该案侵权，需要颁发有限排除令，也不要延伸到下游企业苹果和惠普。可见，在337调查中，对于是否将有限排除令延伸到下游企业，还是有较大的回旋余地的。今后，我国的下游企业在面临337调查时，不能仅仅依赖于原材料企业的胜负，而应该将命运掌握在自己手中，无论是否被列为被申请人，均可以主动应战，考虑从公共利益的角度提出抗辩，为自己的产品争取合理的市场地位。

3.16　辅酶Q10 337调查案（337 - TA - 790）

该案中，辅酶Q10市场因为中国企业的进入，申请人主导地位受到威胁，自然会被对方千方百计阻挠，中国被申请人正是预料到了这种情况，所以密切关注竞争对手，对于专利侵权纠纷，有防备、有预判，因而在面对337调查，没有退缩，而是构建强势团队积极应诉。另外，该案也给出了一个进行应诉和答辩的启示，就是答辩理由不应局限于无效和侵权，还应关注申请人是否满足美国国内产业的要求。

3.16.1 当事双方及行业背景

1. 申请人

该案申请人为日本钟渊化学公司（Kaneka Corporation，简称“钟渊公司”），总公司位于日本大阪和东京，2004 年 9 月之前，钟渊公司名称为“Kanegafuchi 化学工业公司”。钟渊公司是一家多元化公司，经营范围包括泡沫塑料、医疗器械、高分子材料、电子材料、合成纤维、食品和生物工程等领域，是全球最大的辅酶 Q10 生产企业。1977 年，钟渊公司开始生产辅酶 Q10 产品。2001 年，钟渊公司的辅酶 Q10 产品开始在美国销售。为了迎合美国市场消费者对辅酶 Q10 产品的强烈需求，钟渊公司于 2004 年在美国成立了全资子公司 KNL 公司，是美国第一个大规模的辅酶 Q10 生产企业。2005 年，钟渊公司授权 KNL 公司在美国销售辅酶 Q10 产品，并且从钟渊美国公司接管销售和营销辅酶 Q10 产品的活动。2007 年，KNL 公司开始生产和销售 KanekaQ10™，而且 KanekaQ10™ 是唯一在美国生产的辅酶 Q10 产品。[1]

2. 被申请人

该案被申请人，如表 3－16－1 所示，包括浙江医药股份有限公司（简称“浙江医药”）及其在美国的子公司 ZMC－USA，L. L. C.（简称“ZMC－USA 公司”）、厦门金达威集团股份有限公司（简称“厦门金达威”）、神舟生物科技有限责任公司（简称“神舟生物科技”）、Pacific Rainbow International Inc.（简称“PRI 公司”）、Mitsubishi Gas and Chemical Company Inc. 及 Mitsubishi Gas Chemical American 公司（二者合称“MGC 公司”）、Maypro Industries，LCC（简称“Maypro 公司”）。其中，浙江医药、厦门金达威、神舟生物科技和 MGC 公司是被诉产品的制造商，ZMC－USA 公司、PRI 公司和 Maypro 公司是被诉产品在美国的分销商。

---

[1] 李念虹，等．从辅酶 Q10 案看中国医药企业应对“337 调查”［J］．中国发明与专利，2014（10）：83.

浙江医药成立于1997年，于1999年10月在上海证券交易所挂牌上市。其主要产品包括脂溶性维生素、类维生素、喹诺酮类抗生素、抗耐药抗生素等。1996年，浙江医药开始进行辅酶Q10的研发，随后开展了辅酶Q10菌种筛选以及工艺开发工作，于2004年完成了所有工艺的研发工作并将发酵工艺生产的辅酶Q10推向市场。浙江医药是中国首家用发酵法生产辅酶Q10，并通过美国药典委员会（USP）质量论证的生产企业，其子公司新昌制药厂负责生产辅酶Q10产品。截至2014年年末，浙江医药注册资本9.3亿元，总资产79亿元。浙江医药官方网站指出，该公司辅酶Q10产品产量占全球总产量的20%。

厦门金达威成立于1997年，2011年10月28日在深圳证券交易所挂牌上市，是行业内知名的营养强化剂生产企业。其产品辅酶Q10、微藻DHA、植物性ARA、维生素A及维生素D3等销往全球数十个国家和地区。

神舟生物科技成立于2006年12月22日，是由中国航天科技集团公司投资组建的以研发、生产、销售生物发酵系列产品为主的高新技术企业。2008年建成5000立方米发酵规模及完善的配套设施，具备年生产辅酶Q10原料药300吨的生产能力。

MGC公司创业于1918年，总部位于日本东京都千代田区，是一家生产从通用化工产品到精细产品及功能材料，涉足领域广泛的世界知名化工品公司。MGC公司生产辅酶Q10产品，并将其出口到美国。

ZMC－USA公司是浙江医药在美国的子公司，其将浙江医药新昌制药厂生产的辅酶Q10产品出口到美国并进行销售。

PRI公司成立于1995年，位于美国加利福尼亚，其进口并在美国销售厦门金达威公司生产的辅酶Q10产品。本次337调查中与厦门金达威一起进行应诉。

Maypro公司成立于1977年，位于美国纽约，是一家营养保健品的全球供应商，产品包括辅酶Q10、营养补充剂、运动营养、化妆品、功能性食品等。Maypro公司是MGC公司和神舟生物科技的辅酶Q10产品在美国的分销商。

表 3－16－1　被申请人情况

<table>
<tr><th colspan="2">辅酶 Q10 生产企业</th><th colspan="2">辅酶 Q10 销售企业</th></tr>
<tr><td>公司名称</td><td>国别</td><td>公司名称</td><td>国别</td></tr>
<tr><td>浙江医药</td><td>中国</td><td>ZMC－USA 公司</td><td>美国</td></tr>
<tr><td>厦门金达威</td><td>中国</td><td>PRI 公司</td><td>美国</td></tr>
<tr><td>神舟生物科技</td><td>中国</td><td rowspan="2">Maypro 公司</td><td rowspan="2">美国</td></tr>
<tr><td>MGC 公司</td><td>日本</td></tr>
</table>

3. 行业背景

辅酶 Q10 是一种脂溶性抗氧化剂，能激活人体细胞和细胞能量的营养，可提高免疫力、增强抗氧化能力、延缓衰老和增强人体活力，主要用于心脏健康、营养补充剂及化妆品中。由美国威斯康星大学的 Frederick L. Crane 博士于 1957 年首次发现。1958 年，辅酶 Q10 研究之父——美国德克萨斯大学的 Karl Folkers 确定了其化学结构并首次用化学方法合成了辅酶 Q10，并因此获得了美国化学学会的最高荣誉——Priestly Medal。在美国、欧洲、澳大利亚等地，辅酶 Q10 的保健食品和减肥食品十分热销，尤其是美国，辅酶 Q10 成为最受欢迎的膳食补品之一，在 2010 年全球辅酶 Q10 的消费量高达 500 吨。日本自 20 世纪 70 年代开始用微生物法生产辅酶 Q10，是世界上最早也是最主要的辅酶 Q10 生产国，曾经一度占据世界市场出口份额的 90% 以上，其中钟渊公司辅酶 Q10 产品的市场占有率曾高达 70%。但是自 2005 年开始，中国的浙江医药、厦门金达威、神舟生物科技等多家公司开始进入辅酶 Q10 市场，形成强大的市场竞争力，钟渊公司的垄断地位受到冲击。

辅酶 Q10 有氧化型和还原型两种形式，该案涉诉产品是如下所示的氧化型辅酶 Q10：

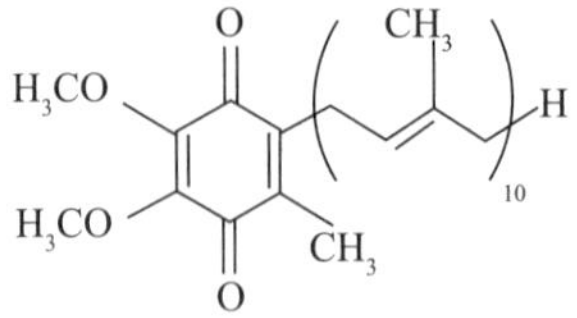

$C_{59}H_{90}O_4$相对分子质量为863.36。目前，氧化型辅酶Q10占据了主要市场。

3.16.2　337调查过程

1. 立案

2011年6月17日，钟渊公司向ITC提出申请，具体内容如表3-16-2所示，请求审查浙江医药、厦门金达威、神舟生物科技等公司对美出口、在美进口和在美销售的辅酶Q10产品及其制备方法侵犯其美国专利US7910340（简称“涉案专利”）的专利权。钟渊公司主张：浙江医药侵犯涉案专利US7910340的权利要求1、3、4、9~11、13~15、20~22、24、25、29~31、33、35~37和权利要求41~44；厦门金威达侵犯了涉案专利的权利要求1、4~6、9、11、15~17、20、22、25、27、29、30、33、37~39、41、43和权利要求45；神舟生物科技侵犯了涉案专利的权利要求1、3~4、6、8~11、13~15、17、19~22、24~25、27、29~33、35~37、39和权利要求41~45；MGC公司侵犯了涉案专利的权利要求1、2、4、9、10~12、14~15、20~23、25、29~31、33~34、36~37、41~43和权利要求44。

表3-16-2　涉诉侵权产品型号

被申请人	涉诉产品型号
浙江医药	Coenzyme Q10 (Ubidecarenone) Coenzyme Q10 Powder 10%/20%/40% CWS 1 Coenzyrne Q10 Powder 50% TAB Coenzyme Q10 98% Oxidized Coenzyme Q10, in bulk form
厦门金达威	Coenzyme Q10 nano ~ en1ulsi0n 1%, 5%, and 10% Coenzyme Q10 40% CWS Food Grade Phannaceutical Grade Coenzyme Q10 Coenzyme Q10 Powder, USP Coenzyme Q10 Powder, water soluble powder 10% United States Pharmaceutical Grade Coenzyme Q10 Coenzyme Q10 10% CWS Food Grade Coenzyme Q10 20% CW5 Food Grade

续表

被申请人	涉诉产品型号
神舟生物科技	Bulk Ubidecarenone（Coenzyme Q10） CoenzynieQl0
MGC公司	BioQ10 BioQl0 Coenzyme Ql0 Ubidecarenone Microactive CoQl0 PureSorbQl0 BioQl0 EX BioQl0 SA Bulk Uhidecarenone（Coenzyine Q10） Natural Coenzyme Q10 BIO Q10 Emulsifiable concentrate 10% ～discontinued prior to 3/22/201 l BioQ10 WD Powder 10% BIOQ10 beads 40% BlOQl0 CD Complext Coenzyine Q 10MIX

2011年7月14日，ITC决定立案。2011年7月19日ITC发布立案公告，启动调查程序，案号为337－TA－790。

2. 应诉

立案后，被申请人浙江医药、厦门金达威、神舟生物科技等公司积极应诉。2011年6月30日，浙江医药首先进行应诉，分别从公众利益、安全性、福利、申请人的供应能力等方面进行陈述。浙江医药认为，自从2005年浙江医药的氧化辅酶Q10产品进入美国市场后，北美辅酶Q10市场提高了60%，达到了230吨，使得更多的消费者接触并获益于辅酶Q10，并且浙江医药的辅酶Q10产品价格低廉、质量和纯度高。而申请人钟渊公司没有足够的能力供应美国市场，且其产品有价格上涨的趋势。另外，不同于其他生产企业的产品在美国是通过独立的分销商进行销售的情况，浙江医药在美国有独立的子公司ZMC－USA公司，负责产品的销售，可以很好地监督和管理。2011年8月4日，浙江医药对申请人的指控逐一进行答复。

2011年8月1日，神舟生物科技、厦门金达威、PRI公司和Maypro公司请求行政法官将他们的应诉时间推迟到2011年8月15日，以允许厦门金达威公司和其分销商PRI公司，以及神舟生物科技和其分销商Maypor公司联合并充分陈述他们的应诉内容。

2011年8月4日，MGC公司进行应诉。

被申请人首先对涉案专利的有效性进行了质疑，并对专利中的关键技术特征（如微生物、提取、惰性气氛、密闭容器等）的含义提出了质疑。2012年2月至3月，钟渊公司的代理律师在美国华盛顿完成了对浙江医药系列证人的取证，并于2012年3月2日对浙江医药辅酶Q10生产现场进行调查并取样。在此期间，浙江医药组织专家完成了对涉案专利的发明人、生产管理人员及销售人员的取证工作，并对其在美国的工厂进行了现场取证。所有取证及专家报告于2012年5月4日前完成。在证据披露过程中，浙江医药以申请人钟渊公司未能及时对其质询作出回应为由，提出申请人赔偿其损失的律师费用，并得到ITC批准。为此，钟渊公司于2012年5月15日被迫更换了其主要律师团队，其将律师团队由Adli Law Group P. C. 更换为DNL Zito。

3. 初裁

2012年7月9日，行政法官根据钟渊公司与Maypro公司提交的事实约定，认定没有Maypro公司涉及侵权的证据。

2012年7月9日至13日，ITC组织证据听证会。

2012年9月27日，行政法官Robert作出最终初裁（Final Intial Determnation），认定钟渊公司的涉案专利的专利权有效，但浙江医药、厦门金达威、神舟生物科技和MGC公司的产品及其生产工艺不侵犯涉案专利的专利权，并认定钟渊公司不满足国内产业要求的技术因素。

4. 复审

2012年10月10日，申请人钟渊公司、被申请人浙江医药等公司及OUII向ITC提出复审请求，钟渊公司对行政法官作出的裁决全部要求复审，OUII及被申请人对不侵权的结果无异议，但对涉案专利的部分权利要求是否有效以及钟渊公司是否满足美国国内产业要求的经济要素提出复审。2012年11月29日，ITC发布复审结果，认可了行政法官作出的初裁结果，认定所有被申请人没有侵犯涉案专利的专利权，但撤销了行政法官在最终初裁中对涉案专利部分权利要求的有效性的认定，并终止了此次337调查。

3.16.3　案件分析及启示

1. 涉案专利

涉案专利涉及一种工业上高效生产氧化型辅酶Q10的方法，包括通过在含有碳源、氮源、磷源和微量营养素的培养基中培养产还原型辅酶Q10的微生物，获得微生物细胞，微生物细胞含有的还原型辅酶Q10的含量比率占全部辅酶Q10的70%摩尔或以上，根据需要将该微生物细胞破碎，将所产生的还原型辅酶Q10用氧化剂氧化转变成氧化型辅酶Q10，然后用有机溶剂在惰性气氛下提取氧化型辅酶Q10，或者先用有机溶剂在密闭容器中提取还原型辅酶Q10，再将提取的还原型辅酶Q10氧化为氧化型辅酶Q10。

该专利于2011年3月22日在美国获得授权。

2. 权利要求的解构

首先，申请人和被申请人均认可辅酶Q10包括还原型辅酶Q10和氧化型辅酶Q10两种形式，其结构如表3-16-3所示。

表3-16-3　辅酶Q10

辅酶Q10	一种基质有两种形式，还原型辅酶Q10和氧化型辅酶Q10
还原型辅酶Q10	具有下述结构的化合物：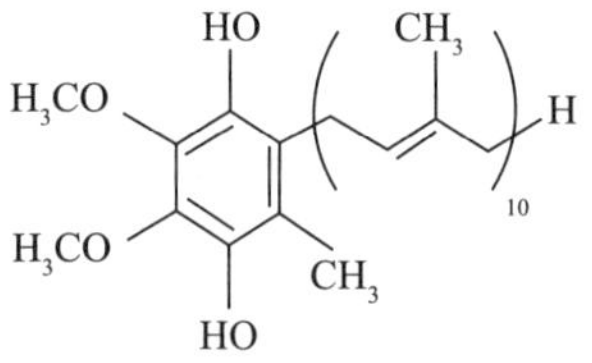
氧化型辅酶Q10	具有下述结构的化合物：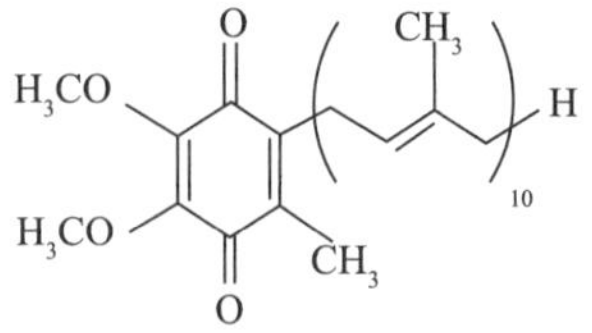
氧化剂	用空气以外的试剂氧化还原型辅酶Q10

在诉讼过程中，申请人和被申请人对该专利权利要求中的主要技术特征“产还原型辅酶 Q10 的微生物”“微生物”“惰性气氛”“去氧化气氛”“密闭容器”等的理解存在争议。行政法官认为，权利要求不受说明书中所述的培养方法的限定，不必对“产还原型辅酶 Q10 的微生物”进行权利要求解构；没有证据支持“微生物”应限定到“非光合细菌或酵母”；“惰性气氛”指的是“不含氧气或基本上不含氧气（例如氮气、二氧化碳、氦气、氩气或氢气）的惰性气体的氛围”；“去氧化气氛”指的是“无氧或基本上无氧气氛”；“密闭容器”指的是阻止材料进出的封闭容器。

3. 争议焦点

在裁定侵权的过程中，行政法官认为，尽管在申请人和被申请人之间存在一些其他小的争议点，但该案中申请人钟渊公司与被申请人浙江医药、厦门金达威、神舟生物科技、MGC 公司（即辅酶 Q10 的生产企业）争议的焦点均在于，“被申请人制备氧化辅酶 Q10 的过程，是否满足 70% 摩尔的限定（该技术特征存在于所有被诉的独立权利要求中），是否满足在惰性气氛下提取辅酶 Q10 的限定，是否满足在一个密闭容器中提取辅酶 Q10 的限定”。行政法官认为，申请人钟渊公司没有证据证明上述被申请人的制备过程包括“培养产还原型辅酶 Q10 的微生物……以获得微生物细胞，微生物细胞含有的还原型辅酶 Q10 的含量比率为不少于全部辅酶 Q10 的 70% 摩尔”“在惰性气氛中用有机溶剂中提取辅酶 Q10”“在密闭容器中用有机溶剂提取辅酶 Q10”。因此，被申请人均没有侵犯钟渊公司的专利 US7910340 的专利权。

另一方面，在裁定申请人钟渊公司在美国国内产业是否满足技术方面的要素时，行政法官认为，钟渊公司没有证据证明其在美国国内的生产企业 KNA 公司制备辅酶 Q10 的过程包括如下步骤：“培养产还原型辅酶 Q10 的微生物……以获得微生物细胞，微生物细胞含有的还原型辅酶 Q10 的含量比率为不少于全部辅酶 Q10 的 70% 摩尔”“在惰性气氛用有机溶剂中提取辅酶 Q10”“在密闭容器中用有机溶剂提取辅酶 Q10”。因此，钟渊公司不满足美国国内产业技术方面的要求。

4. 337 调查之外的较量

（1）钟渊公司在德国起诉浙江医药侵犯其专利权。

2010 年 10 月 28 日，钟渊公司在德国杜塞尔多夫（Dusseldorf）起诉浙江医药侵犯其有关辅酶 Q10 的产品专利 EP1466983B1。2010 年 11 月，浙江医药进行应诉，并同时反诉其专利无效。

2012 年 3 月 13 日，德国法官驳回了钟渊公司诉讼浙江医药的专利侵权案，判决浙江医药辅酶 Q10 生产工艺没有侵犯钟渊公司相关专利。

2012 年 11 月 7 日，德国法官在慕尼黑进行专利无效案的第一次口审，裁定钟渊公司的 EP1466983B1 无效。

钟渊公司不服上述判决，分别于 2012 年 4 月 25 日和 2013 年 3 月 19 日针对专利侵权案和专利无效案判决结果提出上诉。

2015 年 4 月 8 日，德国杜塞尔多夫（Dusseldorf）高级地区法院确认了专利无效案的第一次口审判决，作出终审判决，裁定钟渊公司的专利 EP1466983B1 与诉讼相关的权利要求无效，此判决同时使钟渊公司的专利侵权案上诉自动失效。

钟渊公司随后撤回了专利侵权案诉讼的上诉，确认了专利侵权案 2012 年 3 月 13 日庭审中的结论，即浙江医药没有侵犯钟渊公司的专利 EP1466983B1。

2016 年 5 月 31 日，德国杜塞尔多夫（Dusseldorf）高级地区法院判决钟渊公司支付浙江医药专利侵权案赔偿金额合计 55 394. 73 欧元。根据慕尼黑联邦专利法院于 2012 年 11 月 7 日作出的具有法律效力的判决以及根据卡尔斯鲁厄联邦最高法院于 2015 年 5 月 24 日作出的具有法律效力的判决，赔偿浙江医药在专利无效案一审和二审中诉讼费合计 178 370. 66 欧元。钟渊公司代理律师表示接受以上诉讼赔偿判决。

（2）钟渊公司在美国起诉浙江医药侵犯其专利权。

钟渊公司有关辅酶 Q10 的授权专利 US7910340B2 于美国东部时间 2011 年 3 月 22 日 0：00 在美国生效。浙江医药于 2011 年 3 月 22 日 0：01 在美国德州休斯敦地方法院和哥伦比亚特区地方法院同时起诉钟渊公司，要求裁定钟渊公司 US7910340B2 的专利无效，并裁决浙江医药不侵权。钟渊公司于十几分钟后在美国加州中央区地方法院起诉浙江医药等 7 家公司侵犯其 US7910340 的专利权，根据“first to file”原则，2011 年 6 月 10 日加州法院将钟渊公司起诉浙江医药的案件合并到休斯顿法院，浙江医药为原告，将浙江医药与其他被告分开。

2011 年 8 月 22 日，在庭审会议期间，钟渊公司的律师承认他们不清楚本公司辅酶 Q10 制备工艺，因此，法官要求钟渊公司收回其以前曾发给被诉公司的客户和其他贸易伙伴有关声称被诉公司侵犯其专利的信函，认为这些信函的描述是“欺诈性”的，并给他们设置了撤销这些信函的时间表。但钟渊公司并没有遵守法院的指令按时提交撤销这些信函的文件，随后休斯敦法院责令钟渊公司 2011 年 8 月 26 日到庭听证解释其为什么不执行法院的指令，在距此次听证会举行前不到 24 小时的时间，钟渊公司向法庭提交提案，主动撤销其对浙江医药指控的请求。2015 年 12 月 17 日，美国德州地方法院作出简易判决，认定浙江医药的生产工艺没有侵犯钟渊公司的专利权。

5. 结论和启示

该案中，浙江医药、厦门金达威、神舟生物科技等中国辅酶 Q10 的生产企业通过积极应对、充分准备、多方作战，最终 ITC 裁定所有被申请人不侵犯钟渊公司的专利权。该案给国内企业的主要启示如下。

（1）密切关注竞争对手的相关专利，主动出击。

该案中，申请人钟渊公司一度是北美及欧洲辅酶 Q10 的主导者，其在美国和欧洲都已进行了专利布局。在此次 337 调查之前，钟渊公司就已经在德国和美国的法院起诉了浙江医药、厦门金达威等中国企业侵犯其有关辅酶 Q10 的专利权。笔者认为，正是基于竞争对手之间这种已经存在的交战经历，浙江医药等公司对于钟渊公司提出 337 调查并不感意外和惊慌，更不会轻言放弃。特别是，申请人在德国提起诉讼之时，其在美国的同族专利尚未授权，中国企业意识到当其美国专利一旦授权，必然会引起专利侵权纠纷，因此，中国企业密切关注和跟踪对手的相关专利审批状况，在其专利授权后，先发制人，立即提起无效诉讼，这样的关注和举措使对方措手不及，也为己方在受到 337 调查时有所准备。该案的胜诉告诉我们，中国企业想要在美欧市场占有一席之地，并免受侵权的困扰，在进入美欧市场之前，首先应该了解竞争对手的相关专利及布局情况，分析其细节和漏洞，进行合理的专利预警和布局，尽量规避专利侵权，并为应对各种侵权诉讼做好准备工作。

（2）积极应诉和答辩。

在申请人钟渊公司向 ITC 提起 337 调查后，浙江医药迅速作出了回应，进行应诉。厦门金达威和神舟生物科技向行政法官请求将他们的应诉期限延长 15 天，以允许金达威公司和其分销商 PRI 公司、神舟生物科技和其分销商 Mayor 公司充分准备联合应诉。在得以延长的答复期限内，厦门金达威和神舟生物科技及时构建法律团队，积极准备材料，进行应诉。可见，三个中国的被申请人都采取了积极应诉的方式，而没有选择不战而败。此案也给中国的被申请人提供了一个小小的启示，即在应诉 337 调查时，可以考虑提出合理的理由让行政法官适当延长答复期限，为应诉尽量争取最长的时间。该案在调查过程中，涉及的文件非常多，调查取证等程序非常复杂，被申请人并没有为这些复杂的程序和文件所打倒，而是积极配合，精心准备，最终取得了胜利。

（3）成立强势团队。

在该案中，中国的被申请人依赖快速的决策、良好的专业支持和富有经验的律师团队，使得申请人钟渊公司应对来自被申请人方律师的质询力不从心，未能对其质询作出及时回复，在诉讼进程过半时更换了主要的律师团队。笔者认为，在 337 调查这样紧张快速的调查程序中，更换律师团队无疑会打乱申请人诉讼的节奏，削弱其胜诉的信心。一个好的律师团队不仅可以在诉讼过程中作出快速有力的回复，也可以对申请人造成压力，增加本方的胜诉可能性。

（4）加强行业间的联系和沟通、联合应诉。

该案中，4 个生产辅酶 Q10 的涉诉企业中 3 个都是中国企业，如果此次 337 调查被申请人方败诉，我国辅酶 Q10 行业将面临巨大损失，甚至破产。因此，我国企业间的联合应诉显得尤为重要。该案在调查过程中，浙江医药、厦门金达威、神舟生物科技、GMC 公司等几方被申请人均提供了有力的证据并提起了多项联合动议。笔者认为，该案诉讼的过程中，各个被申请人的律师团队相互之间必然进行了有效的沟通和交流，以及协作分工，因此才得以在有限的时间内提供全面、有效的证据，并且争议焦点集中、突出，逻辑清晰严谨，使得 ITC 作出有利于被申请人方的裁定结论。这个案件再次告诉我们，企业在面临 337 调查时，应主动寻求行业间的沟通交流，各个企业相互协调，分工协作，充分的准备和联合作战有利于达成目标。

（5）应诉中注重申请人是否满足美国国内产业的要求。

按照 ITC 进行 337 调查的先例，申请人在提起 337 调查时，应该满足国内产业的要求，所述国内产业要求包括经济要素（Economic Prong）和技术要素（Technical Prong）两方面。经济要素是指经济活动应该满足《美国法典》第 1337（a）（3）条款中所提到的如下 3 个条件中的任一个：（1）工厂和设备的重大投资；（2）雇佣大量的劳动力或投入大量的资本；（3）在使用知识产权方面有实质的投资，包括工程、研究和开发、授权许可。技术要素是指除授权许可的情况外，申请人需要说明其从技术角度上满足国内产业要求，即技术要素考虑申请人是否正在实施或从业于所涉专利。[1] 为了满足国内产业技术要素，申请人必须确定其实施了涉诉专利的至少一个权利要求。[2] 检验是否满足国内产业技术要素与检验是否侵权的标准实际上是一样的，例如，将国内产品与涉诉权利要求进行比较。[3]

该案中，行政法官一方面裁定钟渊公司没有证据证明被申请人的制备过程包括钟渊公司的 US7910340 专利中的 3 个技术特征（上述争议焦点中提及的三个技术特征），从而认为没有侵犯钟渊公司的专利权。另一方面行政法官也裁定由于钟渊公司在美国的国内产业中所采用的制备方法不包括其专利 US7910340 的上述 3 个技术特征而认定钟渊公司不满足国内产业技术要素。该案的裁定给我国企业及其律师团队提供了一个新的启示，即

---

[1] Certain Variable SpeedWind Turbines and Components Thereof, Inv. No. 337 – TA –376.

[2] Certain Point of Sale Terminals and Components Thereofl Inv. No. 337 – TA – 524, Order No. 40 (April 11, 2005).

[3] Alloc v. Int'l Trade Comm'n, 342 F. 3d 1361, 1375 (Fed. Cir. 2003).

在应对 337 调查时，被申请人除了重视对是否侵权以及申请人的专利权是否无效进行答辩的同时，还应该重视对申请人是否满足美国国内产业进行质疑，从而为赢得 337 调查提供更多的胜算几率。

3.17 电子壁炉 337 调查案（337 - TA - 791/826）

近年来，美国针对中国的商业秘密调查或司法诉讼频发，在 ITC 对发生在域外的侵犯商业秘密行为的管辖权已被美国法院确认的情况下，中国企业在走向海外的过程中应未雨绸缪，遵守商业秘密相关法律，设计好相关保密制度，不仅要处理好因引进技术人员或技术人员自主创业等引发的潜在侵权风险，也要注意防范因员工流失带来的商业秘密流失。

3.17.1 当事双方及行业背景

ITC 针对进口贸易中不公平的竞争行为启动的 337 调查中，大多数调查是以涉诉企业或个人侵犯申请人持有的专利权为由提起的，以侵犯商业秘密为由提起的 337 调查数量并不多。然而在这为数不多的商业秘密 337 调查案中，涉及中国企业为被申请人的案件比例却很高，并在近年呈明显上升的趋势。例如，在 2012 年，ITC 确定立案的三起商业秘密：337 调查案中就有两起针对中国企业，除下文所述的 337 - TA - 826 案外，另一案为 SI 集团（圣莱科特国际集团）诉华奇化工的橡胶树脂案（337 - TA - 849）。究其原因，一方面，随着中国企业技术竞争力的增强以及员工从跨国公司回流至内资企业，因人才流动引起的商业纠纷风险概率确实增加。另一方面，CAFC 于 2011 年作出了维持 ITC 对美国 Amsted 公司诉天瑞铸钢铁路车轮 337 调查案（337 - TA - 655）的终裁决定的判决，该判决确定了 ITC 对完全发生在美国境外的侵犯商业秘密行为拥有管辖权，适用《美国统一商业秘密法》，这一裁决进一步促进商业秘密权利人选择以 337 调查为利器进行海外维权。此外，全球贸易增长低迷、贸易保护主义势头兴起也使得越来越多的公司试图利用美国的贸易救济制度阻止（潜在的）竞争对手进入美国市场，获取市场竞争优势。

从美国的立法和政策发展来看，1996年克林顿总统签署的《经济间谍法》，首次将侵犯商业秘密列为联邦刑事犯罪，但该法案侵犯商业秘密的民事救济仍存在诸多限制。随后，美国多次出台了涉及商业秘密保护的法案。可以看到，美国对商业秘密的保护力度正在快速增强。2013年2月20日，美国白宫发布的名为《反外国盗取商业秘密策略》的报告中明确将美国商业秘密的保护提高到国家安全的高度；2016年，《美国保护商业秘密法案》（DTSA）正式生效，加大了对商业秘密所有人的民事保护力度；近期，美国贸易代表办公室（USTR）发布的特朗普政府2017年《总统贸易政策议程》指出，新政府的贸易优先事项包括强化美国的贸易执法、保护美国的知识产权。随着国内产业升级和中国企业竞争实力的增强，可以预见，中国企业在走向海外的过程中将面临更多的贸易壁垒，美国或者其他国家的跨国公司在ITC发起337调查是中国出口企业必须要面对的挑战之一。

壁炉是富有欧美特色的家居文化产品，在欧美的应用历史悠久，被视为家庭室内装饰的核心元素。随着生活水平的提高和现代家居装修的需要，商家开发出了现代电子壁炉产品并广受欢迎。电子壁炉不仅可以满足家庭取暖需要，还通过声光学技术产生仿真燃烧效果，营造观赏体验。2008年我国电子壁炉行业年销售额为99.9亿元，2012年达到169.6亿元，产品多出口至国外。该案申请人TS投资股份公司（简称“TS”）位于美国特拉华州，其子公司Twin-Star国际有限公司（简称“Twin-Star”）位于美国佛罗里达州。Twin-Star于2001年进入电子壁炉领域，是北美最大的电子壁炉生产商和销售商，旗下商品包括电子壁炉以及可作为组合式家具部件销售的具有壁炉外观的仿真移动式雕塑产品。该案中，Twin-Star的商业秘密涉及：（1）电子壁炉产品的制备工艺和/或材料及部件；（2）零售消费者名单、供货商名单和商业合同；（3）包括电子壁炉产品在内的Twin-Star技术的详细说明和容差值。

3.17.2　337调查过程

2011年6月17日，TS及其子公司Twin-Star就电子壁炉产品和配件、使用指南和制造工艺向ITC申请启动337调查，指控：（1）深圳瑞莱普（Reliap）工业有限公司（简称“深圳瑞莱普”）及岳秋生（又名Jason Yue，中国公民）盗用商业秘密；（2）被申请人侵犯Twin-Star的著作权（著作权TX0007350474、TX0007350476、VA0001772660和VA0001772661，商业秘密）；（3）岳秋生违约。请求ITC发布排除令和制止令的救济措施。该案的被申请人还包括瑞莱普电子壁炉产品的美国进口商Whalen家具制造公司（简称“Whalen”），其不晚于2010年8月进口了涉案产品。

申请书中指出，2003年12月13日，岳秋生成为Twin-Star全资子公司Twin-Star亚洲公司的雇员，2007年成为Twin-Star全资子公司Twin-Star（东莞）贸易公司的雇员，受雇期间岳秋生接触了该公司包括消费者名单、生产工艺、供货商名单等在内的商业机密。2007年6月7日前后，岳秋生与TS签署了关于Twin-Star的股权认购协议（SSA），内容涉及为获得Twin-Star股权而履行的保密和竞业限制义务，即禁止岳秋生作出如下行为：（1）公开Twin-Star的公司信息［Section 9（a）］；（2）在岳秋生受雇于Twin-Star期间及其后的2年（限制时期）中与Twin-Star在美国构成商业竞争［Section 9（d）］；（3）在上述限制时期内诱导Twin-Star的消费者［Section 9（f）］；（4）在上述限制时期内诱导Twin-Star的经销商、供应商、售卖商和代理商［Section 9（g）］。作为Twin-Star的雇员和TS的股东，岳秋生参与了Twin-Star移动雕塑产品的研发和制造过程。2010年1月6日，在仍受雇于Twin-Star且为TS股东期间，岳秋生在未告知申请人的情况下注册了深圳瑞莱普。2010年3月12日，岳秋生向Twin-Star提出辞呈。在2010年5月31日前后，岳秋生离开Twin-Star，二者的雇佣关系解除。岳秋生就职的深圳瑞莱普注册资本为100万元人民币，法人代表为张红，经营范围涉及电气产品的研发与销售、生产家用电器、货物及技术进出口，是电子壁炉行业的新晋制造商和Twin-Star的直接竞争对手，其生产并销售电子壁炉产品给与Twin-Star相同的零售客户。

根据申请人的调查申请，ITC于2011年7月20日针对电子壁炉产品和配件、使用指南和制造工艺启动调查，等于为337-TA-791（简称“791案”），并于2011年7月21日发布了基础规则和保护令、确定了目标日期。

2011 年 7 月 21 日，深圳瑞莱普和岳秋生提交了出庭通告。

2011 年 8 月 10 日，申请人提交了证据开示材料。2011 年 8 月 16 日，深圳瑞莱普和岳秋生提交了答辩意见以及涉密材料。2011 年 9 月 11 日，申请人与深圳瑞莱普、岳秋生进行了第一次和解会议。2011 年 10 月 20 日，申请人提交动议，强制深圳瑞莱普和岳秋生提交证据开示材料。2011 年 10 月 28 日，深圳瑞莱普和岳秋生撤回其委托律师的出席通告。

2011 年 10 月 31 日，深圳瑞莱普和岳秋生提交动议，强制申请人披露其商业秘密证据开示材料，并反对申请人提出的强制证据开示动议。但深圳瑞莱普和岳秋生的上述动议未能获得调查律师的支持。2011 年 11 月 17 日，深圳瑞莱普和岳秋生撤回上述动议。

2011 年 11 月 30 日，申请人和深圳瑞莱普、岳秋生进行了第二次和解会议。2011 年 12 月 1 日，申请人和被申请人深圳瑞莱普、岳秋生提交了暂定证人名单。

2011 年 12 月 13 日，在"791 案"期间岳秋生提出简易裁决动议，申请行政法官判定申请人的违约指控不属于 337 条款（a）（1）（A）规定的可辨识的主张；该动议获得了调查律师的支持。申请人则于同日再次向 ITC 提出 337 调查立案申请并于 2012 年 1 月 19 日获准立案，案号为 337 - TA - 826（简称"826 案"）。

2011 年 12 月 19 日，深圳瑞莱普和岳秋生提出动议，申请基于仲裁协议结束 337 调查。但在 2012 年 1 月 5 日，深圳瑞莱普和岳秋生撤回了 2011 年 12 月 19 日提出的基于仲裁协议结束 337 调查的动议。

2012 年 2 月 15 日，深圳瑞莱普和岳秋生提交了关于"826 案"的答辩意见；3 月 9 日，申请人和被申请人深圳瑞莱普、岳秋生提交了证人名单；3 月12 日，深圳瑞莱普和岳秋生撤回其委托律师的出席通告。

2012 年 5 月 7 日，申请人提交动议，强制深圳瑞莱普和岳秋生提交证据开示材料。

2012 年 5 月 12 日，被申请人 Whalen 提出动议，申请以同意令及和解协议结束 337 调查。该动议于 6 月 1 日获得行政法官批准。

2012年5月24日，申请人、调查律师和被申请人Whalen出席了庭前听证会议，而深圳瑞莱普和岳秋生并未出席。

2012年6月20日，申请人提交动议，要求确认被申请人深圳瑞莱普和岳秋生缺席调查；该动议得到了调查律师的支持。

2012年7月13日，行政法官发布第19号令，驳回岳秋生于2011年12月13日提出的要求，就“791案”中申请人关于违约的诉求不属于337调查管辖范围作出简易裁决的动议。

2012年7月13日，行政法官发布第20号令，就“791案”和“826案”作出初裁决定：同意申请人请求判定缺席的动议，由于深圳瑞莱普和岳秋生在2012年3月12日后未能继续参与调查，放弃实质应诉，行政法官判定二者缺席；推荐的救济措施包括对缺席被申请人的产品发布有限排除令。

2012年7月20日，调查律师申请对第19、20号令进行复审。复审理由包括：（1）违反股权认购协议的指控不属于337条款（a）（1）（A）规定的可辨识的不公平行为，ITC仅对商业秘密盗用、侵犯著作权和侵犯合同行为发布救济措施；（2）股权认购协议所述的“限制时期”已于2012年6月1日到期，ITC不能基于已超出合同保护期的行为作出违反337条款的裁定。

2012年9月14日，ITC受理了复审请求并决定对第19、20号令的部分内容进行复审。就此申请人和调查律师提交了简要陈述。申请人提出，如果未获得己方的商业秘密，被申请人至少需付出5年的时间才能开发出竞争性电子壁炉产品及必要的生产工艺和质控程序，并声称己方花费了2003~2010年的时间才独立研发出其商业秘密。

2013年5月1日，ITC作出终裁决定并提交美国总统和美国贸易代表进行审查，终裁决定指出：（1）考虑到涉案合同的非竞争性和非诱导性，支持初裁中关于被申请人存在违反337条款的违约和合同欺诈行为的决定；（2）由于SSA合同中未明确何为“电子壁炉”，即未对商业秘密的技术内容作出清楚的限定，故不支持认定被申请人违反保密性合同的决定；（3）ITC拒绝就违约行为是否为美国337条款规定的可辨识的不公平行为发表明确的态度，因此驳回了岳秋生要求作出简易裁决的动议，支持行政法官作出的第19号令；（4）申请人提供了足够的证据证明为独立研发出该产品需至少花费5年时间，故作出有限排除令，除非得到申请人许可，禁止被申请人对美出口、在美进口或在美销售侵犯版权TX0007350474、TX0007350476、VA0001772660和VA0001772661的产品，在5年内禁止被申请人对美出口、在美进口或在美销售侵犯申请人商业秘密的产品；（5）保证金为产品价值的145%。至此该337调查案结案。

工商注册信息显示，深圳瑞莱普已于2015年注销，清算组成员为法人代表张红及岳秋生。

3.17.3　案件分析及启示

商业秘密是具有商业价值的专有信息，涵盖了技术信息和经营信息，是商业竞争力的重要载体。除337调查外，商业秘密侵权案件在国内外的司法诉讼中都呈现出数量快速增加的趋势。美国对商业秘密的保护体系涉及联邦和各州多项法案，包括《统一商业秘密法》《反不正当竞争法重述》《经济间谍法》等。中国对商业秘密的保护体系则涉及《反不正当竞争法》《最高人民法院关于审理技术合同纠纷案件适用法律若干问题的解释》《最高人民法院关于审理不正当竞争民事案件适用法律若干问题的解释》《关于禁止侵犯商业秘密行为的若干规定》（1995年国家工商行政管理局）等。1930年《美国关税法》第337条款规定，该条款涉及的是在产品向美国进口或者销售过程中的不公平竞争方法或不公平的做法。因此即使在美国国内，ITC对于完全发生在中国境内的商业秘密纠纷以及涉及产品生产过程的商业秘密的使用是否具有管辖权也一直存在争议。然而，基于近年来涉及商业秘密的337调查判例可以看出，美国法院确认了ITC对发生在域外的侵犯商业秘密行为具有管辖权。

就337调查而言，《ITC操作与程序规则》第201.6（a）条规定的商业秘密基本要素包括：（1）没有公开；（2）具有商业价值；（3）与以下任何因素有关，即行业秘密、工艺、运营、工作方式、设备或者生产、销售、装运、购买、转让、客户身份、存货目录或任何人、商号、合伙、公司或其他经济组织的收入、利润、亏损或花费的数额以及来源，以及其他类似信息；（4）未依法律规定披露该信息将导致如下后果，即损害 ITC 对实现法定职能所需信息的获取能力或者对提供信息的人、商号、合伙、公司或其他组织的竞争力造成严重损害。具体涉及商业秘密案件纠纷类型主要包括：（1）离职雇员把保密信息提供给新雇主（如 337－TA－665 的天瑞铸钢铁路车轮案和 337－TA－849 的华奇树脂案）；（2）申请人和被申请人签署了保密协议，但是被申请人非法使用或者披露了商业秘密（如该案）；（3）商业秘密信息通过盗窃或者商业间谍的方式被提供给被申请人（如 2016 年美国钢铁公司申请的 337－TA－1002）。其中，企业内部人员（包括现有员工和离职员工）的侵权行为导致商业秘密侵权案件的占比高于企业外部人员，因此对企业而言，首先要做好防止员工泄密工作，当出现由于人员流动造成的商业秘密侵权纠纷时，权利人应证明其采取了客观上能被相对人识别出来的具体的保密措施。而人才引进企业也应提高知识产权意识，在聘用技术人员或接受第三方信息时应充分考虑并防范商业秘密诱发的知识产权诉讼风险，审慎判定信息来源是否正当，做好提前规避。一旦涉诉，确定合理的应诉策略，避免因为缺席调查而被认定侵权。

与专利权、商标或著作权等知识产权类型相比，商业秘密的一大特点为其对保护期限的限制，一旦企业被裁定使用相关的救济措施，该处罚的执行日期可能超出被申请人的预期。例如在该案中，尽管涉案合同规定的竞业限制时期为 2 年，但在申请人提供了足够证据的情况下，ITC 延长了排除令的有效时间。此外，337 条款中对非法定知识产权（如商业秘密盗用）的“国内产业要件”的要求也较法定知识产权（专利权、著作权和注册商标）更为宽泛。因此中国企业和相关行业应切实重视商业秘密侵权 337 调查案对出口利益的影响，并采取相应的预警和应对措施。

在商业秘密侵权 337 调查案中，当事双方需取证/质证的内容可能包括如下方面：申请人是否拥有该商业秘密；商业秘密是否存在或是否符合“国内产业”需求；申请人是否对该商业秘密采取了合理的保密措施；被申请人对该商业秘密是否拥有合法的使用权；被申请人是否实施了侵权行为；被申请人是否主观上存在过错；被申请人的侵权行为对申请人的经营是否产生了损害后果等。

首先，构成商业秘密至少需要满足秘密性、价值性和保密性三项条件。商业秘密的具体内容包括商业秘密的载体（证据）、具体构成（秘密点）。一个载体上往往包含很多信息，但可能只有部分信息才具有秘密性。因此在商业秘密侵权案中，当事双方需要明确秘密点，即明确其商业秘密的范围。就申请人而言，出于利益考虑，申请人往往会主张尽可能宽泛的秘密范围。而被申请人可以主张技术内容已被公众知悉对其进行合理缩减，例如，相关信息为本领域的一般常识或者行业惯例；相关信息仅涉及产品的尺寸、结构、材料、部件的简单组合等内容，进入市场后相关公众通过观察产品即可直接获得；相关信息已经在公开出版物或者其他媒体、公开的报告会、展览等方式公开等。

其次，如果第三方通过反向工程发现商业秘密保护的对象，商业秘密权利对于反向工程成功的第三方是没有限制力的。因此企业可以通过证明其研发人员通过自主研发、反向工程发现了涉诉技术进行不侵权抗辩。这就要求企业在自主研发过程对研发记录应树立证据保管意识并切实履行保管责任，对相关文件、资料等做好归档工作，以便于在涉入 337 调查时快速作出反应。

最后，当申请人采取了在正常情况下足以防止涉密信息泄露的措施，例如，已限定涉密信息的知悉范围，对于涉密信息载体采取加锁等防范措施，在涉密信息的载体上标有保密标志，对涉密信息采用密码或者代码，签订保密协议（应明确其约定了哪些信息为商业秘密，并约定相对人对哪些商业秘密负有保守秘密的义务）或对于涉密的机器、厂房、车间等场所限制来访者或者提出保密要求，通常可以认定申请人已经采取了合理的保密措施。此外，由于涉及商业秘密的 337 调查案中需要披露申请人和被申请人的商业秘密，在被申请人应诉时可能使部分涉诉企业出于泄露本企业商业秘密的担心而无法有效应诉。对此，企业可通过保护令制度和商业秘密待遇确保涉密信息不外泄，行业商会也可通过组织和协调发挥一定的作用。

3.18 LED照相闪光灯337调查案（337－TA－804）

随着新兴产业国际化步伐的加快，我国企业陆续开始走出口经济路线，在国际市场上占有不可忽视的地位，这无疑加剧了产业的内部竞争，国外企业已经不仅限于在我国的出口型企业达到一定规模后对其进行阻击，在我国创新行业企业的成长初期就试图通过各种贸易壁垒阻止其进入相关市场。该案中，被申请人既有我国的本土企业，也有外资的合作厂商。鉴于在337调查中被申请人需要承担的繁重取证、应诉成本，充分利用各种资源、积极展开合作、寻求政府及行业的指导是我国企业应对技术贸易壁垒的高压态势的有效措施。

3.18.1 当事双方及行业背景

1. 行业概况

LED（即发光二极管）灯是用高亮度白色发光二极管作为发光源的新一代固体冷光源，与传统白炽灯相比，LED灯具有节能环保、使用寿命长、光效高、光色纯正、响应速度快、耐振动、投光远、投光性能好、使用电压范围宽、辐射热量少等突出优点，其电能利用效率、稳定性和长寿命也优于几年前大热的节能灯（紧凑型荧光灯）。随着公众对节能减排的关注日益增强以及各国政府对智能、节能照明的积极推广，近年来LED照明技术得到了迅猛的发展，不仅在个人照明和公共照明领域得到了广泛的认同和运用，还逐步拓展至专业照明领域，并实现了与智能技术的相互融合，例如在影视舞台专业照明领域，传统光源如卤钨灯和气体放电灯具有光效较低、耗电量很大的缺点，难以满足影视照明工作对灯具的照度、色光、显色性和控制方式等的较高要求，这为LED照明技术的应用提供了广大的空间。目前已开发出了应用LED技术的柔光灯具、聚光灯具、成像灯具、天幕灯具等，在耗电量、灯效等方面优势显著。

目前中国已成为全球最大的LED照明产品生产地和出口国，被视为

LED 照明的“世界工厂”，欧美国家是我国 LED 照明产品的主流海外市场。自 2012 年起，美国已成为中国最大的 LED 照明出口目标市场。2014 年上半年，我国 LED 照明产品 50% 左右的出口主要集中在美国、欧盟和日本。[1] 然而“繁荣”的制造和出口场景并未使中国企业在 LED 全球产业中占据优势/主导地位。一方面，中国企业在整个 LED 产业链的构成中依旧集中于利润最低的中下游产业端，出口产品附加值低，产业内无序竞争严重，出口价格的快速下滑极大地压缩了中国企业的利润空间。另一方面，大量出口企业的自主创新能力不足，品牌意识薄弱，企业并未持有核心技术和加工制作的重要专利，产品代工是出口主要模式，“无牌”和“默认”品牌占出口产品的比重居高不下，在海外市场极易受到技术贸易壁垒和知识产权纠纷的困扰。而进口国通过设置如节能环保、生态设计、能效标签、测试检验等方面的技术壁垒一再提高准入门槛。例如欧盟在 2012 年实施了关于 LED 照明产品能效要求的 G/TBT/N/EU34 号与 G/TBT/N/EU35 号通报，上述标准分别在 2013 年 9 月 1 日、2014 年 9 月 1 日和 2016 年 9 月 1 日实施，对 LED 照明产品的安全、能效、设备方面提出了严格的要求，分别规定了 LED 照明产品的能效指数需达到 0. 5、0. 2、0. 2，LED 照明产品必须满足上述标准方能获准进入欧盟市场。2011 年，美国联邦贸易委员会颁布了关于光电源标签新标准，规定从标准规定之日起，美国市场上禁止销售没有粘贴新标签的光电源产品，新标签对光电源节能效率以及有毒有害物质必须给予说明。[2] 上述标准提高了中国 LED 照明产品进入相关市场的准入难度，增加了我国出口 LED 产品的召回风险，增加了检测成本，使我国出口产品的成本优势逐渐丧失。

2. 相关企业介绍

该案由 Litepanels Inc. 美国公司和 Litepanels Ltd. 英国公司共同提出。Litepanels 是业界领先的 LED 影视灯光设备制造商，由一些好莱坞灯光设

---

❶ 吴鸣鸣，郝建群，王滨秋，等．中国 LED 照明市场态势剖析［J］．照明工程学报，2014，25（6）.

❷ 康平，刘仁清．我国 LED 照明产品避免技术性贸易壁垒的对策分析［J］．机电信息，2016（33）.

计师和导演于2001年创建。首个产品为2003年发布的Mini系列产品，该产品是首个专为动画、视频或其他摄影用途开发的基于LED技术的照明系统。2008年9月Litepanels被Vitec公司收购，现在属于Vitec Group旗下品牌，其专有的灯光系统应用于例如电视台新闻播报室的特定空间环境里，已成为电视、广播、视频和电影行业LED灯光系统的龙头产品，大量用于电影和电视剧制作中；并研发了世界上最早的加上了“闪光”功能的持续照明的LED灯。Litepanels还由于其工程开发成就荣获了2009年美国电视艺术和科学学院科技艾美奖，白宫新闻室、NASA国际空间站都使用该公司的产品。截至Litepanels提出立案申请当年，Litepanels已拥有超过22项授权或在审美国或其他国家专利或实用新型，涉及LED光源及相关设备等领域，Litepanels Inc. 美国公司持有的美国专利超过10项。

申请人在申请书中向ITC建议了14家中外企业作为强制被申请方，其中包括美国富图斯（Fotodiox）有限公司（简称“Fotodiox”）及其于2006年成立的在华合资公司浙江余姚富图斯摄影器材有限公司、余姚瑞丽对外贸易有限公司、余姚利帅影视器材有限公司、天津市武清区环宇影视器材设备厂（2001年成立）、福州富莱仕影像器材有限公司（简称“福州富莱仕”）、汕头市南光摄影器材有限公司和台湾Visio照明有限公司（简称“Visio”）。福州富莱仕于2005年成立，拥有“F&V”和“DOF”两大品牌，“F&V”商标被评为“福州市知名商标”。2011年被评为“福建省高新技术企业”，是中国机电产品进出口商会会员企业，被评定为“A级信用企业”，注册资本1008万元人民币。

3.18.2　337调查过程

2011年8月3日，申请人Litepanels Inc. 美国公司和Litepanels Ltd. 英国公司（合称“Litepanels”）向ITC提出337调查申请，指控对美出口、在美进口和/或在美销售的部分LED照相闪光灯设备及其组件构成了对其美国专利US6948823、US7318652、US7429117、US7510290、US7972022（相关权利要求见表3－18－1）的直接侵权、诱导侵权和/或间接侵权，要求ITC发布包括普遍排除令或有限排除令、制止令的救济措施。上述专利均为 Litepanels Ltd. 英国公司持有，Litepanels Inc. 美国公司获得独占许可。

表3-18-1 涉诉知识产权

涉诉专利	涉诉权利要求	涉诉被申请人（部分）
US7972022	1、57~60	Fotodiox（权利要求1、57~60）
US7510290	9~26、47、51、53~60、62	
US7429117	1~2、5~13、17~25、28~35、38~43、45~47、50	福州富莱仕（权利要求1、24、43）
US7318652	1~2、5、7、10~11、15~22、24~34、37	Fotodiox（权利要求1、16、22）；福州富莱仕（权利要求1~2、5、7、10~11、15、16、18~22、25、27、31~33）
US6948823	17~21、23~29、85~88、90~93	福州富莱仕（权利要求17~21、23~28、85~88、90~93）

此外，申请人还在美国东德州地方法院就涉诉专利 US7510290、US7429117 和 US6948823 提起诉讼，其被告中涵盖了此次调查申请中的被申请人 Prompter 和 Flolight。

2011年8月31日，ITC确定立案并指派了该案的行政法官，2011年9月7日发布的联邦公告上公布了该案的立案公告（79 *Fed. Reg.* 55416），案号为337-TA-804。2011年9月8日，行政法官发布了保护令和基础规则，确定了证据开示和临时会议的日期。

2011年9月20日，被申请人 Prompter、Flolight、IKAN 和 Advanced Business Computer Service 提交了出庭通告。

2011年9月22日，被申请人 Fotodiox 提交了出庭通告和答辩状，提出查阅保密信息要求并在《ITC操作与程序规则》等210.13（b）条下披露了保密资料。

2011年9月29日，被申请人福州富莱仕与汕头南光公司以联合应诉的方式提交了出庭通告。其申请延长答辩期限的动议于2011年10月5日获得了行政法官的批准后，2011年10月12日，福州富莱仕与汕头南光公司分别提交了答辩状。2011年11月2日，福州富莱仕与汕头南光公司分别在《ITC操作与程序规则》210.13（b）下披露了保密资料。

2011年9月30日，被申请人余姚富图斯摄影器材有限公司、余姚瑞丽对外贸易有限公司、余姚利帅影视器材有限公司以联合应诉的方式提交了出庭通告。2011 年 10 月 3 日，余姚富图斯摄影器材有限公司和余姚利帅影视器材有限公司分别提交了答辩状，并在第 210.13（b）条下披露了保密资料。其申请延长答辩期限的动议于 2011 年 10 月 4 日获得了行政法官的批准后，余姚瑞丽对外贸易有限公司于 2011 年 10 月 12 日提交了答辩状，并在 210.13（b）下披露了保密资料。

2011 年 10 月 24 日，行政法官确定了该案的目标结案日期。

2011 年 10 月 28 日，被申请人 Visio 提交动议，申请基于同意令结束对其的调查。经数次补正后，行政法官于 2011 年 11 月 8 日作出基于同意令结束对 Visio 的调查的初裁决定，ITC 对该裁定不予复审。在同意令中，Visio 承诺不会对美出口、在美进口和在美销售侵犯涉诉专利 US7429117 之权利要求 1~2、5~13、17~25、28~35、38~43、45~47、50，US7510290 之权利要求 9~26、47、51、53~60、62，US7318652 之权利要求 1~2、5、7、10~11、15~22、24~34、37，US6948823 之权利要求 17~21、23~29、85~88、90~93，US7972022 之权利要求 1、57、58~60 的产品，直至上述专利期满或 Visio 产品被许可或被裁定不侵权。

2011 年 11 月 10 日，申请人提交动议，申请 ITC 裁定天津市武清区环宇影视器材设备厂缺席调查。2011 年 12 月 21 日，行政法官作出初裁决定，裁定天津市武清区环宇影视器材设备厂缺席 337 调查。2012 年 1 月 17 日，ITC 对该裁定进行复审并确定了行政法官的上述裁定。

2012 年 1 月 23 日，被申请人 Fotodiox、余姚富图斯摄影器材有限公司、余姚瑞丽对外贸易有限公司和余姚利帅影视器材有限公司共同提交了现有技术清单。

2012 年 2 月 8 日，申请人提交了暂定证人清单，并提出强制福州富莱仕与汕头南光公司提供文件及开示证据的动议；2012 年 2 月 21 日，被申请人福州富莱仕与汕头南光公司对该动议提出异议。2012 年 3 月 9 日，行政法官部分支持了申请人的动议。

2012 年 2 月 15 日，申请人提交动议，申请对部分制造商被申请人进行强制现场检查。2012 年 2 月 17 日，福州富莱仕与汕头南光公司对该动议提出异议，指出申请人在申请书中主张福州富莱仕的 Z96 产品对 3 项专利构成侵权，之后补充的内容主张汕头南光公司的 CH－160 产品对 US6948823 之权利要求 17 构成侵权，但申请人的所有指控均针对被申请人的产品，而非制造产品的方法或工艺，且申请人的强制检查行为不符合中国法律。2012 年 3 月 14 日，行政法官否决了申请人的强制现场检查动议，但要求被申请人在 10 日内提供相关的文件和答复意见。

2012 年 2 月 8 日，Fotodiox、余姚富图斯摄影器材有限公司、余姚瑞丽对外贸易有限公司和余姚利帅影视器材有限公司共同提交了暂定证人清单。

2012 年 3 月 21 日，申请人提交动议，申请撤回基于 US7429117、US7510290 的部分调查请求。2012 年 4 月 10 日，行政法官发布 19 号令，批准申请人的上述撤诉动议。2012 年 5 月 3 日，ITC 决定对该裁定进行了复审并支持了行政法官的上述裁定。

2012 年 3 月 27 日，被申请人福州富莱仕与汕头南光公司申请延期提交现有技术清单。

2012 年 4 月 19 日，被申请人 Prompter、Flolight、IKAN 和 Advanced Business Computer Service 提交动议，要求行政法官作出涉诉专利 US6948823、US7318652 和 US7972022 无效的简易裁决，理由为其不符合 35 U. S. C. § 112（1）和 35 U. S. C. § 112（2）的规定；同日，被申请人 Fotodiox、余姚富图斯摄影器材有限公司、余姚瑞丽对外贸易有限公司和余姚利帅影视器材有限公司提交联合动议，申请 ITC 以证据不足为由作出被申请人无侵权行为的简易裁决，以及涉诉专利 US6948823、US7318652 和 US7972022 所有涉诉权利要求无效的简易裁决。行政法官于 2012 年 5 月 31 日否决了要求以涉诉专利不符合 35 U. S. C. § 112（1）为由作出专利无效的简易裁决动议，于 2012 年 6 月 4 日否决了被申请人申请作出无侵权行为的简易裁决的动议，于 2012 年 6 月 8 日否决了被申请人申请作出 US6948823、US7318652 和 US7972022 无效的简易裁决的动议，于 2012 年 6 月 8 日否决了以涉诉专利不符合 35 U. S. C. § 112（2）为由提交的要求作出专利无效的简易裁决动议。

2012年4月19日，申请人提交动议，要求行政法官作出申请人已满足国内产业经济方面要求的简易裁决。2012年5月30日，行政法官作出初裁决定，批准申请人的上述动议；ITC对该裁定不予复审。

2012年5月18日，申请人和被申请人福州富莱仕与汕头南光公司，以及被申请人Prompter、Flolight、IKAN和Advanced Business Computer Service提交了庭前陈述。

2012年5月29日，申请人提交动议，申请无效专家证人的部分证言，行政法官于2012年6月8日否决了该动议。同日，被申请人福州富莱仕与汕头南光公司也提交动议，申请不予考虑关于涉诉专利US7972022非显而易见性的证据和证言。

2012年6月1日，申请人提交动议，申请撤回基于US6948823之权利要求18、20~21、23~27、29、85~88、90~93，US7318652之权利要求6~13、17、20~24、28~35、38~43、45~47、50，US7972022之权利要求59的调查请求。2012年6月15日，行政法官发布28号令，批准申请人的上述撤诉动议。

2012年6月18日，申请人提交联合动议，申请基于同意令达成的和解结束对福州富莱仕公司与汕头南光公司的调查。该同意令中，福州富莱仕公司与汕头南光公司承诺除双方达成的专利许可及和解协议涵盖的产品外，不会对美出口、在美进口和在美销售侵犯涉诉专利US6948823、US7318652、US7972022的产品。行政法官于2012年7月12日作出初裁决定，批准了上述动议，ITC对此裁定不予复审。

2012年6月18~20日，行政法官主持了该案的庭审程序。庭审后各方当事人提交了庭审总结。2012年7月20日，申请人和被申请人就对方对事实认定和法律结论的陈述提出了反对意见和抗辩理由。

2012年9月7日，行政法官发布初裁决定，裁定被申请人的涉诉产品侵犯了US7972022之权利要求1、57~58、60，US7318652之权利要求1、2、5、16、18、19、25、27和US6948823之权利要求19的专利权，违反了337条款的相关规定；US6948823之权利要求17、28是可预期的，上述权利要求无效。

2012年9月24日，申请人、调查律师以及被申请人Prompter、Floli-ght、艾肯公司（IKAN）和Advanced Business Computer Service相继对初裁决定提出了复审请求：申请人申请就行政法官对US6948823之权利要求17的前序部分的阐释进行再审，主张行政法官对上述权利要求的阐释错误，基于此错误阐释作出US6948823之独立权利要求17和从属权利要求18无效的裁定是错误的；调查律师申请就行政法官基于对独立权利要求17中“一种集成电源”（an integrated power source）的阐释作出的涉诉产品侵犯US6948823之权利要求17、19和28中的裁定进行复审；被申请人则申请对行政法官作出的多数权利要求无效判定（包括公众使用和显而易见性的理由）、对US7318652之权利要求1中“Focusing Element”的阐释和权利要求的放弃（Exclusion of Claim Charts）进行复审。2012年11月13日，ITC决定就初裁决定的部分内容进行复审，涉及的内容包括：（1）对US7318652、US6948823和US7972022涉诉独立权利要求前序部分的阐释；（2）侵权裁定；（3）涉诉权利要求的显而易见性和可预期性；（4）对US6948823之独立权利要求17中“一种集成电源”的阐释；（5）涉诉专利满足国内产业技术方面要件的裁定。

2012年11月16日，申请人提交联合动议，申请基于同意令结束对Fotodiox、余姚富图斯摄影器材有限公司、余姚瑞丽对外贸易有限公司和余姚利帅影视器材有限公司以及艾肯公司的调查。

在延期后，2013年1月17日，ITC发布终裁决定，推翻了初裁决定作出的部分裁定，裁定：（1）US6948823中仅权利要求17在国内产业产品中得到实施，该权利要求无效，被申请人并不存在基于该权利要求而违反337条款的行为；（2）涉诉专利的前序部分具有限定作用，其含义应理解为其在本领域的通常含义。终裁决定支持的初裁决定内容包括：（1）US6948823之独立权利要求17中“一种集成电源”的含义并不仅限于电池槽，还可以是电池和/或电池槽；（2）被申请人对US6948823、US7318652、US7972022涉诉独立权利要求的侵权成立；（3）US6948823之权利要求17、28是可预期的，上述权利要求无效；（4）US7318652、US7972022涉诉权利要求有效，并满足国内产业要求；（5）申请人的国内产业产品中实施了 US6948823 之权利要求 17 的部分技术特征，但申请人未能证明其国内产业产品中实施了 US6948823 中有效的权利要求。基于上述裁定，ITC 建议对 US7972022 之权利要求 1、57 ~ 58、60，US7318652 之权利要求 1、2、5、16、18、19、25、27 发布普遍排除令，并确定总统裁决期间的保证金为进口商品价值的 45%。

2013 年 3 月 15 日，被申请人 Prompter、Flolight 和 Advanced Business Computer Service 就 ITC 的终裁决定向美国联邦巡回上诉法院提起上诉。2015 年 7 月 21 日，ITC 发布了扣押和没收令（Seizure and Forfeiture Order）。

3.18.3 案件分析及启示

1. LED 行业的危机和建议

由于 LED 的节能特点，各国对 LED 产业的发展极为重视，半导体照明产业市场得到蓬勃发展，借此东风，中国的 LED 产业迅速壮大，越来越多的国内企业进入 LED 照明行业，初步形成从外延片生产、芯片制备、器件封装集成应用的比较完整的产业链，并凭借产品成本优势开拓海外市场，逐渐在国际市场上占据了可观的份额。然而出色的制造能力难以掩盖我国企业在相关知识产权方面能力不足的现状，与该领域起步较早、已经积累了大量基础专利的美国、日本、欧洲企业相比，中国企业在外延片、芯片等技术含量较高的上游技术研发能力有限，专利多集中于产业的中下游，如封装和应用环节，鲜有企业能进行有效的知识产权布局。因此中国企业在“走出去”的过程中往往缺乏与竞争对手抗衡谈判的底气和筹码，陷入被竞争对手发起专利侵权诉讼或 337 调查的窘境。除了知识产权储备的不足外，应诉成本也是许多中国企业被迫放弃应诉的原因之一。在 337 调查中，申请人和被申请人的成本严重失衡，动辄数十万乃至数百万美元的应诉费用对于多数的中国企业而言都是难以独自支撑的。而一旦缺席调查，缺席企业的产品也将因 ITC 颁布的有限排除令而在涉诉专利有效期内被挤出美国市场；更有甚者，ITC 可能以难以辨认侵权产品的来源为由颁布普遍排除令，这将导致未涉案的企业产品也无法进入美国市场，对我国 LED 行业整体造成不利影响。

针对中国企业面临的困境，“抱团发展”、联合各部门积极展开合作是中国 LED 企业应对技术贸易壁垒的有效措施之一，该策略能有效整合政府部门、技术机构和行业协会的资源优势，实现知识产权预警、技术性贸易措施的收集和分析，共同构建应对 LED 产品技术贸易壁垒的公共信息与预警服务平台，克服中国企业特别是中小企业在经济实力、知识产权储备以及应诉能力方面的不足，从而在与申请人的和解谈判中获得更多的筹码。在此方面，中国政府、行会已经采取了一定的扶助措施：中国商务部于 2008 年制订了知识产权海外维权援助机制实施方案，推动建立以政府为主导，企业、行业中介组织、研究部门和驻外经商机构共同参加的海外知识产权保护和服务网络；2011 年 11 月 17 日宣布成立了由商务部主管的企业知识产权海外维权援助中心，意在为“走出去”的企业提供知识产权服务，帮助其应对知识产权海外纠纷与摩擦的能力。该维权援助中心的具体工作由中国国际电子商务中心承担，工作内容包括定期发布海外预警信息、案例追踪报道、开展重点行业知识产权竞争与布局调查等工作，该维权援助中心可以实时更新我国企业遭遇 337 调查的情况并及时通报给涉案行业及企业，协助搭建政府与高技术企业沟通的桥梁，通过培训、研讨、宣传等形式帮助企业提升知识产权海外维权的意识与能力，提供境外展会知识产权服务，并通过政府间知识产权交流机制推动知识产权重大案件的解决。此外，各地知识产权局，尤其是重点创新创业区域也建立了多个维权援助平台，例如深圳市于 2008 年制定出台了《企业知识产权海外维权指引》（深知〔2008〕129 号）；江苏省在 2009 年发布《江苏省企业境外知识产权维权指引》（苏知发〔2009〕57 号），对企业知识产权境外维权提供技术知识和必要的资金援助；北京市于 2011 年发布《企业海外知识产权预警指导规程》，已针对全市重点产业领域开展了多个专利预警和应急救助项目；北京市海淀区则于 2014 年正式启动知识产权海外维权援助基地建设，至 2016 年已建设的知识产权海外维权援助站点覆盖英国、法国、德国等国家。

在该案中，各级知识产权维权援助机构发挥了积极的作用。该案的被申请人浙江余姚富图斯摄影器材有限公司、余姚瑞丽对外贸易有限公司和余姚利帅影视器材有限公司与 Fotodiox 联合应诉，其应诉策略主要由 Fotodiox确定。而作为中国企业的被申请人福州富莱仕在获知涉案后，认真分析产品研发过程的技术依据、技术参考标准以及各部件的选型标准，比照原告“所合法拥有的5项专利”特征，在初步判定公司的涉诉产品不构成专利侵权的基础上，第一时间联系中国机电商会和商务部相关部门，并将案件情况上报福州市外经贸局和福建省外经贸厅，分析了该案胜诉或败诉对公司乃至中国同行业将产生的影响，积极寻求政府和行业的支持和帮助。2011年8月23日，中国商务部和中国机电商会召开了涉案企业的预警会议；中国商务部的预警会议结束后，中国机电商会法律处便召集相关涉案公司会商应诉方式，最终福州富莱仕公司与汕头南光公司达成共识，决定两家公司联合应诉，积极抗辩；为了避免联合应诉出现弊端，双方还签订了《联合应诉承诺书》，决定双方责任共担、利益共享、联合应对、共同进退。2011年9月19日，商务部在合肥举办“美国337调查和国际贸易壁垒应对培训班”。这两次会议为涉案企业指明了应对337调查的方法。而福州市外经贸局、福建省外经贸厅鼓励公司积极应诉，并在政策、资源等方面给予有力的支持。在应诉期间Fotodiox、福州富莱仕公司、汕头南光公司和IKAN等应诉方联合提出了对US6948823、US7318652、US7972022的无效抗辩（针对创造性），并提供了包括US7038399等在内的专利和现有公开产品证据。

在对抗式抗辩应诉的同时，上述企业也采取了“边打边谈”的灵活应诉策略，积极谋求以合理的代价快速解决纠纷，以免贻误商业契机，引起更大的商业损失。最终，除缺席调查的环宇影视器材设备厂外，其余中国企业综合权衡各方面利弊和诉讼风险，都选择通过同意令来终止337调查，降低了应诉成本。

2. 同意令

所谓同意令，是根据《ITC操作与程序规则》第210.21条规定，由当事人协商一致，由被申请人作出承诺，未经申请人许可，不会继续进口或销售涉诉产品，从而终止337调查的一种程序。同意令属于一种诉讼和解，允许执法机关在符合公共利益的前提下接受相对人承诺以代替强制执法。同意令的动议可以由一方当事人单独提出，也可以由双方当事人或OUII调查律师提出，被申请人签署同意令，即意味着被申请人除承诺不再从事侵犯所主张的知识产权产品的进口、进口销售以及进口后销售之外；还认可ITC拥有司法权，自愿放弃寻求司法救济的权利，不得以其他理由主张同意令无效，并声明将不会在任何行政或者司法程序中对该知识产权的有效性提出质疑等。但被申请人可以在签署同意令时说明，其签署同意令仅为了和解，并不以被申请人承认侵权为前提，其作出的“同意”也不能作为其他诉讼（如对被申请人提起的反垄断诉讼等）中认定其违法的证据。由此可见，同意令虽然使被申请人暂时放弃美国市场，但其有助于使被申请人尽早从337调查中脱身，还可以避免使企业在ITC留下不良记录。因此，对于如果目前在美国市场占有率有限但希望保留未来进入市场的灵活性的被诉企业，同意令可能是一个不错的选择。但需要注意的是，同意令的动议一旦提出，将不能撤销。而且被申请人切勿忽视同意令的约束力，一旦未遵守同意令中的相关规定，申请人可以请求ITC启动执行程序，在该程序中，ITC可以对违反同意令的行为处以民事处罚、修改或撤销同意令并颁布制止令和有限排除令。

3.19　集成电路及芯片337调查产品案（337－TA－822）

芯片技术是中国机电行业的短板，也是国外企业对我国进行知识产权战略进攻的重要领域。面对337调查和美国知识产权诉讼的威胁，中国的集成电路行业如不重视知识产权保护和布局，短期的困境是部分企业将面临着市场份额的重大损失，长期来看则将使整个行业沦为国际产业布局的劳动力附庸。中国台湾企业更早地被卷入337调查，具有相对成熟的应对策略，其知识产权预警意识、专利布局策略、应诉经验均值得中国大陆企业借鉴、效仿。

3.19.1　当事双方及行业背景

1. 行业概况

集成电路（简称IC，又称微电路、微芯片、芯片）技术是信息产业的核心技术，涵盖了设计、半导体制造、封装和测试等多个技术领域，不仅广泛应用于各种传统民用设备如计算机、电视机中，也在国防军工、信息安全，以及金融、电信、能源、交通等国民经济基础设施领域发挥极其重要的作用，是电子信息产业的命脉。集成电路行业具有技术密集、产值巨大的特点，专利技术竞争异常激烈，专利诉讼频发。沈思月等基于Orbit数据平台的专利诉讼数据显示，美国集成电路领域在2011年和2012年的年诉讼案件数均超过了180件；2010～2015年的年平均诉讼案件数在140件左右，发起诉讼的前五名原告分别为飞利浦（Philips）32次、三星（Samsung）20次、飞思卡尔（Freescale）19次、英特尔（Intel）18次和东芝（Toshiba）8次。[1] 在专利诉讼行为的背后，体现的是各巨头企业增强技术垄断地位、削弱竞争对手实力的商业目的，这些跨国公司通过在全球申请专利、推行标准全球化等手段编织密集的IC专利网络，对竞争对手构筑高门槛壁垒。

得益于国家政策的持续扶持，中国集成电路产业在20世纪90年代初开始大规模发展。中国相继出台和落实多项政策和规划，促进芯片国产化的进程。2014年6月，国务院发布的《国家集成电路产业发展推进纲要》指出，中国集成电路行业的发展目标是到2015年，集成电路产业发展体制机制创新取得明显成效，建立与产业发展规模相适应的融资平台和政策环境，集成电路产业销售收入超过3500亿元；2016年，国家集成电路产业发展领导小组办公室宣布，中国高端芯片联盟于7月31日正式成立，其成员囊括了集成电路产业链上的重点企业、高校及研究所；2016年8月，国务院发布的《“十三五”国家科技创新规划》指出，我国要基本形成核心电子器件、高端通用芯片和基础软件产品的自主发展能力，扭转我国基础信息产品在安全可控、自主保障方面的被动局面。目前，我国已经初步形成了完善的产业链体系，部分企业在子行业内拥有了不可忽视的竞争力，行业增速也远高于世界平均增速，但由于基数太低，我国的集成电路行业仍不成熟，企业实力远逊于领先国家，芯片大量依赖进口。2007～2009年

[1] 沈思月，叶枝灿．基于Orbit的美国集成电路领域专利诉讼分析［J］．现代商贸工业，2016（33）：276－277.

我国进口集成电路分别为 1294 亿、1305 亿、1164 亿美元，该进口额远远超过了原油、成品油和铁矿石。而据中国半导体行业协会的统计，2011 年中国大陆 IC 设计业总销售收入仅为 473.74 亿元人民币，而全球最大的 IC 设计公司高通 2011 财年总营收则高达 149.6 亿美元，超过中国大陆 IC 设计业总销售收入。尽管如此，发展中的中国企业已经成为了外国公司专利战略进攻的重点对象。

2. 相关企业介绍

（1）申请人。

该案的申请人飞思卡尔半导体有限公司（Freescale Semiconductor, Inc）（简称“飞思卡尔”）是世界上最早进行半导体研发的公司之一。飞思卡尔成立于 2004 年，其前身是世界上首个半导体公司摩托罗拉的半导体产品部门，总部位于美国德州奥斯汀市，在 19 个国家有超过 75 家设计、研发、制造和销售部门，全球雇员约 17 000 人。飞思卡尔专注于汽车、消费电子、工业控制以及网络领域的半导体生产和设计嵌入式硬件业务，提供包括微处理器、微控制器、数字信号处理器、数字信号控制器、传感器、射频功率 IC 以及电源管理芯片的产品，主打产品即为面向嵌入和通信市场的芯片。飞思卡尔是 POWER 体系芯片的重要提供商，还是第一个将 MRAM 商业化的厂商，2010 年成为全球领先半导体供应商。此外，飞思卡尔还提供软件和开发工具，为产品开发提供全方位的支持。2013 年 2 月 26 日，飞思卡尔宣布推出了世界上尺寸最小的 ARM - 动力芯片。

飞思卡尔拥有庞大的专利储备，横跨大约 6100 个专利领域，在美国拥有 7200 多件专利，其中有 900 多件是来自摩托罗拉转让，这些专利为其发起贸易调查和专利诉讼、打压竞争对手发挥了重要作用，基于摩托罗拉的巨大基础专利包，飞思卡尔可以轻易地实现对各竞争对手的专利阻击。2010 年之后，飞思卡尔发起的 337 调查已立案 5 起。

（2）被申请人。

该案的被申请人之一中国台湾联发科技有限公司（MediaTek，简称“联发科”）成立于 1997 年，现已成为世界顶尖的 IC 专业设计公司，位居全球消费性 IC 芯片组的领先地位，也是飞思卡尔的直接竞争对手。联发科专注于无线通信及数字多媒体等技术领域，提供芯片整合系统解决方案，产品覆盖数码消费、数字电视、光储存、无线通信等领域，包含无线通信、高清数字电视、光储存、DVD及蓝光等相关产品。在2G时代，联发科一度成为手机芯片出货量全球第一大厂商。2011年底，联发科发布安卓智能手机平台MT6573，正式进入智能手机市场。目前，联发科是全球唯一横跨信息科技（IT）、消费性电子及无线通信领域的IC设计公司，也是全球前十大和亚洲第一大的IC设计公司。

从2010年初开始，广电、通信以及IT领域对“三网融合”的关注日益增强，看好互联网电视的前景。联发科也注意到了此次商机，通过在网络电视、移动电视、高清电视等电视市场的一系列动作，切入三网融合下的数字电视领域，大力发展数字电视芯片业务。为调整企业在手机、无线、电视、机顶盒等领域的业务布局，联发科于2011年收购了雷凌科技股份有限公司（简称“雷凌科技”）的无线上网技术业务，于2012年收购了开曼晨星公司（简称“晨星公司”）；这两家公司的运营总部均位于中国台湾，雷凌科技是整合型家用无线及宽带接取领域的领导公司，而晨星公司则是消费性电子产品及通信应用解决方案的世界级专用集成电路领导厂商。值得注意的是，根据NPD DisplaySearch电视设计与规格趋势季报，2011年全球平面电视系统芯片（SoC）出货量达到2.27亿颗，其中晨星公司以9100万颗的出货占有市场比重40%以上，联发科以4300万颗占有市场比重19%。换言之，上述并购行为不仅让联发科实现了对新技术的迅速获取，弥补了市场短板，也使得联发科与晨星公司合并的市场占有率达到了近乎垄断的地位，极大地壮大了联发科自身的实力，降低了新产品开发的风险，增强了联发科在电视、机顶盒业务上的竞争力。目前，联发科已先后推出符合美规、欧规的数字电视芯片，主要提供HDMI、MPEG解码器与图象处理芯片。不仅如此，联发科还能够提供一站式方案（Turn Key）的解决方案，其全线产品都可以为客户提供一个能支持全世界不同标准格式的软件通用平台，给客户的产品设计带来极大的方便和灵活性，受到了众多代工厂商的欢迎。联发科产品还支持几乎所有的多媒体影音格式，使电视成为“数字影音家庭娱乐中心”。例如，联发科推出的MT5311互联网电视芯片整体解决方案打破了旧有的单向观看模式，不仅可以实现上网浏览信息、看网络视频节目、下载等网络功能，而且通过遥控器就可以实现对互联网电视的各种互动性的操作；移动电视接收单芯片 MT5192 整合了电源管理器，具有集成度高、功耗低、支持全球模拟电视规格的特点；全球首颗小型化 128 针脚、高整合度且具备全高清画质的模拟电视芯片 MT8223，具有高集成度和低外围物料成本（RBOM）的优势。❶ 联发科的发展也使其成为国外半导体研发企业的重点关注对象，屡次被卷入贸易调查和专利诉讼。在 2010 年之后，以联发科为被申请人的 337 调查已立案 8 起，其中 3 起由飞思卡尔提出。

该案中，飞思卡尔列出被申请人的名单中还包括了使用联发科芯片的产业链下游企业，即电视和个人电脑（下游产品）生产商——香港 TPV 科技有限公司、冠捷（Top Victory）电子（福建）公司、冠捷（Top Victory）电子（中国台湾）公司（以下合称“冠捷”），还包括了进口并在美销售涉案电视机的中国台湾 Am Tran 科技有限公司（简称“Am Tran”）。

冠捷的主营业务包括液晶平面电视、液晶显示器、平面彩色显示器、AIO 一体机的研发及制造、销售、售后服务，为多个知名电视和个人电脑品牌代工生产，同时也以旗下品牌 AOC、ENVISION、TOPVIEW、MAYA 在世界各地分销其产品。冠捷于 1999 年 10 月在中国香港和新加坡上市，2001 年成为全球第二大个人电脑监视器生产商，2003 年推出其首台液晶电视，2004 年成为全球最大液晶监视器生产商，2005 年收购了飞利浦公司部分监视器及平面电视业务。冠捷于 2009 年和 2011 年与飞利浦公司订立协议，分别在全球及中国分销飞利浦品牌监视器和电视。2010 年冠捷的液晶电视全球市场占有率为 7.7%，位居全球第三位。2012 年 4 月冠捷与飞利浦成立合资公司 TP Vision，负责飞利浦电视在世界多个地区的业务。2014 年 6 月，TP Vision 成为冠捷的全资公司。冠捷主要出货地区为欧洲、中国及北美地区。

---

❶ 联发科技发力电视产业“三网融合”觅求商机［J］. 电视技术 . 2010，34（10）：128 - 129.

3.19.2　337 调查过程

2011 年 12 月 1 日，飞思卡尔向 ITC 提出申请，主张对美出口、在美进口和在美销售的部分集成电路、芯片及电视机等含有上述零部件的产品侵犯了其持有的美国专利 US5467455 的专利权。

2011 年 12 月 16 日，联发科致信 ITC，请求 ITC 不予立案或推迟作出是否立案的决定。联发科提出，该案为飞思卡尔就同一专利 US5467455 的知识产权发起的系列调查申请（前两次为“709 案”“786 案”）；709 案中 ITC 裁定并不存在违反 337 条款的行为；“786 案”尚未结案，在该案调查中，ITC 发布“第 7 号令”，对行政法官作出的部分批准被申请人提出的对飞思卡尔的部分权利要求不予调查作出简易裁决的动议进行复审。

2012 年 1 月 4 日，ITC 确定立案并指派了行政法官。2012 年 1 月 10 日，ITC 在联邦公告上发布了立案公告，案号为 337 - TA - 822。2012 年 1 月 10 日，行政法官发布了涉及涉案商业秘密或其他机密研究信息的保护令、基础规则，并确定了提交证据陈述和临时会议的时限。

在立案公告发布后，各涉诉中国企业很快作出了回应，采取了积极应诉的态度，相继提交了出庭通告。2012 年 1 月 11 日，Am Tran 提交了出庭通告并提出查阅保密信息要求；2012 年 1 月 12 日，联发科提交了出庭通告，并于 1 月 13 日提出查阅保密信息要求；2012 年 1 月 13 日，冠捷提交了出庭通告并提出查阅保密信息要求。2012 年 1 月 23 日，Am Tran 和冠捷均向 ITC 申请延期答复并获得行政法官批准。最终 Am Tran、联发科和冠捷均于 2012 年 2 月 6 日就申请书提交了答复意见。

2012 年 2 月 17 日，行政法官确定了目标日期。

2012 年 5 月 14 日，中国以外的被申请人美国 Zoran 公司提交动议，请求 ITC 作出简易裁决，基于部分无争议材料对部分涉诉权利要求结束调查。

2012 年 5 月 18 日，行政法官主持了庭前会议（Pretrial Conference）。

2012 年 5 月 23 日，Am Tran、联发科和冠捷联合其他被申请人共同提交了现有技术通告，包括了多篇专利、非专利和已知产品；6 月，申请人与部分被申请人相继提交了证人名单、证词、已授权的产品。

2012年5月30日，飞思卡尔提出动议，申请与冠捷通过电话会议商议和解，该动议部分内容获得行政法官批准。2012年6月15日，冠捷提出动议，申请重新确定其与飞思卡尔第二次和解会议的日期。

2012年7月24日，联发科提交动议，要求行政法官作出涉诉专利US5467455无效的简易裁决。

2012年8月6日，行政法官发布初裁决定（第17号令），裁定在ITC对337-TA-786案作出终裁决定前中止调查。该初裁决定考虑到了部分被申请人于2012年7月20日共同提出的暂停该调查程序直至“786案”作出终裁决定的动议。初裁决定指出：“822案”和“786案”的所有调查内容几乎相同，由同一申请人提出，涉案权利要求和专利相同（US5467455之权利要求9和10），芯片供货商/生产商均为Zoran和联发科，只是下游产业被申请人不同。在2012年7月12日发布的“786案”初裁决定中，该案的行政法官判定涉案专利基于35 U. S. C. §103（《美国专利法》第103条款）无效，该初裁决定已提交至ITC且各方也分别提出了复审请求。因此，“822案”的被申请人以降低成本且申请人受损程度微乎其微为由提请暂停该案调查，尽管申请人提出反对意见，但在考察了①证据开示的状态和听证时间；②暂停调查是否有助于简化该案的主题和听证程序；③是否对任意当事方造成不适当的利益损害和明显的战术上的不利状态；④平行调查的状态；⑤委员会资源的有效利用后，行政法官决定暂停该案调查。

2012年8月14日，申请人就上述初裁决定向ITC提出复审请求。2012年8月30日，ITC作出决定，支持行政法官作出的“第17号令”。

2012年9月12日，该案的平行调查“786案”结案，在该案调查中ITC裁定涉诉专利（即US5467455之权利要求9、10）无效，申请人的专利许可行为未能使其满足国内产业经济方面要件的要求，联发科并未侵犯涉诉专利的知识产权，不存在违反337条款的行为。据此结果，包括联发科、冠捷和Am Tran在内的被申请人于2012年9月18日向ITC提出了“822案”结案动议。

2012年9月28日，行政法官发布“第18号令”，作出支持被申请人结案动议的初裁决定。ITC 于 10 月 31 日发布了对该初裁决定不予复议的通知。该案结案。

3.19.3　案件分析及启示

1. 行业下游企业的风险控制

智能手机、智能家电等属于技术密集型电子产品，其中含有许多零部件和软件，其产业链由芯片、软件、终端产品形成。2008 年美国联邦巡回上诉法院对京瓷的判决使申请人意识到，如果未将下游的厂商列为被申请人，ITC 将无权下达针对下游厂商或其产品发布排除令。有鉴于此，申请人通常会向 ITC 建议将上游零部件生产商和下游生产商均作为 337 调查的被申请人。因此当智能电子产品进入美国市场时，整个产业链上的企业都可能面临着海外专利侵权诉讼的风险。

就该案而言，冠捷等企业作为下游厂商，提供直接面向市场的终端产品。鉴于终端产品的价值较高且多为利润集中点，申请人将其列为被申请人一方面可以借助下游厂商对芯片供货商的求偿实现向直接竞争对手的施压；另一方面由于终端产品高度集成，下游厂商其实难以判断其面临的专利侵权风险，更无法作出规避设计，在涉诉后往往陷入较为被动的局面，难以自主确定应对策略，无法掌握诉讼节奏和进度，而涉案将直接影响到消费者对终端产品提供商的信心，这都有助于使申请人在和解谈判中获得更有利的位置，得到较高的赔偿额。

事实上，在电子信息领域，中国厂商大量集中在加工制造、终端产品开发等产业链的下游环节，彩电行业更是长期处于“缺芯少屏”的尴尬境地，近年来屡次因上游企业在技术方面挑起的专利争端而受到波及，使企业在正常生产销售过程中面临诸多不确定因素，对企业的市场开拓、营销计划等造成负面影响。对此，现阶段而言，我国产业链下游厂商除在进入美国市场之前做好调研，还可以使用合同等法律工具规避这类风险，例如要求上游企业提供保证书，保证其供应下游企业的产品未侵犯任何第三方的专利权；或签订补偿担保协议，规定当下游企业因上游企业的产品遭到侵权指控时，上游企业负担部分或全部的诉讼和赔偿费用；或要求上游企业取得相关专利许可等。在此过程中，下游厂商的制造能力和市场实力有助于使其在和上游企业合作或签订专利许可协议时获得更多的话语权。在一旦被卷入 337 调查，下游厂商还应与上游零部件生产商做好沟通，充分利用其系列调查的结果作出预判，确定申请人发起调查的真正目的并有效地调整应诉策略，实现在短时间内结束调查。此外，下游厂商积累的底层专利也可以在与申请人的和解谈判中作为反制的武器。从长远来看，随着彩电产品进入智能化时代，我国企业要想摆脱接受调查的被动局面，在国际芯片市场竞争中取得发言权，关键还在于调整产业结构，完善产业链，在 IC 设计方面积累自主知识产权，力争在产业链上的重点环节占据一席之地，从根本上摆脱依附于国外企业的弱势地位。

2. 面对系列诉讼的应对策略

该案中，申请人飞思卡尔以联发科和类似情况的厂商为共同被申请人，近乎无休止地发起系列调查。对此，联发科有效的应诉措施其实也是尽早结案减少 337 调查对其正常生产、经营活动影响的重要因素。在对类似集成电路产品提出的系列 337 调查案中，联发科早在第一次调查案时就予以关注，并取得了有利的结论。这使得联发科在后续调查案中能迅速找到合理应诉策略。在该案立案前，联发科已致信 ITC 指出支持专利持有人的系列调查行为将妨碍司法的一致性，并对司法资源及调查各当事方的资源造成浪费，长远来看对 ITC 的管辖力和救济能力造成损害。联发科指出，2010 年 3 月 29 日，ITC 基于飞思卡尔于 2010 年 3 月 1 日提出的立案申请开始“709 案”的调查，该案中涉诉专利为 US5467455，被申请人包括了日本知名的电视制造商船井电机株式会社及其美国子公司。尽管“709 案”的被申请人中并未包括联发科，但行政法官于 2010 年 6 月 18 日发布“第 8 号令”已将“709 案”的调查范围（以及可能发出的有限排除令的涵盖范围）定义为所有船井电机的产品，无论该产品中的涉诉集成电路由哪一芯片制造商提供。飞思卡尔随后也以确定联发科的产品是否侵犯涉诉专利的知识产权为由获取了联发科提供的相关证据开示材料。在持续 3 日的听证后，行政法官作出初裁决定，基于飞思卡尔提供的证据来源缺乏可靠性，裁定该案中并不存在违反 337 条款的行为。ITC 于 2011 年 6 月

6日决定对该初裁决定不予复审。就在ITC采纳了“709案”行政法官初裁决定的2天后，飞思卡尔再次发起337调查，即“786案”。“786案”的涉诉专利仍为“709案”的US5467455，被申请人包括了联发科、Zoran和船井电机，联发科的涉诉产品为“集成电路和芯片，包括含有上诉产品的由消费电子产品公司如船井电机生产的电视机”，随后进一步限定为联发科生产的各型基于DDR2和SDRAM技术的集成电路产品，例如MT5382、5391和5392，而这些集成电路产品已涵盖于“709案”的调查范围中。“786案”中，船井电机于2011年7月19日提出简易裁决动议，并于7月29日和8月1日相继获得联发科和Zoran的支持。2011年8月29日，“786案”行政法官发布“第7号令”，部分支持了船井电机的动议，将“709案”中已调查过的部分船井电机产品，其中就包含了装有联发科MT5382、5391和5392集成电路的产品，排除在“786案”的调查范围之外。ITC已于2011年10月13日决定对第7号令进行复审，在联发科致信期间，复审程序正在进行中。而在2011年11月29日，飞思卡尔发起了第三次调查，即“822案”，涉诉专利仍为US5467455，其指控的联发科产品定义为基于DDR2和SDRAM技术的集成电路和芯片，如MT5392，与“786案”相同。“822案”与“786案”的被申请人差异仅在于针对的是联发科供货的不同下游厂商。联发科还指出，就飞思卡尔在“822案”提供的进口清单证据可以看出，飞思卡尔早在“786案”提出的数周后，即不迟于2011年7月，就知晓了上述经济实体的存在，只是未能将其及时补充为“786案”的被申请人而已。这些有利证据使得行政法官和ITC支持了被申请人提出的在“786案”结案前暂停“822案”的动议，并在“786案”结案后迅速实现了“822案”的结案，将337调查对企业的影响降到了最低。可见，联发科丰富的应诉经验、技术升级、专利储备和积极的防范意识是其胜诉的关键，也是国内IC设计企业在生长过程中需要汲取的经验。

3.20　运动疗法产品 337 调查案（337－TA－823）

申请人在美国国内具有与涉案知识产权有关的国内产业是其能发起 337 调查的先决条件，因此国内产业要件也成为被申请人提出抗辩的常见理由。随着全球加工贸易的发展，工业企业常常选择将更多的产品生产环节进行分割和外包，如何判断以国际分工模式制得的产品是否满足 337 调查所述的国内产业要件要求，对提高中国企业的应诉能力十分重要。该案历经初裁、终裁、上诉的各个阶段，最终美国联邦巡回上诉法院确认，不能仅仅依赖于美国国内生产的零部件对整体产品的重要性就认定制造这些零部件的支出即能满足国内产业要件的经济方面的要求，申请人还应提供足够的数量证据来支持其已经在厂房或设备上作了重大国内投资，使用了大量的劳动力或资本，或在工程、研究和开发、许可上作出了实质性的投资。

3.20.1　当事双方及行业背景

337 条款规定的调查对象为在产品向美国进口或者销售的过程中，所有者、进口商或寄售商（包括任何代理）的不公平的竞争方法或不公平的做法，旨在保护美国国内企业免予不公平竞争。申请 337 调查的立案前提之一是申请人必须满足国内产业要素的要求，即相关产业在美国国内必须实际存在或正处于设立过程中（经济方面要素），且该产业应用或实施了该条款所保护的美国知识产权（技术方面要素）。条款中关于国内产业的规定主要体现在《美国法典》第 19 编第 1337 节（19 U. S. C. § 1337）（a）（2）项和（a）（3）项，其中 19 U. S. C. § 1337（a）（3）项规定，存在以下情形之一时，应认为关于专利、版权、商标或涉及保护有关产品的美国产业存在：（1）对工厂和设备的重大投资；（2）存在相当数量的雇佣或重大资金的投入；（3）在其开发，包括工程、研究、发展或发放许可证方面进行了实质性投资。因此，除了直接的产业生产开发行为外，一定水平的商业经营活动（如授权许可）也可使申请人满足国内产业的要求。

随着全球加工贸易的发展和全球价值链分工的形成，世界经济呈现出生产的非一体化的特征，实力较强的工业企业把更多的产品生产环节进行分割和外包，产品制造过程的不同工序和环节被分散到不同国家进行，国际分工模式给“国内产业”中“经济方面要素”的判断带来了挑战，ITC需要考察在美国国内发生行为的性质及其重要性，并要求在美国国内产生实质性附加值。该案中，申请人Standard Innovation Corp.（简称SIC）成立于2004年，总部位于加拿大安大略省。用以证明国内产业的产品中仅有4个部件来自美国国内，且这些部件购自第三方，也非定制产品，完整产品则在中国组装成型。对于如何考察申请人的投资是否为“重大投资”和“实质性投资”，行政法官的初裁决定和ITC终裁决定给出了不同的裁定标准，而美国联邦地方法院最终否决了ITC的观点。该案裁决对于中国企业准确理解国内产业要件，应对可能发起的337调查，甚至在不久的将来以337调查为武器维护市场利益具有重要的指导价值。

3.20.2 337调查过程

2011年12月2日，SIC与美国子公司Standard Innovation共同向ITC提交申请书，主张对美出口、在美进口和在美销售的部分运动疗法设备及组件侵犯了其美国专利US7931605（2011年4月26日获得授权）之权利要求1～7、9～21、23、24、26、33～40、42～54、56、57、59、66～73、75～90和92，以及设计专利USD605779（2009年12月8日获得授权）的专利权，申请启动337调查。涉诉专利US7931605于2011年4月26日获得授权，并被转让给SIC。该案的被控侵权产品为莱珞旗下的Insignia Tiani、Insignia Tiani 2和Picobong Mahana产品。在立案申请书中，申请人建议ITC将Lelo Inc.（美国）、Leloi AB（瑞典总公司）、LELO（中国）、Lelo（上海）贸易有限公司（上述公司的法人均为Manelli Selter，以下合称“莱珞”）、Drugstore.com（美国）、Mile Inc.（美国）、Toys in Babeland LLC（美国）等共计22家公司列为被申请人，请求ITC发布包括制止令、有限排除令、普遍排除令在内的救济措施。

2012 年 1 月 4 日，ITC 经投票决定对上述被申请人启动 337 调查（337 - TA - 823），同日指派了行政法官；1 月 10 日，行政法官发布了保护令、基础规则，并确定了提交证据陈述的时限。

2012 年 1 月 20 日，申请人提交了证据开示陈述，莱珞提交了出庭通告。

2012 年 1 月 26 日，包括莱珞在内的数家被申请人分别提交了答辩状。莱珞在其答辩状中指出：（1）所述 LELO 或 LELO 中国的公司名为谬误，其在中国的公司名为 Lelo（上海）贸易有限公司；（2）莱珞以缺乏足够信息为由，否认其涉诉产品 Insignia Tiani 和 PicoBong Mahana 侵犯了涉诉专利权；（3）Lelo Inc. 在美国并无制造能力，涉案产品由 Leloi AB 在中国的制造厂商提供，由 Lelo Inc. 进口；Lelo（上海）贸易有限公司并未从事对美出口、在美进口和在美销售的行为；（4）莱珞涉诉产品未侵犯涉诉专利的专利权；（5）SIC 不满足国内产业需求；（6）涉诉专利无效，相关现有技术的信息随后提交。

2012 年 1 月 27 日，莱珞提交了展示清单（Exhibit List）和涉密展示资料（Confidential Exhibits）。

2012 年 2 月 6 日，首席行政法官同意了 2 月 2 日由 Nalpac Enterprises, Ltd.、E. T. C. Inc.、Williams Trading Co. Inc. 和 Honey's Place Inc. 等另外 4 家被申请人提出的在第一次电话和解会议上讨论许可分销的动议（Consent Motion of Distribution）。

2012 年 4 ~ 11 月，行政法官基于同意令动议或申请人主动撤诉结束对 Mile Inc. 等 13 家公司的调查。

2012 年 2 月 28 日，被申请人 Evolved Novelties Inc.、Momentum Managem ent、LLC、PHE, Inc. 和莱珞提出动议，申请作出不侵权的简易裁决。

2012 年 2 月 28 日，莱珞作为生产商、进口商和分销商，提出申请作出判定涉案专利 US7931605 之权利要求 1 ~ 7、9 ~ 21、23、24、26、33 ~ 40、42 ~ 54、56、57、59、66 ~ 73、75 ~ 90 和 92 无效的简易裁决的动议。然而上述动议未能得到调查律师支持，并于 2012 年 3 月 27 日被行政法官否决（第 17 号令）。

2012年5月17日，SIC提出主动撤回对设计专利USD605779的调查请求的动议；2012年6月28日，行政法官发布第25号令，同意SIC的上述动议；ITC不再进行复审。

2012年7月2日，莱珞第二次提交动议，申请ITC作出不侵权的简易裁定；Lelo Inc.、Leloi AB以及Lover's Lane & Co. 提交动议，申请ITC就US7931605无效作出简易裁决。

2012年7月3日，莱珞等提交了其参与第三次和解会议的报告。

2012年7月24日，行政法官驳回了被申请人Lover's Lane & Co. 提出的不公平交易的抗辩理由，否决了莱珞等被申请人要求在应诉状中增加不公平交易的抗辩理由的修改动议（第29、30号令）。

2012年7月26日，SIC提交动议，申请终止对Lelo（上海）贸易有限公司的337调查，理由是Lelo（上海）贸易有限公司并非从事侵权行为的主体。2012年10月1日，行政法官批准上述动议，结束对Lelo（上海）贸易有限公司的调查（第40号令）。

2012年7月31日至8月13日，申请人和莱珞提交了庭审前简要说明（Brief），并就对方对证人证言的反对意见、展示资料等发表了陈述意见。

2012年8月21～24日，该案进入听证阶段。

2013年1月8日，行政法官作出了初裁决定。首先，行政法官基于基本规则排除了申请人在庭审后简要陈述中新增的大量未在庭审前简要陈述中记载的内容。其次，行政法官裁定：（1）对于本领域技术人员的水平，支持申请人的主张，即其应了解基础工程学的一般原理和本领域产品的工作原理，而非被申请人主张的使用该产品的女性即满足本领域技术人员的水平要求；行政法官对权利要求中的争议技术特征作出了阐释。（2）莱珞产品Tiani对涉诉专利US7931605之权利要求1～7、9～21、23、24、33～40、42～54、56、57、66～73、75～87、89和90构成侵权；莱珞产品Tiani 2对涉诉专利US7931605之权利要求1～7、9～21、23、24、33～40、42～54、56、57、66～73、75～87、89和90构成侵权；莱珞产品Mahana对涉诉专利US7931605之权利要求1～7、12～19、24、33、35～40、45～49、52～54、57、66～73、78～82、85～87和90构成侵权。（3）就国内产业要件技术方面要素的要求，申请人仅陈述了其产品 We-Vibe（初代产品）、We-Vibe Ⅱ和 We-Vibe Ⅲ实施了涉诉专利；调查律师提供证据表明上述产品满足涉诉专利权利要求 1 限定的全部技术特征；被申请人仅提出上述产品的特定形状未在涉诉专利中公开，但无法证明涉诉专利排除了具有该特定形状的技术方案。因此行政法官裁定上述产品实施了涉诉专利权利要求 1 的技术方案，满足国内产业要件技术方面的要求。（4）被申请人基于 US4574791、US5690603 和在先上市商品 Natural Contour 的 Ultime（首次售卖时间为 2001 年 3 月）作涉诉专利的无效抗辩，主张涉诉专利之权利要求 1、33、66 是可预期的和显而易见的，还主张权利要求没有清楚地限定专利保护的范围，行政法官对此不予支持，裁定涉诉专利的权利要求有效。（5）涉诉专利未能满足国内产业要件经济方面要素的要求。综上，行政法官裁定，被申请人并未违反 337 条款的规定。

对于上述初裁决定，2013 年 1 月 22 日，SIC 和调查律师向 ITC 提出复审请求。

2013 年 5 月 25 日，ITC 决定对初裁决定进行复审，复审阶段主要涉及如下两个议题：（1）在判定国内产业要件时如何考察国内分包商（Subcontractor）制作零部件的投入；（2）境内支出和境外支出的相对贡献大小，或增值分析能否证明 SIC 在劳动力、资金、厂房或设备方面进行了重大或实质性的投资。ITC 于 2013 年 6 月 17 日发布的终裁决定推翻了行政法官的初裁决定，终裁决定指出：（1）SIC 对 We-Vibe 实现其功能至关重要的美国国内零部件产品的制造支出使申请人就 US7931605 满足国内产业要件的要求；（2）US7931605 所有涉诉权利要求有效，莱珞产品 Tiani 和 Tiani 2 构成对 US7931605 所有涉诉权利要求的侵权，莱珞产品 Mahana 未侵犯涉诉权利要求的专利权；（3）发布普遍排除令和制止令；（4）总统审查期间不要求提交保证金。

2013 月 8 月 21 日，莱珞向美国联邦巡回上诉法院提起上诉，并于 2013 年 8 月 16 日向 ITC 申请在上诉未决期间暂缓执行 ITC 的救济令。申请中，莱珞指出 ITC 在判断国内产业要件和权利要求阐释时存在争议，以及是否暂缓执行救济令对各方利益损害的大小，但该暂缓申请被 ITC 否决。

2013 年 9 月 30 日，莱珞向 ITC 申请启动咨询意见程序，希望其就莱珞新发布的规避设计产品是否侵权发表意见。2013 年 11 月 21 日，申请人提交答复申请 ITC 拒绝发表意见，并认为莱珞的规避设计产品至少仍侵犯了 US7931605 之权利要求 1、33 和 66 的专利权。

2014 年 5 月 5 日，OUII 就规避设计产品是否落入普遍排除令和制止令范围提交了报告。

2015 年 7 月 2 日，美国联邦巡回上诉法院就该案作出判决，判定 ITC 在确定国内产业存在的标准：（A）对工厂和设备的重大投资；（B）存在大量劳动力的雇佣或重大资金的投入时错误地仅考虑了质量型因素（Qualitative Factors），并据此否决了 ITC 作出的侵权裁定，法院判决基本上支持了行政法官的观点。

基于法院判决，2015 年 7 月 21 日，ITC 发布通告，废除了普遍排除令和制止令。

2016 年 2 月，SIC 和莱珞达成全面和解，结束两家公司涉及 US7931605、CA2591401、CA2684004 和 US7749178 的知识产权纠纷，达成交换授权许可。

2016 年 3 月，SIC 申请废除其与 Toys in Babeland LLC 等被申请人基于和解协议达成的同意令，该动议于 2016 年 5 月 10 日获得 ITC 批准。

3.20.3 案件分析及启示

337 条款授权 ITC 处理的非法活动分为 5 类。❶ （1）美国货物进口（2、3、4、5 段中列明的货物除外）中，或其所有者、进口商或寄售商销售中，存在以下效果或威胁的不公平竞争方法或不公平行为：①破坏或严重损害美国产业；②阻碍该产业的建立；③限制或垄断美国的贸易或商业。（2）美国的货物进口，为了进口的销售，或所有者、进口商或寄售商在货物进口到美国后在美国的销售，存在以下情形的：①侵犯了根据第 17 卷有效的、可执行的美国专利或有效的、可执行的美国版权；②按照或利

❶ 1930 年《美国关税法》，第 337 条款，商务部中译文。http：//images. mofcom. gov. cn/trb/accessory/200711/1196300988250. pdf.

用有效的、可执行的受美国专利权利保护的方法制造、生产、加工或开采的货物。(3) 所有者、进口商或寄售商进口到美国、为进口而销售或进口后在美国销售的货物，侵犯美国有效的、可执行的、根据1946年《美国商标法》注册的美国商标。(4) 所有者、进口商或寄售商将半导体产品进口到美国、为进口而销售或进口后在美国销售的方式，侵犯根据第17卷第9章注册的掩膜作品。(5) 所有者、进口商或寄售商进口到美国、为进口而销售或进口后在美国销售的货物，侵犯根据第17卷第13章受到保护的设计的专有权。对于第2~5类，该条款明确规定："只有美国存在或正在建立与专利、版权、商标、掩膜作品或设计保护有关的货物的产业时，2、3、4段才适用。"对于此类情形，该条款规定如下情形可视为关于专利、版权、商标、掩膜作品或设计保护有关货物的美国产业存在：①对工厂和设备的实际性投资；②对劳动力或资本的实际性雇佣；③进行开发的重大投资，包括工程、研究开发或许可。

基于上述规定可知，ITC明确要求申请人必须证明其在美国境内存在除了销售行为以外的重要运营行为，在美国存在与涉案的知识产权有关的国内产业或正在建立。从以往ITC的判例中可以看出，ITC对"国内产业"认定门槛相对较低，基于此进行抗辩的难度较大。从经济角度，证明"国内产业要件"主要依赖于专利权人（申请人）在工厂、设备、雇工、资金以及为获得专利及开发产品方面的先前的投入，或者以维修备件的形式继续销售现有库存的专利产品，即使这种继续销售未获得重大的收益。337条款并未要求这些投资必须源自美国境内资金，也未要求产业达到何种特定规模。并且，申请人的承包人、分包人或被许可人完成的工作都可能被认定为国内产业的部分投资，以判定申请人是否满足国内产业要件的经济标准，甚至连本身为被许可人的分许可人、承包人的次承包人在美国进行的投资及从事的活动都会被考量在内。

在该案之前，申请人对需要通过数量型分析（例如大量的资本、面积或人员投资）还是质量型分析来证明满足国内产业要求的经济因素，仍存在一定的不确定性。就该案而言，申请人依赖We-Vibe、We-Vibe Ⅱ和We-Vibe Ⅲ产品以证明其满足国内产业要件的要求，其主张：SIC的产品We-

Vibe ©销售量已过百万，在美国销量超过 40 万，该产品使用了 US7931605 的技术方案，并涵盖于 USD605779 的保护范围内；SIC 在美国就产品的研发进行了重大投资，并与总部位于美国的制造供货商签订了协议用于生产产品部件；SIC 还就知识产权保护、许可协议、区域销售、研发活动、产品授权等进行了重大投资；截至 2011 年 9 月 30 日，SIC 全球雇员中约 15% 属于美国公司。

在该案的初裁决定中，行政法官指出：（1）该案立案后发生的行为和用于 We-Vibe 初代产品（该产品已在 2009 年停售）的支出不能用于证明国内产业要素经济方面的要求。（2）该案中用于主张国内产业的产品在中国组装，其众多零部件中只有四个零部件来自美国境内，且购自第三方，也非申请人定制设计或制造；美国境内生产的零部件不到国内产业产品的总成本的 5%。行政法官在考察 SIC 购买美国制造商的零部件所付出的投资是否满足国内产业的要求时，将这些部件制备成本的 80% 计为在美国境内投入的制备投资。（3）上述 4 个部件中的 3 个部件与涉诉专利 US7931605 权利要求记载的技术特征直接关联，也是 We-Vibe 产品实现其功能的关键部件；但行政法官认为，SIC 未能解释这些支出如何与其 SIC、其制造商或其零部件制造商在工厂和设备中的投资相关联。据此，行政法官无法将上述支出毫无异议地确定为 19 U. S. C. §1337（a）（3）项所述 A 方面的投资。（4）行政法官驳回了调查律师提出的这些部件支出可归为 19 U. S. C. §1337（a）（3）项所述 C 方面投资的观点，认为尽管这些在美国境内制备的产品零部件对产品的成功至关重要，但调查律师无法证明这些零部件的购买费用与 C 方面实质相关。具体而言，SIC 仅提供了其用于支付这些产品部件的总额，但未能确定哪些份额属于支付给零部件制造商的设计或研发成本，因此无法将这些部件的购买视为与 C 方面相关的设计或研发活动；类似的，SIC 提供了对这些零部件的支出总额，而未能确定其中属于设计或研发支出的份额，因此无法将这些支出计为 C 方面的投入；即便在判断满足国内产业要求时需要考察这些确定的支付成本，也无法将其视为“实质性的”或“重大”投资。

而 ITC 主要是基于如下理由推翻了行政法官的初裁决定：ITC 认为，

申请人对美国零部件的投资促进了美国分包商在美的制造行为，可视同申请人自身制造了上述零部件。行政法官在初裁决定中基于如下方面否定美国国内生产的零部件满足国内产业要件：（1）未能证明相应零部件系针对 We-Vibe 产品定制设计或制作；（2）相应部件与 US7931605 技术无关；（3）未能清晰确定针对 A、B 和/或 C 方面指出的份额；（4）声称投资的时间。对此，ITC 认为 337 条款并未要求其零部件必需为国内产业产品定制设计或制造。19 U. S. C. §1337（a）（3）表明，专利保护的产品必须存在国内产业，仅要求对专利保护的产品存在投资，要求零部件为产品定制明显超出了法条要求的范围。该案中，申请人已经证明相关零部件是 We-Vibe 的关键零部件，行政法官也查明 We-Vibe 在涉诉专利的保护范围内，这足以使 ITC 在分析经济方面要素时计入这些零部件的支出。而且，申请人对这些零部件的投资象征其对美国分包商的工程和设备的投资，以及为在美国境内制造出这些零部件所必需的劳动力和资金投入。行政法官在判断国内产业要件时也未计入申请人对 We-Vibe Ⅱ着色方面的投资，理由是 We-Vibe Ⅱ的颜色特征与 US7931605 权利要求的技术特征直接相关。对此，ITC 认为行政法官的上述裁定与其在先裁定标准不一致。当涉及量化评价零部件的支出时，行政法官以未能从支出总额中确定涉及分包商设计或研发的支出份额为由拒绝计入 SIC 的支出项。对此 ITC 不予认同。ITC 的在先判例中并未要求在分析国内产业要件时以法定分类计算分包商的支出，因此尽管 SIC 未能提供足够证据表明其分包商的支出如何与 A 项下厂房和设备的支出、以及 B 项下劳动力和资金的支出相关联，但 ITC 应考虑申请人对 We-Vibe 是关键的且与 US7931605 权利要求相关的零部件的投资。ITC 进一步查明用于购买国内零部件的支出金额应合理地被视为对美国国内分包商在对 A 项下厂房和设备、以及 B 项下劳动力和资金方面的间接投资，因为这些零部件是在美国国内制得并组装入涉诉专利保护的产品中，尽管购买价格中有争议地包含分包商的其他成本。ITC 还推翻了行政法官基于相关支出发生在该案立案前至少两年为由拒绝将涉及初代 We-Vibe 产品的支出计入国内产业要件的裁定，认为申请人基于对 SIC 旗下产品 We-Vibe 作进一步研发，并开发出 We-Vibe II 代和 III 代产品，应将初代 We-

Vibe产品的投入视为国内产业要件。

对此，美国联邦巡回上诉法院认为，不能仅仅依赖于美国国内生产的零部件对国内产业产品的质量型作用，就判定购买这些零部件即能满足国内产业要件的经济方面的要求。法院通过对337条款进行文字分析认定，该条款所述“重大”或“实质性”经济活动的要求指向实际的数量——美元数量、生产工厂的面积或在那工作的人员数量。因此是否存在国内产业必须进行数量分析。该案中法院申请人提供的关于投资和雇佣的证据属于“不重大”的数量型证据，并指出无论零部件多么关键，该零部件对最终国内产业产品的质量型价值不能弥补数量型证据的缺失。

由该案判决结果可以看出，美国联邦巡回上诉法院虽没有完全否定质量型因素在国内产业分析中的作用，但也明确了申请人应提供足够的数量型证据来支持其已经在厂房或设备上做了重大国内投资，使用了大量的劳动力或资本，或在工程、研究和开发、许可上作出了实质性的投资。美国联邦巡回上诉法院没有指出哪些证据最终会被考虑，但该裁决启示潜在的申请人在确定其支出对相关经济活动的影响时需要进行仔细计算，确定与其主张的专利有关的投资份额，对质量型投资活动作出量化措施得以满足。例如，该案申请人在需要依据向美国供应商购买零部件的支出来支持国内产业要件时，申请人不仅需要告知ITC如何消费这些支出，还应向ITC证明包括这些支出用在了为与该零部件有关的工厂或设备的购买所进行的重大投资中，或用在了与该零部件有关的重大国内雇佣中。但需要注意的是，即使法院在莱珞案中强调了通过衡量申请人的数量型证据判断其充分性，该判决并未否定质量型国内产业主张的作用，尤其对于新兴的小企业或新设立的公司而言，质量型描述在证明国内产业过程中仍具有关键作用。

3.21 蓝光影碟播放器337调查案（337－TA－824）

该案由专利运营公司提出，由于NPE企业起诉具有很强的目的性，被申请人应事先对涉诉专利进行准确的有效性分析，明确申请人的目的，采取合适的应诉策略，适时提出和解。此外，被申请人也应注意到美国司法行政体系逐渐开始对专利运营公司滥诉现象进行规制的趋势，利用公众利益、衡平法则等理由扩大己方优势。

3.21.1 当事双方及行业背景

1. 行业概况

2002年3月，世界九大电子巨头日本索尼公司、日立公司、松下电器产业公司、夏普公司、韩国三星电子公司、LG电子电器有限公司、美国先锋公司、荷兰飞利浦电子设备公司、法国汤姆森多媒体公司，在日本东京联合宣布“蓝光光碟”技术的问世。该技术利用蓝色（405纳米）的激光束而非旧有的红色（650纳米）激光束进行刻录，其收录的数据量相较DVD光盘有极大的提高，能实现高清晰度视频和高分辨率/多声道音频的存放。然而，蓝光推广之初，其价格一度居高不下，在2008年前更与东芝的红光HD-DVD竞争高清市场，大大延迟了蓝光成为下一代DVD标准的进程。

蓝光与HD-DVD的较量历时六年，直至东芝于2008年2月宣布退出HD-DVD业务，国际高清视频标准统一为蓝光格式。欧美市场是蓝光碟机和碟片销售的主要市场，东芝、索尼、三星、LG、夏普、飞利浦、松下、先锋旗下都有自主品牌的蓝光影碟播放器产品。蓝光影碟播放器逐渐成为大部分家庭影音娱乐系统中的必备器材，并实现了与家庭影院系统、平板电视等产品的组合使用。

2. 相关企业介绍

该案的申请人美国沃克数字公司（Walker Digital，LLC）公司是Jay S. Walker于1994年创立的研发实验室，其致力于开发大规模网络技术如手机和因特网的应用和商业方案。该公司自身并未从事实体生产，主要通过其持有的核心专利积极发动专利侵权诉讼营利。截至目前，以Jay S. Walker为发明人的专利为1725项，其中超过40%申请的申请人为沃克数字公司或其控股公司，而Walker Digital，LLC已就其中41项专利提起侵权诉讼。沃克数字公司的首个专利侵权诉讼发生于2009年10月15日，被告为微软、惠普和戴尔，2011 年 1 月 3 日，法院判定被告未侵权；2010 年 11 月，Walker Digital，LLC 起诉了脸书公司（Facebook）；2011 年 4 月 11 日，沃克数字公司针对超过 100 家企业提起 15 项诉讼，其中包括了谷歌、亚马逊和微软；此外佳能、尼康、卡西欧、易贝（eBay）等是沃克数字公司诉讼攻势中的被告。在专利诉讼中，沃克数字公司通常选择起诉那些已将涉诉专利技术"深层次"使用的企业，通过停止侵权禁令而获得谈判优势，迫使其付出高昂的赔偿费用或专利授权费用。

该案的涉诉专利 US6263505 涉及向视频节目提供辅助信息的系统及方法。具体而言，其提供的系统和方法能够使视频节目收视者在通过电脑数据交互网络获得与视频节目报道的行为或事件同步的辅助信息。发明人之一为 Jay S. Walker，1999 年 11 月 30 日转让给沃克数字公司；2009 年 8 月 10 日，游戏公司 IGT 取得了沃克数字公司的专利许可；2013 年 11 月 1 日，沃克数字公司将该专利转让了给 INVENTOR HOLDINGS，LLC。基于此项专利，沃克数字公司已向苹果、LG、海尔、OPPO、松下、先锋、三星、夏普、索尼、东芝等 52 家公司发起了司法诉讼。

3.21.2 337 调查过程

2011 年 12 月 5 日，沃克数字公司向 ITC 提出立案申请，申请书中指控对美出口、在美进口和在美销售的部分蓝光影碟播放器、组件及相关产品侵犯了其专利 US6263505 之从属权利要求 7 和 12，独立权利要求 8、10、14 和 15 专利权，涉诉产品类型为 1.1 和 2.0 型蓝光碟机。申请人向 ITC 建议的被申请人包括蓝光光盘协会成员的东芝、索尼、三星、LG、夏普、飞利浦、松下、先锋等企业的总公司及其美国子公司，以及产品中包含蓝光碟机组件的海尔集团及海尔美国贸易公司（合称"海尔"），合计 35 家企业。

2011 年 12 月 16 日，东芝（Toshiba Corporation 和 Toshiba America Information Systems，Inc.）致信 ITC，主张该案申请人沃克数字公司为专利运营公司，该公司自身并未实际生产或研发涉及涉诉专利产品，也未与被申请人形成直接的竞争，而其已在特拉华州法院针对大量被申请人提交了涉诉专利的侵权诉讼；东芝还指出，涉诉专利正在美国专利商标局经历再审，其所有权利要求均被无效，若 ITC 立案并发布了包括普遍排除令、制止令在内的救济措施，将给美国消费者和美国经济的公众利益带来损害。

2012 年 1 月 5 日，经投票 ITC 确定立案（337 – TA – 824）并任命了行政法官，1 月 6 日，行政法官发布了该案的保护令。

2012 年 1 ~2 月，东芝、索尼、三星、LG、夏普、飞利浦、松下、先锋、海尔（1 月 18 日）纷纷提交了出席通告，提出查阅保密信息要求、申明遵守保护令。

2012 年 1 月 11 日，索尼提交联合动议，申请在美国专利商标局对涉诉专利的有效性作出确认前暂停调查。

2012 年 2 月 2 日，索尼就涉诉专利的再审问题致信行政法官，指出美国专利商标局已于 2011 年 11 月 18 日基于 US5559949 判定涉诉专利无效，驳回 US6263505 之权利要求 7、8、10、12 和 14。

2012 年 2 月 8 日，申请人和海尔提交联合动议，请求基于同意令结束对海尔的调查。

2012 年 2 月，被申请人陆续提交了应诉书和证据开示陈述（Discovery Statement），海尔的提交日期为 2 月 13 日，2 月 17 日海尔提交了应诉书。

2012 年 3 月 7 日，索尼就涉诉专利 US6263505 在美国专利商标局的再审进展致信 ITC，指出沃克数字公司虽然提交了对 USPTO 的无效决定的答复意见，但其尚未能使美国专利商标局认定其答复意见具有说服力。

2012 年 3 月 30 日，申请人提交了关于涉诉专利优先权日的通告，声明 US6263505 的优先权日为 1996 年 9 月 7 日。

2012 年 4 月 2 日，在听证程序前，行政法官基于同意令结束对海尔的 337 调查的联合动议（第 10 号令）。

关于同意令，ITC 明确指出，根据 210. 21（c）（ii）条之规定，在调查过程进入听证程序前，337 调查可以基于被申请人单方面的请求，以同意令形式结束对被申请人的调查，而无需申请人或调查律师的参与。所提交的同意令实体内容不应给公众健康或福利、在美竞争环境、类似产品或竞争产品的生产或美国消费者带来不必要的负担。

海尔签署的同意令条款包括：（1）海尔集团声明其为控股公司而不参与任何商业活动。（2）海尔美国公司承认，至少自 2010 年起，其开始向美国销售申请人主张侵犯其 US6263505 之权利要求 7 ~ 8、10、12 和 14 ~ 15 专利权的蓝光影碟产品。（3）海尔美国公司承认，其蓝光影碟产品购自供货商深圳 MTC 有限公司，基于申请人的证据显示该产品并未获得 US6263505 的授权。（4）海尔美国公司并不生产蓝光影碟产品。（5）自 2012 年 2 月 3 日起，至 US6263505 失效时止，海尔将不再对美出口、在美进口或在美销售，或故意协助、教唆、鼓励、参与或诱导对美出口、在美进口或在美销售蓝光影碟产品，除非这些产品获得了申请人沃克数字公司或其子公司授权许可，或涵盖于沃克数字公司向海尔提供的关于其特许制造商的信息中。海尔承诺将合理判断供给海尔或其供应商的蓝光影碟产品是否获得了沃克数字公司的授权许可。如果海尔未能获知足够的信息进行上述判断，基于同意令，海尔将视无法判断的蓝光影碟产品为未获得 US6263505 授权。（6）自 2012 年 2 月 3 日起，至 US6263505 失效时止，如海尔从供货商处获得欲对美出口、在美进口或在美销售的蓝光影碟产品，海尔将以适当方式通知沃克数字公司，并由沃克数字公司确认该供货商是否为沃克数字公司的特许制造商。（7）海尔放弃就该同意令的有效性寻求司法再审或其他提出异议的权利。（8）海尔不会在同意令执行期内就 US6263505 有效性提出行政或司法的异议程序。

2012 年 4 月 16 日，行政法官否决了被申请人要求暂停 337 调查的动议。

2012 年 4 月 26 日，索尼参加了马克曼听证程序并要求就权利要求阐释作出技术演练。

2012 年 5 月 10 日，申请人提交了 US6263505 涉诉权利要求阐释意见及 2012 年 4 月的委员会证据开示报告。

2012 年 5 月 17 日，该案进行了技术说明程序。

2012 年 7 月 23 日，行政法官同意被申请人索尼提出的强制开示国内产业要件证据的动议（第 22 号令）。

2012 年 10 月 11 日，另外的被申请人船井电机株式会社、P&F 美国公司VIZIO公司提交动议，均请求行政法官作出无侵权行为的简易裁决；船井电机株式会社还申请就US6263505之权12、14和15无效作出简易裁决。

2012年10月12日，被申请人东芝提交动议，申请作出无侵权行为的简易裁决。

伴随调查进程，申请人和被申请人进行了多次和解会议，并相继达成了结案意向。根据相关动议，行政法官陆续批准部分被申请人以同意令、和解协议或撤诉方式等结束337调查（表3-21-1）。

表3-21-1　被申请人结案方式

行政令发布时间	被申请人	结束方式
2012年4月2日，11号令	Inkel、Sherwood	同意令
2012年4月4日，12号令	D&M	和解协议
2012年5月10日，15号令	飞利浦	和解协议
2012年5月10日，16号令	Orion America，Inc.	和解协议
2012年5月18日，18号令	Harman International Industries，Inc.	和解协议
2012年6月27日，21号令	Orion Electric Co.，Ltd.	和解协议
2012年7月23日，24号令	先锋	和解协议
2012年7月23日，25号令	夏普	和解协议
2012年7月23日，26号令	三星	和解协议
2012年8月13日，28号令	Onkyo	和解协议
2012年10月18日，32号令	LG	和解协议
2012年12月10日，38号令	松下	和解协议
2012年12月10日，39号令	Funai（日本船井电机/富奈）和P&F USA，Inc.	申请人撤诉
2012年12月10日，40号令	Vizion，Inc.	申请人撤诉
2012年12月14日，42号令	索尼	申请人撤诉
2012年12月18日，43号令	剩余被申请人	和解协议/申请人撤诉

其中，2012年12月6日，申请人与东芝提交联合动议，申请基于和解协议结束对东芝的调查；该和解协议还涉及申请人在特拉华州联邦地方法院对东芝提起的未决侵权诉讼Walker Digital LLC诉Ayre Acoustics Inc.等案；案卷号1：11-cv 00321并签订授权许可协议。2012年12月11日，

申请人、东芝和调查律师再次提交联合动议，申请暂缓对上述动议的审查，并于2012年12月12日获得行政法官批准。2012年12月18日，行政法官最终批准了申请人与东芝基于和解协议结束调查的动议。至此，该案所有的被申请人均结束调查。

2013年1月24日，ITC发布联邦公告，调查结案。

3.21.3　案件分析及启示

该案的一大特点为申请人的专利运营公司（又称“非执行实体”，Non-Practicing Entity，简称NPE）属性。专利运营公司通过对其拥有的专利资产包进行战略合作、资产运营、资本化（如专利出售、专利许可和专利诉讼）获取收益，发起以专利诉讼为代表的专利战是其重要的商业行为。近年来，专利运营公司每年在全球发起的专利诉讼呈不断上升的态势。根据美国专利集成公司RPX的数据显示，2010年以来，在美国受到NPE起诉的公司超过11 500家，仅2016年就有2500家公司至少受到过1次NPE提起的专利侵权诉讼，而这些公司每年用于应对NPE诉讼的法律费用超过70亿美元。美国联邦法院公众服务信息的数据也显示，2005～2015年，专利实施实体启动的专利侵权诉讼基本没有增长，而NPE启动的专利侵权诉讼则显著提升。而337调查所具有的调查时间短、救济措施严厉、应诉费用高的特点使得专利运营公司频频通过337调查向目标企业施压，获得谈判优势。尽管337调查需要申请人满足国内产业要件的要求，但专利运营公司可依赖被许可人的活动满足1930年《美国关税法》第337（a）（3）（A）或者第337（a）（3）（B）条的国内产业要求，例如在337－TA－432的半导体案中，ITC明确认定，专利权人单纯的“许可”可以构成337（a）（3）（A）所述“对知识产权利用（包括工程、研究、开发或许可）有实质数量的投资”。有学者认为，从内容上看，337调查正逐步从针对传统的著作权和工业产权的侵权行为，发展到涉及标准必要专利、非执行实体（Non-Practicing Entity）专利侵权和商业秘密等新领域。从实践上看，则逐渐从申请人请求对知识产权的侵权行为进行调查和救济，发展成为申请人利用337调查排挤和挟持对手，将调查变成企业攫取超额垄断价值的策略和手段。[1] 以该案为例，专利运营公司在提起调查的时机和调查对象的选择可谓深思熟虑：申请调查的 2011 年，蓝光技术在历经了与 HD－DVD 的数年争斗后已成为新一代高清视频标准，蓝光光盘协会不遗余力地推动蓝光技术和市场的培养和发展，使蓝光产品的价格平民化，推动蓝光影碟播放器成为电脑和电视的标配；沃克数字公司选择的被申请人企业中涵盖了索尼、松下、先锋等蓝光光盘协会企业，这些企业对蓝光影碟播放器技术的研发和市场投入使其无论是放弃还是研发替代技术都将带来过高的成本。迫于压力，被申请人纷纷选择与申请人达成和解。

21 世纪后，美国司法行政体系逐渐开始对专利运营公司滥诉现象进行规制，例如，ITC 于 2013 年公布的试点计划拟在合适的案件中在案件早期就针对国内产业要件进行裁决；ITC 还强化了 337 调查应考虑公共利益的趋势，例如，2011 年 ITC 颁布的规则中就要求申请人在提交申诉书时另行提交关于公共利益的陈述，以说明排除令或制止令的签发对公众利益的影响；并规定在联邦公告发布立案信息起 8 日内，被申请人和社会公众可以就公众利益问题发表意见。但在短期内消除滥诉现象并不现实。

随着中国企业对海外市场的拓展，专利运营公司正觊觎从中国企业身上获取更多的利益，HTC、联想、海尔、中兴、华为等多家中国企业都在走向海外的过程中受到 NPE 的阻击，337 调查耗费的人力、物力成本对于这些科技企业的正常经营行为往往造成较大的冲击。在此形势下，增强中国企业对抗专利运营公司的决心和能力刻不容缓。对中国企业而言，进入海外市场前的预警和知识产权储备工作必不可少，通过自主研发、收购等方式提高企业的知识产权份额，以增加与竞争对手和专利运营公司抗衡的筹码。一旦涉诉，尽快制定合理的应诉策略将有助于实现“利益最大化”。例如，企业应针对案件组建相应的包括法务、技术、商务、销售等必要部门人员的应诉团队；确定涉案专利功能在企业产品中的占比，确定最佳的应对措施，包括进行常规的不侵权抗辩、专利无效抗辩；当申请人为对专利运营公司或涉诉专利为标准必要专利时，还可以考虑运用公共利益救

---

[1] 庄岩．美国 337 调查中公共利益权衡及启示［J］．国际经济合作，2014（6）：52－54.

济，例如，该案中被申请人就一再致信ITC，言明申请人的专利运营公司属性；控制应诉成本，推动协商谈判，减少涉诉对实体企业生产带来的影响，例如该案中海尔就通过签署同意令结束调查，这也是基于其涉诉产品为供货商提供产品而作出的合理选择。此外，企业也可以考虑基于对整体竞争策略的评估在部分区域市场或全球市场进行相应的实质及品牌等联合反制措施，例如反垄断诉讼、企业之间的联合应诉、平行司法诉讼等。

3.22 可调节紧凑型荧光灯337调查案（337-TA-830）

该案中各被申请人采用了不同的应诉策略，其中，Maxlite选择以同意令尽快结束调查，但该策略也使其在后续程序上陷于被动，即使行政法官裁定了其他被申请人未违反337条款，Maxlite也无法基于该裁定对同意令提出修改；TCP选择了积极抗辩，并在初裁决定中获得了行政法官裁定其未违反337调查的结论，也有助于其在后续的和解阶段取得有利地位；深圳金优田作为一家小型企业，虽然其因各种原因缺席调查，但在申请人放弃对竞争力有限的小微企业的调查后，其出口行为也未受到损害。由此可以看出，被诉企业在选择是否应诉及应诉策略时，不仅要考虑企业目前的市场份额和成本控制，还要权衡涉诉知识产权的保护期限、企业未来的发展规划，避免限于被动。

3.22.1 当事双方及行业背景

1. 行业概况

照明技术的发展主要经历了分别以白炽灯（包括卤钨灯）、紧凑型荧光灯和LED灯为主要代表的3个阶段。紧凑型荧光灯（CFL）又称“节能灯”，问世于20世纪80年代初，相比同功率的白炽灯具有节能效果好、寿命长、光色可选择性大的优点，很快在国际上奠定了作为白炽灯节能替代品的地位，在20世纪末得到各国政府的大力推广。在国家优惠政策的鼓励下，大量中国企业进入紧凑型荧光灯的产业链，紧凑型荧光灯的产量迅速上升。2007年，中国已成为全球紧凑型荧光灯生产大国，产量约70%以上供应出口，欧洲和美国是我国紧凑型荧光灯的主要出口市场。2008年全世界紧凑型荧光灯的总产量超过40亿支，80%以上产自我国。尽管我国紧凑型荧光灯生产企业的数量猛增，但大多数生产企业规模较小，制造工艺相对落后，研发能力低，多依靠价格优势开拓国际市场，因此中国的紧凑型荧光灯市场呈现同一水平上量大价低发展的混乱状态，缺乏详细技术指标和严格标准来保证产品应有的质量，更谈不上进行知识产权储备和专利布局，价格竞争也阻碍了优质的节能灯制造企业获得必要的生产利润，这导致我国紧凑型荧光灯行业整体在开拓海外市场的过程中缺乏应对技术贸易壁垒和知识产权风险的能力。例如，美国能源部于2005年底发布了G/TBT/N/USA/154号技术性贸易措施通报，从法律上提高了对紧凑型荧光灯能效等参数的强制性最低要求；2008年3月7日美国能源之星紧凑型荧光灯适用规范CFLs-4.0出台，在能效、性能指标、包装方面不断增加或提高要求。这些技术贸易壁垒提高了中国紧凑型荧光灯照明产品进入美国市场的准入难度，增加了出口产品的召回风险，压低了成本优势，给我国相关出口企业造成了明显的影响。

近年来，随着LED照明技术的提高和成本的降低，紧凑型荧光灯正逐渐被LED灯取代，不少企业逐渐退出紧凑型荧光灯的产业链，谋求在更先进的LED照明领域得到更大的发展。例如美国通用电气太平洋私人有限公司（简称“通用电气”）就在2016年宣布在美国境内停止生产和销售紧凑型荧光灯。但作为一种较为成熟的节能照明产品，紧凑型荧光灯仍在照明产业占有一席之地。

2. 相关企业介绍

（1）申请人。

该案由Neptun照明有限公司及其创始人Andrzej Bobel共同提出（合称Neptun）。Neptun照明有限公司专注于提供各式节能型照明产品，包括LED灯、电磁感应和紧凑型荧光灯等。涉诉专利的发明人均为Andrzej Bobel，分别于1995年7月18日（US5434480）和2011年10月11日（US8035318）获得授权。

（2）被申请人。

Technical Consumer Products，Inc（简称 TCP）是由美籍华人 Ellis Yan 创办于 1986 年的一家跨国大型光源公司，总部设在美国俄亥俄州克利夫兰市，主要经营各种节能灯、节能灯具、电感、电子日光灯用镇流器和灯具，以及应急安全灯和灯具等。TCP 已成功开发了 1100 多种产品，其中绝大多数产品通过了美国 FCC、UL 认证，并有 80 余款产品顺利通过了国际权威的能效认证——美国能源之星认证。TCP 设有美国节能机构认证的能源之星（ENERGY STAR）测试实验室，在美国纽约设有高科技产品实验室。TCP 在 20 世纪末进入中国，成立了全资子公司 TCP 强凌集团，在北京和上海两地设立了 TCP 中国北方和南方销售服务中心，在中国上海和江苏兴建了多家现代照明生产基地——上海吉鑫电子电器有限公司、上海强凌电子有限公司（原上海振欣电子工程有限公司）（简称“上海强凌”）、上海丰欣电子器材有限公司、镇江强凌电子有限公司、扬州强凌有限公司、扬州天灿玻璃有限公司、淮安强凌有限公司，目前员工总数已达 6000 人左右，专业技术人员占 15%，平均年出口额达 20 亿元人民币。2004 年，TCP 在中国上海成立了美国 TCP（上海）天灿宝照明电器贸易有限公司（简称“上海天灿宝”），负责 TCP 产品在中国市场的整体营销推广，并在 2007 年荣获中国照明行业节能灯单品冠军的荣誉称号。

厦门通士达（Topstar）照明有限公司的前身是厦门灯泡厂、厦门玻璃厂、厦门电子研究所、厦门玻纤厂等 5 家国有老企业，1997 年上述 5 家企业组建了厦门通士达有限公司（简称“通士达”），主要从事节能型电光源产品、照明电器、塑胶制品的研究、开发、生产和经营。2000 年 4 月，该公司成功与通用电气正式合资，成立了厦门通士达照明有限公司，为通用电气代工生产节能灯；2000 年 8 月又与香港新世界集团（New World）签订合同成立中外合资企业。借助 GE 照明的市场渠道，厦门通士达成功实现由白炽灯生产业务转型向新一代照明产品——节能灯的生产和运营，迅速壮大为行业龙头企业。2006 年 12 月 26 日，经过股东变更、股权变更，通士达成为厦门轻工集团有限公司独立投资的国有企业。2006 年底通士达斥资 18 亿元，在厦门环东海域建设“通士达节能光源制造基地”。2007

年，通士达相继投资设立了通士达新光源有限公司、通士达新材料有限公司、通士达新科技有限公司、通士达营销有限公司。通士达具有丰富的生产经验和雄厚的技术力量，拥有国家级技术中心、国家认可实验室，已拥有自主知识产权专利111件，其中发明专利16件、实用新型专利69件、外观专利22件、PCT国际专利4件，知识产权成果转化能力达90%以上，先后主持参与了1项国际标准、14项国家标准、1项行业标准和4项地方标准的制定工作。目前，通士达公司是国家认定的高新技术企业、半导体照明技术标准工作组成员单位、国家全国稀土标准化技术委员会员单位和中国照明电器行业品牌效益型企业，2010年被中国轻工联合会授予2009年度中国轻工业照明电器行业十强企业。2010年以来，通士达一直保持紧凑型节能光源全国出口前列的地位，2010年出口节能灯超过2亿只，科技活动经费支出额为5300多万元。然而在通士达专注于OEM代工生产的十几年来，公司的营销和研发行为均较依赖于外商，需要从合作伙伴中获得足够的销量来支撑企业的发展运营。

深圳金优田照明科技有限公司（Golden U，简称“金优田”）是一家2008年成立的小型照明灯具公司，成立之初就开始将绝大多数产品销往美国市场，注册资本4850万元人民币，经营范围包括电子节能灯的生产与销售，照明灯具设备、整流器、变压器、电子元器件的技术开发与销售，国内商业、物资供销业、货物及技术进出口。截至2008年，该公司所有出口到美国市场的金额不超过10万美元。

此外，该案的被申请人还包括SK America，Inc.（位于美国新泽西州，经营名称为Maxlite，简称Maxlite）、Feit Electric Company（以下简称Feit）和U Lighting America Inc.（简称ULA）等。

3.22.2 337调查过程

2012年1月23日，申请人提交申请书，指控对美出口、在美进口或在美销售的可调节紧凑型荧光灯及其相关零部件侵犯了其US5434480和US8035318的专利权：Feit、通用电气和通士达、Maxlite、ULA以及金优田侵犯了涉诉专利US5434480之权利要求9的专利权，Feit、TCP、TCP中国和上海天灿宝侵犯了涉诉专利 US8035318 之权利要求 12 的专利权。申请人于 2 月 8 日修改了申诉书，对 TCP、TCP 中国和上海天灿宝追加了针对涉诉专利 US8035318 之权利要求 1 的调查请求。

2012 年 2 月 22 日，ITC 确定立案（337 – TA – 830）并指定了行政法官；2 月 28 日，行政法官发布了保护令，并确定了提交证据开示陈述的日期和基本规则；2012 年 4 月 11 日，行政法官确定了该案的目标日期。下文仅对几家具有代表性的公司的调查进程作出介绍。

1. Maxlite

Maxlite 的涉诉产品 MLS20GUDWW 在中国生产并出口至美国销售。Maxlite 涉诉后很快作出反应，试图通过同意令尽快结束调查。在 2012 年 3 月 8 日提交了出庭通告后，Maxlite 在 2012 年 3 月 28 日不仅就修改后的申请书提交了答复意见，同日还提出了单方动议，申请基于同意令约定结束调查，提交了同意令预案（*Proposed Consent Order*）。在该动议中，Maxlite 声称：该同意令条款符合《ITC 操作与程序规则》，包括其 210.21（c）（3）（i），同意令各条款承诺的范围超出了修改后申请书的指控范围，仅仅免除了 Maxlite 继续向条款中列举的数家申请人授权的供应商购买产品的义务，故该单方动议符合《ITC 操作与程序规则》210.21（c）（3）（ii）的规定。

申请人于 2012 年 4 月 5 日对该动议提出异议，申请人提出：该动议违反了《ITC 操作与程序规则》210.21（c）（3）的规定，并未使申请人获得经其他途径可获得的权利，由于有一类 Maxlite 的可调节 CFL 产品未涵盖在同意令的范围内，这使得 Maxlite 无需向申请人支付应有的补偿即可继续其现有商业行为；申请人特别指出，该同意令条款中并未承认法律事实，缺乏被申请人放弃对同意令有效性寻求再审以及其他质疑或提出异议的权利，也缺乏被申请人“不会在执行同意令的行政或司法程序期间质疑涉诉知识产权的有效性”的表述。2012 年 5 月 16 日，行政法官发布了第 6 号令，支持了申请人的观点，否决了 Maxlite 的上述单方动议。

2012 年 6 月 15 日，Maxlite 再次提交基于同意令约定结束调查的动议以及修改后的同意令预案，Maxlite 承诺的内容包括：（1）不会主张对美出口、在美进口和在美销售侵犯US5434480之权利要求9专利权的可调节CFL产品，或明知其侵权而协助、教唆、参与或诱导对美出口、在美进口和在美销售侵权产品，直至该专利过期、被宣告无效和/或无法实现，或相关产品被确认不侵权，或获得申请人或其继任者、受让人的许可；（2）放弃对同意令有效性寻求再审以及其他质疑或提出异议的权利；（3）执行、修改或撤回同意令应遵循ITC执行条例或程序的相关规定；（4）不会在执行同意令的行政或司法程序期间质疑涉诉知识产权的有效性。2012年6月25日，申请人对该动议表示了支持。2012年7月11日，行政法官发布第8号令，确认该动议符合ITC相关规定，也未违反公众利益，故作出批准基于该同意令结束对Maxlite的调查的初裁决定。对此各当事方均未寻求再审，ITC于2012年7月25日决定对此决定不予复审，同意令生效。

然而在同意令生效后，美国联邦地方法院在相关的司法诉讼中作出了不利于申请人的判决，判定US5434480未能满足国内产业经济角度的需求，故被告不存在侵犯涉诉权利要求的行为。在获知上述消息后，Maxlite试图通过修改同意令扩大自身利益。

2013年2月6日，Maxlite依据《ITC操作与程序规则》210.76向ITC提出请求，要求基于法院判决修改同意令。对此，申请人于2月18日提出了异议，并向ITC申请基于《ITC操作与程序规则》210.75（b）发起执行程序，于2013年3月1日提交了在执行程序的申诉书。申请人于申诉书中指控Maxlite违反同意令，继续制造、进口和销售侵犯涉诉专利US5434480之权利要求9的可调节CFL产品；除可能的救济措施外，申请人还提出了如下请求：（1）ITC发布永久制止令，禁止Maxlite及相关当事方从事违法行为；（2）ITC以任意形式修改行政法官的同意令，只要该修改有助于预防该同意令指出的不公平行为；（3）ITC基于19 U.S.C. §1337（f）确定民事赔偿，以及在必要的情况下向美国地方法院发起寻求民事赔偿的司法诉讼。

2013年4月12日，ITC对执行程序和修正程序合并立案调查（Institution of Consolidated Formal Enforcement and Modification Proceedings），以确定是否需要采取执行措施或修正同意令，并指派了执行程序（Enforcement

Phase）的行政法官。

针对执行程序，申请人于2013年5月3日提交了针对公众利益的说明，Maxlite于7月11日提交了专家报告，申请人和Maxlite还分别于8月2日和8月5日提交了庭审前陈述意见。8月7日，申请人提交了防止偏见的动议（Motion in Limine），要求整体排除不侵权意见（Noninfringement Opinions），理由是该意见未考虑到指导性权利要求释义（Governing Claim Construction）；或排除新作出的权利要求阐释和不侵权抗辩，二者择一。8月9日，申请人再次提交了防止偏见的动议，要求排除调查律师所提简要陈述中不侵权抗辩内容，以及Maxlite抗辩内容中涉及ITC在执行程序中没有管辖权的部分。9月5日，申请人还提交了在执行程序的部分会议记录。9月12日，申请人和Maxlite分别提交了执行程序阶段的庭后简要陈述。

经审查，行政法官于2014年1月10日发布了执行程序阶段的初裁决定和关于执行和修正内容的建议裁决。由于Maxlite在听证程序前已经撤回了要求修改同意令的请求，因此行政法官基于各方当事人已经就同意令的解读达成一致，不再审查Maxlite提出的修改同意令的请求，该初裁决定仅对申请人要求执行同意令的请求进行审查。该程序的涉诉权利为US5434480之权利要求9，涉诉产品为Maxlite销售的两款可调节紧凑型荧光灯MLS20GUDWW（Maxlite已承认该产品构成侵权）和Faux Can（同意令生效后40日在售）。行政法官在初裁决定中指出，虽然判定是否存在违反337条款的侵权行为时需要考虑是否存在国内产业，但在涉及同意令的ITC条令中并未提出与此类似的要求，故裁定：（1）Maxlite销售MLS20GUDWW的行为违反了同意令，罚金为每日2万美元；（2）Faux Can未侵犯涉诉专利权。

2014年1月23日，申请人对执行程序阶段的初裁决定提出复审请求。申请人指出：（1）在执行阶段之初，Maxlite和调查律师均同意接受在337－TA－830侵权调查阶段中行政法官作出的权利要求阐释，但在庭前听证简述中，调查律师违反上述约定并提交了未经证据开示的新的权利要求阐释，而初裁决定中错误地采用了上述新提交的权利要求阐释，并据此作出了Faux Can未侵犯涉诉专利权的裁定；（2）申请人与Maxlite已诉至美国联邦地方法院，在诉讼阶段，控辩双方均未采用本初裁决定中确定的由调查律师作出的错误阐释，美国联邦地方法院还说明其将于2014年2月27日发布马克曼令。

2014年2月7日，申请人提交了在相关美国联邦地方法院起诉中发布的权利要求阐释通告。

2014年2月26日，ITC决定对执行阶段的初裁决定部分内容进行复审。经审查，4月10日，ITC经复审决定推翻了执行阶段作出的认定存在违反同意令行为的初裁决定的部分内容。据4月18日发布的联邦公告显示，ITC推翻了行政法官作出的说明书中的排除式定义强制权利要求9具有“双向指向性”的裁定，类似的，ITC也推翻了基于该权利要求阐释作出的Faux Can未侵犯涉诉专利权的裁定；但对于行政法官作出的申请人未能证明缺少该“双向指向性”的限定后侵权行为也成立的裁定，ITC表示支持。综上，ITC裁定Maxlite违反了同意令并发布了民事赔偿令，裁定Maxlite及其子公司须支付民事赔偿1万美元。据此，执行阶段的调查结束。

2015年7月14日，申请人与ITC诉至美国联邦巡回上诉法院。

2. 通士达及其合作企业通用电气

2012年3月1日，通用电气提交了出庭通告；3月5日，通用电气申请获得保密材料；3月9日，通士达提交了出庭通告。2012年3月16日，通用电气和通士达提交了证据开示陈述；3月28日，通用电气和通士达提交了对申诉书的答复意见。在调查过程中，通用电气和通士达积极与申请人寻求和解。

2012年5月21日，申请人与通用电气（包括通士达）提交联合动议，言明各当事方已于2012年5月14日达成和解和索赔免除协议，通用电气和通士达获得涉诉专利US5434480全球性的非独占、永久性、不可撤销、一次性、全额支付许可，申请基于和解协议结束337调查，该动议于2012年6月27日获得了行政法官的批准（第7号令）。

3. TCP

TCP涉诉产品为“TruDim”系列中“4－系”和“5－系”的灯泡，

TCP 承认其产品在中国生产组装后进口至美国销售。TCP 及其子公司采用无效抗辩的积极应诉方式增加和解筹码。

TCP 于 2012 年 3 月 1 日提交了出庭通告，于 3 月 2 日申请获得保密材料；上海天灿宝、上海强凌和镇江强凌于 2012 年 3 月 9 日共同提交了出庭通告；3 月 28 日，TCP、上海天灿宝、上海强凌和浙江强凌分别提交了针对修改后的申请书的答辩状。

2012 年 6 月 4 日，申请人提交了专家鉴定意见。同日，TCP 联合上海天灿宝、上海强凌和浙江强凌也提交了第一次专家证人鉴定意见。6 月 19 日，TCP 还联合上述公司提交了现有技术通告，该通告中提供了多篇专利以及会议论文、产品说明书，还引用了被申请人 Feit 提交的现有技术。

在此次调查中，采取无效或不侵权抗辩策略的还有 ULA、Feit。在此调查压力下，申请人选择主动撤回对部分被申请人的调查请求：2012 年 7 月 9 日，申请人提交动议，声明 TCP 中国并非侵权实体，而上海 Jensing 实为上海强凌，上海天灿宝仅在亚洲市场销售非可调节 CFL 产品，故上述公司均非合适的调查对象，申请主动撤回对其的调查。行政法官以该动议中缺少各当事方之间不存在《美国联邦法规》中关于 ITC 调查的第 210. 21（a）（1）所述的书面或口头、明示或暗示的协议为由于 7 月 30 日否决了上述动议；在修正了上述缺陷后，2012 年 8 月 6 日，申请人再次提交动议，要求撤回对上述三家公司的调查，并于 8 月 8 日获得行政法官的批准（第 11 号令），ITC 于 2012 年 9 月 4 日决定对其不予复审。2012 年 8 月 22 日，申请人提交联合动议，申请基于和解协议结束对 Feit 的调查，该动议于 2012 年 10 月 1 日获得行政法官的批准（第 14 号令），ITC 也于 2012 年 10 月 23 日决定对其不予复审。

TCP 与申请人还就对方提供的证言证词的有效性进行了交锋。2012 年 10 月 9 日，申请人提交优先反对意见（High Priority Objections）；还提交了防止偏见的动议（Motion in Limine），提请行政法官预先排除如下证据：（1）TCP 及其子公司涉及侵权行为、有效性和国内产业相关的答辩意见、相关的证言和展示，如果这些内容是新提交的和/或未满足《ITC 操作与程序规则》第 9. 2 条要求的特性；（2）排除 TCP 及其子公司关于权利要求阐释和不构成侵权的答辩意见，如其未能满足针对ULA的《ITC操作与程序规则》第9.2条的要求。同日，TCP及其子公司也提交了优先反对意见，还提交了3份防止偏见的动议，分别涉及非涉诉产品、申请人关于在国内产业产品中实施涉诉专利的证言和申请人提供的专家实验数据。TCP还于2012年10月25日提交了紧急动议（Emergency Motion），对申请人提出的排除TCP关于不构成侵权的答辩意见的防止偏见动议和缩短答复时间的动议追加了答复意见。

2012年10月26日，该案举行了庭前听证和技术演练程序；10月31日至11月2日，行政法官主持了该案的听证程序。

经审查，行政法官于2013年2月27日签发了关于是否存在违反337条款行为的初裁决定（涉及被申请人ULA、TCP、上海强凌、浙江强凌）；2013年3月1日，行政法官签发了涉及救济程序和保证金的建议裁决。初裁决定中：（1）就涉诉专利US5434480，行政法官基于申请人和ULA的一致意见确定了本领域技术人员的水平；就争议权利要求释义，行政法官支持了申请人的意见；行政法官裁定被申请人ULA的涉诉产品侵犯了US5434480之权利要求9的专利权。（2）就涉诉专利US8035318，申请人和TCP均认同本领域技术人员须在功率电子学（又称“电力电子学”）领域有丰富的经验；就争议权利要求释义，行政法官基于涉诉专利的申请文件、审查过程、专家证言等因素确定了其含义；裁定被申请人TCP及其子公司的涉诉产品未构成US8035318之权利要求1和12的侵权或等同侵权。（3）ULA并未质疑US5434480的有效性；TCP提供的证据未能证明US8035318之权利要求1和12是可预期和显而易见的，故行政法官裁定US8035318之权利要求1和12有效。（4）ULA并未质疑其涉诉专利是否满足国内产业技术方面的要素，TCP仅基于专家证人未重现试验质疑其涉诉专利是否满足国内产业技术方面的要素，行政法官裁定申请人的产品（国内产业产品）实施了US5434480和US8035318，满足国内产业技术方面的要素。TCP主张申请人未能满足国内产业经济方面的要素，理由包括申请人的产品在中国制造，申请人在美国的投资活动仅用于存放和分配进口的成品，与生产活动无关，申请人未能清楚地区分其在其多线产品中的投资；行政法官支持了 TCP 的上述主张。行政法官还认为，申请人未能证明其投资是“重大的”且与产品开发实质关联。因此行政法官裁定 US5434480 和 US8035318 未满足国内产业经济方面的要素。（5）该案中被申请人并未违反 337 条款的相关规定。

2013 年 3 月 12 日，申请人针对侵权调查阶段的初裁决定提出了复审请求。2013 年 3 月 13 日，被申请人 TCP 及其子公司就 US8035318 之权利要求 1 和 12 有效的裁定提出复审请求；2013 年 3 月 13 日和 14 日，ULA 就存在侵权行为的裁定提出了复审请求。

2013 年 6 月 10 日，TCP 及其子公司与申请人提交了联合动议，申请基于和解协议结束对 TCP 及其子公司的调查，ULA 对此并无异议。该协议涉及 TCP 及其子公司与申请人的两项 337 调查案（“830 案”和“872 案”），双方就专利 US8035318 和 US7053540 相关的所有主张达成和解。

2013 年 6 月 12 日，ITC 发布通告，结束对 TCP、上海强凌和镇江强凌的侵权调查程序；并决定对未发现违反 337 条款行为的初裁决定的部分内容进行复审，复审内容仅涉及申请人是否满足国内产业要求，行政法官关于 US5434480 之权利要求 9 中“Integrated Into”技术特征的阐释，以及基于上述权利要求阐释作出的侵权认定。2013 年 7 月 10 日，申请人和 ULA 提交联合动议，基于和解协议结束调查，该动议获得了行政法官的批准。

4. 金优田

在这次调查中，金优田并未提交出庭通告，也未参与听证程序。据此，申请人于 2012 年 10 月 23 日提交动议，要求 ITC 因金优田视为缺席发布命令。申请人指出，金优田未对修改后的申诉书提交答复意见，也未参与证据开示程序和听证前的答复意见；行政法官也基于 *C. F. R.* §210. 17 作出不利于金优田的推论。

在申请人与 ULA 达成和解后，申请人意图结束“830 案”的侵权调查程序，然而金优田仍处于调查进程中。由于申请人不再就金优田的行为提出救济主张，2013 年 7 月 15 日，申请人提交动议，申请主动撤回对被申请人深圳金优田的调查以结束其整体 337 侵权调查，ITC 于 7 月 26 日批准该动议。

3.22.3　案件分析及启示

2007 年 12 月 18 日，美国通过能源法案，确定从 2012 年 1 月至 2014 年 1 月逐步禁止销售低效率的白炽灯，以此为契机，大量中国企业瞄准了美国市场。然而长期以来，不少中国企业仍采用低成本的竞争手段，自主创新能力不足，品牌意识薄弱，并未持有核心技术和加工制作的重要专利，产品代工是出口主要模式，“无牌”和“默认”品牌占出口产品的比重居高不下，这使得中国企业经常成为 337 调查起诉方眼中的“肥羊”。如应对不当，不仅使企业自身蒙受损失，甚至会影响到整个产业链、整个行业的发展。

1. 根据企业情况确定是否应诉

一旦涉诉，企业首先需要客观地评估自己所面临的商业风险，从而尽快确定是否应诉。正确决策的作出不仅依赖于企业前期的法律风险的评估和自身的知识产权储备，还需要对申请人发起调查的真实目的进行准确预判，权衡涉诉知识产权的保护期限以及涉诉企业的市场份额、法律投资、诉讼成本、发起目的和败诉风险等诸多因素。该案中，对被申请人 TCP、通士达而言，美国是其产品重要的销售市场，如果缺席调查将导致行政法官推定缺席企业侵权成立并发布有限排除令，这一不良纪录对企业未来在美国市场的声誉会产生不利影响。因此 TCP 和通士达均选择了应诉参与调查。与之相比，金优田的出口额有限，其在美的经营收入远不足以支持其应诉 337 调查的费用，其选择缺席调查也无可厚非；而且就结果而言，由于申请人的主要竞争对手为 TCP 和通士达等公司，在与主要竞争对手达成和解后，申请人可能如该案一样放弃对竞争力有限的小微企业的调查，金优田得以继续其出口行为。

然而，需要提醒涉诉企业和行业的是，申请人基于其他原因主动放弃调查的几率很低。在更多情况下，申请人会主张 ITC 对缺席企业发布包括有限排除令在内的救济措施。更有甚者，如果申请人使 ITC 确信查证侵权产品来源困难进而有必要发布普遍排除令，将导致所有相同侵权产品（无论其所有人、进口人、收货人及其代理人是否是申请书中指定的被申请人，也不区分原产地或者生产商）以及以该产品为部件的下游产品都被驱逐出美国市场。由于普遍排除令通常不会限于确定的具体产品，调查名称范围内的所有产品都存在被其排除的风险，因此被排除的产品甚至可能涵盖被申请人未向 ITC 申诉的产品、调查期间仍处于开发阶段的产品以及调查结束后开发的产品，使整个行业、整个产业链都遭受严重的损失。

2. 应诉策略和成本管控

在确定应诉后，被申请人需要着重考虑的是采用何种应诉策略，以及如何管控应诉成本。就应诉策略而言，被申请人可提出的抗辩理由包括利用美国专利法成文法的抗辩（如无侵权行为、专利权无效、专利不可执行性抗辩等）、基于衡平法原则的抗辩（如专利权滥用、禁止反悔、专利权利懈怠等）以及基于 337 条款特有的抗辩理由（如国内产业要求、违背公共利益等）。在证据充分的情况下，被申请人还可以向行政法官申请作出简易裁决，认定专利权无效、不侵权或者申请人不满足国内产业需求，或在应诉中发现申请人的破绽，迫使其主动撤诉。

虽然与司法诉讼相比，337 调查具有结案快的特点，但仍给涉案当事方带来较高的经济负担和时间成本，给竞争主体的正常商业活动带来不利影响。因此适时和解仍是当事方选择并且 ITC 鼓励的结案方式。

和解的方式可以是同意令或者和解协议。1988 年《美国综合贸易与竞争法》（Omnibus Trade and Competition Act）对 337 条款进行了修正，授权 ITC 通过签发同意令或以和解协议为基础全部或部分终止调查。《ITC 操作与程序规则》规定，双方可以通过达成和解协定以终止对一个或多个被申请人的调查，其中包括签订许可或者提交仲裁的协议；申请人可以与被申请人达成许可协议，并提交终止对该被申请人调查的动议，如果法官以及委员会认为该协议不违背公共利益，则可以根据该动议全面或部分终止该调查。该规则还规定，也可以通过同意令结束对被申请人的调查；同意令一般由申请人和被申请人以联合动议形式提出，也可以由被申请人单方提出。据 ITC 方面数据，目前在全球的 337 调查案中，约 50% 都以各方当事人签署同意令或达成和解协议，或申请人撤诉的方式结案，如在 2012 年和 2013 年，以同意令或和解结案的比例均占到 40%，申请人撤诉的比例分别为 13% 和 27%；2016 年，以同意令或和解结案的比例为 48%，申请人撤诉的比例为 17%。[1]

（1）同意令。

同意令是一种根据《ITC 操作与程序规则》第 210.21 条的规定作出的诉讼和解。同意令不以承认侵权为前提，但一旦签署同意令，被申请人即承诺未经申请人许可，将不再从事被诉侵权产品的进口、进口销售以及进口后销售；被申请人还须认可 ITC 拥有司法权，放弃寻求司法救济的权利，自愿放弃对同意令的有效性提出质疑的权利，声明不会在任何行政或者司法程序中对该知识产权的有效性提出质疑；并且提出同意令的动议不能撤销。因此，如果被申请人在美国市场有较高的市场份额，同意令可能会给被申请人带来重大的经营风险。该案中，Maxlite 以同意令实现了尽快从侵权调查阶段中脱身，但同意令也使其在后续程序上陷于被动，在行政法官作出该案其他被申请人未违反 337 条款相关规定的基础上，Maxlite 也无法对同意令提出修改。但如果被申请人在调查案期间对美国市场业务兴趣有限，但将来可能选择进入美国市场时，则可以考虑采用同意令结案；同意令能有助于快速、高效结案，有助于使被申请人在当前诉讼中无需付出很大成本即可实现全身而退，并避免在 ITC 留下不良的影响，在日后进入美国市场时，仍可以请求 ITC 出具咨询意见，说明其后续产品未侵犯申请人的知识产权并且不会违反同意令，从而获准进入美国市场。

（2）和解协议。

调解是一种节约时间和费用的诉讼争端解决机制，也是 ITC 一直鼓励的解决诉讼方式。2008 年 10 月 29 日，ITC 对 337 案件启用了调解试行程序（Pilot Mediation Program），旨在为 337 案件当事人提供“一个保密、无风险的机会”来解决他们之间的争端，促成双方和解。根据 ITC 调解试行程序，涉案当事人可以单方或共同（如申请人和被申请人联合动议）提请进行调解，行政法官或者调查律师在 ITC 主席办公室的授意下，也可以提请进行调解。由于调解程序需各方自愿参加，所以若某一方当事人表示异议，其应该向调查律师提交书面文件陈述其不参加调解的理由。在通常情

[1] https：//www. usitc. gov/intellectual_ property/337_ statistics_ number_ section_ 337_ investigations. htm.

况下，如果没有任何一方当事人对调解申请表示反对，调查律师将会在确认无利益冲突的条件下选定调解人。在调解过程中，ITC 不会参与其中，调解人和调查律师也不会向行政法官、OUII、ITC 法律总顾问办公室，甚至 ITC 透露调解进程或者任何保密的书面材料，因此调解程序具有保密性高、可控性高的优点。2010 年 8 月，ITC 将调解制度纳入到 ITC 正式制度范围内。

如果被诉企业确实侵权，或需要保留其美国市场，则需要分析与申请人达成庭外和解的可能性，采用灵活的诉讼策略，寻求在裁决作出之前选择适当的时机与申请人进行协商，通过非诉方式达成双方均能满意的结果：若被申请人拥有自主知识产权如外围专利，可以寻求以交叉许可的方式达到双方利益平衡；被申请人也可以通过支付许可费用或对申请人的损失给予一定的金额赔偿的费用保证可以继续生产或进口涉诉产品。达成和解协议后，当事人须向行政法官提交一份协议文本，经行政法官审查确定该协议未存在反竞争因素或违背公共利益后，行政法官作出依据该和解协议而终止调查的裁定，该裁定提交 ITC 复审后，ITC 有权最终决定是否终止调查。

就以往调查案件而言，多数情况下，被申请人会采取积极抗辩加适时和解的双重策略，双管齐下，相辅相成，实现利益的最大化。积极抗辩有助于被申请人了解申请人发起调查的真实目的，确定对方的薄弱环节以及何种条款有助于保障自身的商业利益，分析何种条款有助于双方达成和解，据此准备好符合自己商业利益的建设性的意见。就和解的时机而言，被申请人可以考虑待专家证人将涉诉专利的保护范围与先前技术更清楚地区分开来，或在简易裁决解读了涉诉专利的保护范围后，或在马克曼听证程序后进行和解，行政法官会经马克曼听证对权利要求中的争议技术特征给出阐释，其结果有助于当事双方对案件的结果进行预判，还可以启发被申请人如何进行规避设计。此外，关联诉讼和/或调查的结果也有助于当事双方对案件结果作出合理预期，故调解过程中还应当关注这些案件的调查进程。

3.23　电子成像设备 337 调查案（337－TA－850）

该案体现了在电子行业中，NPE 或其背后的大型公司利用 337 调查对竞争对手设置壁垒的常见状况。该案中，被申请人华为、中兴通讯均是中国极力开拓海外市场的领军企业，面对持有大量来自苹果公司的专利的申请人，华为和中兴通讯采取了积极抗辩的策略，在证据开示方式、证言证词的证明力、国内产业要件、无侵权抗辩、专利权有效性等诸多方面与申请人展开交锋，利用其丰厚的知识产权储备取得胜诉。这一结果表明，对于创新企业，专利储备代表着企业在市场竞争中的话语权，只有先拥有大批量、高价值的专利资产，企业才有可能为正常的经营活动提供有效的保护。

3.23.1　当事双方及行业背景

1. 行业概况

长期以来，电子行业一直饱尝 337 调查之痛。根据 ITC 数据[1]，美国在 2009～2016 年，每年以计算机和通讯设备、消费电子产品和集成电路产品为被控侵权产品的 337 调查案在当年发起的 337 调查案的占比均超过了 30%，在 2012 年高达 61%，这一现象与电子行业的特点密不可分。电子行业中通信领域发展迅猛、竞争激烈，在这样一个研发密集型行业，各公司都通过研发新技术、申请专利并将其纳入技术标准确保其竞争力，因此该领域具有专利主体分散的特点。然而电子产品的复杂性使得单件产品中所含的专利数量剧增，在一部智能手机中可能含有数 10 万个专利，而且所有智能手机设备厂家还要遵循国际标准组织制定出的一些行业通用标准，这就导致了部分标准必要专利会被普遍使用。这一现状不可避免地导致了近年来该领域的诉讼日益增多、纷繁复杂，侵权索赔诉讼、反倾销、反垄

---

[1] https：//www. usitc. gov/intellectual_ property/337_ statistics_ number_ section_ 337_ investigations. htm.

断诉讼轮番上演。北美是全球最为封闭的市场之一，却也是电信行业利润最为丰润的市场，基于 337 调查程序的特点，在美企业（包括美国本土企业和国际企业在美国的子公司）都频繁采用 337 调查来彻底地限制侵权产品进入美国市场，保持自身在美市场的竞争优势。

自 2001 年加入世贸组织以来，我国高科技领军企业如华为、中兴纷纷积极走向海外，开拓国外市场，其贸易产品结构也由低技术含量向高技术含量方向调整。我国企业与美国之间贸易频繁和国际竞争实力的增强使得我国企业面临着愈发激烈的知识产权竞争和知识产权壁垒。目前我国已位居 337 调查中被调查国前列，涉诉企业以高科技企业为主，涉诉产品类型涵盖了 3G/4G 无线通信技术、计算机技术、集成电路、LED 技术、光伏产业等等。自 2009 年至今，华为已经 5 次成为 337 调查的被申请人，中兴通讯则 6 次成为被申请人，除该案外，InterDigital Corporation 和 Technology Properties Limited LLC 在 ITC 发起的 337 调查也都将华为和中兴通讯列为被申请人。2012 年 10 月，美国众议院还发布报告称华为及中兴对美国国家安全构成威胁，众议院情报委员会对这两家中国企业的产品发起了耗时近一年的“涉嫌为中国间谍活动提供便利”的调查，试图将两家中资企业挡在美国市场门外。虽然华为、中兴在 337 调查中接连取得了胜诉（被裁定无侵权行为），但两家公司都为此付出了高昂的应诉费用和时间成本，其智能手机业务在美市场逐渐缩减。

2. 相关企业介绍

（1）申请人。

该案的申请人美国闪点科技有限公司（FlashPoint Technology，Inc，简称“闪点公司”）成立于 1996 年，位于新罕布什尔州彼得伯勒，曾是苹果公司名下一家专门研究图像影像处理技术的分支机构。该公司专注于数码相机技术，独立拥有多项电子影像处理技术专利，产品包括 Digita 操作系统等。虽然闪点公司在 2007 年停止了相关研发，但其仍继续持有大量数码成像专利。目前，闪点公司拥有超过 80 项美国专利和 100 项申请中的专利，其中许多专利是闪点公司成立之初向苹果公司购得的。近年来，闪点公司逐渐转变为专利运营公司，苹果、惠普、摩托罗拉和尼康等公司都向其购买了专利许可权。鉴于闪点公司和苹果公司的密切关系，闪点公司在多个侵权诉讼中与苹果公司在技术、人事上合作密切。

（2）被申请人。

1）华为。该案的被申请人包括了华为投资控股有限公司的子公司：深圳华为技术有限公司（Huawei Technologies Co.，Ltd.）和美国 Future-Wei Technologies，Inc.（经营名称为 Huawei Technologies），后经行政法官批准，更换为深圳华为终端有限公司（Huawei Device Co.，Ltd.）和美国华为终端有限公司（Huawei Device USA Inc.，合称“华为”）。

华为是股票 100% 由员工持有的民营企业，股东会是公司最高权力机构，股东为华为投资控股有限公司工会委员会（简称“工会”）和任正非。华为主营交换、传输、无线和数据通信类电信产品，为世界各地客户在电信通信领域提供网络设备、服务和解决方案。1995 年，华为的销售额达 15 亿元人民币，主要来自中国农村市场。1997 年，华为推出无线 GSM 解决方案，1998 年，华为将市场拓展到中国主要城市，并开始进军欧美市场。2000 年，华为的海外市场销售额达 1 亿美元。2001 年华为在美国设立了四个研发中心，并加入了国际电信联盟（ITU）。自 2000 年起，华为与摩托罗拉在移动通信网络技术方面达成了贴牌生产、代工生产合作关系，即由华为设计、升级以及优化，摩托罗拉再贴牌销售这些技术和产品的协议，二者还于 2006 年在上海成立联合研发中心，开发通用移动通信系统技术。华为发展势头迅猛，2008 年，根据 Informa 公布的 2008 年咨询报告，华为在移动设备市场领域的排名已达全球第三，逐渐威胁到苹果、摩托罗拉、诺基亚等国际知名智能手机厂商的地位。2010 年，华为成为全球仅次于爱立信的第二大通信设备制造商。2012 年，随着全球智能终端的迅速普及，华为消费者业务稳步增长，全年智能手机发货量 3200 万台，开启了从传统 B2B 业务模式向 B2C 模式的转变，从 ODM 白牌到华为品牌的转变，产品档位从低端扩展到中高端，[1] 并成为国内第一家推出自研手机移动中央处理器的手机厂商，华为手机产品竞争力明显提升，成为了仅次于三星和苹

[1] 数据源自华为投资控股有限公司 2012 年年度报告。

果的全球第三大智能手机厂商。同时，华为还持续推进全球本地化经营。2013年，华为的消费者业务持续有效增长，销售收入达56 986百万元人民币，同比增长约18%，智能手机业务更进入全球前三，发货量达到5200万台，在华为手机中的整体比例超过87%，同比增长超过60%，实现历史性突破。2013年华为手机品牌全球知名度达到52%，在欧洲、南美及东南非地区，华为手机的品牌知名度提升显著，其中德国、意大利、英国、西班牙品牌知名度较上年分别增长230%、213%、200%、140%，[1] 超过爱立信成为全球第一通信设备供应商。2016年，华为全年的智能手机发货量达到1.39亿台，连续5年稳健增长，全球市场份额提升至11.9%，居全球前三。

然而在其海外扩张的过程中，知识产权问题一直困扰着这家中国企业。华为屡次卷入知识产权诉讼，其海外并购案多次因知识产权问题或以国家安全为理由未获通过，在海外发展中吃尽了知识产权的亏。有鉴于此，华为积极构建自身的知识产权网。2008年，华为全年共递交1737件PCT专利申请，据世界知识产权组织统计，在2008年专利申请公司（人）排名榜上排名第一，其中LTE专利数占全球10%以上。2012年华为在3GPP LTE核心标准中贡献了全球通过提案总数的20%。截至2013年12月31日，华为累计申请中国专利44 168件，外国专利申请累计18 791件，国际PCT专利申请累计14 555件。累计共获得专利授权36 511件。[2] 2014年和2015年，华为在全球企业专利申请排名方面均位居榜首。

2）中兴通讯。该案的被申请人还包括中兴通讯美国有限公司［ZTE（USA）Inc.］和深圳中兴通讯公司（ZTE Corporation）。

中兴通讯股份有限公司（Zhongxing Telecommunication Equipment Corporation，即ZTE Corporation，简称“中兴通讯”）是在香港和深圳两地上市的大型通信设备公众公司，是中国最大的通信设备上市公司，由深圳市中兴新通讯设备有限公司、中国精密机械进出口深圳公司、骊山微电子公司、深圳市兆科投资发展有限公司、湖南南天集团有限公司、陕西顺达通

[1][2] 华为投资控股有限公司2013年年度报告。

信公司、邮电部第七研究所、吉林省邮电器材总公司、河北省邮电器材公司共同发起设立。

中兴通讯的前身是 1985 年成立的深圳市中兴半导体有限公司，1986 年公司成立了深圳研究所成立，开始自主研发。1999 年中兴自主研发的全套 GSM900/1800 双频移动通信系统获得信息产业部颁发的六张电信设备进网许可证。中兴通讯致力于 CDMA 产品研发，在 CDMA 业务上具有较强的优势，2000 年中兴通讯销售额突破 100 亿元人民币。2001 年中兴通讯香港公司成立，加入 3GPP2（the Third Generation Partnership Project 2），其 CDMA 业务获得了中国联通的订单。2002 年中兴通讯实现全年主营业务收入 110 亿元人民币，并与英特尔（中国）有限公司签署合作备忘录，在未来 3G 无线通信、无线局域网等几个关键领域展开深层次合作；2003 年与微软（中国）有限公司签署在电信领域的战略合作备忘录，与 IBM 签署了合作谅解备忘录，在商务、技术、产品开发、流程再造和海外市场运营等方面开展积极的合作；2005 年起，中兴通讯开始重点大力开拓国外运营商市场；2006 年与加拿大 Telus 签署了 3G 终端合作协议，使 3G 终端首次突破北美主流运营商市场；2007 年，中兴通讯的 CDMA 出货量连续两年位居全球第一，成为当年发展最快的 GSM 设备供应商，进入全球前四大设备供应商行列；2012 年，中兴通讯携手中国移动香港，正式推出中兴全球首款单芯片 4GLTE 智能手机，成为中国第一家正式推出 4GLTE 智能手机的手机生产商；2013 年，中兴通讯持续获得中国电信 CDMA 新增合同份额首位。中兴通讯拥有通信业界完整的、端到端的产品线和融合解决方案，产品涵盖无线、核心网、接入、承载、业务、终端、云计算、服务等领域，包括 2G/3G/4G/5G 无线基站与核心网、IMS、固网接入与承载、光网络、芯片、高端路由器、智能交换机、政企网、大数据、云计算、数据中心、手机及家庭终端、智慧城市、ICT 业务，以及航空、铁路与城市轨道交通信号传输设备等。2011 年至 2013 年，受功能手机和数据卡产品营业收入下降以及 3G 手机营业收入下降的影响，中兴通讯在终端产品营业收入持续下滑，上述 3 年的年营业收入分别为 862 亿元人民币、841 亿元人民币和 752 亿元人民币，但在 2015～2016 年，中兴通讯的年营业收入均已超过

1000亿元。[1]

中兴通讯在走向海外的过程中频频遭受专利诉讼，2011~2013年中兴通讯在美国、法国、德国、匈牙利都卷入了知识产权诉讼或调查。对此，中兴通讯采取了积极的应诉策略，并取得了多次胜诉。根据中兴通讯首席法务官郭小明的介绍，中兴通讯的知识产权战略分为三个阶段：2009年以前，中兴通讯的知识产权基本处于防御阶段，知识产权投入主要放在国内，建立了体量较大的知识产权资产。2010~2013年，中兴通讯的PCT专利申请排名进入到全球第一、第二名，发展进入“攻防兼备”阶段，在欧美市场进行大量专利布局，不断加强专利风险防范能力，为中兴通讯的全球拓展提供有力支撑；截至2013年12月31日，中兴通讯累计申请全球专利超过5万件，授权专利超过1.5万件，PCT国际专利申请公开量为2309件，位居全球第二位；成为70多个国际标准化组织和论坛的成员，累计向国际标准化组织递交文稿25 000多篇。[2] 2014年以后，中兴通讯把知识产权定位为开放式竞争，考虑合纵连横，将知识产权的价值发挥到最大。从业务模块来看，中兴知识产权体系分为四大业务模块：专利储备、运营、风控和竞争。2010~2016年，中兴通讯已连续7年稳居PCT国际专利申请全球前三甲。

3）宏达电子。该案的被申请人还包括宏达电子美国有限公司（HTC America，Inc.）和中国台湾宏达电子公司（HTC Corporation）。

宏达国际电子股份有限公司成立于1997年5月15日，简称“HTC”，是威盛电子转投资的一家位于中国台湾的手机与平板电脑制造商。HTC为多家运营商供应贴牌产品，是全球最大的Windows Mobile智能手机代工厂商，垄断了80%的市场份额，为欧美各大电信运营商提供代工智能手机业务，包含从设计到生产的全系列服务；HTC还是全球最大的智能手机代工和生产厂商，为各大电信运营商提供定制的手机，在大体功效根本保持不变的情形下，会依据运营商的请求进行配置或外形上的修正。

2007年HTC加入由34家公司创立的开放手机联盟（Open Handset Al-

---

[1] 中兴通讯有限公司历年年度报告。

[2] 中兴通讯股份有限公司2013年年度报告。

liance），2008 年 9 月推出全球第一款采用 Google Android 系统的智能手机，2010 年年底加入 Windows Phone 阵营，2013 年加入无线充电联盟。2011 年 HTC 取得了不俗的业绩，成为全球市值仅次于苹果的第二大手机从业者。但自 2012 年起，HTC 增长乏力，连续多年出现净利下滑、出货量排名下降的现象。2012 年 4 月 HTC 产品输美遭海关阻挡检查；2013 年，加工难度与代工厂的水平差距造成的产品问题、营销的乏力、渠道的缺失、核心技术专利被诉、公司内乱等多方因素，使 HTC 遭遇了史上第一次亏损。根据 Gartner 的数据，2011 年，HTC 全球智能手机份额已由 2011 年的 9.1% 跌至 2013 年 10 月的 2.6%。2014 年，HTC 面临激烈的市场竞争，在上游供应链上也遭遇掣肘，HTC 逐步将战略重点由欧美向亚太尤其是中国市场转移。HTC 最新公布的 2017 年一季度财报显示，该公司净亏损约 4.57 亿元，而这已经是 HTC 连续 8 个季度亏损，HTC 正身陷手机市场的边缘。此外，HTC 的业务集中于硬件研发，在云端服务、内容提供、移动游戏业务上并无产品布局，也压缩了其营利空间。

HTC 与 FlashPoint 之间的专利纠纷可以追溯至 2010 年。2010 年 5 月，苹果公司向 ITC、地方法院同步指控 HTC 侵犯苹果公司 20 项专利，与此同时，FlashPoint 也向 ITC 指控 HTC 侵犯其 3 项与图像处理相关的专利，该调查案中，初裁决定、终裁决定以及后续上诉至美国联邦巡回上诉法院都作出了有利于 HTC 的判决，判决 HTC 不存在侵权行为。2012 年 11 月 11 日，HTC 与苹果公司发表联合声明，双方已达成全球性和解协议，撤销当前所有针对对方的专利诉讼并签署为期 10 年的专利授权契约。但 HTC 与苹果公司的和解并未使其摆脱闪点公司的纠缠，2012 年 6 月 29 日，闪点公司再度向 ITC 提出调查请求，指控 HTC 侵犯图像处理相关共 3 项专利；2013 年 8 月，闪点公司又向美国北卡罗来纳州地方法院提出侵权控诉；此次调查中，行政法官裁定 HTC 侵犯了其中 1 项涉诉专利 US6222538 的知识产权，该专利涉及数字影像装置如何以文字与用户互动、来导引用户拍下照片。

3.23.2　337 调查过程

1. 立案

2012 年 5 月 23 日，闪点公司向 ITC 提出申请，指控中国、韩国多家企业对美出口、在美进口或在美销售的电子成像设备侵犯了US6400471、US6222538、US6504575以及US6223190的专利权，要求启动337调查，并发布排除令和禁止令。此次调查主要针对的产品是具有成像功能的手机和平板电脑等设备。对此，HTC迅速作出反应，在2012年6月7日提交了关于公共利益的说明，对此申请人于6月11日提交了答复意见。

2012年6月25日，ITC宣布立案（337-TA-850），对中国大陆及中国台湾多家企业生产的电子成像设备发起337调查，以调查被诉企业是否存在违反337条款规定的专利侵权行为。9月28日，闪点公司正式申请对申请书进行修改；在获得了行政法官的批准后，申请人在11月2日提交了修改后第二版申请书和专家证人名单。

面对调查，华为、HTC和中兴通讯都很快作出了应诉决定，分别于6月29日、7月2日和7月3日向ITC提交了出庭通告，并提出查阅保密信息的要求，7月25日，上述3家公司分别提交了答辩状。

2012年8月2日，华为与申请人提交联合动议，申请变更被申请人为华为终端有限公司（Huawei Device Co. Ltd. 和 Huawei Device USA Inc.），该动议于2013年7月16日获得了行政法官的批准。

该案中还涉及了多个案外人（Non-Party）公司：2012年9月28日，三星公司（Samsung Electronics America，Inc. 和 Samsung Telecommunications America，LLC）同意ITC对其的传票召传；10月25日，微软公司作为案外人提交了出庭通告；10月31日，行政法官还就案外人苹果公司的开示证据发布补充保护令。2013年2月21日，苹果公司提交其作为案外人的有限出庭通告，而案外人Larry Teel则提交动议申请撤销被申请人的出庭作证（Subpoena Ad Testificandum）。

2. 抗辩过程

2012年11月13日，所有被申请人共同提交了现有技术通知；11月20日，中兴、华为、HTC均提交了暂定证人名单。在该调查案中，申请人和被申请人竭尽全力，在证据开示方式、证言证词的证明力、国内产业要件、无侵权抗辩、专利权有效性等诸多方面展开交锋。

（1）国内产业要件。

2012年12月27日，申请人率先提交动议，请求行政法官就涉诉专利是否满足国内产业的经济方面要素作出简易裁决。2013年1月3日，华为联合被申请人Pantech提出动议，请求行政法官就Flash Point未能满足国内产业的经济方面要素作出简易裁决。上述动议于2月20日均被行政法官否决。

（2）证言证词。

英美法系庭审模式是当事人主导的，质疑对方证词或证据的有效性是使己方在庭审阶段获得有利地位的重要的方式之一。在该案调查过程中，申请人和被申请人均对对方提出的证据或证言提出质疑，要求对对方证据或证言予以删除/排除。

2013年1月22日，HTC就申请人提交的针对沃尔卡博士专家报告关于US6400471专利有效性的部分内容的删除动议（Motion to strike）提出异议。

2013年2月20日，华为提出获得非保荐证人（Without a Sponsoring Witness）接受证据的要求；HTC提出获得提交至美国破产法院的非保荐证人接受证据的要求，以及关于第三方Teel and Torres的非保荐证人接受证据的要求。

2013年2月19日，申请人提交了9份防止偏见动议（Motion in Limine）：以证言超出了其专家报告和书面证词的范围为由，申请删除斯科特·阿可顿、斯科特·丹宁和奥利维尔博士的部分证人证言部分内容；申请删除斯科特·阿可顿、斯科特·丹宁和米兰·松卡博士的抗辩专家报告中未按时提交的权利要求阐释意见；以相关内容未在现有技术通知中公开，超出了专家报告和书面证言的范围为由申请删除被申请人的证人证言的部分内容。

同日，华为、中兴、HTC等被申请人也提交了9份防止偏见动议。申请排除未在申请人及时提交的专家报告开示的内容；申请将申请人的有效证据限制在其对答辩质询的回复内容中；申请排除未涵盖在声称实施了涉诉专利的产品名录范围内的涉及国内产业的证言和证据；申请排除不符合

《ITC操作与程序规则》9.4.1.2条和9.4.1.3条的书面证言。

（3）简易裁决动议。

2013年1月3日，HTC提交动议，申请就如下内容作出简易裁决：①是否存在妨碍调查（Spoliation）；②对US6222538之权利要求1、19、21、22不构成侵权；③排除对337-TA-726案调查起诉的部分商业行为构成35 U.S.C. § 102（B）所述的销售阻却的许诺销售行为（Commercial Offers for Sale Under the On-Sale Bar）的再次认定。

2013年1月28日，HTC申请稍后提交答复以支持其提交的动议，该动议申请就被申请人基于Windows的手机已获得实施涉诉专利许可作出简易裁决。

2013年1月29日，HTC申请稍后提交答复，该答复用以支持其提出的申请就立案号726的337调查起诉的部分商业行为构成35 U.S.C. § 102（b）所述的销售阻却（Sale Bar）的许诺销售行为（Commercial Offers for Sale）作出简易裁决的动议。

但行政法官在2013年2月20日否决了HTC提出的就妨碍调查（Spoliation）作出简易裁决的动议。

3. 申请人撤诉

考虑到应诉压力和胜诉前景，申请人主动撤回了针对部分专利的调查请求。

2012年12月13日，行政法官签发裁定，基于申请人并无异议，结束了对所有被申请人基于US6504575的调查程序。

2013年3月1日，行政法官签发裁定，批准FlashPoint撤回针对部分独立权利要求的全部调查主张，包括US6400471之权利要求7、22、24、26、28、31、34～43、60、62～68，US6222538之权利要求17和23，以及US6223190之权利要求16、27、38和49。

在2013年3月4日至11日举行了听证程序后，申请人再次撤回了针对部分权利要求的调查请求；4月8日，FlashPoint申请撤回对US6400471之权利要求3、5、8、10，US6222538之权利要求21、22，以及US6223190之权利要求14、20～26、28、29、31～33、36、37、39、42、43、46～48

和52～56的调查主张（4月11日经行政法官初裁批准）。至此，涉诉权利要求仅为US6400471之权利要求1、2和权利要求4，US6223190之权利要求13，以及US6222538之权利要求1、10。

4. 初裁

2013年9月30日，行政法官签发了初裁决定，就是否违反337条款、建议裁决和保证金作出如下裁定：（1）HTC的两款智能手机Vivid和Droid Incredible 4G LTE对US6222538之权利要求1和19构成侵权，违反了337条款的规定；其余HTC涉诉智能手机未侵犯US6222538之权利要求1和19的专利权；（2）HTC、华为和中兴通讯的智能手机产品未构成对US6400471之权利要求1、2和4，US6223190之权利要求13的侵权；（3）FlashPoint与苹果公司和摩托罗拉公司的专利许可协议使US6222538满足了国内产业需要，但苹果公司和摩托罗拉公司的授权智能手机产品未能使US6400471和US6223190满足国内产业技术方面要素的要求；（4）HTC未能证明涉诉专利无效。

针对初裁结果，2013年10月31日，华为、中兴通讯、HTC和申请人均向ITC提出了复审请求，HTC还针对仅涉及HTC的议题特别提出了复审请求。2013年12月13日，HTC致信ITC，说明美国联邦巡回上诉法院近期作出的关联诉讼的判决。

5. 终裁

2013年12月16日，ITC决定对初裁决定的部分内容进行复审，复审内容包括：（1）HTC的两款智能手机Vivid和Droid Incredible 4G LTE是否对US6222538之权利要求1和19构成侵权；（2）US6222538是否满足国内产业技术方面要素的要求；（3）US6222538相对于US5835772、US5740801、US5638501、US5898434是否显而易见；（4）US6400471中涉诉权利要求的技术特征“Operatinig System”的阐释；（5）HTC、华为和中兴通讯的涉诉产品是否对US6400471构成侵权；（6）US6400471是否满足国内产业技术方面要素的要求；（7）US6400471相对于US5687376的可预期性；（8）是否存在对US6223190的侵权；（9）US6223190是否满足国内产业技术方面要素的要求；（10）US6223190相对于US6037963的显而易见性和可预期性；（11）US6223190相对于夏普Color Zaurus产品的显而易见性和可预期性；（12）US6223190相对于JPH09298678的显而易见性和可预期性；（13）US6400471、US6223190和US6222538是否因为“on sale bar”（即在专利申请之前的销售行为可能使发明内容成为现有技术）而无效；（14）基于共有权利人（Joint Inventorship）考虑，US6222538的权利要求19是否具备可执行性；（15）US6400471、US6223190和US6222538是否满足国内产业经济方面要素的要求。

2014年3月14日，ITC作出终裁决定，推翻了部分初裁决定，裁定：（1）HTC的Vivid和Droid Incredible 4G LTE未侵犯US6222538的专利权；（2）US6222538满足国内产业技术方面要素的要求；（3）被申请人未能证明US6222538是显而易见的；（4）支持行政法官对US6400471中涉诉权利要求的技术特征“operatinig system”的阐释；（5）HTC、华为和中兴通讯的涉诉产品不对US6400471构成侵权；（6）申请人未能证明US6400471满足国内产业技术方面要素的要求；（7）被申请人未能证明US6400471是可预期的；（8）HTC、华为和中兴的涉诉产品不对US6223190构成侵权；（9）申请人未能证明US6223190满足国内产业技术方面要素的要求；（10）被申请人未能证明US6223190是显而易见的或可预期的；（11）被申请人未能以销售阻却（on sale bar）为由证明US6400471、US6223190和US6222538无效；（12）被申请人未能证明基于共有权利人考虑，US6222538的权利要求19不具备可执行性；（13）US6400471、US6223190和US6222538满足国内产业经济方面要素的要求。但ITC未对US6223190相对于US60037963或夏普Color Zaurus系列产品的显而易见性和可预期性发表意见。

针对终裁决定，2014年3月26日，申请人提交动议，申请延长申请ITC复议的期限；2014年4月4日，HTC申请对ITC作出的被申请人未能证明US6222538的权利要求19不具备可执行性的终裁决定进行复议；同日，申请人申请对ITC作出的不存在违反337条款行为和HTC的Vivid和Droid Incredible 4G LTE未侵犯US6222538的专利权的终裁决定内容进行复议。2014年5月12日，ITC发布通知，驳回了申请人和被申请人的复议申请。

3.23.3　案件分析及启示

1. 非实施主体（Non-practicing entity，NPE）

随着科技的发展，对于企业而言，专利不仅是能够保护技术不被未经许可的使用的工具，而已经悄然发展成为一种广义的获利工具，NPE 正是这样一类利用专利获取商业利益的公司。NPE 在提出或获得了解决方案后，不再通过生产制造将原型转化为可商业化的产品并进行产品的市场测试与推广和分配，而是通过专利许可或获得侵权赔偿的“另类”的商业化途径获得的专利，其在创新中所面临的风险显著低于实施主体。从某种程度而言，NPE 是专利制度和历史发展必然的产物。2006 年 eBay 案之前，并没有 NPE 在 ITC 提起 337 调查，之后数量迅速增加。根据美国专利集成公司 RPX 数据显示，2010 年以来，在美国遭到 NPE 起诉的公司已超过 11 500家。虽然 NPE 的行为在一定程度上促进了专利的交易和许可，使得专利成为更具有流动性的商品，但其带来的巨大诉讼成本（包括高额的和解金和律师费）给企业造成了过重的负担，影响了企业对科技转化的热情，使得企业在与其诉讼过程中不得不停止相关技术的研发，以避免产生进一步的侵权可能及被认定为故意侵权。

从其运作模式上，NPE 可分为如下类型：（1）纯粹的 NPE，本身不具备实施专利技术的能力，甚至也并非专利技术的发明者，而是从独立发明人或资源有限的小公司处收集或收购专利构筑知识产权壁垒，以使用相似技术的公司为对象发起专利侵权诉讼为主要诉求，迫使被诉公司达成和解或支付赔偿金从而榨取经济利益；（2）研发型 NPE，企业本身从事一定的技术发明与专利申请，但也利用手中的专利对其他制造企业主张专利权；（3）意外型 NPE，某些实施实体在生产失败或者某个生产线停产，转而利用遗留下来的专利实现商业价值；（4）打击性或竞争型 NPE，通常以某大型企业或集团的子公司形式存在，主要从事积极主张专利权扩大母公司影响的业务，通过专利诉讼控制产业竞争环境。NPE 在发起诉讼的时间和对象上具有细致的考量，以在许可谈判时获得谈判优势。从起诉对象的行业上来看，技术密集型行业是 NPE 倾向的起诉对象，该行业不断创新和技术密集的特点使技术的更新速度加快，企业经不起走完整诉讼或调查程序带来的时间和精力成本，更容易通过和解结束调查。同时，NPE亦会等到所选定对象已然将涉案专利技术“深层次”使用，放弃的机会成本过高（包括将来利益的损失和研发替代技术方案的成本）时进行谈判。

2. 应诉经验

考察华为、中兴通讯和HTC的应诉历程可以看出，首先，专利储备代表着企业在市场竞争中的话语权，只有拥有大批量、高价值的专利资产，企业才有可能具备运营能力、风险管控能力和竞争能力，为正常经营活动提供有效的保护。其次，从胜诉经验上，被诉企业对申请人提出的涉案专利进行了准确的专利分析，制定了整体策略积极进行应诉抗辩，同时通过提供强有力的不侵权或无效证据，迫使申请人放弃部分涉诉专利或压低其提出的和解条件。此外，涉诉企业与其他共同被申请人进行深度联合，在应诉策略和资源分配上进行合作，以减轻应诉压力。

就抗辩理由而言，被诉侵权人可以利用对抗专利权人的条款包括美国专利成文法、衡平法以及337条款特有的规则。基于专利成文法的抗辩包括未侵犯专利权、不承担侵权责任、专利权无法执行、全部或部分不具备可专利性以致全部或部分专利无效等；若被诉侵权产品不在涉案专利权利主张的保护范围之内，则可以主张无侵权行为抗辩；若被诉产品涵盖在专利权人主张的权利要求保护范围内，则可以主张专利权不具备可专利性，如不能满足《美国专利法》第101条（专利的对象）、第102条（新颖性）、第103条（非显而易见性）的要求，或者不能满足第112条书面描述、无法执行、权利要求得不到说明书支持的要求，以及无法满足第251条关于专利重新授权的要求；若落入范围还可以主张不视为侵权的抗辩，如权利用尽。基于衡平法原则的抗辩理由的衡平原则主要有“不正当行为”“专利权滥用”“禁止反悔”“不洁之手”“懈怠”等；专利权利懈怠行为将导致专利权人丧失损害赔偿救济权。基于337条款的特殊规定包括国内产业要求和公共利益，如主张申请人请求的救济措施不合理或范围过于广泛等。

就证人证言而言，英美法系庭审模式是当事人主导的，当事人主义模式下申请人和被申请人可以自由聘请专家证人解决诉讼涉及的专门性问题。质疑对方专家证人的理由可以是：（1）指出专家专业领域的局限性，使专家证人承认他不是某领域的专家，而案件中的专门问题要求依据该领域的知识提供意见；（2）强调对方聘请的专家缺少资格证明；（3）将本方专家作证资格和对方专家作证资格进行对比，使对方专家证人承认本方的专家在该领域内具有相同的资格或者比其更有资格；（4）对专家意见形成的根据、立场的中立性或意见的准确性及专家的调查能力等方面提出质疑。质疑对方证言的理由则可以从证言提交的时效性、证言的关联性等方面进行，即使是有关联性的证据，也可以以其证明力非常小，且如果进行质证的话会带来明显的不公正的危险、混淆争点、不当迟延、拖延诉讼或不必要的重复等情形予以排除。

3.24　华为通信设备 337 调查案（337 - TA - 800/843/850/853/868）

华为技术有限公司作为中国屈指可数的民营高新科技跨国公司，其频遭美国 337 调查，在频繁应对各类贸易摩擦案件中华为积累了一定经验，并从中不断磨砺成长，并日趋强大。而美国、欧盟针对中国，特别是具有一定规模的中国跨国企业贸易保护主义摩擦将是长期性的，中国企业为彻底打开美国市场，就必须要做好长期应对贸易保护主义的思想准备。

3.24.1　当事双方及行业背景

从 1987 年中国首次启动 900 兆赫的模拟移动电话业务至今的 30 多年时间内，中国的移动通信业务得到飞速发展。数据显示，2014 年，中国智能手机用户突破 5 亿人，是全球拥有智能手机用户最多的国家。手机产业在中国经历了较长的发展过程，20 世纪 90 年代，国内曾出现了如波导、夏新、科健、托普、熊猫、厦华等诸多手机品牌，但由于技术相对落后，主要通过将海外购进的芯片、各零部件组装成品参与市场活动，附加值低，难以保证利润率。并且，国内手机企业缺少自主知识产权，产品在出口时会遭遇大量专利调查，使国产手机发展陷入泥潭。长时间的市场优胜劣汰后，部分企业在手机技术方面取得长足的进步，国产手机行业得到稳定的发展。

华为技术有限公司（简称“华为”）创立于1987年，是一家生产销售电信通信设备的民营高新科技公司。华为的主要业务范围包括通信网络中的交换网络、传输网络、无线及有线固定接入网络和数据通信网络及无线终端产品，在全球范围内，华为为许多电信通信运营商及专业网络拥有者提供包括硬件设备、软件开发、专业服务和高操作性解决方案在内的多种服务。华为从1996年开始实施全球化战略布局，至今已在全球共设立了23个研究所与90多个海外办事处，销售市场遍布亚太、欧洲、拉美、南美等9大区域，2016年实现销售收入5200亿元人民币，且超过2/3的销售收入来源于全球市场。全球市场研究机构集邦咨询（Trend Force）发布的2016年智能手机出货数据显示，2016年全球智能手机出货量为13.6亿部，年增长4.7%。三星尽管受到Note7爆炸事件影响，出货量减少3.3%，不过其市场占有率仍位居第一。国产手机品牌华为、OPPO、VIVO市场占有率排名则仅次于三星、苹果，均进入了前五，堪称中国企业成功实施“走出去”战略的楷模（表3－24－1）。

表3－24－1　2015～2017年全球前十大智能手机品牌市场占有率排名❶

排名	2015年		2016年		2017年	
	品牌	市占率	品牌	市占率	品牌	市占率
1	三星	24.7%	三星	22.8%	三星	22.6%
2	苹果	18.2%	苹果	15.3%	苹果	15.6%
3	华为	8.3%	华为	9.6%	华为	11.1%
4	联想	5.4%	OPPO	7.2%	OPPO	8.5%
5	乐金	5.2%	BBK/VIVO	36.0%	BBK/VIVO	7.1%
6	小米	5.2%	乐金	5.5%	乐金	5.5%
7	OPPO	3.8%	小米	3.7%	小米	3.8%
8	TCL	3.7%	联想	3.7%	联想	3.8%

❶ TrendForce, Jan., 2017.

续表

排名	2015 年		2016 年		2017 年	
	品牌	市占率	品牌	市占率	品牌	市占率
9	BBK/VIVO	3.6%	TCL	3.7%	TCL	3.2%
10	中兴	3.4%	中兴	3.5%	中兴	3.0%
	其他	18.5%	其他	18.9%	其他	15.9%

国产品牌手机 2016 年出货总和达到 6.29 亿部，已超越三星与苹果之和的 5.19 亿部，这预示着中国手机品牌已强势崛起，国际品牌大厂生存空间将面临更大的挑战（表 3－24－2）。

表 3－24－2　2015～2017 年前五大中国品牌智能手机市场占有率排名

排名	2015 年		2016 年		2017 年	
	品牌	市占率	品牌	市占率	品牌	市占率
1	华为	20.1%	华为	20.8%	华为	23.1%
2	联想	13.1%	OPPO	15.5%	OPPO	17.7%
3	小米	12.7%	BBK/VIVO	13.0%	BBK/VIVO	14.8%
4	OPPO	9.1%	小米	8.1%	小米	7.9%
5	TCL	9.0%	联想	8.1%	联想	7.8%
	其他	36.0%	其他	34.4%	其他	28.7%

华为由于向来注重知识产权，近年又不断在研发上进行高额投入，同时自主研发的海思处理器也逐渐打开局面，被市场接受，让华为智能手机不断销往全球。而且华为手机在功能、质感和体验方面也获得大幅提升，已能够与国际厂商相提并论。继 2015 年华为出货突破 1 亿部大关之后，2016 年其智能手机出货达 1.31 亿部，年增长 21.3%，稳居全球第三。OPPO、VIVO 在 2016 年皆借助成功的销售策略、创新技术带动，出货量异军突起，合计达 1.8 亿部，挤下另外两家中国企业小米、联想公司，位居全球第四和第五，并成为全球第二大电信设备供应商，市场份额紧逼行业老大爱立信公司。可见，中国企业已在电信行业中取得长足进步，并占据一席之地。

就华为的出口模式和市场占有比例而言，其手机出口到海外的主要方式是经过中国香港，然后转口到其他国家或地区。2014 年，华为手机经过中国香港转口出口的手机销售额为25亿美元，在出口总额中所占比例为73.7%。其中缅甸、哥伦比亚、委内瑞拉、阿联酋是华为手机的主要目的出口市场，成交额分别为3.3亿美元、1.4亿美元、1.3亿美元和0.7亿美元（图3－24－1）。在全世界范围内，华为在11个国家的手机市场占比已突破5%，其中，华为手机占白俄罗斯手机市场份额达到13%，占中国手机市场比例为8.1%，占缅甸手机市场比例达到50%，占南非手机市场比例为7.4%，占巴基斯坦手机市场份额达到13%，占荷兰手机市场比例为7.5%，占意大利手机市场比例为7%，占西班牙手机市场比例为7.6%，而美国市场始终未能成为华为的主要销售对象。

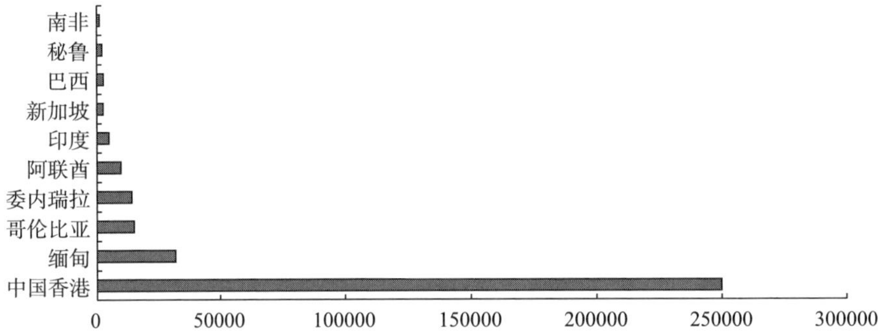

图3－24－1　2014年华为手机出口金额前十大市场统计图（单位：万美元）❶

但是，一方面，上游运营商层面对设备的需求开始趋于平缓，尤其是对4G网络建设的投入属于结构性调整，即一部分投入从2G、3G向4G转移，并非净增量；另一方面，随着智能终端的普及，运营商利润增长受到挑战，并转向通过新业务实现创收。在此环境下，设备制造商低价抢占市场的方式将伴随极大的投资回报风险。不难看出，电信设备商生存的空间已经非常狭小。与此相对，美国市场呈现新的增长势头，北美资本开支维持高位，电信运营商大规模部署长期演进技术（LTE）不断进行网络更新换代，尤其是对无线移动和宽带建设方面的需求不断增长。可以说，北美市场将成为电信设备厂商走出低谷的“良药”。显而易见，如何开拓新的

❶ 旭日移动终端产业研究所2014年年度报告。

市场空间将成为影响华为成长的关键。而华为在美国市场一直以来开发不完全。目前，在北美市场的电信设备份额排名中，爱立信位居第一，其次是诺西、阿朗公司，华为和中兴公司也只能位居第四和第五位。因此，华为、中兴公司如果能够成功进入美国市场，两家企业将摆脱目前市场低迷的情况，获得全新的发展，并可能超越爱立信公司成为行业的龙头。华为等中国智能手机生产商将美国市场作为主要攻克目标不难理解。

然而，美国政府和企业长期以来对华为进入美国市场充满抵触，鉴于2004年年底，华为进入欧洲市场之前，爱立信公司和阿尔卡特朗讯公司的毛利润率达到45%~50%，可见竞争对手极力将华为排挤出美国市场之外的最大原因就是利润。近几年市场竞争已经从单纯的消费者层面转向了供应市场的控制权或进入权层面，华为在进入美国市场的过程中也先后遭遇各种非价格壁垒。各大手机产商纷纷选择了337调查为手段打击对手。以全球手机行业两大“巨头”的三星公司与苹果公司为例，除了在法院进行专利侵权“扭打”之外，还把官司打到了专门解决贸易纠纷的仲裁机构——ITC，均试图利用美国337条款制裁对方。2012年8月17日，摩托罗拉移动公司也向ITC提出申诉，指控苹果公司在美国市场销售的iPhone、iPad、iPod和iMac产品侵犯其专利，要求对其启动337调查并发布排除令和制止令。华为作为智能手机生产商中的后起之秀，自然而然也被卷入残酷的竞争纠纷之中。华为作为美国337调查对象已被ITC调查10余次，在美国参与诉讼多起，并且2013年美国众议院情报委员会已经发布针对这两家中国通信企业“可能对美国带来安全威胁”的调查结果。

华为在多起337调查应对过程中，积累了丰富的经验，实现了对于美国市场的试水和规则掌控，作为新兴跨国公司，为今后中国企业走出去过程中可能遇到的问题给出了宝贵的经验和启示。对华为来说，337调查不仅仅是开拓海外市场遭遇的挫折，若利用得当，这些契机都可以成为华为向世界宣传其品牌与企业形象的绝佳时机。正如华为北美研发中心高级副总裁约翰·罗斯在接受采访时所说：“我认为，我们在美国市场推广的最大盟友其实是钱伯斯❶先生。他的推广工作非常出色，让人们知道华为这一名称如何发音。”

3.24.2 337 调查过程

2011 年开始，华为开始频繁遭受 337 调查。可以说，华为深陷 337 调查的泥潭。具体见表 3－24－3。

表 3－24－3 华为 337 调查案

案件号	立案时间	申请人	涉案产品	涉案类型	调查结果
337－TA－800	2011/8/31	Inter Digital 通信公司 Inter Digital 科技公司 IPR Licensing 公司	具有 3G 功能的无线设备及其相关产品	专利侵权 US7349540、US7502406 等 7 项美国专利	华为胜诉
337－TA－843	2012/5/24	Anu IP 公司	带有可伸缩 USB 连接器的电子设备	专利侵权	撤诉
337－TA－850	2012/6/29	Flash Point 科技公司	电子成像设备	专利侵权 US6400471、US6222538、US6504575、US6223190	华为胜诉
337－TA－853	2012/8/24	Technology Properties 公司、Phoenix Digital Solutions 公司、Patriot Scientific 公司	具有无线功能的消费电子设备及组件	专利侵权 US5809336	和解
337－TA－868	2013/2/13	Inter Digital 通信公司 Inter Digital 科技公司	LTE 无线设备	专利侵权	和解

1. 337－TA－800 和 337－TA－868 主要案件过程

华为和中兴通讯公司是中国 IT 行业的龙头企业，拥有大量的专利储备和核心技术。2011 年 7 月 26 日，美国 Inter Digital 通信公司、Inter Digital

❶ 钱伯斯，系思科公司 CEO，思科公司与华为在网络设备等方面存在激烈竞争，并由此导致多起诉讼和 337 调查。

（简称“Inter Digital”）科技公司以及IPR Licensing公司向ITC指控华为、中兴通讯（简称“中兴”）和诺基亚等公司侵犯其3G无线设备领域的US7349540和US7502406等7项美国专利权，请求发起337调查，并请求ITC颁发排除令和制止令。涉案产品包括含有3G功能的手机、无线网络设备和手提电脑等产品，产品范围和涉及产业的经济价值均巨大。2011年8月25日，ITC决定立案（337-TA-800），此案是华为和中兴在美遭遇的首次337调查。Inter Digital是通信领域的一家专利投资公司（该公司不实施专利，不以将专利实施后生产产品来获取利润，而是通过诉讼或者其他手段许可他人使用专利从而收取专利费），掌握了大量的2G、3G和4G的标准必要专利，其主要收入源于专利许可费。而华为是全球领先的电信设备制造商，其生产、销售通信产品必须保证其符合相关通信标准，因而无法避开Inter Digital在通信标准池布局的专利。早在2008年11月，华为已就针对相关标准必要专利的许可问题与申请人进行了多轮谈判，均未达成许可协议。申请人针对华为提出了高额的专利许可费，并由此引发一系列的纠纷。

华为也不甘示弱，一方面积极应对美国337调查程序，另一方面充分利用中国的法律武器在中国境内发起针对Inter Digital的反制措施。2011年2月，华为向深圳市中级人民法院提起针对Inter Digital等公司滥用市场支配地位纠纷一案。深圳市中级人民法院于2013年2月作出一审判决，认定Inter Digital将标准必要专利和非标准必要专利捆绑销售的行为，构成滥用市场支配地位，要求Inter Digital停止垄断民事侵权行为，并且赔偿华为经济损失2000万元。Inter Digital不服上述判决，上诉至广东省高级人民法院。后者于2013年10月作出终审，维持原判。2011年12月，华为向深圳市中级人民法院提起针对Inter Digital的标准必要专利使用费纠纷一案。经审理，法院认定Inter Digital向华为提出的专利许可费报价远高于“许可给三星公司及苹果公司的标准”，不符合FRAND原则，Inter Digital对该判决也不服并上诉至广东省高级人民法院。2013年10月，广东省高级人民法院维持了深圳市中级人民法院的上述判决。

此外，华为于2013年5月向国家发改委举报Inter Digital对华为等通信设备制造企业收取歧视性高额的专利许可费，涉嫌滥用市场支配地位。2013年6月，国家发改委针对Inter Digital发起反垄断调查。

在337－TA－800案尚未了结的情况下，在深圳市中级人民法院两起案件的判决作出前，Inter Digital再次将华为拖入美国337调查的泥潭。该337调查案于2013年2月正式立案，案号为337－TA－868。Inter Digital同时在美国特拉华州联邦地区法院提起相关的专利侵权诉讼。华为在337调查中针对Inter Digital的指控采取了坚决应诉的措施，并且成效显著。经过调查，2013年6月，行政法官David P. Shaw就337－TA－800案作出初裁决定，认定华为不存在侵犯专利权的行为，并且Inter Digital三项专利权中的若干权利要求因在先技术而无效。Inter Digital不服，请求对初裁决定进行复审。ITC于2013年12月作出终裁决定，维持初裁决定。

期间，Inter Digital于2011年7月26日在美国特拉华州法院和ITC起诉华为侵犯其专利权。2011年12月6日，华为将Inter Digital起诉至深圳市中级人民法院，请求法院按照FRAND许可原则判定Inter Digital的专利许可费率。Inter Digital与2013年2月13日再向ITC申请发起相关的另外一件337调查案（337－TA－868），起诉华为侵犯其智能手机专利的专利权。2013年5月23日华为就337－TA－868调查案向ITC提出FRAND抗辩和公共利益争论，但遭到ITC拒绝。337－TA－868调查案的前景并不明朗。与此同时，由于华为在美国和中国的战场上连连获胜，Inter Digital迫于各方压力，在2014年1月与华为就双方之间的多项争议达成了和解协议。2014年2月，ITC同意337－TA－868案基于双方达成的和解协议而终止，作为和解协议的一部分，Inter Digital作出的承诺包括“取消原来向华为收取的数十倍于苹果、三星、诺基亚公司等手机企业的专利使用费”等；同时，Inter Digital表示将继续配合中国国家发展和改革委员会的反垄断调查，而国家发改委确认在Inter Digital作出一系列承诺的前提下收到了Inter Digital提交的中止调查申请。根据和解协议，双方同意将未能通过和解协议解决的多项争议交由国际商会终裁解决（表3－24－4）。

表3-24-4 华为公司与美国 Inter Digital 公司纷争进程

2011年7月	Inter Digital 向 ITC 请求启动 337 调查，诉称华为公司的智能手机侵犯了其专利权
2011年8月	ITC 正式立案，案件编号为 337-TA-800
2011年12月	华为向深圳中院提起 Inter Digital 公司滥用市场支配地位一案，同时提起 Inter Digital 公司标准必要专利使用费一案
2013年1月	Inter Digital 又向 ITC 提起华为等公司关于智能手机的 337 调查
2013年2月	ITC 正式立案，案件编号为 337-TA-868
2013年2月	深圳中院作出判决：针对 Inter Digital 公司滥用市场支配地位一案，要求 Inter Digital 停止垄断民事侵权行为，并且赔偿华为公司的经济损失 2000 万元人民币；针对 Inter Digital 公司标准必要专利使用费一案，深圳中级人民法院认定 Inter Digital 向华为提出的专利许可费率报价不符合公平、合理和不带歧视性的条款原则
2013年5月	华为向中国发展和改革委员会举报 Inter Digital 涉嫌滥用市场地位，向华为收取高额的歧视性专利许可费
2013年6月	中国发展和改革委员会对 Inter Digital 发起反垄断调查
2013年6月	ITC 行政法官初裁认定 337-TA-800 案不存在侵犯专利权的行为
2013年12月	ITC 针对 Inter Digital 的复审请求对 337-TA-800 案作出终裁，维持初裁
2014年1月	历经约3年的纷争，双方多项争议达成了和解协议
2014年2月	ITC 同意编号为 337-TA-868 的案件因达成和解而终止

中国商务部进出口公平贸易局在其网站上发布公告称：“自2011年8月起，我华为、中兴公司连续遭遇5起美国337调查。该案涉案金额14亿美元，是我两公司经过近两年的艰难诉讼取得的首胜。这一结果将大大鼓舞我涉案企业应诉其余337调查案件的信心，有力遏制专利投机公司和竞争对手对我企业的滥诉。”

2. 337-TA-843 主要案件过程

总部位于美国德克萨斯州的 Anu IP 公司（美国）于2012年4月18日向 ITC 提交立案申请书，主张对美出口、在美进口和在美销售的部分带有可伸缩 USB 连接器的电子设备侵犯了其美国专利 US6979210、US7090515 的专利权，申请启动337调查。在立案申请书中，申请人建议 ITC 将奥林巴斯（日本）、松下（日本）、东芝（日本）、三洋（日本）、JVC（日本）、三星（韩国）、华为（中国）、中兴（中国）等共计45家公司列为被申请人，请求ITC发布包括制止令、有限排除令、普遍排除令在内的救济措施。2012年6月18日，ITC举行听证会，正式立案（337-TA-843）并确定目标结案日期为2013年9月24日。2012年6月27日，根据和解协议，ITC裁定终止对被申请人铼德公司（Ritek Corporation）和Advanced Media，Inc. 的调查。2012年7月11日，根据和解协议，ITC裁定终止对于被申请人Option NV的调查并签发同意令；基于申请人提出的动议，初裁决定同意撤回对Bluestar Alliance LLC的调查；并设定预备会议的日期。2012年7月24日，根据和解协议，ITC裁定终止对于被申请人Archos，SA and Archos，Inc. 的调查。2012年7月26日，ITC批准申请人提出的终止对于东芝公司调查的联合动议。2012年7月30日，ITC初裁决定终止对被申请人华为调查的联合动议；根据和解协议，裁定终止对于Aiptek International，Inc的调查；批准申请人提出的终止对于Patriot Memory，LLC和Corsair Memory，Inc. 调查的动议。2012年7月31日，ITC初裁决定批准了终止对被申请人Latte Communications Inc.、Silicon Power Computer and Communications，Inc. 和Silicon Power Computer and Communications USA，Inc. 调查的联合动议；根据和解协议，批准终止对于Viewsonic Corporation的调查。2012年8月2日，ITC批准了终止对被申请人Coby Electronics Corporation调查的联合动议。2012年8月9日，行政法官批准了部分申请人提出的简易马克曼听证（是否是申请人提出了要求作出马克曼听证的简易裁决），对涉诉权利要求的部分技术特征的限定范围作出了阐释。2012年8月13日，ITC批准了申请人提出的 终止对于EMTEC Electronics，Inc. 和EMTEC Electronics，Inc. 调查的联合动议；根据和解协议，ITC确定终止对于Hitachi Maxell LTD，和Maxell Corporation的调查。2012年9月19日，ITC批准了申请人提出的终止对于Aluratek，Inc. 和Aluratek，Inc. 调查的动议，以及对于Super Talent Technology Corporation等调查的联合动议。2012年9月19日申请人撤销对于全部其他被申请人的调查申请。

3. 337-TA-850主要案件过程

2012年5月23日，FlashPoint Technology，Inc. 公司向ITC提出申请，指控华为、中兴以及HTC等公司的电子成像设备侵犯了其US6400471、

US6222538、US6504575、US6223190的美国专利权，要求ITC颁发排除令和制止令。ITC于2012年6月29日立案（337－TA－850）。

4. 337－TA－853主要案件过程

2012年7月24日，美国加州3家公司向ITC提出申请，指控其US5809336号专利权受到侵犯，要求对来自中国等多个国家和地区的24家企业（含母公司及其美国分公司）生产的具有无线功能的消费电子设备及组件（如平板电脑、智能手机、电子阅读器、移动热点、无线宽带调节解调器和掌上游戏机等）发起337调查，并颁布排除令和制止令，华为和中兴在该案中再次成为被申请人。美国Technology PropertiesLimited公司原是一家研究芯片的企业，最近几年转变为以专利许可为生的公司。8月21日，ITC对该案进行立案调查（337－TA－853）。在该案中，华为历时一年多的艰难诉讼过程，2013年9月，行政法官对该案作出初裁决定，裁定被申请人华为不侵权，这是华为在困难重重的诉讼之后，取得的又一次胜利。

3.24.3　案件分析及启示

华为多次经历美国337调查，为其他在美运营的中国智能手机企业乃至其他领域中国企业都提供了宝贵的经验。回顾华为应对337调查的过程可以发现，华为获胜的最主要原因之一在于其大规模、高质量的知识产权资产，在国家知识产权局近两年公布的国内发明专利授权量前十名企业和通过PCT途径提交的国际专利申请中，华为均居前列。国家知识产权局公布了“2015年中国知识产权发展状况”，华为在电子通信行业的专利排名位居第四位。华为在集成创新的同时，积极做好专利布局和产品布局，建立健全知识产权防御体系。华为正因为加强了在海外市场的专利布局，从而迅速提升了其全球市场的知识产权竞争能力。对于中国智能手机企业来说，在产品研发、产品上市甚至采购阶段都做好专利预警，从分析竞争对手知识产权入手，避免落入对方的专利权保护范围中，同时企业自身充分重视专利保护，有了技术突破就要及时提交专利申请，而且最好能在美国申请专利，这样一旦有了专利纠纷，才有和别人讨价还价的资本，而且根据美国法律，凡在美国本土依法律程序注册登记的美国企业都会拥有解决纠纷的优先权。获胜的原因之一，就是积极应诉的态度，只有积极应诉，才有胜诉的可能，才能把排除令的损害降至最低。另外，在积极应诉的同时，还要有策略、有针对性地应诉。除了积极应诉、进行不侵权抗辩以外，还可以考虑起诉对方专利无效来进行反击，如果同时存在多名被申请人，还可以考虑与其他共同被申请人联合形成应诉联盟，在应诉策略和资源分配上进行合作。对申请人提出的涉案专利先进行专利分析，提供强有力的不侵权或无效证据，迫使原告放弃部分涉诉专利。

鉴于美国市场的重要性，华为必然将持之以恒攻克占领。通过对华为的国际化道路及其当前面临的机遇与挑战的剖析，总结多起华为涉案的 337 调查案件，我们可以总结出可能撬开美国市场大门的方法。

第一，把握核心竞争优势是关键，传统的价格优势无法支撑企业在海外长久有效地发展。

第二，资本联姻。国际上，规避贸易壁垒，进入目标国市场的一个有效途径就是和当地企业合资。通过与当地企业建立合资企业，合理分配股权、决策权和运营权，以获得目标市场国政府的信任。华为和中兴在进入美国市场时，就是一个循序渐进的过程。在这个过程中，华为和中兴不妨先与当地企业合资，通过合资企业慢慢进入美国市场。等时机成熟，可以通过股票认购等方式，将合资公司变成自己的全资子公司。

第三，赴美上市。华为 2010 年进入《财富》世界 500 强企业榜单，也是财富 500 强 IT 企业中唯一一家没有上市的公司。如果华为安排自己的 IPO 时间表，那么在美国上市无疑是其必定考虑的选择。如果华为在美国上市，那么华为的产权结构、收入渠道、风险因素、有无政府支持等信息将一览无余。而此举也可以让西方更好地了解华为。

第四，走国际法律途径。美国政府的强力介入显然不合情理，更有违 WTO 自由贸易的精神。企业在克服贸易壁垒，进入他国市场时，法律诉讼是一个很好的维权方式。Rall 公司就是通过法律途径，将美国前总统奥巴马告上了法庭。既然美国调查组无法提供任何证据证明华为的通信设备存在“信息安全”问题，那么华为、中兴此时选择最正规的途径无疑是最好的选择。

第五，政府公关。通过政府游说、组织公益等途径，加强与美国政府的关系，获得政府的信任。很多跨国公司，通过在当地参与教育、环保等公益活动，增强与政府的关系，从而打开目标国的市场。如果华为、中兴真的要进入美国市场，在这块大蛋糕中分取一部分，那么，在一定程度上帮助美国政府解决工人失业、孩子上学、环境保护等公益问题，有助于间接游说美国政府。

华为在应对337调查中获得了一定的成果，但是整体来说，中国移动终端企业在应对337调查时仍然处于劣势。中国移动终端企业在全球市场的崛起得益于“低价位、高配置、堆硬件”，但是这并非长久之计。随着中国智能手机产业的快速发展，今后中国智能手机企业的知识产权问题将面临更大的挑战，加强知识产权保护意识和实行有效的应对策略，是中国智能手机企业需要共同提高警惕的一项长期而艰巨的任务。进一步说，中国智能手机企业应该打造自己的知识产权保护体系，今后遇到美国337调查，只有直接面对这些调查，积极应诉抗辩，才会更加了解国际贸易的“游戏规则”，积累更多重要的应对337调查的经验，才能在国际市场竞争中不断前行。

3.25 碎纸机337调查案（337－TA－863）

新誉碎纸机337调查案是一起非常典型的案件。经历长期的中外合资合作后，中国企业自我意识增强，需要打造自己品牌，从加工工厂向自有技术和品牌转型。新誉在美遭遇范罗士以商业秘密和外观设计为由的侵权指控，就是企业控制权之争引发的美国337调查，预计这种案件今后将越来越普遍。

3.25.1 当事双方及行业背景

江苏新誉集团有限公司（简称“新誉集团”）是一家民营股份制企业

集团，专业从事轨道交通、新能源、数控设备、现代物流、办公设备5项核心业务。集团总资产50亿元人民币，2009年工业销售45亿元人民币，实现利税9亿元人民币，入库税收超3亿元人民币。集团目前拥有近24家子公司，员工5000余人，是国家级高新技术企业、省级工程技术研究中心、省级风电装备技术研究院、省级博士后科研工作站、国家火炬计划轨道产业基地骨干企业、铁道部机车车辆配套重点生产企业，已拥有投资亿元的国家级EMC电磁兼容实验室、3.8兆瓦的机组出厂地面全性能检测试验台和国家级风力发电重点试验室。集团根据发展要求，每年加大有效投入，加强科技创新，加快人才建设及市场拓展，五大核心业务发展迅速，势头良好。

作为申请人和被申请人的美国范罗士公司和新誉集团在江苏建有合资企业，曾长期合作，后因合资公司控制权等种种原因双方合作关系终止，并且，在提起美国337调查之前，范罗士公司和新誉集团在国内外近3年内，已有8个关联诉讼/仲裁（国内诉讼仲裁5起，美国诉讼2起以及德国诉讼1起），原合资公司涉及的债权人诉讼多达100多起。范罗士公司还利用政治势力到美国国会作证，要求美国政府干预与新誉集团的经济纠纷。由于缠讼多年背景的复杂性，双方丧失了互信，导致该案和解难度极大，远超出一般商业秘密案件或专利侵权案件。2013年3月，范罗士公司还就与新誉集团相关争议在美国国会参加听证，并试图通过外交途径解决相关争议。在国内，该案也引起商务部等国家部委的高度关注。

3.25.2 调查过程

2012年12月20日，美国范罗士公司以及范罗士办公用品（苏州）有限公司（合称“范罗士”）向ITC提起337调查，起诉江苏新誉集团有限公司、江苏新誉办公设备有限公司、深圳艾兰特办公设备有限公司、香港艾兰特办公设备有限公司、新誉办公设备（美国）有限公司、江苏新瑞重工科技有限公司（合称“新誉”），以及前述公司创始人等自然人侵犯其商业秘密和外观设计专利（美国专利号分别为D583859和D598048），请求判定侵权成立，要求ITC颁布永久排除令和永久制止令。

2013年1月，此调查正式立案。此后双方进行了数轮的证据交换，实地检查了当事人各自的工厂，在美国和中国香港进行宣誓作证，调取了相关证人的证言以及进行了数次的和解谈判。在律师的建议下，新誉在短期内开发出了多款规避设计产品，并将相关产品作为证据开示的一部分纳入到案件中。范罗士在充分评估规避设计产品的相关技术之后，最终双方在2013年11月达成了和解，并据此提交联合动议请求ITC终止该调查。

基于该案在开庭前的最后一刻达成的和解，2013年11月20日，行政法官颁布初裁，准许了该动议并决定终止该调查。2013年12月20日，ITC发布通告，表示不对行政法官针对碎纸机337调查案的初裁进行复审，裁定准予和解结案。撤回对于新誉创始人以及其他自然人的侵权指控，同意令约定新誉可以出口部分碎纸机产品。同意新誉继续对美国出口这些规避设计的产品。至此，历时近1年的碎纸机案顺利结案。

在该案代理难度极大且和解难度极大的情况下，君合律师事务所根据代理在美商业秘密案件的经验为新誉制定了积极的诉讼策略，通过艰苦的诉讼拉锯战确保新誉在美国337调查中的诉讼利益，并在和解一事上付出了巨大的努力。君合律师事务所在协调新誉内部以及与对方律师谈判过程中承担了主要工作，终于在开庭前促成和解，最大限度地维护了新誉的商业利益。根据公开信息，新誉的新款产品可以继续出口美国市场，范罗士还撤回了对于新誉创始人等自然人的起诉。

3.25.3　案件分析及启示

美国337调查涉及商业秘密的案件原本很少，2002年以来仅有10余起，仅占ITC受理所有案件的不足5%。但是在这仅有的商业秘密337调查案件中，有7起涉及中国的企业，占了半数以上。这7起涉及中国企业的商业秘密337调查分别是：天瑞铸钢车轮案（337－TA－655）、电子壁炉案（337－TA－791和337－TA－826）、华奇橡胶树脂案（337－TA－849）、新誉碎纸机案（337－TA－863）、机械玩具鱼案（337－TA－869）和履带式起重机案（337－TA－887）。在范罗士诉新誉集团碎纸机案（337－TA－863）以前，中国企业应诉美国商业秘密类337调查败诉居多。

针对中国大陆企业的商业秘密337调查案件在这二三年爆发性增长的一个重要原因，是CAFC在2011年对天瑞上诉案作出的裁决确定了ITC对发生在美国之外的商业秘密侵权行为拥有管辖权问题这一先例。天瑞上诉案源于美国Amsted公司在2008年就铸钢车轮向ITC提起的337调查。在337调查中，ITC在2009年底终裁认定天瑞集团有限公司和天瑞集团铸造有限公司（合称“天瑞”）存在违反337条款的商业秘密侵权行为。天瑞不服ITC的终裁，据此向CAFC提起上诉。2011年，CAFC作出判决，维持了ITC的终裁。此上诉判决承认了337调查中ITC对完全发生在中国的商业秘密侵权拥有管辖权，这意味着美国或一些其他国家的跨国公司可以中国企业在中国侵犯其商业秘密为由，利用ITC对中国企业发起更多的337调查。此外，美国贸易保护主义的抬头也是商业秘密337调查案件增长的一个原因。

此外，2013年2月20日，美国白宫发布了一份名为《应对外国盗取商业秘密策略》的报告。虽然该报告称“并不专门针对某个国家”，但鉴于该报告多次以我国企业或自然人等“盗取”美国商业秘密为例，华尔街日报、CNN等认为此报告的主要目的是向我国施压，这份长达141页的报告非常明确地将美国商业秘密的保护提高到国家安全的高度，并开宗名义地提出，保护美国商业秘密是为了“推动美国经济和支持就业”。舆论普遍认为报告主要针对中国，美国整个政治氛围对于涉嫌商业秘密的案件的审理和调查非常不利。因此，随着中国大陆企业技术竞争力的增强以及员工从跨国公司回流至内资企业，可以预见在未来的几年之内，美国或者一些其他国家的跨国公司可能会以商业秘密侵权为由，在ITC发起更多针对中国大陆企业的337调查，这一现象已经引起中国相关各方的注意。

商业秘密是具有商业价值的专有信息，是商业竞争力的重要载体。《ITC操作与程序规则》第201.6（a）条规定的商业秘密基本要素包括：（1）没有公开；（2）具有商业价值；（3）与以下任何因素有关：行业秘密、工艺、运营、工作方式、设备或者生产、销售、装运、购买、转让、客户身份、存货目录或任何人、商号、合伙、公司或其他经济组织的收入、利润、亏损或花费的数额和来源，以及其他类似信息；（4）未依法律规定披露该信息将导致如下后果：损害 ITC 对实现法定职能所需信息的获取能力或者对提供信息的人、商号、合伙、公司或其他组织的竞争力造成严重损害。从美国的立法和政策发展来看，1996 年克林顿总统签署的《经济间谍法》，首次将侵犯商业秘密列为联邦刑事犯罪，但该法案侵犯商业秘密的民事救济仍存在诸多限制。随后，美国多次出台了涉及商业秘密保护的法案。可以看到，美国对商业秘密的保护力度正在快速增强。2013 年 2 月 20 日，美国白宫发布的名为《反外国盗取商业秘密策略》的报告中明确将美国商业秘密的保护提高到国家安全的高度；2016 年，2016《美国保护商业秘密法案》（DTSA）正式生效，加大了对商业秘密所有人的民事保护力度；近期，美国贸易代表办公室（USTR）发布的特朗普政府 2017 年《总统贸易政策议程》中，新政府的贸易优先事项包括强化美国的贸易执法、保护美国的知识产权。随着国内产业升级和中国企业竞争实力的增强，可以预见，中国企业在走向海外的过程中将面临更多的贸易壁垒，美国或者其他国家的跨国公司在 ITC 发起 337 调查是中国出口企业必须要面对的挑战之一。

在该案的调查过程中，冉瑞雪律师及其团队通过对案件的深入分析和判断，紧紧抓住范罗士的两个软肋：一是范罗士担心其主张的商业秘密点至少部分会被行政法官认定不成立；二是范罗士提出 337 调查的真实目的是反客为主，即将范罗士与新誉间合资企业控制权争议从中国客场转移到美国主场，并据此通过控制案件节奏和案件策略，有张有弛地进行攻防转换，在合适的时机成功逼迫范罗士坐回谈判桌并严肃对待和解。2013 年 10 月份双方签署和解协议。

该案进行的规避设计成了和解的重要筹码，促成了和解的达成。如果新誉集团规避设计的产品获得了 ITC 的认可，那么即使 ITC 认定新誉老产品侵权，新誉仍然可以出口规避设计产品，范罗士通过 337 调查阻止新誉进入美国市场的最初目的将落空，也就是范罗士并无胜算把握，而且在美国市场上，范罗士还面临着其他碎纸机企业的竞争。因此，和解是对双方都有利益的最佳选择。其次，律师的努力促成了商业秘密范围在案件早期确定，从而保证了规避设计以及证据开示的顺利进行，避免了不必要的证据开示争议；最后，经过谈判，新誉相关的3名自然人从被告的名单中剔除，解决了中国企业的后顾之忧，并逐一证明范罗士主张的商业秘密点不存在秘密性从而不属于商业秘密。早期制定的规避设计策略是该案能够获得和解的一个重要因素。在律师的指导下，新誉在短期内开发出了多款规避设计产品，并将相关产品作为证据开示的一部分纳入案件中。范罗士在充分评估规避设计产品的相关技术之后，最后同意新誉继续对美国出口这些规避设计的产品。

另外，冉瑞雪告诉记者，“从法律专业层面上来讲，我们实现了一个突破，即在美国337调查案件审理过程中要求原告在案件初期披露商业秘密点。原告是否有义务在案件初期披露商业秘密点，这在美国司法实践中做法并不统一”。在美国337调查实践中，原告往往在证据交换的后期才确定商业秘密范围，甚至在证据交换结束后还修改商业秘密范围，这对作为被告的中国企业非常不利。

新誉碎纸机337调查案是一起非常典型的案件。经历长期的中外合资合作后，中国企业自我意识增强，需要打造自己品牌，从加工工厂向自有技术和品牌转型。并且，随着中国企业实力的增长，已经出现并形成在华外企员工跳槽到中国企业任职的趋势，双方有关商业秘密的争议持续增多。在这一转型过程中，与美方的利益分配往往出现重大调整，对此，美方企业通常会使出浑身解数进行阻击，这极易产生企业控制权之争。而知识产权大多是中国企业的短板，也因此成为美国企业打击中国企业的武器。新誉在美遭遇范罗士以商业秘密和外观设计为由的侵权指控，就是企业控制权之争引发的美国337调查，预计这种案件今后将越来越普遍。

3.26　输入法337调查案（337-TA-864）

在选择进入美国市场的过程中，很多中国企业遇到了国外竞争对手通过337调查发起的狙击，应对337调查成了新兴扩张的国内企业在走出国门过程中不得不面对的问题。该案触宝科技与Nuance之间的专利战是中小企业成功挫败行业大鳄狙击企图的典型案例。触宝科技案是我国软件企业在337调查中首次胜诉的案例，其胜诉经验至今对于我国高科技企业妥善应对337调查仍然具有重要的借鉴意义。

3.26.1 当事双方及行业背景

被申请人触宝科技公司（简称“触宝科技”）成立于2008年，是我国一家以研发、销售创新型的手机软件为主打产品的高科技企业，旗下主要运营触宝输入法和触宝电话两款入口级产品。来自触宝的数据显示：商业化层面，2016年，触宝电话用户数突破5亿，日活跃用户5600万，并拥有了140多项国际专利。触宝输入法全球用户量超过6亿，日活跃用户9000万。触宝输入法继续保持盈利，触宝电话则初步实现了商业化建设。其研发的“触宝输入法”占据全球安卓手机20%的市场份额，支持120种语言，覆盖158个国家与地区，常年占据GooglePlay输入法畅销榜榜首，是输入法领域的隐形冠军。其与三星、华为、中兴、索尼、HTC、魅族等60余家手机厂商进行有预装合作，营收主要来自于商业广告、厂商付费、2B服务等。在海外输入法市场上，触宝科技仅次于Nuance公司，全球出货量排在第二。2012年底，触宝科技进军美国市场，并在此时遭遇美国Nuance公司阻击，后者向ITC提出337调查申请，指控触宝科技侵犯其5项专利权，要求ITC禁止触宝科技的产品进入美国市场。

申请人美国Nuance公司在国际语音识别引擎市场有超过80%的份额，拥有1000多项专利，人们熟知的苹果手机语音助手Siri，中央电视台春晚的呼叫中心使用的均为该公司所持技术。Nuance公司在输入法术方面也处于垄断地位，旗舰产品T9输入法支持70种语言，全球市场占有率超过70%。触宝科技在取得成功的同时，也引起了全球最大的手机输入法供应商Nuance公司的关注，为避免触宝科技的快速发展对Nuance公司造成威胁，Nuance公司于2011年前后提出收购触宝科技的计划，在遭到拒绝后企图通过337调查迫使触宝科技退出市场。

3.26.2 337调查过程

2012年12月20日，Nuance公司在美国地方法院提起以触宝科技为被告的专利侵权诉讼，同时又申诉至ITC，要求对触宝科技启动337调查，理由是触宝输入法以及出厂时预置该输入法的Venture智能手机侵犯了Nuance公司在美国注册的专利，包括基于输入设备运动参数跟踪的选择输入系统、基于连续笔划字词的文本输入系统和方法、使用多方向键盘消除输入歧义、简化键盘输入5项专利。触宝科技第一时间启动反应机制，聘请知名的律师事务所，开始着手应对。诉讼过程中，触宝科技的律师团队分析后制定攻击对方专利无效的应诉策略，一方面提出Nuance公司的专利无效，以此反驳触宝科技并未侵犯其专利；另一方面在中国法院起诉Nuance公司予以反击。在337调查过程中，由于触宝科技自身知识产权储备充分，技术专家和律师讨论认为公司研发的产品具有绝对的原创性，是自主创新的技术，不侵犯Nuance公司专利，加之诉讼策略应用得当，通过提交对方一项专利的无效证据，2013年9月ITC下达初裁判决，判定触宝科技侵犯Nuance公司专利的指控不成立，触宝科技不侵犯Nuance公司的3项专利。行政法官对具有明显事实依据的案件，无需开庭审理就可以在开庭前作出简易裁决。在美国地方法院开庭前，Nuance公司主动提出针对触宝科技的专利指控进行和解。2013年10月Nuance公司向ITC及美国地方法院提出撤诉申请，撤销所有针对触宝科技的专利诉讼。

3.26.3 案件分析及启示

有时候诉讼往往能发挥意想不到的营销价值，在案件胜诉以后，触宝科技产品得以继续出口到美国，而且通过该案件也提升了企业的知名度，让外界更加深入地了解到触宝科技的技术优势，胜诉后触宝科技产品在美国的市场占有率一路走高。目前触宝科技获得海外运营商的广泛认可，触宝输入法海外合作的厂商运营商已超过几百家，成为最受北美地区用户欢迎的输入法。

就触宝科技公司胜诉的原因分析如下。

1. 认清Nuance公司的真实意图后坚决应诉

Nuance公司是大名鼎鼎的语音解决方案巨头，输入法技术在全球也处于垄断地位，输入法领域的市场份额稳居全球第一，公司规模更是远超过触宝科技。此次诉战中，Nuance 公司请到 12 名顶级律师组成律师团进行诉讼，而触宝科技只有 2 名律师。如果触宝科技应诉，将花费 500 万至 800 万美元高昂的诉讼费，相当于触宝公司 A 轮融资量级的费用。此次诉讼 Nuance 公司想要达到的真实目的是迫使处于发展初期的触宝科技举白旗，走投无路，最终以低价对其进行收购，可以说“要不收购，要不打垮”是 Nuance 公司的一贯策略。从 2000 年起，Nuance 公司累计进行了超过 52 宗收购，2006 年之后更是每两个月就会收购一家公司以吸收其技术优势增强自身实力。其中最有影响力的是收购联想 T9 输入法以及 2011 年收购扫屏输入法公司 Swype。这种策略使得 Nuance 公司几乎垄断英文手机输入法市场，在收购被拒绝的情况下，Nuance 公司就会起诉，在过去 10 年，其起诉过 8 家公司，无一例胜诉，但已经有 4 家被其收购。在认识到这一点后，触宝科技面临两种选择，要么应诉，花费高额诉讼费并承担可能败诉退出海外市场的风险，但如果胜诉则将保持自己产品的占有率；要么放弃应诉，重新白手起家换一个产品或不做海外市场，这无疑是山穷水尽的绝望境地。权衡过后触宝科技决定进行生死一搏，准备应诉，事实证明触宝科技的坚决应诉是正确的选择。

2. 防御性策略与进攻性策略并举

触宝科技律师团队在诉讼中采取有效的诉讼策略是能够赢得诉讼的关键。从大的策略上，触宝科技律师团队从两方面着手，一方面积极搜集证据对 Nuance 公司的专利指控进行抗辩；另一方面由于 Nuance 公司也活跃在中国市场，因此触宝科技在 2012 年 6 月在上海市第一中级人民法院起诉 Nuance 公司，诉称其侵犯触宝公司的专利权，以此分散 Nuance 公司的精力，也对其专利指控作出反击。触宝科技在国内起诉 Nuance 公司的真实目的并不是向其主张赔偿，而是针对其 337 调查给予的反击。因此 2013 年 10 月，当美国方面行政法官正式批准 Nuance 公司提出的和解建议后，触宝科技在上海市第一中级人民法院也撤回了对 Nuance 公司的起诉。

3. 区分不同的专利指控采取专利无效和不侵权抗辩

触宝科技的律师团队根据 Nuance 公司具体的专利侵权指控采取了不同的应对策略。触宝科技律师团深知，在实力强大的 Nuance 公司面前正面硬拼没有胜算，反而采取温和的策略能够收到良好效果。在诉讼中，针对“基于连续笔划字词的文本输入系统和方法”专利项的指控，触宝科技应诉的侧重点放在指出 Nuance 公司该项专利是无效的，间接证明触宝科技不存在侵犯其专利的前提。如果该项主张成立，后果将超出 Nuance 公司进行此次诉讼的初衷，因而其投鼠忌器，主动撤回了该项专利的指控。而针对“简化键盘输入”专利的指控，触宝科技律师团发现该项专利在是否侵权方面具有可辩性。其应诉的重点应放在该项专利属于触宝科技自主研发，且已经申请了美国专利，并且从间接侵权里的诱导侵权和协助侵权两个方面进行反驳，提出 Nuance 公司的专利要求中包含了输入设备，而触宝输入法是单纯作为软件存在的，使得触宝输入法协助侵权成功的可能性也大大降低。正是在这种有针对性的抗辩之下，触宝科技在开庭前就证明对方 1 项专利无效，又在 6 个月后使法官速裁另 3 项专利不侵权。

4. 和解策略的采用

和解是指在 337 调查开始之后，允许双方协商达成和解。和解有两大优点，一是可以使案件调查时间缩短，降低诉讼成本；二是可以通过双方协商，向对方缴纳专利费，从而继续向该市场出口产品。这种做法可以将 337 调查对企业带来的不利影响降到最低，留存企业发展的生命线，这对处于发展初期的中小企业来说尤为重要。该案中，触宝科技不单在美国应诉获胜，并且在国内起诉对方侵权，迫使对方和解。和解也是对其自身利益的保护。例如，2008 年为北京奥运会提供 LED 灯光技术的鸿利光电子企业当年遭受美国 337 调查后，仅花费了 100 万美元左右的和解费用就得到美国企业封装技术的授权，也使鸿利公司的美国市场份额得以保全。

5. 充分的专利储备是胜诉的根本原因

触宝科技在 337 调查中能够胜诉，根本原因在于其一直坚持自主研发，并且十分注重知识产权的储备。触宝科技从成立之初就十分注重专利技术的申请和知识产权的保护，仅在输入法一项技术上就申请了 26 项国际专利。触宝科技注重技术创新，实施有效专利布局。触宝科技主攻海外市场，从 2008 年成立开始，触宝科技就专注于创新，公司研发人员占到七成。在面临 337 调查时，由于正确分析研判行业发展态势，依照自身技术优势进行专利布局，改变了在应诉中的弱势地位。从一开始就充分认识到知识产权的重要性，触宝科技持续自主研发新技术并申请美国专利，更是不惜花费高于国内10倍的价格邀请顶级律师撰写美国专利申请书。此外触宝科技平时充足的专利储备在诉讼抗辩中也起到了重要作用，由于证明Nuance公司专利无效需要查阅大量的专利技术文献举证，触宝科技在平时的专利申请中做了大量的积累；在反诉中需要证明触宝的产品已经申请了美国专利，反而是Nuance公司侵犯了触宝科技的专利权，这需要找寻Nuance公司产品可能侵权的部分，这些工作如果没有良好的专利储备是无法完成的。触宝科技CEO王佳梁表示："触宝科技自成立起就具备营收能力，不是一家烧钱的移动互联网公司，更多时间都在埋头做产品。过去几年，触宝科技的用户量一直保持着高速增长，此轮融资主要用于研发和市场投入，将围绕两款沟通类产品继续发力。"

6. 选择业内顶尖专业律师

无论企业是希望彻底胜诉还是以打促和，企业在诉讼中与外部律师的良好合作是赢得最终胜利的重要因素。反之，一个赢面很大的案子也可能会因为合作上的原因，比如沟通、诚信、信任或管理这些方面的原因，导致最终没能实现想要的结果。

首先，沟通是整个诉讼的基础。一个明确目标的制定以及诉讼过程的把握，需要企业和外部律师之间的良好沟通。外部律师需要了解企业本身的需求、商业目标等。同时，外部律师需要分析企业应诉可以有的选择、应诉策略等，并将这些分析结果及时传递给企业。这都需要企业和外部律师之间充分的沟通和交流，往往也需要企业各方面人员，甚至包括企业高层和各方面负责人的参与。畅通的沟通渠道也是良好沟通的保证之一。沟通应当尽可能直接清楚，避免拐弯抹角，并尽量把沟通内容书面化，以避免很多问题。其次，诚信是诉讼过程中的一个重要问题。诚信不单是对法官和法庭而言，对参与诉讼的所有人都需要诚信，包括外部律师及诉讼的另一方。如果企业在诉讼过程中发生了不诚信行为，那基本上会造成毁灭性灾难。企业一定要守住诚信这一底线，不管是企业内部也好，还是外部律师也好，企业都应当监督避免发生诚信问题。当然，绝大部分美国律师都是讲诚信的，但是也不排除有少数品行败坏的律师会作出不诚信的行为。如果外部律师提出可能影响诚信的建议，企业应当坚决予以拒绝。再次，信任是沟通的前提。在美国，律师和客户之间的交流是受到非常强的保护的，所以除非是极端情况，企业通常不需要担心自己传递给外部律师的信息会被泄漏出去。因此，企业在沟通过程中应当充分信任自己的外部律师，做到无障碍交流。律师对案件的分析、对策略制定的建议，很大部分要依赖于企业所提供的信息，必要时也包括企业的保密信息，甚至是对企业不利的信息。如果企业做不到对外部律师的充分信任，在提供信息时藏头掖尾，那很可能会误导律师制定出错误的应诉策略，导致案件的最终失败。

最后，良好的管理也是保证诉讼成功的条件之一。企业应当组织一个包括各方面人员的团队来与外部律师合作，这样的团队可以有技术、管理和市场等方面的人员，或者还包括企业内部的法务。在外部律师方面，根据实际需求和案件的性质，往往需要具有不同技能的律师。律师团队最好要小而精，且应当包括具有丰富专利诉讼和谈判经验的律师。对于中国企业来说，往往也希望律师团队里有精通中英文且在技术和法律领域都有一定经验的人员。这个角色有时可以由企业内部的法务人员来担当，但是有些中小企业没有自己的法务人员，那么对于外部律师的选择和把关就尤为重要。良好管理的另一个体现是企业应当做到有所为、有所不为，抓住重点，管好律师，让律师充分发挥其所长。这样才能提高效率，同时也是降低诉讼成本的一个重要途径。

触宝科技 CEO 王佳梁曾说："触宝科技现在拥有 140 多项国际专利，在中国同类公司中比较少见。前段时间小米也花了很多钱购买海外的专利，而华为则因为专利问题起诉三星，前几年中国企业觉得专利和咱们没有太大的关系，大家都是野蛮生长的，一说到专利，认为那是很'阳春白雪'的东西，但现在来看，当年的很多投入和付出是非常值得的。我们在海外跟竞争对手有过一场专利诉讼，差一点落到被对方收购的窘境，如果那个时候没有自己的专利储备的话，我们很有可能根本走不到今天这一步。"触宝科技对于知识产权的重视和利用应给与中国新兴科技企业以宝贵启示。

3.27　电器线性致动器337调查案（337－TA－880）

对于试图进入美国市场的中国中型企业，应当提高海外专利风险意识，并从中长期的发展战略出发，加强自主专利研发，掌控核心专利技术，注重人才和资金储备。一旦在美国遭遇337调查，企业不应消极地回避、放弃，而应认真研究、分析，作出符合长远规划的战略决策。

3.27.1　当事双方及行业背景

申请人 Okin Am erica Tnc.（美国）和 Dewert Okin Gm bH（德国）（合称“OKIN”）自创立至今，一直被冠以家具马达和电动调节系统领域的代名词。它以独具的经验、技术和高效率，成为世界家具和医疗业的不可缺少的伙伴。主要生产各类型的线性马达，如电动床的头脚部以及桌椅的升降等。OKIN 致动器不仅取得了 ISO 的认证，还因其内部的独特的品质管理系统，保障了高水平的革新性。

作为被申请人的常州凯迪电器有限公司（Kaidi FlectricalCo. Ltd. of Changzhou，China，简称“常州凯迪”）、美国密歇根州的凯迪有限责任公司（Kaidi LLC of Faton Rapids，MI，简称“美国凯迪”）。常州凯迪，创办20多年，核心产品是电动直线驱动器，出口欧美市场，2013年销售额达3.2亿元人民币，逐渐撼动了 OKIN、DEWERT 等老牌公司的市场垄断地位。

3.27.2　337调查过程

此次涉案产品是用于增强座椅和躺椅的脚踏板运行能力的线性致动器设备。2013年4月3日，OKIN 公司向 ITC 提出337调查申请，指控凯迪生产并出口美国的线性致动器侵犯了其专利 US5927144 的第1～29项权利要求，要求 ITC 颁布普遍排除令和禁止令。2013年5月8日，ITC 决定启动对线性致动器设备（Linear Actuators）的337调查，立案号为337－TA－880。2013年5月22日，被申请人提交答辩状否认申请人各项指控。2013年6月19日，常州凯迪提交鉴定专家证人证言，意在证明其所生产的产品不侵犯 US5927144 的专利权。ITC 首席行政法官将把此案指派给 ITC 六大行政法官（ALJ）之一，后者将安排并举行一场证据听证会。这名法官将就是否违反 337 章节作出初裁。初裁决定将提交 ITC 审议。ITC 将在最早且实际可行的时间内就该案作出终裁。2013 年 6 月 24 日，申请人基于《ITC 调查与程序规则》210. 21（a）条请求撤回调查被申请人常州凯迪和美国凯迪对 144 号专利的权利要求 3、4，6 ~ 25 和 29 侵权调查的申请。2013 年 6 月 27 日，申请人基于 210. 21（a）请求进行撤回投诉终止调查和调查委员会对于程序安排最终确定的动议。2013 年 7 月 9 日，ALJ 准许申请人撤销对于待定常州凯迪和美国凯迪的调查申请的动议，终止全部调查，后续程序日程。2013 年 8 月 9 日，联邦公报决定的通知不审查初步裁定终止其全部调查。两家公司起诉常州凯迪侵犯专利权案在短短 4 个月内办结，在国内同类案件中极为少见。

在 337 调查进行的同时，常州凯迪在美国马里兰州反诉德国两公司。常州凯迪向纽约州东区联邦法院提交了专利侵权诉讼，被告为 OKIN。2014 年 10 月 20 日，OKIN 答复了常州凯迪的诉讼状并提出了反诉。2014 年 11 月 10 日，常州凯迪第一次修改了起诉状，2014 年 11 月 24 日，OKIN 答复并提出了反诉。2015 年 1 月，Andrea 向纽约州东区联邦法院再次提交了专利侵权诉讼。

3. 27. 3　案件分析及启示

该案 4 个月结案，在 337 调查案件中均属少见，凯迪积极应诉的底气在于核心产品确有发明专利。在做代加工时，常州凯迪就因上线公司侵犯专利而承担过关联责任，因此在新产品开发之初，公司坚持知识产权保护，研发计划阶段即邀请知识产权专家进行检索和论证，并对相关国外专利进行了全面分析。337 调查期间，由于原告的负面宣传，部分客户因为担心卷入诉讼，暂停甚至取消了给常州凯迪的订单。凯迪决定提起反诉，要求合理赔偿，进一步加速了案件结案。

就大多数案件而言，国外企业在遭受 337 调查时，协商和解是经常采用的尽快结案方式。ITC 允许和鼓励涉案双方在调查开始之前或者之后自行达成和解协议，2010年8月，ITC将调解制度纳入到ITC正式制度范围内，所有337调查都可以参与调解，调节可由行政法官提议进行，也可以由涉案当事人单独或共同提出申请。因此，如果我国被诉企业确实侵权，且需要保留其美国市场，可分析是否有达成和解的可能性，选择在裁决作出之前选择适当的时机与对方进行协商，通过非诉方式，如与权利人达成不起诉协议、签订许可协议、寻求交叉授权等寻求能够使双方满意的结果。此外，在确认其可提供充分的证据和理由表明涉案专利无效的情况下，被申请人可以向行政法官申请作出认定无效的简易裁决，或在应诉中发现申请人的破绽，迫使其主动撤诉，达到尽早结束调查的目的。同时，要及时提出反诉手段，这样能够在案件中控制案件的节奏，并使得对方尽快作出双方都满意的和解条件，节省后续诉讼不必要的费用开支。

随着中美贸易的频繁化，中国企业将更多地进入美国市场，常州凯迪的遭遇也能够给欲进入美国市场的中国企业以深刻启示。在进入一个新的市场之前，做充分的市场调研，明确竞争者或潜在竞争者，以及其知识产权情况，包括专利范围，自身产品是否侵犯竞争者或潜在竞争者的专利权。如果在非侵权或专利无效方面没有很好的办法，也许你可以考虑将自己的产品稍微改动，绕过其专利权所覆盖的范围。产品开发的前期准备包括：（1）了解同类产品的生产商；（2）检索专利授权；（3）市场分析；（4）对即将开发的新产品进行分类，如A级代表没有侵权，B级为有可能侵权，C级代表有侵权但可抗辩；（5）企业积极组建国内的行业组织并广泛参与国际性的行业组织以及行业标准的制定；（6）组建企业内部法律风险的预防和控制系统。

建立自己的强有力的知识产权保护网。例如，积极申请专利，包括在美国申请，从而在专利方面更好地保护自己。利用337条款申请专利保护从而保护自己产品的市场和市场份额是美国公司常用的一种商业策略。中国公司也可以运用。比如，中国公司在美国拥有专利，也可以用来阻挡其他国家公司的产品进入美国市场，甚至是美国公司在美国以外国家制造的产品。如我们可以利用337条款案件阻止日本公司产品进入美国市场。

随时做好诉讼发生时的准备工作（以专利诉讼为例）。（1）研究其专利的覆盖范围；（2）避开其专利点进行再设计或修改工艺流程；（3）提前购买专利诉讼保险；（4）树立一个不怕打官司的企业形象；（5）聘请专利律师，出具不侵权意见，积极应诉并争取在诉讼前期达成和解。

3.28 硅麦克风封装产品337调查案（337－TA－888）

在索要赔偿的情况下，很多企业会启动地方法院的平行诉讼，以给涉案企业更大的压力，使其迫于重重阻挠放弃美国市场。而被申请人面对337调查，涉案企业应在法律上积极应对，确定全面缜密的应对策略。被诉企业应及时组建专业的团队以尽快了解相关知识产权现状、法律救济的途径、方式与后果，必要时通过在美国联邦法院提起“平行诉讼”、在美国以外的国家提起“关联诉讼”、向ITC提起反诉等方式寻求救济机会。

3.28.1 当事双方及行业背景

申请人楼氏电子（苏州）有限公司［简称“楼氏电子（苏州）”］长期以来一直是行业龙头，而被申请人歌尔声学股份有限公司（简称“歌尔声学”）是以代工起家的挑战者。歌尔声学和楼氏电子（美国）都是全球微机电系统（Micro-Electrical-Mechanical Systems，简称MEMS）麦克风产品的主要设计与制造商，两者制造的麦克风产品被用于苹果、三星等品牌智能手机中，在中、美境内都有销售、使用。楼氏电子（苏州）是楼氏电子（美国）在中国的MEMS麦克风制造工厂。根据2012年野村（Nomura）发布的*2012 Smartphone Guide*，楼氏电子占据了这个市场15%～20%的份额。歌尔声学依靠蓝牙耳机代工生产，规模发展越来越大，并于2013年成为苹果手机的零部件供应商。另外，被申请人的诉讼代理人属于业内知名的顶尖律所，而申请人的代理人则名不见经传。这是一场场实力对比悬殊的比拼，结果却出人意料。

3.28.2 337调查过程

2013年6月21日，楼氏电子（美国）向ITC提出请求对歌尔声学及其加州的子公司歌尔电子发起 337 调查，所依据的是 3 个美国专利 US7439616、US8018049、US8121331，涉及的均是硅麦克风封装产品。在同一天，楼氏电子（美国）也在伊利诺伊北区地方法院提起了专利侵权诉讼，不过由于 ITC 尚未审结 337 调查案，该诉讼被中止进行。

歌尔声学的反应非常迅速，在 2013 年 7 月 12 日于潍坊市中级人民法院对楼氏电子（苏州）提起了 5 个专利侵权诉讼，总索赔额高达 1.7 亿元人民币，所依据的 5 个中国专利分别为：ZL200820187748.7、ZL201020515145.2、ZL201020180613.5、ZL200510115448.9、ZL201020001125.3。楼氏电子（苏州）曾针对 ZL200820187748.7 和 ZL201020515145.2 提起了无效请求，但 ZL200820187748.7 被维持全部有效。对 ZL201020515145.2 的无效请求基于 2013 年 12 月 3 日楼氏电子（苏州）提出的主动撤回而终止。

随后，楼氏电子（美国）于 2013 年 7 月 31 日在苏州市中级人民法院对歌尔声学提起专利侵权诉讼，所依据的中国专利 ZL200580028321.1 正是美国专利 US8018049、US8121331 的中国同族专利。但该中国专利 ZL200580028321.1 被歌尔声学提起的无效宣告程序全部无效，因此，苏州市中级人民法院于 2014 年 4 月 16 日驳回了楼氏电子（美国）的起诉。

2014 年 4 月，潍坊市中级人民法院针对歌尔声学诉楼氏电子（苏州）专利侵权系列案作出了部分判决，不仅发出了禁令，并判决被告赔偿 7440 万元人民币。

经过开庭审理，潍坊市中级人民法院对涉及专利 ZL200820187748.7 和 ZL201020515145.2 的两个诉讼作出了一审判决，判决要点：（1）第一被告潍坊三联家电有限公司（简称“三联家电”）立即停止销售搭载了侵权产品的、型号为 GT－I9500 的三星手机；（2）第二被告楼氏电子（苏州）有限公司立即停止制造、销售侵犯原告歌尔声学 ZL200820187748.7 和 ZL201020515145.2 号实用新型专利权的麦克风产品；（3）第二被告楼氏电子（苏州）赔偿原告歌尔声学经济损失 7440 万元人民币。

至此，美国 ITC 以及美国联邦伊利诺伊地区法院的裁定撤诉和解，歌尔声学却已经在中国初战告捷，在此次专利大战中抢得先手。

3.28.3　案件分析及启示

面对 337 调查，涉案企业应在法律上积极应对，确定全面缜密的应对策略。被诉企业应及时组建专业的团队以尽快了解相关知识产权现状，法律救济的途径、方式与后果，必要时通过在美国联邦地方法院提起“平行诉讼”、在美国以外的国家提起“关联诉讼”、向 ITC 提起反诉等方式寻求救济机会。

1. 挖掘抗辩理由

抗辩的理由包括无侵权行为的抗辩、权利无效抗辩、专利不可执行性抗辩及国内产业问题等特殊申辩事由。

（1）无侵权行为抗辩。

只有当该权利要求书中的所有技术要素都涉及相关的进口产品时，才可以判定侵权，否则就不属于侵权。因此涉案企业可通过压缩对方专利的权利要求的解释范围，从被诉产品并不完全符合专利保护要求的范围、被诉产品与要求保护的专利并不等同等方面提出理由，指出两者的关键差别，最终得出证明被诉产品不侵权的结论。此外，公知技术抗辩、禁止反悔等抗辩都是被普遍采用的不构成侵权的抗辩理由。

（2）权利无效抗辩。

专利一般都被假定是有效的，在证据充分的情况下，被诉企业可选择积极无效申请人的涉案专利。337 调查中无效专利的主要理由包括：证明专利缺乏新颖性、证明与申请日前的现有技术相比缺乏显著性、缺少足够的书面描述、专利权利要求的范围不确定等。

（3）专利不可执行性抗辩。

不正当行为和专利权滥用都是认定专利不可执行性的重要理由。不正当行为原则要求包括专利权人、专利起草人、专利律师等利益相关人在向美国专利商标局申请专利权的过程中没有遵守诚实善意准则，承担真实陈述和披露可专利性重要信息的义务。在实质审查和程序审查的过程中，专利申请人有义务向专利审查人披露其所知的全部“重要信息”，包括专利审查人认为与专利相关的任何信息。如果专利申请人没有履行该项披露义务，如篡改、捏造事实、隐满、掩盖“重要信息”，即构成“不正当行为”。专利的不当使用则涉嫌违反了反垄断法，专利是一种被允许存在的垄断，专利权人必须在许可的时间和范围内行使其专利权。但如果权利人企图在权利授予的范围以外实施专利，则使专利不具有可执行性。

（4）特殊申辩事由。

337 条款旨在保护美国国内企业免予不公平竞争，因此被提起调查的专利产品必须存在相应的作为保护对象的“国内产业”，即申请人必须证明其在美国制造或销售专利涵盖的产品，或者其在美国向其他人许可了自己的专利。但 ITC 对“国内产业”认定门槛相对较低，基于此进行抗辩的难度随之增大。其次，产品具有进口行为是 ITC 调查行使管辖权的必要条件，如果产品并未进口，那么即使产品侵犯了美国的专利，也不属于 337 条款的适用范围。此外，337 条款对排除令和禁止令的适用规定中都载明了与公共利益冲突时的除外适用原则，即当上述救济措施对公共健康和福利、美国经济的竞争状况和美国类似产品或直接竞争产品的生产状况和美国消费者状况产生不利影响时，ITC 有理由不发布以上救济令。因此被申请人在基于公共利益的抗辩事由中可以提出申请人主张的救济措施不合理或范围过于广泛，或强制申请人披露必要的商业秘密。

2. 巧用诉讼策略

在 337 条款规定的程序中，如遇“平行诉讼”，即被诉企业在 ITC 和联邦地方法院同时被诉，若二者基于同一诉因，那么被诉企业可以通过中止程序申请法院暂停审理，待 ITC 作出裁决后法院再进行审理，减轻应诉压力。被诉企业还可以提出各种各样的诸如请求延期、请求修改诉状、请求作出简易裁定以及请求中间上诉（审理中就涉及管辖权等方面的问题提出上诉）的要求等争取一定的时间，赢得充分的应诉准备。此外，被申请人可以择机还击，通过主动发起进攻来防御原告的起诉，例如被诉企业可以请求美国专利商标局确认申请人的无效，提请针对申请人的反垄断调查等。

3.29 户外烧烤炉337调查案（337－TA－895）

权利要求的解释对侵权认定具有十分重要的意义。当涉案双方对于权利要求术语的解释存在明显分歧时，将导致在权利要求的保护范围和涉诉产品的结构认定上出现不同的解读，从而得出侵权或不侵权的结论。

3.29.1 当事双方及行业背景

1. 申请人

申请人为总部位于美国佐治亚州圣西蒙斯的A&J制造有限责任公司（A&J Manufacturing，LLC）及其位于美国佛罗里达州格林科夫斯普林斯的附属公司A&J制造公司（A&J Manufacturing，Inc.），合称“A&J公司”。A&J公司的商业包括以著名的CHAR-GRILLER商标销售的烧烤抽烟机、烧烤炉和附件；附属公司A&J制造公司为A&J公司共同所有和管理，通常负责CHAR-GRILLER产品的销售和分销。

2. 被申请人

被申请人包括13家美国经销商和/或分销商以及8家中国制造企业。

被申请人中，被申请人W.C.布拉德利有限公司由其附属公司Char-Broil公司（简称“Char-Broil”）代替应诉；被申请人Kamado Joe公司改名为Primier专业品牌有限责任公司（Premier Specialty Brands，LLC）（简称“Primier”）。

国内被申请人中，浙江福得尔电器有限公司（简称“Fudeer”）、东莞勤上集团公司（简称“Kingsun”）和宁波辉格公司（简称“Huige”）参与了整个337调查过程。包括广东康宝电器有限公司（简称“Canbo”）、无锡天亿国际贸易有限公司（简称“Joyray”）、宁波司普瑞茵通信技术有限公司（简称“Spring”）和Chant厨房用具（香港）公司（简称“Chant”）4家国内被申请人在内的、GHP集团公司等共9家公司在337调查过程中先后与申请人A&J公司签署了同意令和/或和解协议。还有一家国内被申请人东莞勤上集团公司（简称“Keesung”）缺席。另外，被申请人凯马特公司（简称“Kmart”）、Sears Brands Managemet 公司（简称“Sears Brands”）、Sears 控股公司（简称“Sears Holding”）、西尔斯·罗伯克公司（简称“Sears”）4 家公司的指控被撤回。对于其他的国外被申请人，其中被申请人 Char-Broil、OLP 和 Acedemy 分别是 Fudeer、Kingsun 和 Huige 生产的烧烤炉的进口商、分销商和/或直接进口零售商。被申请人 GHP 同时进口和分销国内被申请人 Kingsun 的烧烤炉产品和缺席的国内被申请人 Keesung 的烧烤炉产品。被申请人 Keesung 缺席，最终被 ITC 发布了有限排除令和对在美国销售的产品处以 100% 的保证金。

3. 行业背景

下面对参与了整个 337 调查过程的 3 个国内被申请人 Fudeer、Kingsun 和 Huige 及其背景进行简要介绍。

被申请人 Fudeer 是专业生产烧烤炉、电热水器、厨卫等产品的大型企业集团，创建于 1999 年。2001 年 7 月，Fudeer 开始以 OEM 方式生产烧烤炉。2004 年 12 月，Fudeer 烧烤炉年生产能力达 65 万台。Fudeer 烧烤炉制造能力居世界前列，产品畅销世界 50 个国家和地区，出口额居国内同行业前列。该公司是台州市“513 工程企业”、中华人民共和国海关 A 类企业、台州市市场创新 10 强企业、台州市外贸自营出口 50 强企业。2008 年实现销售收入 5 亿元人民币，创税利 5000 多万元人民币。其中多功能烧烤炉是 Fudeer 最重要的产品，占该公司销售额的 35%。可见，烧烤炉产品，尤其是出口产品是 Fudeer 最为重要的产品之一，如果烧烤炉产品出口受阻，将对公司的发展和经营产生严重影响。

据报道，公司高层人员称 Fudeer 在 2002 ~ 2004 年为 A&J 公司开发了气炭两用的多功能烧烤炉。[1] 笔者检索发现，A&J 公司是在 2005 年 7 月 30 日在美国申请了本 337 调查案的涉案专利，并要求 2004 年 7 月 31 日提出的两个临时专利申请号分别为 US20040592428P 和 US20040592429P 的优先权，经过漫长的审查时间以及多次的上诉程序，终于在 2013 年 2 月 26 日

---

[1] 台州一企业成功胜诉美国“337”调查案［EB/OL］. http://www.576tv.com/Program/256248.html，(2015 - 4 - 14).

获得授权。授权后的同年 8 月，A&J 公司随即在美国向 ITC 提出 337 调查申请，指控包括 Fudeer 在内的中国国内 8 家制造商和国外的 13 家进口分销商和/或零售商侵犯 A&J 公司的专利权。

可见，A&J 公司不是与 Fudeer 合作开发之后，而是在合作开发期间，就在美国专利商标局提出了美国临时专利申请，在合作开发结束后的 2005 年以该临时专利申请为优先权提交了非临时专利申请 US20050193320A。虽然无从得知 Fudeer 与 A&J 在合作开发期间对于知识产权的归属是否有相关约定，但根据 Fudeer 作为该 337 调查案的被申请人之一的事实以及基于该案的公开证据分析，笔者推测 Fudeer 与 A&J 可能对开发过程中的相关知识产权归属等没有明确的约定。据此也可以看出，国内企业与国外企业在知识产权保护的超前意识和布局上存在较大差距。

Kingsun 创建于 1993 年，以光电产业链、燃气具产业链、五金产业链为三大基础产业链，产品涉及烧烤炉等，其中烧烤炉产品包括炭气两用烧烤炉等。

Huige 是专业的烧烤炉、厨房用品和其他户外用品制造商，可以提供 ODM 或 OEM 产品服务。

另外，缺席的 Keesung 是一家外资企业，坐落在广州市南沙新区，成立于 2002 年 11 月。主营高端室外燃气烧烤炉，年产量超过 100 万台，集设计、生产、加工、销售于一体。

基于上述几家国内申请人的背景介绍，一家以生产销售和出口烧烤炉为主营业务的大型企业如果被禁止出口相关主打产品，将对企业的生存发展产生重大影响。Fudeer 不得不奋起应诉，尤其是以前合作过的国外企业提起 337 调查，Fudeer 将会承受更大的压力。令人欣慰的是，在接到 337 调查通知后，Fudeer 没有畏惧和退缩，而是积极应诉，聘请了美国专业律师，并派出业务经理和技术经理作为证人出庭作证。经过 1 年多的艰苦诉讼，ITC 于 2015 年 2 月 3 日最终裁定 Fudeer 生产的与其美国经销商销售的被指控的烧烤炉没有侵犯美国申请人 A&J 的专利权，为国内企业面对 337 调查积极应诉并争取自身的利益提供了宝贵的经验。

反观国内缺席的被申请人 Keesung，基于该案的整个调查历史发现，该案在作出初裁时，是认为被申请人 Keesung 制造，且被申请人 GHP 进口和分销的某型号烧烤炉不侵犯申请人 A&J 的专利权。即使在终裁中认定 Keesung 侵权，也是基于被申请人 Keesung 缺席的事实而推定侵权成立，从而被发布有限排除令和处以100%的保证金。可见，暂不考虑应诉成本与出口收益之间关系的情况下，采取缺席的应对方式将使自身处于非常不利的被动挨打地位。

基于上述背景介绍，对该案的介绍和分析将主要围绕 Fudeer 和 Keesung 等几家国内的被诉企业展开。

3.29.2　337 调查过程

1. 立案

2013年8月21日，A&J 向 ITC 提出申请，请求对8家中国国内制造商以及13家国外进口分销商或进口零售商违反337条款进行立案调查，指控他们的某些多功能烧烤炉及其配件侵犯专利号为 US8381712（简称“712专利”）、D660646（简称“646专利”）和 D662773（简称“773专利”）的一项或多项专利权，要求对这些被申请人进行索赔，并发布普遍排除令和制止令。其中，申请人指控国内制造商 Fudeer 制造以及美国进口分销商 Char-Broil 进口销售的型号为463724512的气炭两用烧烤炉侵犯712专利的权利要求1、2、4～8、10、11、13～15的专利权，指控美国进口分销商 GHP 进口销售、中国国内制造商 Keesung 制造的型号为DGB730SNB－D 的烧烤炉以及由中国国内的 Kingsun 制造的型号为 DGJ810CSB－D 的烧烤炉分别侵犯了712专利的权利要求1、4、6～11、13、15、16和权利要求1、2、4、6～11、13、15、16的专利权。

2013年9月26日，ITC 分配行政法官，决定立案进行调查。

2. 应诉

在收到起诉通知后，除了国内的被申请人 Keesung 没有应诉外，其他被申请人都进行了应诉。

2014年3月5日，被申请人 OLP 和 Kingsun、Char-Broil 和 Fudeer、Rankam、Tractor、Chant 提请动议，对他们不侵犯712专利权进行简易裁

决。概述的理由是：当权利要求被正确解释时，相对于权利要求中限定的可开启的盖（Openalble Cover），被指控的产品的排气（exhaust）是固定在烧烤炉上，不侵犯712专利的某些权利要求。

2014年3月6日，被申请人Char-Broil、Rankam和Brinkmann提出动议，对646专利和773专利的专利权无效进行简易裁决。概述的理由是：在646专利和773专利的申请日之前出售了超过1年的现有技术产品包括了该专利设计，根据35 U. S. C. §102（b）的规定，该2个设计专利是无效的。

2014年7月2日，申请人A&J公司提请动议撤回针对646专利和773专利的指控。

3. 初裁

2014年1月9日，由于Keesung没有应诉，ITC初裁Keesung缺席，建议对其发布有限排除令。

2014年4月17日，行政法官作出初裁，部分同意了2014年3月6日提出的不侵权简易裁决的动议，解释了术语“可开启的盖”意谓“一个盖，该盖把不能开启的（即固定的）烤炉围栏的任何部分排除在外”，行政法官发现专利申请人于2011年8月25日提出的权利要求修改放弃了对术语“可开启的盖”解释为包括烧烤炉的不可开启的/固定的部分，行政法官还发现专利申请人向USPTO的专利上诉与冲突委员会（Board of Patent Appeal and Interferences）提出的上诉理由中清楚明确地阐明：专利申请人并没有将烤炉围栏的固定部分视为“可开启的”。行政法官划分了八种不同的产品/产品组，认为其中七种产品/产品组不满足712专利的独立权利要求中对“可开启的盖”的限定，从而不侵权，还认为对于Char-Broil型号46372412烧烤炉存在一个事实问题。因此，行政法官拒绝了对Char-Broil型号46372412烧烤炉进行简易裁决的动议，同意对其他的烧烤炉进行简易裁决。

2014年6月24日，ITC部分确认和部分撤销了关于行政法官于2014年4月17日作出初裁，ITC鉴于712专利的审查历史（Prosecution History）采纳了行政法官对术语“可开启的盖”的解释。

ITC还裁定权利要求10中的术语“可开启的盖装置”是一个装置+功能限定（Means-plus-function Limitation），并撤销了行政法官作出的与该权利要求相关的简易裁决，因为行政法官没有将“可开启的盖装置”解释为一个装置+功能限定。ITC查明主张的功能是“选择性地盖烧烤炉”，并指示行政法官确认说明书中所主张功能的结构，在后续的裁决中作出与装置+功能解释一致性的裁决。ITC采用了行政法官对权利要求1和17中的“可开启的盖”限定的解释。

2014年7月15日，基于申请人A&J公司于2014年7月2日撤回与646专利和773专利相关指控的动议，行政法官作出初裁终止对有关2个设计专利的调查。

2014年7月15～18日举行了听证会，被申请人Brinkmann、OLP、Kingsun、Char-Broil、Fudeer、Academy和Huige参与了听证会。

2014年9月26日，行政法官发布初裁决定，裁决：（1）某些指控的产品，而不是所有的产品，侵犯712专利的至少一项权利要求；（2）中国国内产业要求与712专利相符；（3）没有证据显示712专利无效。因此裁决一些被申请人Brinkmann、OLP、Kingsun、Academy和Huige违反了337条款的规定。

另外，行政法官在初裁中裁决Char-Broil/Fudeer的所有烧烤炉（包括型号46372412）不侵权。基于GHP与A&J签署的和解协议和授权许可，而且由Keesung制造的型号DGB730SNB－D的烧烤炉没有落入712专利的范围，因而裁决GHP的烧烤炉不侵犯712专利的专利权。因此，初裁认为Char-Broil、Fudeer和GHP没有违反337条款的规定。

4. 终裁

2014年10月14日，申请人A&J公司提出复审请求，要求对以下几点进行复审：（1）行政法官对712专利中权利要求10的范围的解释；（2）行政法官裁决某些Char-Broil烧烤炉和某些重新设计的OLP烧烤炉不满足712专利权利要求10中关于“可开启的盖装置”限定；（3）行政法官裁决Char-Broil型号463724512和GHP型号DGB730SNB－D烧烤炉不满足712专利权利要求1、10和17中关于第一个盖“包括至少一个排气”

(Includes at Least One Exhaust）的限定。

同一天，被申请人Academy、Huige、OLP和Brinkmann提出了3个独立的复审请求。其中Brinkmann、OLP和Academy要求对以下几点进行复审：（1）没有明确和令人信服的证据显示712专利相对于US5632265与US4773319和US6606986的结合是非显而易见的而无效；（2）没有明确和令人信服的证据显示712专利相对于US6189528或其与US4773319的结合是非显而易见的而无效。OLP单独对行政法官对权利要求术语“排气”的解释和行政法官裁定某种OLP产品侵犯712专利权利要求1～16的专利权提出复审请求。Academy和Huige对于行政法官裁定排除有关重新设计的证据和证词以及行政法官拒绝确定这些重新设计是否侵犯712专利权利提出复审请求。

2014年12月2日，ITC决定部分复审最终初裁。其中复审内容包括：（1）初裁中关于权利要求10和16中“排气”和“排气装置”的解释，以及与侵犯权利要求10～16的专利权相关的裁决结果；（2）初裁中关于GHP进口的烧烤炉侵犯权利要求1、4和6～8的裁决结果；（3）初裁中关于指控的Char-Broil型号463724512烧烤炉侵犯权利要求1、2、4～8、10、11和13～15的裁决结果；（4）初裁中关于712专利没有被无效的裁决结果。

基于上述复审内容，ITC要求各方对9个问题简述自己的观点，这9个问题主要涉及对权利要求中的术语“排气”和“排气装置”是否应作为装置+功能限定进行解释，术语包括（includes）要求一个“排气”位于“可开启的盖”上是否一定完全在其内进行解释等。

2015年2月3日，ITC在检查了调查记录，包括申请人和被申请人对上述问题的陈述后给出终裁意见，决定将35 U.S.C. 112 §（f）[1]应用于权利要求10和16中“排气”和“排气装置”限定的解释。基于对权利要求

---

[1] 35 U.S.C. 112 §（f）ELEMENT IN CLAIM FOR A COMBINATION. —An element in a claim for a combination may be expressed as a means or step for performing a specified function without the recital of structure, material, or acts in support thereof, and such claim shall be construed to cover the corresponding structure, material, or acts described in the specification and equivalents thereof.

10～16 的解释，ITC 决议：（1）指控 Brinkmann 型号为 810－3821 的烧烤炉侵犯权利要求 10、11、13、15 和 16 的专利权；（2）指控的 Academy/Huige 的烧烤炉侵犯权利要求 10～13、15 和 16 的专利权；（3）其他指控的 Brinkmann 的烧烤炉、OLP/Kingsun 重新设计的烧烤炉、OLP/Kingsun 的原型烧烤炉、Char-Broil/ Fudeer 的烧烤炉不侵犯 712 专利的权利要求 10～16。ITC 撤销了初裁中关于型号为 DGB730SNB－D 的烧烤炉不侵犯 712 专利权利要求 1、4、6～8 的裁决结果，ITC 也反转了初裁中关于型号为 DGJ810CSB－D 的烧烤炉不侵犯 712 专利权利要求 1、4、6～8 的裁决结果。ITC 基于修改的理由，确认了初裁中关于 Char-Broil/Fudeer 的型号为 463724512 的烧烤炉不侵犯 712 专利的任何声称的权利要求的裁决结果，ITC 还基于修改的理由，进一步确认了 712 专利中声称的权利要求没有因显而易见而无效。因此，ITC 裁定被申请人 Brinkmann、OLP、Kingsun、Academy、Huige 以及缺席的被申请人 Keesung 侵犯 712 专利的一项或多项专利权，违反了 337 条款的规定；裁定 Char-Broil 和 Fudeer 没有侵犯 712 专利的专利权。

因此，ITC 决定发布有限排除令，禁止由 Brinkmann、OLP、Kingsun、Academy、Huige 和 Keesung 及其关联的公司、个人、子公司、许可证持有者或其他相关业务实体，或其继承人或受让人制造的未经授权的侵权产品户外烧烤炉进入美国市场。ITC 还决定发布禁止令，禁止由 Brinkmann、OLP 和 Academy 在美国进一步进口、销售和分销侵犯 712 专利的某些权利要求的产品。最后，ITC 决定，在总统复审期间，对于 Keesung 制造的侵权产品在美国进口和销售时处以 100% 的保证金，对于 Brinkmann、OLP、Kingsun、Academy 和 Huige 制造的侵权产品不处以零保证金。

3.29.3　案件分析及启示

从上述调查历史可以发现，双方对于权利要求术语的解释存在明显分歧，导致在权利要求的保护范围和涉诉产品的结构认定上出现不同的解读，从而得出侵权或不侵权的结论。

另外，中国国内制造商被申请人 Keesung 缺席，其在美国的进口和销售商被申请人GHP于2014年8月25日与申请人A&J签署和解协议和授权许可，ITC终止了对Keesung和GHP的调查。在2014年9月26日作出的初裁中，行政法官裁决被申请人GHP销售的、由中国国内被申请人Keesung制造商和Kingsun制造商分别制造的产品不侵权。然而，对于Keesung而言，由于缺席将承担本不该承担的有限排除令等一系列不利后果；对于GHP而言，由于和解和授权许可将承担为获得许可授权而付出本不该付出的许可成本。不侵权的初裁结果，并不能给被申请人Keesung和GHP及其制造商Kingsun带来实质性的利益。

可见，国内被申请人Fudeer积极应诉，最终获得本产品不侵权而不会被赶出美国市场的有利应诉结果；国内被申请人Keesung缺席应诉，最终导致被发布有限排除令和处以100%的保证金，从而失去本不该失去的美国市场。下面将以这两家被申请人的涉诉产品为主，结合对涉案专利中权利要求术语解释争议为切入点，探究337调查程序中值得学习的经验和教训，为读者和/或337调查案例研究者们提供参考。

1. 涉案专利US8381712B1

US8381712B1由发明人John Lee Simms，II于2005年7月30日提出申请并于2013年2月26日获得授权，2013年8月19日将专利权转让给A&J公司所有。此专利主要涉及一种同时多种烹饪模式的烧烤炉，该烧烤炉具有一个第一烹饪模式单元和一个第二烹饪模式单元，二者能同时用于制备食物。

独立权利要求1的专利范围为：

“一种烧烤炉，具有多个烹饪单元，包括：

一个支撑多个烹饪单元的支撑结构，

一个用气体燃料烹饪食物的第一烹饪单元，第一烹饪单元附在支撑结构上并包括至少一个第一烤架，第一烹饪单元进一步包括一个附在第一烹饪单元上的可开启的第一盖，第一盖选择性地盖第一烤架，其中第一盖包括至少一个排气；和

一个用固体燃料烹饪食物的第二烹饪单元，第二烹饪单元附在支撑结构上并包括至少一个第二烤架，第二烹饪单元进一步包括一个附在第二烹

饪单元上的可开启的第二盖，第二盖选择性地盖第二烤架，其中第二盖包括至少一个排气；

其中第一烹饪单元和第二烹饪单元能同时烹饪食物，且第一烤架和第二烤架选择性地和独立地可盖上的。”

独立权利要求10的专利范围为：

“一种烧烤炉，具有多个烹饪装置，包括：

一个用气体燃料烹饪食物的第一烹饪装置，第一烹饪装置包括至少一个第一烤架和一个可开启的第一盖装置，第一盖装置选择性地盖第一烤架，其中第一盖装置附在第一烹饪装置上并包括至少一个排气；

一个用固体燃料烹饪食物的第二烹饪装置，第二烹饪装置包括至少一个第二烤架和一个能开的第二盖装置，第二盖装置选择性地盖第二烤架，其中第二盖装置附在第二烹饪装置上并包括至少一个排气装置；和

一个支撑第一烹饪装置和第二烹饪装置的结构装置；

其中第一烹饪装置和第二烹饪装置能同时烹饪食物，且第一烤架和第二烤架选择性地和独立地可盖上的。”

从属权利要求16的专利范围为：

“根据权利要求10的烧烤炉，其中第一盖装置的至少一个排气装置的构造包括至少两个排气装置的构造。”

独立权利要求17的专利范围为：

“一种烧烤炉，具有多个烹饪单元，包括：

一个支撑多个烹饪单元的支撑结构；

一个支撑结构支撑的第一烹饪单元，第一烹饪单元基本上为圆柱形，第一烹饪单元具有用气体燃料烹饪食物的构造，第一烹饪单元包括至少一个第一烤架和一个可开启的第一盖，第一盖附在第一烹饪单元上并选择性地盖第一烤架，其中第一盖包括至少一个排气；和

一个支撑结构支撑的第二烹饪单元，第二烹饪单元基本上为圆柱形，第二烹饪单元具有用固体燃料烹饪食物的构造，第二烹饪单元包括至少一个第二烤架和一个可开启的第二盖，第二盖附在第二烹饪单元上并选择性地盖第二烤架，其中第二盖包括至少一个排气，

其中第一烹饪单元和第二烹饪单元能同时烹饪食物，且第一烤架和第二烤架选择性地和独立地可盖上的。”

712专利的说明书附图1如图3－29－1所示，可见左边是采用气体燃料的第一烹饪单元或装置，在可开启的盖上具有至少一个烟囱状的排气或排气装置，右边是采用固体燃料的第二烹饪单元或装置，在可开启的盖上也具有至少一个烟囱状的排气或排气装置。

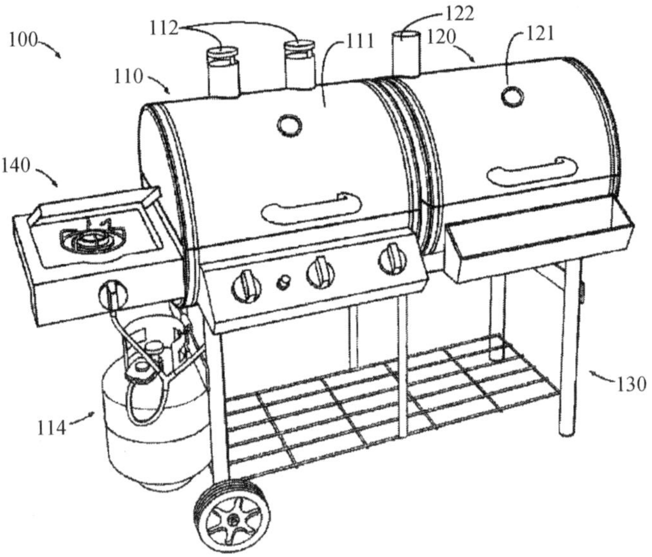

图3－29－1　US8381712B1专利的附图1

据检索分析该专利的审查历史发现，专利申请人原始提交的权利要求寻求更宽的范围，为了获得上述授权的权利要求，该案经历了初步审查意见、最终审查意见、申请继续审查后初步审查意见、再次最终审查意见、上诉至专利上诉与冲突委员会（Board of Patent Appeal and Interferences，简称“BPAI”）后再次初步审查意见、再次最终审查意见、再次上诉至BPAI后并于2012年10月19日获得审查员的认可的漫长审查历程。在上述审查历程中进行了修改，其中主要的修改是限定了所述的盖是“可开启的”和所述的盖包括“至少一个排气”，使得主张的发明与美国专利商标局审查员在2011年8月25日引用的现有技术区分开而获得授权。可见，在上述审查过程中，专利申请人在2011年8月25日提出的权利要求修改时放弃了对术语“可开启的盖”解释为包括烤架围栏的不能开的/固定的部分，专利申请人在向美国专利商标局的 BPAI 提出的上诉理由中也清楚明确地表明，专利申请人并没有将烤架围栏的固定部分视为“可开启的”。为了反驳审查员的驳回，专利申请人还争辩增加到独立权利要求 1、10 和权利要求 17 中的特征涉及第一和第二盖上包含的排气是这些权利要求具有可专利性的基础。

2. 部分涉诉产品

依申请人 A&J 的申诉，涉诉产品是那些包括具有至少两个烹饪单元的多模式户外烧烤炉，其中两个烹饪单元同时可操作的用气体燃料和固体燃料烹饪食物，这些涉诉烧烤炉产品共计达 30 个左右型号。表 3－29－1 主要列举了本章节重点分析的国内被申请人 Fudeer 和 Keesung 制造的产品及其侵权分析。

表 3－29－1 Fudeer 和 Keesung 制造的产品及其涉诉权利要求

被申请人	产品类型	产品型号	主张被侵权的权利要求	初裁被侵权的权利要求	终裁被侵权的权利要求
Char-Broil/Fudeer	原型产品	463724512	1、2、4～8、10、11、13～15	不侵权	不侵权（修改的理由）
	原型产品	12201767	1～20	不侵权	不侵权
	重新设计	463724514	10、11、13～15	不侵权	不侵权
	重新设计	14201767	10	不侵权	不侵权
GHP/Keesung	原型产品	DGB730SNB－D	1、4、6～10、13、15、16	不侵权（和解许可授权）	侵权（不落入专利范围，但缺席推定侵权）
GHP/Kingsun	原型产品	DGJ810CSB－D	1、2、4、6～11、13、15、16	不侵权（和解许可授权）	1、4、6～8（落入专利范围）

为了清楚简要展现调查过程中对权利要求解释的不同观点，下面分别以被申请人 Char-Broil 进口和分销的，且由 Fudeer 制造的型号为 463724512 的烧烤炉产品以及被申请人 GHP 进口和分销的且由 Keesung 制造的 DGB730SNB-D 的烧烤炉产品为例进行介绍和解读。

（1）Char-Broil/Fudeer的463724512烧烤炉产品。

463724512烧烤炉由中国国内的Fudeer制造，该产品结构如图3－29－2所示。

图3－29－2　Fudeer制造的463724512烧烤炉

申请人在请求书中指控上述烧烤炉具有轮式的支撑结构，在该支撑结构上具有独立的气体烹饪单元和木炭烹饪单元，靠铰链转动的盖，排气和独立烤架，侧壁烧嘴。因此，申请人认为该463724512烧烤炉侵犯了712专利的权利要求1、2、4～8、10、11、13、14和15的专利权。

被申请人不认为所述烧烤炉侵犯申请人712专利的相关权利要求，理由是如图3－29－2所示，463724512产品的排气结构的底部边缘由“烤炉的固定体而不是可开启的盖子”定义，因此所述的排气结构并不在可开启的盖子上。

申请人认为被申请人不反对这种结构是烟气和燃烧产物离开烤炉的地方。烟气和废气从可开启的盖子和炉体之间排出的事实并不能改变463724512烧烤炉产品包括一个排气，如果不是必须完全包含在燃气烤炉盖上，则排气是肯定在上面的。

（2）GHP/Keesung的DGB730SNB－D烧烤炉产品和GHP/kingsun的DGJ810CSB－D烧烤炉产品。

DGB730SNB－D 烧烤炉由中国国内的 Keesung 制造，DGJ810CSB－D 烧烤炉由中国国内的 Kingsun 制造，两款产品结构分别如图 3－29－3 所示。

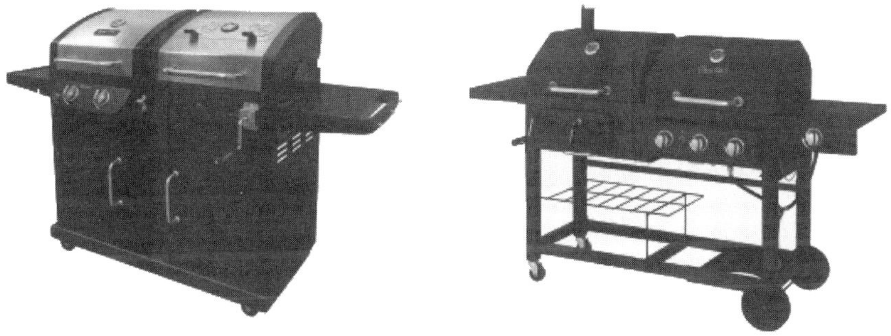

图 3－29－3　Keesung 制造的 DGB730SNB－D 烧烤炉（左）和 Kingsun 制造的 DGJ810CSB－D 烧烤炉（右）

申请人在请求书中指控上述 DGB730SNB－D 和 DGJ810CSB－D 两款烧烤炉均包括一个轮式的支撑结构，支撑一个气体燃料的烹饪单元和一个木炭燃料的烹饪单元，每个单元具有独立的铰链连接的盖、排气和烤架。因此，申请人认为 DGB730SNB－D 烧烤炉侵犯了 712 专利的权利要求 1、4、6～10、13、15、16，DGJ810CSB－D 烧烤炉侵犯了权利要求 1、2、4、6～11、13、15、16。

对于上述指控，由于被申请人 Keesung 缺席，申请人同意 Staff 的意见，即该案中的被申请人 GHP 进口和销售的由被申请人 Keesung 制造的烧烤炉已不再存在争议。但是申请人仍然认为该烧烤炉的燃气烤炉上的盖结构与 Char-Broil/Fudeer 的 463724512 烧烤炉的结构基本上相同。如果被申请人 GHP 公司产品未经许可进口，则会像 463724512 烧烤炉一样侵犯 712 专利的专利权。

3. 权利要求的解释

申请人与被申请人对于相关产品是否侵权，尤其是对 712 专利中的权利要求解释存在重大分歧。行政法官在初裁中认为：对于权利要求的解释从权利要求的简明语言（Plain Language）开始，在专利申请日这个时间点基于本领域技术人员的角度在整个专利范围内应给出权利要求通常的含义（Ordinary and Customary Meaning）。行政法官认为 712 专利涉及装置 + 功能权利要求限定，对于该限定的权利要求解释的两个步骤是：①确定限定的功能；②查阅说明书确定该功能的对应结构。根据《美国专利法》第 112 条，限定的相应结构必须在说明书中描述以使得本领域技术人员知道和理解什么结构对应于装置限定的方式公开。装置 + 功能权利要求包括了说明书中的所有结构和等效结构，然而法规并不允许通过采用不同于权利要求中清楚描述的功能来限定装置 + 功能权利要求。

（1）对“排气“的解释。

对于权利要求中的术语“排气”，申请人认为：该术语是一个简单的机械术语，应基于本领域技术人员广义理解。因此应具有通常的含义，或者解释为盖中的一个通道，通过该通道烟气、废气和/或烹饪蒸汽排出到烹饪单元外。

被申请人认为：“排气”和（权利要求 10 中的）“排气装置”应解释为一个连接到可开启的盖并从其延伸的管道（pipe）、输送管（duct）或相似的结构，废气通过其排出。

被申请人还认为：基于审查程序中的放弃（Disclaimer），应采用实施例中的结构对术语“排气”进行限定。因为专利申请人为了使得要求保护的发明与 US4665891 和 US6209533 的现有技术区别开而争论本专利的排气是烟囱。然而初裁认为专利申请人没有为了使得要求保护的发明与 US4665891 和 US6209533 的现有技术区别开而限定排气是烟囱，因为 US4665891 和 US6209533 中都有烟囱，而是专利申请人为了使得要求保护的发明与 US4665891 和 US6209533 的现有技术区别开而限定了排气的位置。

内部调查律师（Staff Attorney）认为术语“排气”不需要解释，应该具有通常的含义。同样地，认为权利要求 10 中的术语“排气装置”应该与权利要求 1 和 17 中的“排气”采用相同的方式解释，也应具有通常的含义。

在烧烤炉设计方面具有经验的 Shankwiler 先生认为，本领域技术人员应广义解释“排气”，其包括沟、道、孔、管、窗、阀或烟囱，或者允许烟气、蒸汽和/或气体逸出烹饪单元的开口或通道的其他结构。工业设计和新产品开发的专家 Thuma 先生同样认为，在 712 专利的说明书中，“排气”并不是一个仅仅是烟囱型结构的术语；相反该术语应被理解为允许烟雾、蒸汽和/或气体逸出烹饪单元的通道，尤其是烧烤炉设计领域的技术人员将意识到在金属制造中使用的术语，例如排气管道、排风扇，排气口和类似术语，来广义解释“排气”。

然而行政法官拒绝了被申请人的解释，同意了申请人和内部调查律师的观点，即排气理解为通常的含义，即为盖中的一个通道，通过该通道烟气、废气和/或烹饪蒸气排出到烹饪单元外。

（2）对“可开启的盖装置”（Openable Cover Means）的解释。

申请人认为：权利要求术语“可开启的盖装置”应解释为通常的含义。

被申请人认为：可开启的第一盖装置涉及一个相对于烤炉固定部分在开启与不开启之间能移动的结构。同样地，一个可开启的第二盖装置涉及一个相对于第二烤炉固定部分在开启与不开启之间能移动的结构。认为“可开启的盖装置”的解释与“可开启的盖”的解释没有任何差异，而限制权利要求 1 和 17 中该术语的范围的免责声明同样限制了权利要求 10 中相关装置术语的范围。

内部调查律师认为对于权利要求术语“可开启的盖装置”，ITC 主张的功能是选择性覆盖烤炉。认为“可开启的盖装置”应解释为一个附着在烹饪单元固定部分的一个盖，选择性覆盖第一/第二烹饪装置的烹饪表面。

根据审查历史中专利申请人的放弃，行政法官确定权利要求 10 中“可开启的盖装置”主张的功能是选择性地覆盖烤炉，其相应的结构是一个盖，其排除了不可开启的（即固定的）烤炉围栏的任何部分。

基于上述解释，行政法官认为 463724512 产品在可开启的盖和烤炉固定部分之间具有一个间隙，因此，所述排气在可开启的盖下面，不在可开启的盖上，即在可开启的盖上没有排气，从而裁定 463724512 产品不侵犯

712专利的任何权利要求。

由于被申请人GHP与申请人A&J之间达成和解并得到许可授权，则不存在侵犯712专利的情况，对于GHP的产品，包括由Keesung和Kingsun制造的任何烧烤炉也不会受到任何排除令的限制。然而，初裁认为，有证据表明缺席的被申请人Keesung制造的DGB730SNB－D烧烤炉没有侵犯712专利，理由是在可开启的盖上缺少“排气”或“排气装置”，在可开启的盖和烤炉固定部分之间具有一个间隙，所述排气在可开启的盖下面，不在可开启的盖上。

（3）终裁对“排气”的解释。

ITC决定对初裁中对463724512烧烤炉的裁决结果进行复审。首先，ITC认定了根据权利要求的语言表明专利权人无意中在第一盖装置中的“排气”一词之后省略了“装置”一词，审查历史也表明上述省略是权利要求撰写笔误（Drafting Error）和专利权人的无意疏忽导致的。这个笔误是明显的，因为引用权利要求10的权利要求16中引用了“第一盖装置的排气装置”。因此，ITC认为“排气”应该解释为与“排气装置”相同，并具有相同的作用。对于这一点的复审认定，笔者认为是因为初裁没有对712专利的权利要求10中出现的“排气”与“排气装置”之间是否异同进行分析和认定。其次，ITC改变了初裁基于在可开启的盖上没有排气的理由，而是以463724512烧烤炉不满足可开启的盖“包括至少一个排气”和“包括至少一个排气装置”的限定的理由而不侵犯712专利的专利权。对于这一点，该理由的改变从表述文字上看虽然变化不大，但终裁的理由更为严谨。笔者认为，由上述的产品结构图可见，在可开启的盖与烤炉固定部分之间的间隙（起到排气的功能）的上边是可开启的盖的下边缘，间隙的下边是烤炉固定部分的上边缘，从而无法明确地判断排气完全属于可开启的盖或者完全属于烤炉固定部分，初裁以在可开启的盖上没有排气的理由进行裁定，暗示了排气（完全）不在可开启的盖上，但实际上排气与可开启的盖的下边缘是相互借用的，可开启的盖无法完全排除排气或排气装置，但又不完全在可开启的盖上。终裁的理由是以不满足可开启的盖“包括至少一个排气”和“包括至少一个排气装置”的限定，回避了排气的位置问题，但可以非常明确地确定至少（整个）排气不在可开启的盖上，因为排气的下边还借用了烤炉的固定部分。

DGB730SNB－D 产品的盖结构与 463724512 产品的结构相似，无论是基于 463724512 产品的初裁结果还是终裁结论，本应获得与 463724512 产品相同的裁定结论，即不侵权。但由于被申请人 GHP 与申请人签署了和解协议和许可授权，尤其是被申请人 Keesung 缺席 337 调查，ITC 对于 DGB730SNB－D 产品的终裁结果与 463724512 产品不同，终裁撤销了初裁不侵权的结论。终裁认为：首先，申请人争辩到，DGB730SNB－D 产品的制造商，即被申请人 Keesung 不是申请人与被申请人 GHP 签署和解协议的缔约方，从而不能保证被申请人 Keesung 不会或即将不会开始通过另一个未经授权同意的进口或分销商进口 DGB730SNB－D 产品进行销售；其次，被申请人 Keesung 缺席 337 调查，根据 337（g）（1）和 19 C. F. R. §210.16（C）条款，对于缺席的被申请人而言，申请人指控的事实应被推定是真实的；最后，申请人曾指控了被申请人 Keesung 制造和进口到美国销售的 DGB730SNB－D 产品侵犯了 712 专利的权利要求 1、4、6～10、13、15、16 的专利权。因此，终裁推定申请人指控的事实是真实的，从而推翻了初裁作出的 DGB730SNB－D 产品不侵权的结论。由此可见，对于缺席应诉的被申请人而言，将完全失去抗诉的机会，处于被动挨打、任人宰割的地位，因此在面临 337 调查时，根据申请人的申诉理由，以缺席的方式选择放弃应诉需要非常慎重的考虑和选择。

另外，终裁决定推翻了初裁中认定被申请人 GHP 的 DGJ810CSB－D 产品不侵权的结论，因为记录的证据显示 DGJ810CSB－D 烧烤炉的排气位于可开启的盖上，从而认为 DGJ810CSB－D 产品侵犯了 712 专利的权利要求 1、4、6～8 的专利权。

4. 启示

基于上述的案例介绍、讨论和分析，此案可以给我们这样一些启示。

（1）中国企业在面临 337 调查时，要勇于面对，积极应诉。由上述分析可见，中国被申请人 Fudeer 和 Keesung 在接到 337 调查通知时，前者积极应诉，最终获得本公司产品不侵权而不会被赶出美国市场的有利应诉结果，而后者缺席应诉，最终导致被发布有限排除令和处以 100% 的保证金，从而彻底失去本不该失去的美国市场。当然是否积极应诉也需考虑自身的商业模式和规模，是否具有一定的资金成本和人力成本来应对 337 调查。对于中国企业，即使自身规模较小，不具有足够的资金和人力成本来应对 337 调查，也能通过寻求政府和/或行业协会等帮助，或者与国内外的其他被申请人联合应诉，而不能轻易放弃自己的申诉权利，丢掉美国市场。如果一旦放弃，就如该案的被申请人 Keesung 一样，不得不接受事实上不侵权但仍被因缺席而判定侵权的不公平待遇，从而痛失美国这块巨大的产品销售市场。

（2）在应对 337 调查时，要聘请专业律师，积极参与。该案被申请人 Fudeer 在接到 337 调查后，公司积极进行应诉，并聘请了美国的专业律师，还派出业务经理和技术经理作为证人出庭作证。从上述的案例分析也可以看出，Fudeer 的律师团队熟知美国 337 调查程序，了解美国的专利制度，从涉案专利授权前的审查历史和授权专利的权利要求解释等多个角度切入，成功帮助 Fudeer 赢得 337 调查的最终胜利，使得 Fudeer 能继续向美国市场出口和销售自己的重要产品。

（3）中国企业或者公司要培养敏锐的知识产权保护意识。该案的申请人 A&J 曾是中国被申请人 Fudeer 的合作伙伴，A&J 在与 Fudeer 合作期间，就在美国“偷偷”申请专利知识产权保护，未雨绸缪地意识到当前的合作伙伴可能是未来的市场竞争对手，保护意识超前；Fudeer 在合作期间对合作产生的知识产权的保护意识欠缺，对未来的产品市场前景预计不够高远。令人欣喜的是，经笔者检索发现，尽管 Fudeer 仅仅在 2009 年 7 月才开始在中国申请了一件与烧烤炉相关的发明专利申请和一件同样发明的实用新型专利申请，但在该案申请人于 2013 年 8 月对其提出 337 调查的第二年，即在 2014 年 8 月，一口气提出了 11 件与烧烤炉相关的实用新型专利申请，后续还提交了与烧烤炉相关的专利申请。可见，Fudeer 从该 337 调查案中“吃一堑、长一智”，认识到了知识产权保护的重要性。

总之，通过对该案的分析和解读，希望能为广大的中国企业，尤其是中小企业提供某些启示和借鉴，使其提高自主知识产权保护意识，做好专利布局和市场保护，在面对337调查时勇于面对，积极参与，努力争取自身的最大利益，为企业的健康发展和不断壮大保驾护航。

3.30　无线设备337调查案（337-TA-905）

在热点技术领域，NPE不时会利用337条款对目标发起调查。作为被告在面临NPE发起的337调查时，应当总体上权衡利弊，合理选择应对策略。

3.30.1　当事双方及行业背景

1. 申请人

申请人Pragmatus Mobile，LLC.（简称“Pragmatus公司”）成立于2012年，是一家主要营业地点位于美国弗吉尼亚州亚历山大市的私人公司，其专注于知识产权许可。据报道，Pragmatus公司的母公司是国际知名的高智公司（Intellectual Ventures，IV）。高智公司是全球最大的专利授权公司之一，其成立于2000年，是一家知识产权风险投资公司，总部位于美国华盛顿州的贝尔维尤。据文献报道[1]，高智公司拥有3万至6万个专利，这些专利几乎都是高智公司购买得到的，高智公司还通过使用1000多家空壳公司来分配和转移所拥有的专利。

在提出该337调查案之前，Pragmatus公司于2013年6月27日向ITC提出337调查申请，指控韩国手机厂商泛泰有限公司（Pantech Co.，Ltd）和泛泰无线有限公司（Pantech Wireless，Inc.）侵犯其专利权（337-TA-889），并于2013年10月10日在特拉华州联邦地方法院提起诉讼，控告三星公司及其美国子公司所销售的智能手机侵犯了Pragmatus公司的专利权。

另外，笔者调查后还发现一系列与该337调查案的涉案专利相关的诉

[1] Tom Ewing，Robin Feldman. The Giants Among US［J］. Stanford Technology Law Review，2012.

讼，除了上述337-TA-889的调查案外，还包括2013年10月在特拉华州联邦地方法院起诉该案的中兴公司（13-cv-1684）、三星公司（13-cv-1683）、诺基亚公司（13-cv-1685）和索尼公司（13-cv-1762）等被申请人的诉讼案，在特拉华州联邦地方法院起诉戴尔有限公司（Dell，Inc.）（13-cv-1681）和惠普公司（Hewlett Packard Company）（13-cv-1682）的诉讼案，在特拉华州联邦地方法院起诉亚马逊有限公司（Amazon.com，Inc.）（13-cv-1761）、华硕电脑公司（ASUSTek Computer，Inc.）（13-cv-1696）、卡西欧电脑有限责任公司（Casio Computer Co. Ltd）（13-cv-1697）、京瓷公司（Kyocera Corporation）（13-cv-1698）、联想集团（Lenovo Group）（13-cv-1699）或上述所有公司的子公司等共计12家公司的诉讼案（仅涉及US8466795B2专利）。可见，申请人Pragmatus公司基于与该案相同的一项或者两项专利，控告了近30家国际知名的大公司和/或其子公司。

2. 被申请人

被申请人包括中国的中兴通讯股份有限公司（简称“中兴通讯”），芬兰的诺基亚公司（Nokia Corporation of Espoo，Finland）和其位于美国加利福尼亚州的子公司诺基亚有限公司（Nokia Inc. of Sunnyvale，CA）（二者简称“诺基亚公司”），韩国的三星电子有限公司（Samsung Electronic Co.，Ltd.）、位于美国新泽西州的子公司三星电子美国有限公司（Samsung Electronic America，Inc.）及其位于美国德克萨斯州的子公司三星电讯美国有限责任公司（Samsung Telecommunicaitions America，L. L. C.）（三者简称“三星电子”），日本的索尼公司（Sony Corporation of Tokyo，Japan）、位于瑞典的子公司索尼移动通讯AB（Sony Mobile Communications AB of Lund，Sweden）及其位于美国佐治亚州的子公司索尼移动通讯（美国）有限公司（Sony Mobile Communications（USA），Inc. of Atlanta，GA）（三者简称“索尼公司”）。

中兴通讯成立于1985年，是中国通信设备制造业的开拓者、中国综合性的电信设备及服务提供商，拥有无线产品、网络产品、终端产品（手机）三大产品系列，在向全球用户提供多种通信网综合解决方案的同时，还可以提供专业化、全天候、全方位的优质服务，并逐步涉足国际电信运营业务。在申请人 Pragmatus 公司发起该调查案的第三天，即 2013 年 12 月 20 日，中兴通讯刚刚在应对 Inter Digital 公司发起的 337 调查案中赢得胜利，ITC 最终裁定中兴通讯没有违反 337 条款，不侵犯被指控的 7 项权利要求中的 6 项专利权，其余 1 项权利要求也被认定为专利无效。对于已走向国际市场的中国中兴通讯而言，应对包括 337 调查在内的各种诉讼已是家常便饭，在知识产权布局和预警、构建应诉团队、媒体支持等方面有一定的经验。

诺基亚公司是移动通信领域的全球领先者，凭借其丰富的经验和创新技术，以及产品和解决方案的用户友好特性、可靠性和高质量，诺基亚不仅成为世界移动电话的领导供应商，同时也是移动与 IP 网络的领先提供商，申请和拥有巨量的专利知识产权。据称，包括苹果、三星、HTC、微软、黑莓、LG、索尼、摩托罗拉、华为等近 40 家公司都需要向诺基亚公司缴纳专利费，2016 年的专利营收高达 10 亿欧元。

三星集团是韩国最大的企业集团，包括 85 个下属公司及若干其他法人机构，在近 70 个国家和地区建立了近 300 个法人及办事处，员工总数 20 余万人，业务涉及电子、金融、机械、化学等众多领域。三星电子是三星集团的旗舰企业，主要从事开发、制造和销售包括手机和平板电脑在内的消费电子产品。

索尼公司是日本一家全球知名的大型综合性跨国企业集团，是世界视听、电子游戏、通讯产品和信息技术等领域的先导者，是世界便携式数码产品的开创者，是世界最大的电子产品制造商之一。

3. 行业背景

在 1993 年，美国开始用“专利蟑螂”或者“专利流氓”（Patent Troll）来形容积极发动专利侵权诉讼的公司。专利流氓主要是指那些并不制造专利产品或者提供专利服务，而是从其他公司、研究机构或个人发明者手上购买专利的所有权或使用权，然后专门通过专利诉讼赚取巨额利润的专业公司或团体。其相关的名词还有“专利鲨鱼”“专利海盗”“非实施主体”（Non-Practicing Entities，简称 NPE）、“专利许可公司”“专利授权公司”等。这类公司的主要特征包括：以低价向破产的公司购买专利，自己不生产产品，购买重要专利来控告大公司，暗中出击等。根据RPX公司2014年度NPE诉讼报告中的数据显示，从2010～2013年，NPE提交的案件数量快速上升，从2010年的760件增加到2013年的3673件。

在国外，NPE直接向技术的终端使用者进行攻击已成为目前的主要趋势。在中国，越来越多的OEM（加工贸易）和ODM（根据下单企业的规格来设计和生产产品）受到NPE的威胁，成为法院的被告或337调查的被申请人。由于这些中国的OEM和ODM企业没有足够的知识、经验和资金同NPE进行周旋或者去外国的法院或ITC调查机构去诉讼或应对，所以多数是寻求和解，不仅付出金钱的代价，还对整个生产链造成冲击。即使如华为或者中兴通讯等大型企业，也是在经过了多次的打击之后，痛定思痛，才投入大量的人力、物力和时间，充实自身的专利储备并专门对公司整体知识产权进行运营和管理，但仍不免持续遭到各种诉讼和NPE的骚扰。❶

3.30.2 337调查过程

2013年12月18日，Pragmatus公司向ITC提出申请，请求对包括中国的中兴通讯在内的共9家公司违反337条款进行立案调查，指控这些被申请人侵犯了申请人的美国专利US8149124B2的权利要求1～5、7～17、19～21的专利权和US8466795B2的权利要求1～33的专利权，并要求对被申请人发布永久的有限排除令和制止令。

2014年1月17日，ITC决定立案进行调查，并指定了行政法官。

2014年3月21日，被申请人之一诺基亚公司提出动议，申请以缺乏国内产业为由终止调查。2014年5月1日，行政法官拒绝了诺基亚公司的上述动议。

2014年5月7～8日，行政法官召开了权利要求解释的马克曼会议。

2014年7月18日，根据和解协议，申请人和被申请人诺基亚公司、

❶ 孙远钊．专利诉讼“蟑螂”为患？——美国应对“专利蟑螂”的研究分析语动向［J］．法治研究，2014（1）．

索尼公司和中兴通讯提出终止调查的联合动议。

2014年7月24日，基于和解协议且各方未对因三星电子待定考虑事宜而暂停调查的要求提出异议，申请人和被申请人三星电子提出终止调查的联合动议。

2014年8月4日，行政法官作出初裁决定，同意上述基于和解协议而终止调查的联合动议，ITC于2014年8月25日裁定对初裁决定不进行复审。至此，该案以和解结案。

3.30.3 案件分析及启示

该案的中国被申请人中兴通讯积极应诉，最终与申请人和解，虽然具体的和解条款不得而知，但已看出中兴通讯从一系列的海外应诉中组建了优秀的应诉团队，积累了丰富的应诉经验。

通过上述的当事双方及行业背景介绍可知，该案的申请人Pragmatus公司是一家私人公司，其专注于知识产权许可，据称是国际知名的NPE高智公司的子公司，并以该案的一项或两项涉案专利为由发起了337调查和美国特拉华州联邦地方法院的多起诉讼，共起诉了近30家的国际知名公司。可见，Pragmatus公司确为一家专利蟑螂公司或者NPE。

对于专利蟑螂而言，他们发起诉讼的目的并不是为了胜诉，而是希望获得一定赔偿金或者收取一些专利许可费。在美国，一件专利诉讼案动辄需要花费上百万甚至数百万美元，而且随着诉讼程序的增加和/或延长，诉讼费用也会随之上升。一些跨国企业、国际知名企业等大公司一般都专注于产品和/或市场，具有足够的资金实力，无论最终的诉讼结果如何，都会担心这些骚扰式的诉讼影响自己的主营业务、市场推广和/或商业活动的顺利进行，因此在诉讼过程中会权衡利弊，希望以相对较小的代价和成本，如积极通过和解等方式，早日结束诉讼程序，这些痛点也被专利蟑螂们抓个正着。因此专利蟑螂们专门选择一些大公司作为出击对象，不遗余力广撒网，四处出击，索取相对于大公司的营收而言微小的、如低于诉讼费用的赔偿金，从而相对容易地获取利益，达成专利蟑螂发起诉讼的目的。

对涉案专利分析后发现，涉案的专利US8149124B2追溯到1998年1

月20日提交的专利申请PCT/US98/00896（US6624754B2）的第二继续申请案，US6624754B2又是追溯到1997年1月21日提交的专利申请US5742233B2的第二部分继续申请案。US8149124B2的专利权人是Hoffman Resources LLC。在2011年12月29日，上述一系列继续申请案及其母案的专利申请权或专利权均被转移给Pragmatus公司。之后，Pragmatus公司在US8149124B2的基础上，提交了一系列的继续申请案，包括2012年6月21日提交的US2012157037A1（2013年6月18日授权，US8466795B2）、2013年11月21日提交的US2013307688A1（2016年01月12日授权，US9235972B2）和2015年7月23日提交的US2015206418A1（尚未审结）。

从指控的涉案专利的权利要求项数分析，申请人指控被申请人侵权了US8149124B2的所有21项权利要求中的19项权利要求，以及侵权了US8466795B2的全部33项权利要求。上述涉案专利均是在权属转移后才被授权。因此，笔者推测申请人应是早有预谋地针对目标被申请人的无线技术及设备，充分利用继续申请案制度，进行了专利布局。

美国专利继续申请制度允许母案在专利审查期间（Pending）状态下（一般是这件专利没被授权、放弃或者驳回），可以在得到母案支持的前提下基于母案提出继续申请案，而且没有数量的限制。继续申请案又分为完全延续案和部分延续案。如果申请人认为母案的权利要求没有包含所有发明，申请人可以以完全延续案来继续要求余下的发明，通常此类延续案的说明书与母案相同，请求保护的技术方案应得到母案公开内容的支持，可以是仅记载于说明书中的技术方案。部分延续案可以增加超出母案记载范围的内容，如可以很好解决母案记载不明确或权利要求保护范围无法得到支持等缺陷，但新权项的审查基准日以部分延续案的申请日为准，但专利有效期从母案的申请日起算。

美国专利继续申请制度是对专利权人非常有意义的一项专利制度，因为有了继续申请制度，专利申请人就可以时刻监控市场产品动态，一旦发现和专利申请时权利要求技术方案有区别的产品形态，则可以迅速提交一个继续申请案，并将继续申请案的权利要求写得完全涵盖该市场产品形态（前提是得到母案的支持），如果该继续申请案授权，那么专利权人再去起诉侵权则是轻而易举的。

对涉案专利进一步追踪发现，该案涉诉专利的专利权在该案和解之后的2014年12月23日转移给RPX公司，与涉案专利相关的母案也一并转移给RPX公司。

PRX公司是随着大量专利蟑螂兴起和诉讼程序滥用后兴起的另一类专利中间商。专利蟑螂的兴起已威胁到大量企业的生存，他们在一定程度上阻碍了科技创造，破坏了市场竞争秩序，损害了消费者利益。这一形势催生了类似PRX公司的一种防御性专利聚合公司，与专利蟑螂四处主动挑起诉讼“打劫”大公司不同，他们将大量收购来的专利“转租”给科技公司，让科技公司不被专利流氓或蟑螂提出诉讼，但要收取一定的“保护费”，从而在这种经营模式中获利。RPX公司甚至开创了一类主要面向中小型企业的保险业务，就是企业向RPX公司支付一定数额的年度保费，保费根据企业的侵权风险不同而不同。只要加入该项保险的公司，RPX就会为他们打专利诉讼，以避免这些加入保险的公司受到专利蟑螂侵害。[1]

无论是类似Pragmatus公司的专利蟑螂，还是类似RPX公司的防御性专利聚合公司，二者都是自己不创造发明申请专利，不利用专利生产制造，而是通过收购积累专利、组合专利，是一种地地道道的专利中间商和专利投机商。尽管二者在专利投机中获取利益的方式不同，前者是“强取豪夺”，后者是“巧取”，后者表面上看来是针对专利蟑螂而生，实质上后者只是借助了前者以达成自己获取利益的目的，实质上与专利蟑螂没有本质的区别，只是相对于专利蟑螂另立山头，更换了一种更容易收取“保护费”的方式，最终都是从创新公司身搜刮羊毛，攫取利润。尽管如此，对于那些中小型的创新公司，尤其是处于初创期和发展阶段的企业而言，防御性专利聚合公司还是具有一定的帮扶作用，借助防御性专利聚合公司的力量和保障，小微创新公司可以以较小的代价获得相对稳定的发展环境，而不用担心因无力应对诉讼和调查而失去发展的机会和市场，避免对公司的发展造成重创。

---

[1] Dindo Lin. 新创公司如何面对专利蟑螂诉讼？［N/OL］. 科技新报，http：//technews. cn，2014-11-12.

专利战是常见的商业行为，对中国企业而言，在遇到337调查时，首先应积极应对，寻求各种方法和途径争取自己的合法权益；然后在应对过程中，结合自身实际，选择最有利的策略，以最小的代价获得对公司最有利的结果。

此外，对于准备走向国际市场的中小型科创企业，在知识产权保护和布局还不到位，资金实力和应对能力尚有不足时，不妨可以以较小的成本借助类似PRX这类防御性专利聚合公司的大树，获得发展业务、拓展市场的时间和空间，从而免受专利蟑螂的侵扰。

更为重要的是，在发展和壮大的过程中，企业要逐渐培养知识产权意识，努力构建知识产权保护体系，组织建立知识产权团队，总结教训，积累经验，才能在商场如战场的市场竞争中和国际市场争夺中掌握话语权和主动权，获得不断壮大和持续发展的时间和空间。该案被申请人之一中兴通讯作为中国最早走向国际市场并参与国际竞争的高科技企业代表，坚持将知识产权作为企业发展的核心战略之一。近年来，不仅在专利储备方面享誉全球，在对应外界风险方面同样取得了卓越的成绩。自2011年以来，中兴通讯已连续6年应诉7起337调查，其中5起取得诉讼胜利，2起和解结案[1]，其中包括和解结案的337－7A－905调查案。因此，对于中小企业而言，在不断发展壮大和国际化的过程中，一定要注重知识产权的保护水平和能力，为企业发展保驾护航。

3.31　饮料冲泡容器337调查案（337－TA－929）

中小型企业越来越多成为337调查的对象，由于受限于企业自身实力，鲜有胜诉的案例。这是否意味着中小型企业在337调查面前就只能束手就擒了呢？事实证明，通过充分的准备和正确的策略选择，中小型企业并非永远是“待宰的羔羊”。

---

[1] 中兴通讯再获337调查初裁胜诉 6年成功应诉7调查，http：//tech. huanqiu. com/comm/2016－08/9383652. html.

3.31.1　当事双方及行业背景

1. 申请人

申请人阿德里安·里维拉（Adrian Rivera）和ARM企业有限公司（Adrian Rivera Maynez Enterprises，Inc.，简称“ARM公司”）分别是涉案专利US8720320B1（简称“320专利”）的专利发明人和专利权人。阿德里安·里维拉是一名来自加利福利亚州（California）惠蒂尔市（Whittier）的企业家，是ARM企业有限公司的创始人和总裁，具有ARM公司100%的所有权。

阿德里安·里维拉所拥有的涉案320专利中所述的ARM饮料冲泡胶囊技术在咖啡行业推动了整个市场的发展。除此之外，阿德里安·里维拉还拥有6项饮料冲泡领域的发明专利或专利申请。

ARM公司是一家位于美国加利福尼亚州的公司，从事包括320专利所述饮料冲泡胶囊在内的咖啡产品的设计、研发、制造、营销和分销。ARM公司聚焦于开发易用、环保的优质产品，并为花费过量时间的传统咖啡系统提供经济的解决方案。ARM公司的产品通过诸如Bed Bath和Beyond等主要零售商销售给消费者。

2. 被申请人

被申请人Solofill LLC是一家美国德克萨斯州的有限责任公司（简称“Solofill公司”），其于2012年在国际家庭和家庭用品展上推出饮料冲泡胶囊。

被申请人东莞海瑞精密模具有限公司是一家位于中国广东省东莞市的有限责任公司（简称“东莞海瑞公司”），主营行业为咖啡具，专业生产加工永久性咖啡过滤杯、一次性咖啡过滤杯、咖啡胶囊、过滤网等产品的公司。申请人声称从磐聚网（Panjiva.com）获得的进口记录显示，东莞海瑞公司为Solofill公司被控侵权产品K2、K3过滤杯的来源。

被申请人Eko Brands有限责任公司（简称“Eko Brands公司”）是总部设在美国威斯康星州伍丁维尔市的一家公司。申请人声称Eko Brands公司以Ekobrew品牌销售侵权的饮料冲泡胶囊，Ekobrew品牌包括Eko Brew

Elite和Eko Brew（中国）。

永余科技有限公司（简称“Evermuch公司”）是一家位于中国香港新界的OEM公司，永余电子科技（深圳）有限公司（简称“Evermuch深圳公司”）是Evermuch公司位于中国深圳市宝安区的工厂。申请人声称从磐聚网获得的进口记录显示，Evermuch深圳公司制造并为Ekoblew Elite和Ekobrew（中国）产品的来源。

被申请人Melitta美国公司的总部位于美国佛罗里达州克利尔沃特市，是德国美乐家（Melitta）集团的子公司。Melitta美国公司在美国销售和营销咖啡滤芯和非电动咖啡系统。申请人声称Melitta美国公司销售被控侵权的E过滤器（E-Filter）。

被申请人LBP制造有限公司位于美国伊利诺伊州西塞罗市，LBP包装（深圳）有限公司位于中国广东省深圳市宝安区。申请人声称从磐聚网获得的进口记录显示，LBP包装（深圳）有限公司生产Melitta美国公司的E过滤器产品，然后运送到LBP制造有限公司后交付给Melitta美国公司。

被申请人Spark Innovators公司总部位于美国新泽西州费尔菲尔德市，以Café Cup商标在美国市场上销售饮料冲泡胶囊。

被申请人万宝路国际（香港）有限公司位于中国香港九龙湾。申请人声称从磐聚网获得的进口记录显示万宝路国际（香港）有限公司为Café Cup商标产品的来源。

被申请人亚马逊公司是一家美国特拉华州的公司，申请人声称亚马逊公司与每个被申请人合作，将涉案侵权产品存储、挑选、包装、运送和提供这些产品的客户服务以便在进口涉案侵权产品后进行销售。

3. 行业背景

在饮料冲泡领域，尤其是单杯咖啡市场，咖啡胶囊对于那些习惯享受现代快节奏生活但又不愿意缺失生活品质的现代人而言，是生活必需品。对于这种单杯咖啡及其咖啡机系统，不得不提克里格绿山有限公司（Keurig Green Mountain，Inc.）的K杯咖啡及其相应的Keurig咖啡机。K杯是绿山咖啡的一项专利产品，是一个外表像纸杯的容器，里面有一个小一点的纸杯状的渗透装置，只能渗透液体，上面用铝箔盖封口，以保证咖啡的香味不会散发。将 K 杯置入这种咖啡机，按一下按钮，加压注水管就会穿破铝箔盖进入滤杯中，注入热水。咖啡机会精确控制水量、水温和压力，以保证咖啡香味最大化。

就像喷墨打印机和墨盒的关系一样，绿山咖啡凭借 K 杯咖啡控制着单杯咖啡市场。据不完全统计，K 杯咖啡机的销量光是北美洲就高达 1200 万台，每天消耗的咖啡胶囊高达 250 万个。但随着克里格绿山有限公司 K 杯专利的到期，不少先前未经授权的企业也开始纷纷加入到 K 杯咖啡的流行领域中，从而也能依托 Keurig 咖啡机平台推出 K 杯咖啡产品。该案的被申请人之一东莞海瑞公司制造和 Solofill 公司进口和销售的 K2 过滤杯一般需要与第三方即克里格绿山有限公司的 Keurig 咖啡机配合才能使用。

3.31.2　337 调查过程

2014 年 8 月 4 日，美国人阿德里安·里维拉及其个人的 ARM 公司（ARM Enterprises，Inc）向 ITC 提出申请，请求对包括中国的东莞海瑞公司、Evermuch 深圳公司、LBP 包装（深圳）有限公司在内的共 11 家公司违反 337 条款进行立案调查，指控这些被申请人侵犯了 320 专利中权利要求 5 ~ 8、18 ~ 20 中一项或多项专利权，并要求对被申请人发布有限排除令和禁止令。

2014 年 9 月 4 日，ITC 分配行政法官，决定立案进行调查。

2014 年 9 月 8 日和 9 月 9 日，被申请人 Eko Brands 公司分别委托了两家代理律所和律师。然而在 2014 年 9 月 26 日，被申请人 Eko Brands 公司同时撤回了两家代理律所和律师的代理权，不参与 337 调查程序。

2014 年 9 月 30 日，中国被申请人 LBP 包装（深圳）有限公司、东莞海瑞公司对起诉状进行了答复。

2014 年 10 月 24 日，被申请人 LBP 制造有限公司、LBP 包装（深圳）有限公司和 Melitta 美国公司与申请人基于同意令（Entry of Consent Order）提出终止调查动议，但于 2014 年 11 月 3 日撤回该动议。2014 年 11 月 5 日，被申请人 LBP 制造有限公司和 LBP 包装（深圳）有限公司与申请人基于同意令再次提出终止调查动议。

2014年11月18日，被申请人Spark Innovators公司、万宝路国际（香港）有限公司与申请人基于同意令提出终止调查动议。

2014年12月30日，被申请人Solofill公司提出简易裁决动议，认为申请人不能满足国内产业的要求。2015年1月16日，申请人也提出简易裁决动议，认为申请人满足国内产业的要求。

2015年2月3日，被申请人Melitta美国公司认为其被控侵权产品没有侵犯涉案专利的任何有效权利要求，申请人无权获得任何救济。但Melitta美国公司愿意提供申请人正在寻求的所有救济，同时认为终止调查也为ITC和各方节省大量资源，因此基于同意令规定和建议的同意令动议终止调查。

2015年2月4日，被申请人亚马逊公司提交了14篇现有技术文献；同日被申请人Solofill公司和东莞海瑞公司也提交了长达9页的现有技术文献。

2015年2月18日，被申请人亚马逊公司与申请人基于和解协议提出联合动议终止调查。

2015年3月13日和2015年3月19日（第一次提交的文件不合格被拒绝），申请人动议撤回根据从属权利要求8、19对被申请人Solofill公司和东莞海瑞公司的指控，但保留认为被申请人Solofill公司和东莞海瑞公司仍侵犯320专利的权利要求5～7、18、20的专利权。

2015年5月18日，行政法官拒绝了被申请人和申请人关于申请人是否符合国内产业要求的简易裁决。

2015年6月16～17日举行听证会。

2015年9月4日，行政法官作出初裁决定，主要结论包括：①涉案产品的进口和销售行为符合337条款管辖权的规定；②当将被申请人的产品与第三方单杯（single serve）饮料冲泡器结合在一起，指控的产品才直接侵犯320专利中声称的权利要求；③因为被申请人Solofill公司和东莞海瑞公司预先不知道320专利而对诱导或共同侵权不担责任；④320专利在基于《美国专利法》第102、103、112条；⑤320专利满足国内产业的要求；⑥对于320专利声称的权利要求，没有违反337条款的行为存在。建议

ITC 对被申请人 Solofill 公司和东莞海瑞公司的被指控产品颁布有限排除令，以及仅对 Solofill 公司颁布禁止令，并不建议任何保证金。

在上述初裁中，申请人认为是否构成共同侵权，必须满足以下要素：①有直接侵权行为；②被控侵权人知道该专利；③该组件没有实质的非侵权用途；④组件是要求保护的发明的材料部分。基于上述要素，申请人认为被申请人 Solofill 公司和东莞海瑞公司的 K2 和 K3 产品与 Keurig 的单杯饮料冲泡机器组合使用构成了共同侵权。申请人还认为被申请人要对诱导侵权行为负责，理由是被申请人知道该专利，并知道诱导的行为构成专利侵权。然而行政法官裁定被申请人预先不知道 320 专利，被申请人对于 320 专利的涉案权利要求的共同或诱导侵权不担责任。

双方都不服上述初裁结论，提出复审请求。

2016 年 3 月 17 日，ITC 作出终裁决定，裁定被申请人 Solofill 公司和东莞海瑞公司没有违反 337 的规定，进一步裁定 320 专利的权利要求 5 ~ 6 无效，并且权利要求 5 ~ 7、18 ~ 20 因为缺乏书面描述而无效。对于缺席的被申请人 Eko Brands 公司、Evermuch 公司、Evermuch 深圳公司，裁定他们侵犯 320 专利的权利要求 8、19 中的一项或多项，并对他们颁布有限排除令和禁止令。

ITC 于 2016 年 3 月 25 日颁布了有限排除令。

但该案并没有就此结束。

2016 年 6 月 1 日，申请人申请进入执行程序，要求 ITC 对被申请人 Eko Brands 公司和 Espresso Supply，Inc.（简称“Espresso 供应公司”）违反有限排除令和禁止令进行正式执行程序立案，指控 Espresso 供应公司于 2015 年 11 月购买了 Eko Brands 公司的涉案产品。

2016 年 6 月 27 日，ITC 立案调查正式执行程序。

2016 年 7 月 5 日，Eko Brands 公司再次委托代理律所和律师。

2016 年 9 月 12 日，被申请人 Eko Brands 公司提出复审请求，请求废除 ITC 于 2016 年 3 月 17 日发布的有限排除令和禁止令和请求终止执行程序，理由为所依据的法律和事实不再是真实的，具体理由为：（1）被控的冲泡胶囊现在已被单独裁定在法律事实上不侵犯 320 专利的权利要求 8、

19；（2）ITC根据35 U. S. C. 112裁决320专利的其他权利要求无效，法律事实上权利要求8、19同样也是无效的；（3）Eko Brands公司不再进口或者在进口后销售冲泡胶囊，而是使用美国公司提供的材料在美国制造。

虽然被申请人Eko Brands公司没有参与该案的原始调查，但其在美国华盛顿西区地方法院提起了不侵权申请人ARM公司的320专利和该专利无效的宣告式判决程序（Declaratory Judgment）。2016年8月17日，地方法院发出了简易裁决令认为被申请人的所有涉案产品不侵犯320专利中包括权利要求8、19的权利要求的专利权。

2016年11月18日，ITC决定委托行政法官开始废除程序调查。

2017年1月11～12日和1月27日召开了听证会。

2017年3月27日，行政法官作出关于执行程序和废除程序的初裁，理由为基于涉案专利无效，申请人不满足国内产业要求的技术要件，对于执行程序，裁定ITC的有限排除令和禁止令不应被执行；对于废除程序，给出推荐的裁决，建议ITC的有限排除令和禁止令临时性废除，直到Eko Brands公司和Espresso供应公司在美国华盛顿西区地方法院的不侵权判决尘埃落定，包括用尽所有的上诉权利。

随后，OUII和申请人均对上述初裁结论提出复审请求。2017年5月11日，ITC决定对上述初裁结论进行复审。

3. 31. 3　案件分析及启示

尽管截至本书成稿时该案还未最终尘埃落定，但通过该案的相关中国被申请人和国外被申请人的应诉过程，都能加深对337调查的认识和经验教训的学习。下面将主要从中国被申请人东莞海瑞公司的视角以及国外被申请人Eko Brands公司的视角，去分析和总结337调查过程中的得与失。

1. 积极应诉，联合面对调查

该案共有11家公司涉诉，其中包括Solofill公司在内的6家美国公司和包括东莞海瑞公司在内的5家中国公司，然而最终只有Solofill公司和东莞海瑞公司选择应诉。中国的中小型企业在遭遇337调查后，由于考虑到应诉费用的问题，大部分的中小型企业要么选择和解，要么选择缺席放弃应诉，从而导致中小型企业很难参与 337 调查，胜诉者更是寥寥无几。东莞海瑞公司作为一家生产咖啡具的中小型企业，在面对美国 ITC 的 337 调查时，却能采用合适的策略，选择积极应诉并最终赢得 337 调查，这为中国中小型企业走向海外增添了自信和底气。

337 调查的费用较高，对于中小型企业一般难以承受。东莞海瑞公司作为一家生产咖啡具的中小型企业，在面对 337 调查时，其与美国的 Solofill 公司共同选择了同一家律师事务所代理应诉，这在联合应诉、信息共享，甚至费用分担方面，对于中国中小型企业是有利的，值得中国中小型企业学习和借鉴。另外，如果中小型企业能根据公司的具体情况，结合侵权的事实和风险，聘请专业律师制订合理的诉讼方案，设计不同成本的应诉策略和路线，包括和解、应诉，或者是规避设计等，都将取得更有利于自己的结果。在 337 调查中，如果被申请人缺席放弃应诉，ITC 仍会进行缺席调查，直接认定被申请人的侵权行为成立，使缺席的被申请人要承担最不利的后果。因此，尽管应对 337 调查可能需要较高的应诉费用，但最好不要选择缺席放弃应诉，否则意味着彻底放弃美国市场，而是要积极寻求各种方法，以尽可能少的费用成本参与到 337 调查中，积极争取自己的利益。

被申请人 Eko Brands 公司是一家美国公司，其涉嫌销售侵权的饮料冲泡胶囊。Eko Brands 公司在准备参与 337 调查后，不知何原因又放弃了应诉，最终被颁布有限排除令和禁止令。然而申请人在 2016 年 6 月申请执行，要求 ITC 对被申请人 Eko Brands 公司和 Espresso 供应公司违反有限排除令和禁止令进行正式执行程序立案，指控 Espresso 供应公司在 2015 年 11 月购买了 Eko Brands 公司的涉案产品。面对申请人发起的执行程序，Eko Brands 公司不得不再次委托代理律所和律师应诉，并提出复审请求，请求废除有限排除令和终止令，以及请求终止执法程序。尽管初裁裁定有限排除令和禁止令不应被执行，OUII 和申请人均对上述初裁提出复审请求，终裁结果尚未得知，但从趋势看可能的结果将向有利于被申请人 Eko Brands 公司发展。然而通过上述调查历史可见，由于被申请人 Eko Brands 公司在该案阶段中缺席放弃应诉，导致直接被发布了有限排除令和禁止令，并被申请人申请执行程序，从而使得自己处于被动的地位。笔者猜测，如果被申请人Eko Brands公司是因为节约应诉费用而缺席放弃应诉，那最终又不得不花费一笔不菲的费用聘请律师应诉申请人提起的执行程序。假如Eko Brands公司不缺席，根据终裁裁定申请人的专利权无效，可推知Eko Brands公司也应能在337调查中胜诉。

通过上述的对比分析，缺席放弃应诉，对于被申请人而言将处于被动的糟糕地位。对中国的中小型企业而言，在遭遇337调查时也不要被高昂的诉讼费用吓倒而不分青红皂白放弃应诉，应根据自己实际情况，选择联合应诉，寻求政府、协会组织等的帮助，积极应对，争取自己的最大利益。

2. 策略得当，争取最大利益

中国被申请人东莞海瑞公司和其美国的进口和销售商Solofill公司聘请了经验丰富的专业律所和律师为他们应诉。在应诉的过程中，除了Eko Brands公司、Evermuch公司、Evermuch深圳公司等3家公司选择缺席放弃应诉外，其余的LBP制造有限公司、LBP包装（深圳）有限公司、Spark Innovators公司、万宝路国际（香港）有限公司、Melitta美国公司和亚马逊公司6家公司先后与申请人签署同意令和/或和解协议，其中亚马逊公司在提交了14篇现有技术文献抗辩后不久也与申请人基于和解协议提交联合动议终止调查。Solofill公司和东莞海瑞公司仍然坚持自己的应诉策略，提交了长达9页的现有技术文献针对专利权无效进行抗辩，这最终导致涉案权利要求5、6无效。另外，Solofill公司和东莞海瑞公司还提出证据证明涉案专利的权利要求得不到说明书的支持，这最终导致权利要求5～7、18、20无效。

在初裁决定中，行政法官认为申请人的专利权是有效的，被申请人Solofill公司和东莞海瑞公司由于预先不知道320专利而对诱导或共同侵权不担责任，还建议对被控产品颁布有限排除令，以及禁止令仅颁布给Solofill公司，并不建议任何保证金。

笔者认为，从初裁结果看，基于诉前申请人没有尽到通知该专利存在的义务的理由，判决被申请人Solofill公司和东莞海瑞公司没有违反337条款的规定，无需对侵权承担责任，似乎是一个不小的胜利，但事实上初裁结果对 Solofill 公司和东莞海瑞公司仍是不利的。因为从此之后，被申请人 Solofill 公司和东莞海瑞公司已经知晓了 320 专利的存在，如果 Solofill 公司继续进口并销售东莞海瑞公司制造的涉案产品，将符合诱导或共同侵权的认定要件而违反 337 条款的规定，申请人随时都可以申请执行程序，阻碍和打击 Solofill 公司和东莞海瑞公司在美国市场销售相关产品，这显然对于被申请人不利。

因此，被申请人 Solofill 公司和东莞海瑞公司在获知初裁结果之后，积极申请复审，争取最大利益。最终 ITC 作出终裁决定，判定被申请人 Solofill 公司和东莞海瑞公司没有违反 337 条款的规定，除了申请人主动撤回的权利要求 8、19 外，进一步裁决 320 专利中涉案权利要求均无效，被申请人 Solofill 公司和东莞海瑞公司不存在诱导侵权或共同侵权。

《美国专利法》第 271 条（b）（c）款规定了诱导侵权或共同侵权❶：“（b）凡积极诱导专利侵权应被视为有侵权责任；（c）任何人出售或提供在美国销售或进口到美国的已有专利的机器、制造、组合或合成的一个组成部分，或实行专利方法使用的材料或器具，而其提供的是该专利重要的部分，并知道这是特别适合用于侵犯该专利，而不是一个适用于非侵权使用的通用物品或商品，应当负担共同侵权责任。”

在上述的终裁决定中，笔者认为 ITC 也采用了美国联邦巡回上诉法院在 2013 年 10 月 25 日驳回了 2013 年 6 月 25 日逻辑线路控制设备公司（Commil USA，LLC）诉思科公司（Cisco Systems，Inc.）一案（简称“Commil 案”）的全席再审请求中的观点，即诚实地相信专利无效是对诱导侵权指控有效的抗辩。在 Commil 案之前，法院还从未表示被控侵权人单方面认为相关专利无效也可作为抗辩诱导侵权的相关证据。在该案中，

❶ 35 U. S. C. 271（b）Whoever actively induces infringement of a patent shall be liable as an infringer.（c）Whoever offers to sell or sells within the United States or imports into the United States a component of a patented machine，manufacture，combination，or composition，or a material or apparatus for use in practicing a patented process，constituting a material part of the invention，knowing the same to be especially made or especially adapted for use in an infringement of such patent，and not a staple article or commodity of commerce suitable for substantial noninfringing use，shall be liable as a contributory infringer.

ITC 基于涉案专利权无效，认为被申请人 Solofill 公司和东莞海瑞公司也不存在诱导侵权或共同侵权，没有违反 337 条款的规定。这将为其他的涉及诱导侵权或共同侵权的被申请人提供一种抗辩的新思路。例如，如果公司听说或者可能意识到会被控侵犯某项专利权，就可以积极采取措施例如获得和保存有效的证据和理由认为专利权无效，成为之后抗辩诱导侵权指控的有力依据。

最终，被申请人 Solofill 公司和东莞海瑞公司在该案中赢得胜利，为中国被申请人，尤其是中小型企业在应对 337 调查时提供了值得借鉴的经验。然而，申请人主动撤回的权利要求 8 和 19，却为缺席的被申请人 Eko Brands 公司埋下了再次应诉的导火索，同样也是值得汲取的教训。

被申请人 Eko Brands 公司提出复审请求，要求废除有限排除令和禁止令和请求终止执行程序，陈述的理由之一是权利要求 8 和 19 与 ITC 根据《美国专利法》第 112 条裁决 320 专利的其他权利要求因得不到说明书支持而无效一样，也是无效的。尽管申请人在针对被申请人 Solofill 公司和东莞海瑞公司的调查过程中撤回了权利要求 8 和 19 的指控，但由于被申请人 Eko Brands 公司缺席，ITC 推定权利要求 8 和 19 是有效的，并认为被申请人 Eko Brands 公司需要受到有限排除令和禁止令的约束。如果被申请人 Eko Brands 公司没有缺席初始的 337 调查，即使自己没有提出强有力的抗辩理由和证据，只要能坚持到终裁结束，也许能“坐收渔利”，因被申请人 Solofill 公司和东莞海瑞公司对专利权的无效抗辩成功而免予被发布有限排除令和禁止令。当然这只是一种假设和事后诸葛亮式分析，但至少可以获得启示，缺席放弃应诉是较为糟糕的选择。

被申请人 Eko Brands 公司由于在 337 调查中缺席初始调查，失去了抗辩的机会，但其在华盛顿西区地方法院提起了关于 320 专利合法权利的判决行动，地方法院发出了简易裁决令认为被申请人的所有涉案产品不侵犯 320 专利中包括权利要求 8 和 19 的专利权，为被申请人 Eko Brands 公司在行政法官作出关于执行程序和废除程序的初裁决定中提供支持。该初裁决定判定，基于专利权无效认为申请人不满足国内产业的要求，对于执行程序，裁定 ITC 的有限排除令和禁止令不应被执行；对于废除程序，给出推荐的裁决，建议临时性废除。ITC 的有限排除令和禁止令行政法官之所以作出暂不进行执行程序和临时性废除有限排除令和禁止令，是认为有限排除令和禁止令以专利权有效为基础，需要等到 Eko Brands 公司和 Espresso 供应公司在美国华盛顿西区地方法院的不侵权判决尘埃落定，包括用尽所有的上诉权利，才能最终确定专利权是否有效。

尽管被申请人 Eko Brands 公司经过努力，避免进行执行程序。但 OUII 和申请人均对上述初裁提出复审请求，截至本书出版，尚未看到终裁结果。通过被申请人 Eko Brands 公司一波三折的应诉历程，也能从中学到可借鉴的经验，即使最终在 337 调查中被发布有限排除令和禁止令，但希望还能进入美国市场，不妨可以考虑借助美国地方法院的专利权无效等判决或者简易判决来抗辩执行排除令和禁止令，甚至是请求废除排除令和禁止令。目前来看，这种方式也仅仅适合于较为容易从 337 调查的其他同案被申请人处借鉴有力的证据和理由，能较为容易地说服美国地方法院的法官和陪审团判决专利权无效的案件。

基于上述调查历史和案例分析，该案的中国被申请人东莞海瑞公司最终在 337 调查中胜诉，为中国中小型企业应对 337 调查提供了宝贵的经验。同时被申请人东莞海瑞公司以及其他的被申请人不同的应对策略和参与 337 调查的经历，也将为中国中小型企业应对 337 调查时提供了可汲取的教训。

（1）积极面对 337 调查，与相关被申请人联合应诉提升应对能力。联合应诉不仅能抱团取暖、信息共享，如有可能还可以分担应诉费用、降低应诉成本，对于中小型企业而言，能在有限的费用支持下提升应诉的能力。另外，中国中小型企业也可以积极寻求政府、协会组织等地帮助。

（2）聘请专业律师，制定合理的应对策略，不轻言放弃。在初裁阶段，尽管裁决中国被申请人东莞海瑞公司不存在诱导或共同侵权行为，但对于被申请人而言并不是一个有利的结果。被申请人没有轻言放弃，积极申请复审，争取更大的利益。如果不考虑应诉费用成本支出，中国被申请人东莞海瑞公司可谓在终裁中大获全胜，这与专业律师采取合理的抗辩策略息息相关，尤其是提出证据证明专利权利要求没有得到说明书的支持，从而使得涉案的大部分权利要求无效是最终取得胜利的关键因素。

（3）该案为中国被申请人如何面对或者可能面对诱导侵权或共同侵权提供了借鉴思路。如果公司听说或者可能意识到会被控侵犯某项专利权，可以积极采取措施，如获得和保存可以认为专利权无效的有效的证据和理由，成为之后抗辩诱导侵权指控的有力证据。

（4）在面对337调查时，缺席是不利的选择和应对策略。缺席意味着承认侵权事实成立，将面对申请人申请的各种救济措施的制约。

（5）可以考虑借助美国地方法院的专利权无效等判决或者简易判决来抗辩执行排除令和禁止令，甚至是请求废除排除令和禁止令。这种方式目前来看仅仅适合于较为容易从337调查的其他同案被申请人处借鉴有力的证据和理由，能较为容易地说服美国地方法院的法官和陪审团判决专利权无效的案件。

3.32 鞋类产品337调查案（337－TA－936）

专业化的律师团队是在337调查中取胜的重要因素之一。对于时间紧、程序烦琐的调查而言，经验丰富的律师团队可以大大提高胜诉的概率。

3.32.1 当事双方及行业背景

1. 申请人

申请人匡威有限公司（Converse Inc.，简称“匡威公司”）诞生于1908年，是一家专门生产运动鞋的美国公司，创办以来坚持品牌的独立性设计，成就时至今日仍引以为傲的三大经典系列产品：Chuck Taylor All Star（全明星经典帆布鞋）、Jack Purcell（开口笑）和Cons（滑板运动鞋）。除此之外，还有PRO STAR、ONE STAR、STAR 70、特殊用途和SKID GRIP等系列产品。匡威公司2003年被耐克（Nike）公司收购，成为耐克公司旗下的子品牌。

2. 被申请人

被申请人包括深圳市恒阳鞋业有限公司（Shenzhen Foreversun Shoes Co. Ltd.）、福建新亚进出口贸易有限公司（Fujian Xinya I&E Trading Co. Ltd.）、浙江省瓯海对外贸易公司（Zhejiang Ouhai International Trade Co.，Ltd.）、温州市粮油食品对外贸易有限公司（Wenzhou Cereals Oils and Foodstuffs Foreign Trade Co.，Ltd.）4家中国被申请人，以及包括沃尔玛有限公司（Wal-Mart Stores，Inc.）等27家国外被申请人。下面简要介绍一下4家中国被申请人的企业背景。

深圳市恒阳鞋业有限公司成立于2001年，集工业和贸易为一体，工厂位于广东、福建和浙江，拥有自己的生产线和Foreversun品牌，产品主要出口欧美和中东地区。

福建新亚进出口贸易有限公司成立于2003年，在福建新亚进出口贸易有限公司的基础上，于2009年组建了福建新亚基团。福建新亚集团在晋江拥有紧密型的加工生产配合厂家32家，以休闲鞋、运动鞋的外销出口为主要业务，随着整体市场求新求变的发展趋势中，已发展成一个国家品牌休闲鞋、运动鞋的专业加工生产商，产品远销美国、英国、西欧、中东、亚洲等30多个国家和地区。

浙江省瓯海对外贸易公司成立于1985年，1994年取得进出口经营权。公司出口的产品主要以温州生产的服装、鞋类、五金、箱包、眼镜、打火机、剃须刀、机械、电器、家具、文具、工艺品等几十个大类数千个品种的轻工产品为主，公司还积极开展各类进口业务。

温州市粮油食品对外贸易有限公司的前身是中国粮油食品进出口公司浙江省温州市支公司，成立于1980年。公司主要经营粮油食品、轻工业品、工艺品、纺织服装、五金机械、化工建材、土产畜产等各大类商品。

3. 行业背景

随着中美贸易的持续发展和中国出口结构的不断优化以及国际贸易保护主义的盛行，从2001~2013年中国已经连续13年成为美国337调查的头号对象，中国涉案企业深受其害。中国企业被诉案由主要包括专利侵权、商标侵权、商业外观侵权、著作权侵权、侵犯商业秘密以及存在不正当竞争等，其中大部分是以专利侵权为由立案，占比为 90.2%；以商标和商业外观侵权为由立案的共 12 起，占比为 9.0%。❶

2014 年，中国的鞋类进出口贸易几乎全线飘红，一些种类的进出口量值创下了数年来的新高，相关外贸数据释放出了积极信号，中国鞋业大国的地位名副其实。美国是中国出口国别最大的国家。❷ 然而随着中国鞋类产品出口相关数据的向好，对美国市场的冲击也有所加大，必将引起和激起美国企业的阻击，诉讼风险也应运而生。笔者认为，中国企业在鞋类产品上面临 337 调查是不可避免的。

3.32.2　337 调查过程

2014 年 10 月 14 日，匡威公司向 ITC 提出申请，请求对包括深圳市恒阳鞋业有限公司、福建新亚进出口贸易有限公司、浙江省瓯海对外贸易公司、温州市粮油食品对外贸易有限公司 4 家中国公司以及包括沃尔玛有限公司等 27 家国外公司违反 337 条款进行立案调查，指控这些被申请人侵犯了申请人的注册号为 4398753、3258103 和 1588960 的美国商标；还进一步指控被申请人违反 337 条款的规定是基于不正当竞争/虚假指定原产地、普通法商标侵权和不正当竞争，以及商标稀释，其威胁或影响是破坏或严重伤害美国的一个行业；并要求 ITC 对被申请人发布普遍排除令或者替代的有限排除令以及停止令。

2014 年 11 月 12 日，ITC 分配行政法官，决定立案进行调查。

2015 年 1 月 23 日，申请人提出动议，要求包括 4 家中国公司在内的 5 名被申请人出示缺席的原因，并对缺席的被申请人进行缺席判决。

2015 年 1 月 27 日，浙江省瓯海对外贸易公司和温州市粮油食品对外贸易有限公司指定浙江平宇律师事务所以及律师洪某代理应诉程序；上述律所以及律师同意受保护令的约束。

2015 年 2 月 4 日，浙江省瓯海对外贸易公司和温州市粮油食品对外贸

❶ 徐全红．美国对华 337 调查的发展趋势［J］．集美大学学报（哲社版），2015，18（2）：74－84.

❷ 曹慧．2014 中国鞋类海关进出口数据一览［J］．中国皮革，2015（8）：31－39.

易有限公司反对申请人于 2015 年 1 月 23 日提出的动议令，认为非美国的被申请人在地域、语言、法律等多方面存在现实困难，在短时间内难以应付，存在正当原因，表明被申请人已积极与申请人取得联系，解释了浙江省瓯海对外贸易公司和温州市粮油食品对外贸易有限公司只是制鞋厂商的出口代理，据初步的内部调查认为出口的鞋不侵犯申请人的商标；还表明双方的律师已经开始积极合作，申请人的律师认为双方很可能会达成和解。

2015 年 2 月 5 日，行政法官同意了申请人于 2015 年 1 月 23 日提出的动议令，要求未回应的被申请人最晚在 2015 年 2 月 20 日出示缺席未答复起诉书和调查通知的原因，如果缺乏正当原因，将对缺席的被申请人进行缺席判决。

2015 年 2 月 6 日，申请人动议排除律师洪某及其律所参与该案调查。理由是该律师及其律所均位于美国境外，并没有表明他们被允许在美国任何司法管辖区执业。因此，ITC 没有任何机制要求他们对有意或无意的任何秘密商业信息的不允许披露负责。尽管他们同意遵守保护令，但该律师及其律所不应获得秘密商业信息的使用权。同时，申请人要求将未回应的被申请人的答复时间缩短到 2015 年 2 月 11 日。

2015 年 2 月 9 日，行政法官拒绝了申请人要求将未回应的被申请人的答复时间缩短到 2015 年 2 月 11 日的动议，以确保律师洪某有机会答复该动议。

2015 年 2 月 4 日，浙江省瓯海对外贸易公司和温州市粮油食品对外贸易有限公司答复了申请人于 2015 年 1 月 23 日提出的动议令，解释了相对滞后回应答复起诉书和调查通知的原因。一是非美国的被申请人在地域、语言、法律等多方面存在现实困难，在短时间内难以应付；二是被申请人已积极与申请人取得联系，解释了浙江省瓯海对外贸易公司和温州市粮油食品对外贸易有限公司只是制鞋厂商的出口代理，据初步的内部调查显示出口的鞋不侵犯申请人的商标；三是被申请人已对申请人的缺席动议令提出了异议。

2015 年 2 月 23 日，行政法官同意了申请人于 2015 年 2 月 6 日提出的动议，裁定律师洪某及其律所无权获得秘密商业信息和参与本案调查。同日，行政法官对包括深圳市恒阳鞋业有限公司、福建新亚进出口贸易有限公司两家中国公司在内的3家公司作出缺席调查的初裁。

2015年3月12日，浙江省瓯海对外贸易公司和温州市粮油食品对外贸易有限公司撤回了浙江平宇律师事务所以及律师洪某代理应诉程序的委托。

2015年3月30日，行政法官发布指导申请人和被申请人最晚在2015年4月3日提交和解报告的指导令。

2015年4月2日，申请人答复了行政法官于2015年3月30日发布的和解指导令，表明被申请人浙江省瓯海对外贸易公司和温州市粮油食品对外贸易有限公司已停止合作，也撤回了律师代理，已无法与被申请人达成和解，并再次动议要求浙江省瓯海对外贸易公司和温州市粮油食品对外贸易有限公司出示缺席的正当原因，并对缺席的被申请人进行缺席判决。

2015年4月20日，行政法官同意了申请人于2015年4月2日再次提出的动议令，要求未回应的被申请人最晚在2015年5月1日出示缺席未答复起诉书和调查通知的原因，如果缺乏正当原因，将对缺席的被申请人进行缺席判决。

2015年5月8日，行政法官对浙江省瓯海对外贸易公司和温州市粮油食品对外贸易有限公司两家中国公司作出判定缺席的初裁。

2015年11月17日，行政法官作出该案的完整初裁决定。

2015年12月4日，部分国外的被申请人、OUII以及申请人均提出了复审请求。

2016年6月23日，ITC作出终裁决定，部分维持初裁决定中对4398753号商标的权利无效、4398753号商标不会引起公众混淆的裁定，其他ITC未予复审的初裁结论自动成为终裁结果的一部分；基于4398753号商标没有使得文字或图案具有显著性的第二含义而推翻4398753号商标有效的裁定；推翻全部缺席的被申请人的涉案产品对4398753号商标构成商标侵权的裁定；撤销3258103和1588960号商标的权利无效的初裁结论；并裁定深圳恒阳鞋业公司的涉案产品对3258103和1588960号商标存在侵权；对全部诉讼中的剩余被申请人发布停止和禁止令、对所有被裁定侵权涉案产品发布一般排除令；并基于正当理由、和解协议或同意令规定终止对多家涉案企业的337调查。在发布针对3258103和1588960号商标的普遍排除令时，考虑了以下几点理由：大量的被申请人认可了侵权或者缺席；出售侵权产品的各种贸易公司大多是销售代理商或壳公司，通过名称、电子邮件和电话号码进行邮寄；如果没有发布普遍排除令，侵权者可以通过使用合理的联系信息通过第三方制造商和中介机构向其客户发送产品，从而轻易绕过有限排除金；存在模式化的违反337条款的行为而很难识别侵权产品的来源。

3.32.3　案件分析及启示

尽管337调查程序并没有明确规定涉案企业一定要聘请律师，或者一定要聘请美国的律师，但337调查作为一项针对美国进口贸易中发生的知识产权侵权等不公平贸易行为发起的准司法程序，需要极为专业的能力和丰富的经验才能有效应对。对于中国的涉案企业而言，企业自己应对整个337调查程序存在很大难度。即便企业作为当事人去应诉并提交相关文件，可能由于准备文件的时间短，没有专业的能力难以准备好，还可能因为提交的文件不合规定会被行政法官拒绝。

在该案中，从初裁和终裁的结果看，国内的4名被申请人均被裁定缺席，但从上述的调查历史可以发现，浙江省瓯海对外贸易公司和温州市粮油食品对外贸易有限公司是有意愿参与到337调查程序中。浙江省瓯海对外贸易公司和温州市粮油食品对外贸易有限公司聘请了中国的律师事务所和律师代理应诉，他们对申请人于2015年1月23日要求未及时答复的被申请人出示缺席的原因的动议提出了反对意见。也就是说，被申请人浙江省瓯海对外贸易公司和温州市粮油食品对外贸易有限公司实质上是有意愿参与到337调查中，维护自身的合法权益。

然而，聘请中国的律所和律师实质性代理浙江省瓯海对外贸易公司和温州市粮油食品对外贸易有限公司参与应诉遭到申请人以及OUII的反对，也遭到行政法官的拒绝。主要理由是该律所及其律师不具有美国任何州的职业律师资格，ITC 没有适当的机制对该律所及其律师有意或无意泄露与该案相关的商业秘密信息进行约束，因此，申请人动议排除律师洪某及其律所参与该案调查，拒绝其接触与该案相关的商业秘密信息。事实上，与该案相关的部分其他被申请人也表达了对位于美国境外的律所及其律师代理该案应诉的关切，其理由也是担忧秘密商业信息有被泄露的风险且无法得到管控。

该案中，被申请人聘请中国的律所及其律师，希望实质性的代理 337 调查案，笔者推测可能的原因是被申请人难以负担聘请美国律师的代理费用。对于中国中小型企业而言，高达上百万美元甚至数百万美元的律师费用是阻碍参与应诉的最主要原因。该如何降低应诉费用，可以从以下几个方面考虑。

一是搭建合理的应诉团队。合理的应诉团队可以包括美国律师、中国律师以及企业的支持人员等。美国律师可以负责案件的应诉策略、337 调查程序、出庭等，中国律师从事辅助性工作，帮助中国企业对美国律师的工作进行评价，帮助企业与美国律师之间的沟通、协调、应美国律师要求准备各种翻译文件等，减少美国律师的工作量以降低成本，企业支持人员负责企业内部的相关配合和支持等。

二是选择合适的应诉策略。在律师的帮助下，根据申请人的指控，结合企业的现状，制定合适的应诉策略，在符合企业自身利益的前提下选择合适的时机尽早结束调查，可以降低应诉费用。

三是多个被申请人联合应诉。多个被申请人联合应诉，不仅可以信息共享，还可以降低诉讼费用。

四是可以寻求政府和/或行业协会的支持。对于该案而言，申请人寻求发布普遍排除令，这对中国整个鞋类行业都是打击。与有限排除令禁止被申请人的涉案产品进入美国不同，普遍排除令针对的是产品，且不仅仅限于被申请人的产品，也就是说，普遍排除令是一个针对除美国外所有国家的禁令，而不论产品来自哪个国家和地区。因此，被申请人可以寻求政府和/或行业协会的支持，从而在诉讼费用和应诉能力支撑等方面获得帮助。

3.33　触控技术337调查案（337-TA-957）

策略的选择是应对337调查中含金量最高的一个环节。该案申请人和被申请人在策略选择上各有特点，值得借鉴。从申请人的角度而言，合理利用类似337调查等各种武器，阻碍、延缓竞争对手的发展，具体策略包括起诉对象的挑选、起诉时机的选择等。避免两败俱伤的互相诉讼，寻求互利共赢的及时和解，谋求自身利益最大化和稳步发展。从被申请人的角度来看，在面对诉讼时不畏惧不退缩，积极应对，最好的防守就是进攻，不仅对申请人的涉案专利在美国和中国提出无效请求程序，还对申请人的其他非涉案专利也提出无效请求，实现对申请人的正侧面多点阻击，变被动为主动，逐渐手握更多谈判筹码，从而有利于在和解谈判中谋求自身利益最大化，化危机为商机，谋求更大发展空间。

3.33.1　当事双方及行业背景

1. 申请人

申请人新思科技股份有限公司（Synaptics Incorporated，简称“新思公司”）于1986年由现代微电子理论的先驱费德里科·费金和卡弗·米德（Federico Faggin和Carver Mead）成立，总部位于美国加利福尼亚州圣何塞市。整个企业由分布于世界9个国家和地区的700余名员工组成。

新思公司从事多种行动计算、通信与其他电子设备的交互开发与供应用户界面方案，并供应包括专用集成电路、固件、软件、模式识别与触感技术等多项技术。新思公司于1995年推出了触控板接口，并迅速成为业界的领导者之一，为大部分主要电脑及笔记本电脑公司提供触摸板的OEM供应商，其中包括华硕、宏碁、戴尔、惠普、索尼、东芝、捷威（Gateway）、国际商业机器、联想集团与三星电子等。全球超过10亿台设备采用新思公司界面。自此之后，新思公司在人机界面解决方案方面不断创新，用新技术不断扩大产品应用范围。除包括笔记本电脑外，新思公司的解决方案大量应用于 PC 机外设、数字音乐播放器、移动电话、GPS 设备和远程控制等装置。该公司成功为多个 MP3 播放器创建界面方案，包括了某些版本的 iPod 与 iPod mini 和用于后期 Creative Zen 设备的触摸板，以及与苹果公司的 iPhone 不同的触摸屏概念手机 Onyx。新思公司于 2002 年在纳斯达克（NASDAQ）公开上市。

2. 被申请人

被申请人深圳 GOODIX 科技有限公司（深圳汇顶科技有限公司，简称“汇顶科技”）成立于 2002 年 5 月 31 日，作为全球人机交互及生物识别技术领导者，目前已在包括手机、平板电脑和可穿戴产品等在内的智能移动终端领域构筑了领先优势，先后推出全球领先的单层多点触控芯片、全球首创的触摸屏近场通信技术 Goodix Link™、全球首家应用于 Android 手机正面的按压式指纹识别芯片、全球首创的 Invisible Fingerprint Sensor（IF-STM）、全球首创支持玻璃盖板的指纹识别芯片、全球首创应用于移动终端的活体指纹检测技术 Live Finger Detection™、全球首创的显示屏内指纹识别技术等。其中，Live Finger Detection™凭借其卓越的创新应用价值斩获了 2017 国际消费电子展（CES）全球创新金奖，这是汇顶科技继 2016 年凭借 IFSTM（触控与指纹识别一体化技术）和 Goodix Link™（触摸屏近场通信技术）两项技术获得 CES 创新大奖后再次得到 CES 创新奖项，汇顶科技也由此成为首家荣获 CES 全球创新金奖的中国 IC 设计公司。目前，产品和解决方案主要应用于华为、OPPO、vivo、小米、中兴、魅族、乐视、联想、金立、锤子、TCL、诺基亚、戴尔、惠普、LG、华硕、宏基、东芝、松下等世界知名品牌，服务全球数亿人群。汇顶科技于 2016 年 10 月，在上海证券交易所上市。

被申请人 BLU Products, Inc.（简称“BLU 公司”）是一家总部设在美国佛罗里达州迈阿密市的手机制造商公司，是拉丁美洲第一家针对拉丁裔人口和增长最快的拉丁美洲的移动制造商，由巴西企业家塞缪尔·奥赫夫·锡安创立，主要设计和制造有吸引力和创新的移动设备，专注于满足日常人士的需求。该公司 2010 年推出自己的品牌 BLU 手机。

3. 行业背景

2007年1月9日，乔布斯在MacWorld大会上正式发布了第一代iPhone，随后成功引领了触控式的智能手机的大潮。这个历史性的时刻，也标志着在2006年还能销售3.5亿部手机的诺基亚公司的手机业务开始走向衰落。从2007年苹果iPhone的正式发布，到2010年左右，中国智能机市场逐渐开始向低价位渗透，随着相关产业链的成熟，人口红利的优势让中国的整个智能机市场很快出现了爆发式增长，同时也带动了触控IC行业的高速增长。

新思公司成立于1986年，主要创立人包括现代微电子理论先驱的费德里科·费金和卡弗·米德。1995年，其推出第一个用在NoteBook上的触摸板，目前用在笔记本电脑（NoteBook）的TouchPad产品占有率近70%。2007年，其用于手机的电容触摸屏IC——Clear Pad被应用在第一款电容触摸手机（LGKE850），以此进入手机产业。2013年，新思公司以2.55亿美元收购指纹识别传感器制造商Validity Sensors，进入指纹识别领域。2014年2月，新思公司与现代身份验证技术创新企业Nok Nok Labs建立战略合作伙伴关系，研究未来的移动终端指纹识别认证系统。同年6月，新思公司以4.75亿美元收购日本显示驱动IC厂商Renesas SP Drivers公司100%股权，进一步加快推动触摸和显示驱动集成技术（TDDI），强化新思公司移动显示屏市场的王者地位。可见，新思公司一直专注于电容式触摸驱动技术，通过自身的研发、收购和合作等方式，在此领域具备了雄厚的技术实力，同时也积累、布局了大量的专利，这些专利除了来自自身专利申请外，主要还包括通过并购、合并等方式获得的专利。

相比于触控技术领域的巨头新思公司，成立于2002年的汇顶科技是触控技术领域的后起之秀。汇顶科技从早期研制固定电话控制芯片开始，到2006年进行电容触控技术研究，2008年就开始大批量发货电容触控按键芯片，2011年时得到了联发科400万美元的战略投资，并且形成战略合作伙伴关系，开始承接联发科手机芯片平台的触控IC解决方案业务。可见，得益于智能手机市场的爆炸式增长，以及联发科在智能手机领域的强势崛起，从事触控IC研发的汇顶科技也得到了飞速发展。据汇顶科技的财务数据显示，其2011～2015年营收分别为人民币8652.80万元、55665.26万元、68562.09万元、85369.36万元和111575.99万元；在净利方面，2011年汇顶科技净利润仅为2652.50万元，2012年则增长近10倍，达到2.25亿元，2013～2015年净利分别为2.57亿元、3.84亿元、3.78亿元。据笔者估算，2011～2015年来，营收年复合增长率高达89.50%，净利润年复合增长率高达94.29%。

2014年5月，汇顶科技正式对外推出适用于移动设备的触摸式指纹识别芯片，该产品采用全新独创的专利封装技术，在外观设计上，使用防腐材质金属外框内嵌蓝宝石盖片，同时集成高密度传感器组件，高门槛的封装技术。另外，与欧美企业一般采用高压驱动不同，汇顶科技采用了低压驱动方式。指纹触控IC实际上与汇顶科技电容触控IC在技术上有很大的延续性，因此采用低压驱动方式是最有效的研发方式，而此方向也让汇顶科技无意中迈过了最艰难的技术门槛和专利围墙。同月，汇顶科技预披露，准备IPO，发行不超5500万股，拟在上海证券交易所上市。

2014年9月，就在第一代蓝宝石触摸式指纹识别IC发布仅仅4个月，汇顶科技宣布推出新一代指纹识别方案IFS（全称为“Invisible Fingerprint Sensor”），即隐藏式的指纹识别。也就是说，手机厂商无需在手机玻璃盖板或者后壳上开孔放入指纹识别模块，而是将指纹识别模块放在触控面板之下。由此手机厂商不需要改变原有外观设计风格，同时也更符合安卓（Android）用户的使用习惯。

2014年11月19日，中国手机厂商魅族的新旗舰手机MX4 Pro在北京高调发布，而这款手机正是采用了汇顶科技的指纹识别芯片。汇顶科技成功打败国外竞争对手牵手魅族，在竞争激烈的触控IC领域成功闯出了一条自己的路。

可见，汇顶科技紧跟智能手机市场的爆炸式增长，积极开拓创新，提高自身的技术研发能力，同时也积累和布局了大量的专利，据汇顶科技宣称，在触控及指纹识别领域已申请、获得国内外专利共计260多项，所开发的电容触控芯片及指纹识别芯片已达到业界领先水平。

根据旭日移动终端产业研究所发布的“触控芯片出货量排行榜”显

示，汇顶科技与新思公司是触控芯片的主要厂商，2014 年几乎每月分别排在榜单的前三、四名，汇顶科技的出货量一直高于新思公司，到 2014 年 12 月，新思公司的出货量基本与汇顶科技持平。但 2015 年 1～3 月，汇顶科技的出货量又明显增长迅速，共出货 32.1 百万颗（KK），已明显高于新思公司的出货量 26.6 百万颗（KK）。

基于上述二者在触控技术领域的地位以及旭日移动终端产业研究所的出货量分析，可以看到汇顶科技已完全成为新思公司在触控芯片产品上强有力的竞争者。另外汇顶科技已逐渐进入中国主要手机品牌的供应链，甚至开始抢夺新思公司的核心客户三星电子，对新思公司的业务影响越来越大。因此，新思公司与汇顶科技之间的战争将不可避免，终于到了一触即发的地步。

终于，新思公司于 2015 年 4 月 16 日在美国加利福尼亚北区地方法院对汇顶科技和采用汇顶科技触控芯片的 BLU 公司提出专利侵权诉讼；随后于 2015 年 4 月 21 日，向 ITC 提出该案的 337 调查申请，同样指控专利侵权。自此，正值汇顶科技排队首次公开募股（IPO）时，新思公司与汇顶科技之间的专利知识产权纠纷战争拉开帷幕。

3.33.2　337 调查过程

2015 年 4 月 21 日，美国新思公司向 ITC 提出申请，请求对中国的汇顶科技和美国的 BLU 公司违反 337 条款进行立案调查，指控汇顶科技的 GT915 触控芯片和 BLU 公司的采用 GT915 芯片的产品侵犯 US7868874B2、US8338724B2、US8558811B2 和 US8952916B2 专利的相关权利要求的专利权，具体参见表 3－33－1，并要求对被申请人发布有限排除令和禁止令。

表 3－33－1　涉案专利中指控的权利要求

涉案专利	涉案权利要求			
	2015 年 4 月 21 日	2015 年 10 月 9 日	2016 年 1 月 20 日	2016 年 2 月 22 日
US7868874B2	1、5、6、11、16、23～26、39、50、51、56、57、61、62、64	1、5、6、11、24～26、51、56、61	1、5、6、25、51、61	1、5、51

续表

涉案专利	涉案权利要求			
	2015年4月21日	2015年10月9日	2016年1月20日	2016年2月22日
US8338724B2	1~3、5、8、12、19~22	1、3、12、19、21	1、3、12	1、3、12
US8558811B2	1、3、4、7、11、12、15~18、20、23、25	1、3、4、7、11、12、16~18、23	1、3	1、3
US8952916B2	1~3、7、9、10、13~16	1~3、7、9、13、14	1、3、7	1、7

2015年5月20日，ITC分配行政法官，决定立案进行调查。

2015年5月26日，汇顶科技宣布聘请美国极具专利诉讼实战经验的Perkins Coie律师事务所应诉；随后6月10日，BLU公司也宣布聘请Egozi & Bennett律师事务所应诉。

2015年9月11日，汇顶科技提供了长达12页的专利和4页的非专利公开出版物的现有技术清单，认为申请人的4项专利是无效的，并表明这些现有技术已在与上述4项专利相关的多方复审（Inter－parts Review，简称“IPR”）等程序中与申请人有过沟通和讨论，这些IPR程序的案件号分别为IPR2015－01739（对应US8558811B2）、IPR2015－01740（对应US8952916B2）、IPR2015－01741（对应US8338724B2）、IPR2015－01742（对应US7868874B2）、IPR2015－01743（对应US7868874B2）。

2015年9月14日，BLU公司也提供了与汇顶科技相同的现有技术。

2015年10月9日，申请人动议终止4项涉案专利的某些权项的调查，2015年10月13日，行政法官初裁同意该动议，终止对4项涉案专利的某些权项的调查，具体参见上表3－33－1。2015年10月30日ITC同意并不再复审行政法官的该初裁决定。

2015年11月5~6日，召开听证会（Hearing）。之后的2016年1月20日，申请人再次动议终止4项专利的某些权项的调查，具体参见上表3－33－1。随后行政法官初裁同意了该动议，2016年2月4日ITC同意并不再复审行政法官的该初裁决定。

2016 年 2 月 22 日，申请人第三次动议终止其中两项专利的某些权项的调查，具体参见上表 3－33－1。随后的 2016 年 2 月 23～26 日和 3 月 1 日，再次召开听证会。2016 年 3 月 24 日，行政法官初裁同意了该动议。随后 3 月 29 日，申请人和被申请人基于和解协议提出终止调查的联合动议，很快在 4 月 12 日和 4 月 14 日行政法官和 ITC 分别同意了该联合动议，决定终止调查。自此，申请人与被申请人之间的包括该 337 调查在内的多项纷争以和解的方式尘埃落定。

3.33.3　案件分析及启示

该案虽然最终以和解的方式终止调查，但从上述双方当事人的背景和该案的调查历史可以看出，申请人在选择被申请人、提出调查时机和其他策略选择等方面是经过一番掂量考究的，被申请人在面对诉讼时积极应对、进攻性的策略选择也为中国企业起到了很好的示范借鉴作用。对于中国企业尤其是科创型企业而言，该案的双方都值得深入分析和研究，下面将从申请人和被申请人两个角度展开分析和讨论。

1. 申请人策略选择

（1）对象选择。

中国 IC 企业随着中国巨大市场的爆炸式增长，快速发展壮大，也越来越国际化，汇顶科技只是中国众多 IC 企业的一个典型代表。汇顶科技勇于创新，在采用低压驱动方式成功绕过欧美企业的高压驱动方式的技术路径之后，又紧接着推出了隐藏式的指纹识别等一系列技术，在竞争激烈的触控芯片领域成功闯出了一条自己的路。汇顶科技不仅成为中国主要手机厂商联想、中兴通讯等的供货商，随着自身新技术的研发和成熟，汇顶科技的触控与指纹识别产品受到越来越多中国和国际终端品牌（如华为、三星等）的认知与选择。因此，汇顶科技的崛起和强大，已使得新思公司感受到了强烈的威胁。新思公司不得不挥起专利大棒，阻挡和延缓汇顶科技的发展势头。

尽管中国的一些主要手机厂商也采用了汇顶科技的触控芯片，而且目前在美国市场销售的中国手机中使用汇顶科技芯片的不乏知名品牌，但新思公司在起诉汇顶科技时，并没有将中国这些手机厂商列入被申请人清单，显然申请人基于商业利益考虑，一是不愿意去捅中国这些大牌手机厂商这个大马蜂窝，如果一旦触犯“众怒”，联合起来抵制甚至反诉新思公司，这对新思公司并没有什么好处，而且拥有中国巨大市场的这些中国大牌手机厂商有的是新思公司的大客户，或者是潜在客户，一旦得罪将得不偿失；二是如果汇顶科技违反 337 条款的调查结果成立，也会间接迫使采用汇顶科技触控芯片的手机厂商在出口美国市场时考虑到出于侵权风险而不采用汇顶科技的产品，这样在一定程度上也会促使这些手机厂商考虑采用自己的芯片。

但作为共同被申请人，新思公司还是选择了一家使用触控芯片的终端产品手机厂商作为被申请人，相较于活跃在美国市场上的中国知名手机厂商，BLU 公司属于小品牌手机厂商。笔者推测新思公司的这个选择与不选择大牌手机厂商作为共同被申请人是一脉相承的，既然不愿意得罪大牌手机厂商，那也需要以实际行动“杀鸡儆猴”，要告诉所有的手机厂商，尤其是采用汇顶科技芯片的大牌手机厂商客户会面临侵权诉讼的风险和产品禁售的风险，另外申请人可能也是“欺软怕硬”，认为小品牌的法律意识薄弱、资金实力不足、应诉能力不高，或者可能考虑到小品牌在应诉成本付出与产品盈利收入之间不成比例时容易放弃为自己辩护的权利和机会，不战而胜，增加胜诉概率，达到打压竞争对手的目的。

由上述分析可以看出，申请人在选择被申请人时是经过了精心考虑和衡量的。

（2）时机选择。

新思公司起诉汇顶科技等的 4 项专利均涉及一种位置或接近度传感器，如触摸垫，尤其涉及能够利用数字代码来监测手指、触针或其他物体的基于位置的属性的设备、系统和方法。笔者检索后发现，这 4 项专利 US7868874B2、US8338724B2、US8558811B2、US8952916B2 的提交时间分别为 2005 年 11 月 15 日、2010 年 12 月 7 日、2012 年 11 月 16 日、2013 年 9 月 11 日，授权日期分别是 2011 年 1 月 11 日、2012 年 12 月 25 日、2013

年 10 月 15 日、2015 年 2 月 10 日，后三项专利的每一项专利都是在前专利的继续申请案，这 4 项专利都以母案的申请日为申请日，这是美国专利制度中的继续申请制度。

美国专利继续申请制度允许母案在专利审查期间状态下（一般是这件专利尚未被授权、放弃或者驳回），可以在得到母案支持前提下基于母案提出继续申请案，而且没有数量的限制。美国专利继续申请制度是对专利权人非常有意义的一项专利制度，因为有了继续申请制度，专利申请人就可以时刻监控市场产品动态，一旦发现有和专利申请时权利要求技术方案有区别的产品形态，则可以迅速提交一个继续申请案，并将继续申请案的权利要求写得完全涵盖该市场产品形态（前提是得到母案的支持），如果该继续申请案授权，那么专利权人再去起诉侵权则是轻而易举。

笔者检索后还发现，申请人于 2014 年 12 月 23 日还申请了 US8952916B2 的继续申请案 US9348477B2，授权时间为 2016 年 5 月 24 日；基于该 US9348477B2，于 2016 年 4 月 25 日进一步申请了继续申请案 US2016/306467A1，截至目前还未授权。可见，申请人等不及更多的继续申请案授权，于 2015 年 4 月 21 日向 ITC 提出违反 337 调查申请，指控汇顶科技以及 BLU 公司侵犯其专利权。

申请人新思公司选择此时提出 337 调查申请，笔者推测申请人可能有意无意涉及以下一些原因。

一是申请人可能意识到 2015 年将是触控芯片需求快速增长的一年，此时发起侵权诉讼，有限制打压对手之意。据相关资料报道，无论是按压、划擦等方式，指纹识别在 2014 年的全球智能手机中的渗透率约 10%，到 2015 年底，可能拉升至 20% ~40%，这将是一个巨大的需求市场。而竞争对手汇顶科技在触控芯片的出货量一直压制着新思公司，在 2015 年又增长迅速。选择此时对汇顶科技提出诉讼，不仅会干扰分散汇顶科技蚕食抢夺市场的注意力，也会影响、分流汇顶科技的客户群。

二是申请人可能发现被申请人正处于 IPO 排队上市的关键时期，此时发起侵权诉讼，有阻击添乱之嫌。中国《首次公开发行股票并上市管理办法》第 28 条规定：发行人不存在重大偿债风险、不存在影响持续经营的担保、诉讼以及仲裁等重大或有事项。因此，对于正处在IPO排队上市的汇顶科技而言，申请人新思公司发起的侵犯专利权的337调查申请属于涉及重大未决诉讼，将成为汇顶科技IPO路上的拦路虎。申请人可能意识到，如果汇顶科技一旦IPO成功，将会获得充盈的融资而加快发展速度。即使不能阻拦汇顶科技IPO成功，也能制造麻烦延缓汇顶科技IPO步伐，分散汇顶科技的注意力，从而为自己抢夺市场、创新发展赢得相对更多的时间和空间。

另外，笔者分析后还发现，申请人在2015年4月21日向ITC提出该案的337调查申请之前的4月16日，还在美国加利福尼亚北区地方法院对汇顶科技和采用汇顶科技触控芯片的BLU公司提出专利侵权的平行诉讼。这将迫使被申请人多战线应诉，增加被申请人的应诉成本和能力门槛，结合申请人选择一家小品牌的手机厂商作为被申请人之一的意图分析，笔者推测申请人同时提出337调查和法院的平行诉讼可谓是处心积虑。

2. 被申请人应对分析

（1）积极应诉。

汇顶科技作为深圳市和国家级高新技术企业，以创新驱动发展，在智能移动终端领域不断取得新进展，成为人机交互及生物识别技术的领导者，其产品和解决方案应用在华为、联想、中兴、OPPO、vivo等世界知名终端品牌。汇顶科技在技术不断发展创新的过程中，也注重自主知识产权的保护，在触控及指纹识别领域已申请、获得国内外专利共计260多项，所开发的电容触控芯片及指纹识别芯片等已达到业界领先水平。

在新思公司于4月21日提起针对汇顶科技的触控芯片侵犯新思公司的美国专利权的337调查申请后，汇顶科技于4月22日晚就发表声明称，公司具有长期独立自主电容检测技术开发积累，触控及指纹识别领域已经申请和获得国内外260多项专利，产品均为自主研发，不侵犯任何第三方知识产权。针对任何不公平竞争侵害公司合法权益的行为，汇顶科技都会采取法律手段予以有力的回击。

从上述的声明中可以看出，汇顶科技对于新思公司的指控并不畏惧，并声称会采取法律诉讼方式捍卫自己的权利。汇顶科技的回复可谓底气十足，这底气或许来自于其所声称的260多项专利的自主知识产权积累。随后，汇顶科技宣布聘请美国极具专利诉讼实战经验的Perkins Coie律师事务所积极应诉。

尽管被申请人汇顶科技处于IPO排队上市的关键时期，对于这样的起诉按要求需要作出回应，但从被申请人汇顶科技接到起诉通知到硬气回应以及迅速聘请经验丰富的专业律师团队应诉这一系列措施，可以看出汇顶科技积极应诉的态度。但归根结底，还是汇顶科技的专利知识产权的保护和积累给了自己足够的底气。

（2）多点出击。

汇顶科技聘请有实战经验的专业律师团队之后，选择的应诉策略也是极具代表性。

首先，汇顶科技对涉案专利进行无效应对。在337调查过程中，针对4项涉案专利，汇顶科技与另一被申请人BLU公司提供了长达12页的专利和4页的非专利公开出版物的现有技术清单，认为申请人的4项专利是无效的，并在337调查过程中，使得申请人新思公司连续3次动议主动撤回部分权利要求权项的侵权指控，涉案的权利要求项数由开始的50项缩小到10项。

其次，汇顶科技对涉案专利提出IPR程序。美国专利制度的IPR程序是美国2011年颁布的美国发明法案中的一个新程序，是依据《美国法典》第35编第31章的一个新的专利无效诉讼程序，于2012年9月16日生效。此程序在美国专利商标局的专利审判和上诉委员会进行，IPR申请人只能根据《美国专利法》第102条和第103条对专利提出没有新颖性和创造性的无效请求，而提交的现有技术必须是专利或出版物。被申请人汇顶科技基于上述程序，对申请人的4项涉案专利于2015年8月17日提出了共计5项的IPR程序，还于2016年2月继续提出另外的4项IPR程序。上述IPR程序的不断提出，对于申请人新思公司是不小的压力，一是该程序流程快。立案后专利权人在3个月内就要进行初步答复，相较于一般联邦地方法院2～3年的专利诉讼时长，IPR程序立案后1年左右就可以出判决结果，从而将被申请人的涉诉产品是否侵权的焦点转移到申请人的涉案专利是否有效上来，让申请人反而处于被动地位。二是该程序物美价廉。一般联邦地方法院的专利诉讼费用预算动辄上百万美元，而 IPR 程序的预算一般在 30 万 ~ 50 万美元，而且在联邦地方法院诉讼初期就开始 IPR 程序的话，大部分联邦地方法院会暂停地方法院的诉讼程序，等美国专利商标局对专利有效性的判决，这将为申请人节约可观的法院节约诉讼费用和宝贵的诉讼时间。三是程序无效成功率高。根据美国专利法，在联邦地方法院的专利诉讼中，专利首先是默认有效的，所以无效的难度很大；而 IPR 程序中，专利没有被默认为有效，对权利要求的解释比联邦地方法院更广，更有利于使专利无效；而且美国专利商标局的法官相较于一般不具有技术背景的联邦法官或陪审团，更具有技术背景，更容易被说服，使得判决无效。

另外，汇顶科技对申请人的中国专利同族提出无效。对于在中国提出的专利无效请求，《中华人民共和国专利法》第 45 条规定，“自国务院专利行政部门公告授予专利权之日起，任何单位或者个人认为该专利权的授予不符合该法有关规定的，可以请求专利复审委员会宣告该专利权无效”。第 47 条规定，“宣告无效的专利权视为自始即不存在”。据笔者检索，汇顶科技于 2015 年 9 月 22 日对涉诉专利中的 1 件中国专利同族（授权公告号：CN101310246B，授权公告日：2012 年 7 月 18 日，优先权日：2005 年 11 月 15 日）向中国专利复审委员会提交了无效请求（案件编号：4W104091）。汇顶科技于 11 月 3 ~ 4 日还对新思公司在中国的其他 6 件发明专利同族（授权公告号分别为：CN102449640B、CN101080689B、CN102257468B、CN102460358B、CN102084334B、CN100492266C）向中国专利复审委员会提起了无效请求（案件编号分别为：4W104175、4W104177、4W104179、4W104180、4W104183、4W104185）。据统计，中国无效宣告请求案件的平均审查周期仅为 7 个月左右，而且上述的 7 件无效请求案，被申请人几乎每件案件都聘请一家代理所进行处理，这意味着被申请人汇顶科技在自己国家，利用天时地利的优势，向申请人发起侧面多点进攻，把申请人拖入多面应诉、疲于应对的不利局面。

被申请人从上述多个方面展开的应诉和反诉，逐渐掌握了主动，反陷申请人于不利境地，可谓很好的诠释了“进攻是最好的防守”。

（3）和解结案。

尽管被申请人汇顶科技全面引燃与申请人新思公司之间的各种专利侵权无效纷争，但对汇顶科技而言，其正处于 IPO 排队上市的关键时期，而且市场更迭也是日新月异，时间拉得越长对其越是不利，因此适时和解，早日结束各种诉讼程序，对其而言是最好的结果。在积极应诉和迎头多点还击的策略下，汇顶科技逐渐掌握主动权，也在与申请人的和解谈判中手握足够份量的筹码。最终，汇顶科技与新思公司达成和解，握手言和，新思公司放弃 337 调查和联邦地区法院的侵权诉讼，汇顶科技也放弃对申请人在美国专利商标局提出的 9 项 IPR 程序和在中国提出的 7 件无效请求。

也正是汇顶科技行之有效的策略迫使申请人提前选择和解，汇顶科技如愿在 2016 年 4 月及时和解，最终汇顶科技在 2016 年 10 月成功在上海证券交易所上市。

从上述案例分析可以看出，无论是申请人还是被申请人，对中国企业走出国门，站稳欧美市场都具有非常好的借鉴意义。

从申请人的角度而言，商场如战场，合理利用类似 337 调查等各种武器，阻碍、延缓竞争对手的发展，在商业竞争中可以考虑和选择的策略。具体对于 337 调查而言，起诉对象的挑选、起诉时机的选择等，基于自身的商业利益都大有文章可做，需要精心考虑。在商场上，没有永远的对手。避免两败俱伤的互相诉讼，寻求互利共赢的及时和解，才是谋求自身利益最大化和稳步发展的最好选择。

从被申请人的角度来看，在面对诉讼时不畏惧不退缩，积极应对，最好的防守就是进攻，不仅对申请人的涉案专利在美国和中国提出无效请求程序，还对申请人的其他非涉案专利也提出无效请求，实现对申请人的正侧面多点阻击，变被动为主动，逐渐手握更多谈判筹码，从而有利于在和解谈判中谋求自身利益最大化，化危机为商机，谋求更大发展空间。

然而申请人和被申请人也具有共同的特点，二者都是创新型企业，创新能力强，知识产权保护意识高。无论是申请人通过美国联邦地方法院和

ITC的337调查同时“气势汹汹”指控被申请人专利侵权，还是被申请人硬气十足的正面回应和漂亮利落的多点反击，归根结底都离不开自身所拥有的底牌——大量授权专利及其布局。因此，对于中国企业而言，在自身创新发展的过程中，在走向国际市场之前，一定要注重知识产权保护，做好专利布局，做好侵权预警分析，才能在商场如战场的市场竞争中争得一席之地。

另外，IPR程序是非常有力抗诉申请人的武器，是有效的专利确权程序。IPR程序专利无效成功率高、审限短、证据开示范围相对较窄等优势，因此在应对337调查的过程中，被申请人恰当地选择IPR程序，将对申请人施加较大的压力，从而在争取和解结案等方式中获得谈判的筹码。

3.34 珠海打印设备及耗材产业337调查分析

中国的产业集群充分利用后发优势，产业规模和技术水平日益提高，也越来越受到国外行业巨头的重视。分析产业集群应对337调查的历程，可以看出产业应对337调查的策略。

在打印设备及耗材领域，业界广为流传这样一句话：“全球通用打印耗材的生产70%在中国，全中国的70%在广东，而广东的80%在珠海。”珠海形成了以南屏科技工业园、富山工业园为代表的打印设备及耗材产业集群，拥有600多家办公设备和耗材企业，已发展成为全球打印耗材产业规模最大、产业链最全的区域之一，是名副其实的“世界打印耗材之都”。但是在技术能力、产业配套、产品市场竞争力等方面，珠海企业与国际一流厂商仍存在一定差距。特别是近年来，随着市场呈现饱和趋势，增长速度放缓，市场竞争日趋激烈，惠普（HP）、佳能（Canon）、爱普生（Epson）等国际厂商不断针对中国企业提出337调查，珠海打印耗材产业成为了“专利战”的重灾区。而从337调查的结果来看，珠海企业鲜有胜诉案例，严重影响了产品出口，对企业开拓海外市场带来了不小阻碍。

3.34.1　珠海打印设备及耗材产业概况

经过 30 多年的发展，目前全球及中国打印设备及耗材产业均已进入了发展的成熟阶段。中国凭借着劳动力资源优势，从 20 世纪八九十年代开始，迅速发展成为全球打印设备及耗材产品制造大国，惠普、佳能、爱普生、兄弟（Brother）、富士施乐（FujiXerox）、三星（Samsung）等主要打印设备厂商纷纷在中国投资建厂，逐渐形成了集打印机生产技术和管理人才、供应链、组装工厂、物流体系等完整的产业配套环境。与此同时，中国通用耗材产业也得到了发展和壮大，珠海市注册登记的打印耗材企业共有 600 多家，其中与耗材产品生产、研发、贸易、设备、检测服务等直接相关的企业约 250 家，贸易销售商 360 多家，从业人数超过 5 万人，年工业总产值达到 210 多亿元，仅次于家用电器、电子信息、石油化工、电力能源等产业的产值，与电子信息、家用电器、石油化工、电力能源、生物医药、精密机械制造等共同构成了珠海支柱性产业。珠海打印设备及耗材产业基础配套发展较为成熟，产业链布局较为完善，生产打印耗材所需的绝大部分配件都可以在本地完成采购，打印耗材的加工制造也较为成熟，使得打印耗材产业是目前珠海所有产业中，唯一一个产业链配套完整、上下游产业较为齐全，并在全球占据一定领导地位的行业。目前，珠海打印设备及耗材产业年产色带框架 2 亿个、墨盒 2 亿多支、硒鼓 5000 多万支，供应了全球 70% 以上的色带、60% 的兼容墨盒、30% 的通用硒鼓，已发展为全球打印耗材产业规模最大、产业链最全的区域之一，其中珠海赛纳打印科技股份有限公司（简称“赛纳”）和天威飞马耗材有限公司（简称“天威”）已发展成为全球最大的两家通用耗材生产企业，珠海艾派克微电子有限公司是全球最大的耗材芯片供应商。

不过，随着打印设备及耗材产业进入发展成熟期，增长速度日趋缓慢，产业发展的内生动力在减弱，市场竞争日益激烈，缺乏技术含量的低端产品，仅靠价格优势越来越难以获得市场的青睐。在珠海打印设备及耗材产业结构中，打印设备环节处于起步阶段，绝大部分产值来源于耗材企业，而且多数企业的出口比重高达 90%，耗材产业外贸出口依赖性较高。

目前，珠海市部分耗材企业在国际市场上占据了较大的市场份额，但“出口依赖”型的发展模式也增加了产业持续发展的风险，较易受国外经济、政策环境的影响。珠海市打印耗材生产企业规模大部分偏小，主要靠贴牌生产，然后借助行业内大企业建立的供应链进行销售。由于没有在市场推广、研发、品牌创建等方面的投入，小企业生产成本较低，往往以“价格战”进行同质化竞争以获得较多的销售。“价格战”使珠海打印设备及耗材领域企业的利益严重受损，企业利润迅速减少，并对企业研发投入和进度产生不利影响，部分企业不得不生产没有自主知识产权、技术含量更低的假冒伪劣产品，进而形成恶性循环，严重影响了珠海市打印设备及耗材产业的转型升级和健康发展。珠海虽已发展成为全球重要的打印设备及耗材生产基地，但总体而言，珠海打印设备及耗材企业主要集中在通用耗材领域，耗材企业提供的产品则主要集中在中低端市场，处于产业链低端环节，产品附加值低。

由于需要融合精密机械、精细化工、精密光学、图像处理、自动控制、微电子、静电学、软件等多种学科与技术，使得打印机产业的进入壁垒非常高。一直以来，打印机的核心技术也主要被惠普、佳能、利盟、爱普生、三星等跨国巨头所垄断，这些企业为确保自身利益，均以专利保护等手段设置技术壁垒，进一步提高了行业进入门槛，给后来者增加了诸多障碍。近年来，在跨国公司的紧逼之下，珠海打印耗材企业的自主技术研发和创新的能力有了明显进步。赛纳经过多年努力推出了中国第一台自主核心技术的激光打印机——奔图激光打印机，一举打破了国外公司对打印机产业的技术垄断，填补了中国在这一产业领域的空白，使中国成为继美、日、韩之后，全球第四个掌握激光打印机核心技术的国家。赛纳发明的微压阀控制墨盒供墨量的技术和专利，成为支撑中国打印机喷墨耗材产业的关键共性技术。2006 年，天威“墨盒装置”获得中国打印耗材行业唯一的国家专利金奖；2011 年，爱普生因天威连续供墨专利对其产品在中国上市存在风险进而提出专利异议，通用耗材行业专利首次与传统打印机厂商的专利发生正面冲突；2012 年，天威 NoTwist™非扭曲感光鼓齿轮获美国专利商标局正式授权，这是中国在该领域获得美国授权的首个专利。但是，在基础配件环节，珠海在感光鼓（OPC）、彩色墨粉等核心产品环节还稍显不足，产业高端环节缺位，不利于珠海提高在全球打印设备及耗材产业领域的话语权，也影响着产业的可持续发展。❶

3.34.2 337调查案件分析

1. 案件概述

在打印设备及耗材领域，向中国企业发起的337调查最早发生在2006年，爱普生（337－TA－565）和惠普（337－TA－581）相继发起337调查，中国涉案企业包括珠海纳思达数码科技有限公司（简称“纳思达”）、珠海格力磁电有限公司、深圳惠尔联贸易有限公司，其中纳思达是唯一一个涉及上述两起调查的中国企业。虽然这两起调查的结果有所不同，但中国企业都没有从中占到便宜，“565案”中ITC对部分进口产品发布普遍排除令，同意对部分缺席被告的侵权产品发布有限排除令，并对中国被申请人发布禁止令，“581案”中被告纳思达与申请人惠普达成和解协议，根据协议纳思达停止在美国出售涉案墨盒产品。❷

2009年9月，惠普（337－TA－691）又向珠海格力磁电有限公司、珠海中润靖杰打印机耗材有限公司、珠海傲威科技有限公司、深圳普林美亚电子有限公司、珠海泰达电子科技有限公司、上海安捷打印材料有限公司、香港麦普国际有限公司等多家中国企业发起337调查。由于多个被申请人缺席，ITC发出了普遍排除令。

2010年3月，惠普向包括台湾研能科技股份有限公司、香港麦普科技有限公司、中国麦普科技有限公司、香港PTC控股有限公司在内的多家公司提起337调查（337－TA－711），但惠普很快撤回了调查申请，并于5月和6月连续提出两件申请，分别针对被申请人台湾研能科技股份有限公司、亚太优势微系统股份（中国台湾）有限公司、香港麦普科技有限公司、中国麦普科技有限公司、香港PTC控股有限公司（337－TA－723，简称“723案”）以及被申请人珠海中润靖杰打印机耗材有限公司、珠海傲

❶ 珠海市打印设备及耗材产业发展规划（2014～2020），珠海市商务局印发。

❷ 张平．产业利益的博弈——美国337调查［M］．北京：法律出版社，2010：226－235.

威科技有限公司、泰达电子科技有限公司、深圳普林美亚电子有限公司、上海安捷打印材料有限公司（337－TA－730，简称“730案”）。“723案”和“730案”中，由于多家中国企业缺席，ITC发布了普遍排除令。

2010年6月，另一全球打印机产业巨头——佳能，对中国企业发起了337调查（337－TA－731），涉案被告包括纳思达、中国纳思达管理公司、香港纳思达公司和赛纳、香港赛纳公司。该案最终以同意令停止调查，条件是所有被申请人承认专利有效并不再进口、销售涉案产品。

2010年8月，利盟国际有限公司（简称“利盟”）又针对包括纳思达及纳思达新泽西子公司、赛纳和天威的母公司天威控股在内的全球25家调色墨盒生产商和经销商提起337调查（337－TA－740）。ITC最终裁定侵权成立，颁布普遍排除令、停止和禁止令。

2012年1月，佳能针对3家中国企业珠海富腾打印耗材有限公司、珠海中润靖杰打印机耗材有限公司和上海昊群数码科技有限公司的硒鼓产品提起337调查（337－TA－829）。由于上述3家企业未应诉，ITC裁定全部被申请人缺席，发布普遍排除令、停止和禁止令。

2014年5月，佳能再次提起337调查（337－TA－918），被申请人为包括纳思达、赛纳、天威、深圳爱斯达办公耗材有限公司、中山沃德打印机设备有限公司、江西亿铂电子科技有限公司在内的6家中国企业以及27家国外生产商和经销商。在调查过程中，纳思达、赛纳和天威与申请人佳能和解，3家企业基于同意令不进口和销售涉案产品。最终，ITC发布普遍排除令、停止和禁止令。

2014年12月，爱普生对19家墨盒生产商和销售商提起337调查（337－TA－946），其中珠海企业有9家，该案中仅有珠海氖锘数码科技有限公司应诉，但很快便与申请人和解，基于同意令其不再进口和销售涉案产品。其他中国企业均未应诉，被ITC判定为缺席，并发布普遍排除令。

打印设备及耗材产业337调查概况见表3－34－1所示。

表3－34－1　打印设备及耗材产业337调查概况

案件号	申请时间	申请人	主要涉案珠海企业	结果
337－TA－565	2006年	爱普生	纳思达 格力磁电有限公司	普遍排除令
337－TA－581	2006年	惠普	纳思达	和解（被告停止进口和销售）
337－TA－691	2009年	惠普	格力磁电有限公司 中润靖杰打印机耗材有限公司 傲威科技有限公司 泰达电子科技有限公司	普遍排除令
337－TA－711	2010年	惠普	无	被申请人答辩前申请人撤诉
337－TA－723	2010年	惠普	无	普遍排除令
337－TA－730	2010年	惠普	中润靖杰打印机耗材有限公司 傲威科技有限公司 泰达电子科技有限公司	普遍排除令
337－TA－731	2010年	佳能	纳思达 赛纳	同意令（被申请人停止进口和销售）
337－TA－740	2010年	利盟	纳思达 赛纳 天威控股	普遍排除令
337－TA－829	2012年	佳能	富腾打印耗材有限公司 中润靖杰打印机耗材有限公司	普遍排除令
337－TA－918	2014年	佳能	纳思达 赛纳 天威	同意令（纳思达、赛纳、天威停止进口和销售） 普遍排除令
337－TA－946	2014年	爱普生	氖锗数码科技有限公司 中润靖杰打印机耗材有限公司 富腾打印耗材有限公司 悦达电子科技有限公司 傲威科技有限公司 诚威电子有限公司 华人科技有限公司 奥美亚数码科技有限公司 里程发展有限公司	同意令（氖锗数码科技停止进口和销售） 普遍排除令

2. 涉及337调查的珠海企业

在打印设备及耗材相关的337调查中，珠海有14家企业牵涉其中。以下是这些企业的简要介绍。

纳思达成立于2000年，是珠海知名企业，现已发展成为全球最大的打印耗材制造商之一，旗下的“格之格”品牌被评为中国“耗材类渠道首选品牌”，“格之格”耗材种类齐全，适用于爱普生、佳能、惠普、利盟、富士施乐、兄弟等品牌的全系列打印机，共计十大类，1000多种型号产品。纳思达同多家世界知名企业及70多个国家和地区的“格之格”代理商建立了良好的商业合作关系，已形成了覆盖全球的销售网络。

赛纳成立于2006年4月，是一家以技术创新和核心专利为基础，以研发、制造和销售为一体的制造型企业，公司主营业务为生产激光打印机通用和再生硒鼓，现有员工总数4000人，占用厂房面积约11万平方米，能够同时生产400多种适用于佳能、惠普、利盟、富士施乐、兄弟等各品牌全系列的激光打印机用硒鼓产品。赛纳重视技术创新，拥有近百项自主专利技术，并获得了国际跨国公司2万多项专利的合法使用权。2009年，赛纳一举打破了国外跨国公司对中国打印机产业近30年的技术垄断，成功研发出中国第一台有自主核心技术的激光打印机——奔图激光打印机，填补了中国在这一产业领域的空白，使中国成为继美、日、韩之后，全球第四个掌握激光打印机核心技术的国家，并为国家打印信息安全提供了保障，促进了打印机在中国的普及应用。

天威是全球最大的通用打印耗材生产制造商之一，是中国计算机行业协会副会长单位，中国计算机行业协会打印机耗材专业委员会会长单位，目前员工人数7000人。天威拥有20多年的专业打印耗材制造经验，集色带、喷墨、激光耗材产品研发、生产于一体，是专业化、全门类、高集成的耗材生产基地，系亚洲再生/兼容耗材制造业的龙头企业。产品种类多达1000多种，产品远销全球100多个国家和地区。天威“墨盒装置”获得国家专利金奖，“非扭曲感光鼓齿轮”是中国在该领域获得美国授权的首个专利。

珠海格力磁电有限公司是格力集团控股的中外合资企业，是中国成立最早、规模最大的集研发、生产、销售、物流于一体的打印耗材生产基地之一。产品主要涵盖：硒鼓、粉组件、鼓组件、瓶装粉、墨盒、填充墨水、针打色带、带芯、热转印色带等全系列打印机耗材。公司以月产兼容墨盒300万个、硒鼓40万支的雄厚实力，跻身同行业的前列。

珠海中润靖杰打印机耗材有限公司成立于1995年，是一家致力于专业生产、销售打印机耗材的香港合资企业。在打印机耗材生产领域，拥有多年的专业经验，吸引了一批高素质、高水平的科研、生产、营销、管理等方面的专业人才。墨盒月产值达600万个，硒鼓30万支。场地面积达8000平方米，员工总数约800人，其中质量监控员40人，工程开发人员30人。

珠海泰达电子科技有限公司是一家中外合资公司，成立于2002年，主要从事打印耗材的生产及销售工作，产品包括：兼容墨盒，再生硒鼓，支装填充墨水，套装填充墨水，墨水及碳粉填充套装，连续供墨系统，可填充墨盒，喷墨打印纸（照片打印质量），高光、半高光和绒面打印相纸及其他打印耗材。公司重视产品质量，严格执行ISO 9001：2000质量体系的要求，于2003年顺利通过了通用公证行（SGS）认证，2004年通过了ISO 14001：2004国际环境管理会认证。

珠海傲威科技有限公司是一家集全新科技研发、产品设计以及生产于一体的高新科技公司。自2002年成立以来，公司一直致力于墨盒与硒鼓的生产和市场销售，工厂总占地面积将近2万平方米，配备了超过500套先进的专业仪器以及850名在职员工，其中包括专业技术人员600余人，研发人员30余人，质量保证（QA）人员20余人。公司全新墨盒月产量达400万个、再生墨盒月产量达20万个、硒鼓月产量达35万支、墨水月产量达150吨。

珠海富腾打印耗材有限公司于2009年成立，是从事硒鼓、墨盒等产品专业生产加工的企业，拥有完整、科学的质量管理体系，产品销往100多个国家和地区，年生产能力达到600万件。

珠海氘锘数码科技有限公司是一家集研发、生产、销售为一体的创新型高科技公司。主要生产包括微3D打印机在内的宽幅平板喷墨打印机及其立体数码印花专用智能3D打印材料，环保墨盒，全系列数码喷墨，连续供墨系统等产品。

珠海悦达电子科技有限公司成立于2012年，专门致力于打印耗材的研发、生产和销售。产品覆盖兄弟、爱普生、惠普、佳能、施乐、冲电气工业株式会社等品牌的全系列打印机耗材。

珠海诚威电子有限公司是一家成立于2009年的自主研发生产型企业，专注于生产和销售墨盒、墨水等耗材兼容产品，已通过ISO 9001质量体系和ISO 14001环境管理体系的认证。

珠海华人科技有限公司成立于2007年，是一家专业从事集研发、生产、销售与服务一体的打印耗材的高新科技集团，主要的产品有硒鼓，墨盒、墨水、连供系列墨盒、色带、相纸等。公司一直致力于海外市场的开拓，成功在欧洲、北美、南美以及东南亚地区建立起良好的销售网络。

珠海奥美亚数码科技有限公司成立于2010年，是一家专注于研发及生产喷墨墨水及墨盒的高新技术企业，拥有员工约100人，其中研发技术人员20多名，无尘级车间面积5000平方米，年生产墨水能力达3500吨，宽行喷绘墨盒20万个，填充墨盒240万个。

珠海里程发展有限公司是一家民营生产经营型外贸公司，设有外贸部门、激光硒鼓生产工厂、喷墨产品工厂。公司实施了ERP现代化企业管理体系，产品远销欧洲、美洲、澳大利亚、非洲、中东和东南亚。

3.“艾派克—纳思达—赛纳”的逆袭——从普遍排除令到收购利盟

在涉及337调查的14家珠海企业中，纳思达是最早涉案也是涉案次数最多的企业，涉及该行业中国企业的337调查共有9次，其中纳思达5次成为被告（337－TA－565、337－TA－581、337－TA－731、337－TA－740、337－TA－918）。同时，纳思达也是应诉最积极的企业，在众多中国企业未应诉的背景下，纳思达参加了全部5次调查。赛纳在337调查中涉案3次（337－TA－731、337－TA－740、337－TA－918），其与纳思达同属于母公司艾派克。艾派克、纳思达、赛纳，这3家从事打印设备及耗材的珠海企业属于关联企业，上述3家企业分别成立于1991年、2000年和2006年，法定代表人同为汪东颖。在产业链分工上，3家企业各有侧重，艾派克偏重于打印机和打印耗材的芯片、纳思达偏重于喷墨打印机墨盒，赛纳偏重于激光打印机和硒鼓，形成了“艾派克—纳思达—赛纳”三位一体的构架，建立了打印领域的全产业链布局。

从 2006 年该行业首个针对中国企业的 337 调查开始，“艾派克—纳思达—赛纳”每隔 4 年便会遭到跨国公司发起的 337 调查，2006 年的 337 - TA - 565（爱普生）和 337 - TA - 581（惠普），2010 年的 337 - TA - 731（佳能）和 337 - TA - 740（利盟），2014 年的 337 - TA - 918（爱普生），该行业向中国企业发起过 337 调查的 4 家跨国公司无一例外地均与“艾派克—纳思达—赛纳”有过交手的经历。“艾派克—纳思达—赛纳”也正是在一次次打击中顽强地发展壮大起来。

（1）屡遭打击，砥砺前行。

2006 年接连发生的两起 337 调查给了正在步入发展快车道的纳思达当头一棒。此时，成立 6 年的纳思达已经不再单单满足于给国外知名品牌做贴牌加工产品，正逐渐向致力于打造自主品牌转变，2002 年起纳思达极力推广自主品牌墨盒格之格（G&G），经过几年的努力，“格之格”品牌在业内打出了知名度，占据了一定市场份额。同时期，激光打印机技术发展迅猛，市场前景广阔，纳思达看到了发展机遇，投入 1.3 亿元人民币启动全新激光打印耗材计划，2005 年 3 月新建立的激光打印耗材基地正式投产。并且，为了加大进军激光打印耗材和激光打印机领域的步伐，2006 年 4 月成立赛纳，专门从事激光打印设备及耗材的生产、研发和销售。

然而，就在纳思达业务发展势头良好，且即将成立赛纳之际，2006 年 2 月 17 日爱普生向 ITC 提出 337 调查的申请（337 - TA - 565），指控包括纳思达在内的中、美、德、韩等 24 家企业向美国进口和在美国销售的墨盒侵犯了爱普生在美国的 9 项专利权，要求 ITC 发布普遍排除令，停止这些公司以及相关公司在美国境内与侵权产品有关的进口、销售、分销、营销等商业行为。在调查过程中，爱普生还追加了两项专利，这两项专利直接针对纳思达的关于阀门方面的技术。在广东省商业联合会的协调下，纳思达决定应诉，而同为被告的珠海格力磁电有限公司和深圳惠尔联贸易有限公司却放弃了应诉。2007 年 3 月 30 日，ITC 作出初裁，宣布爱普生的 11

项专利有效，认定24家被告企业侵权成立，发布普遍排除令，要求所有被告停止向美国进口和在美国销售侵权墨盒，并禁止所有侵权墨盒进入美国市场。纳思达不服判决，向ITC提出复审，并针对爱普生的专利向美国专利商标局提出了无效申请。2007年10月19日，ITC作出终裁，推翻了初裁中的部分结论，但也部分维持了初裁结论，对侵犯10项专利权的进口墨盒发布普遍排除令。2007年12月，美国专利商标局确定了爱普生的2项专利无效，但2008年5月爱普生向ITC申请启动对纳思达等5家企业是否违反普遍排除令进行调查，2009年5月ITC对纳思达开出高达2050万美元的罚单。

仅在上述“墨盒第一案”提出的短短几个月之后，2006年8月1日，又一打印机领域国际著名厂商美国惠普公司，针对纳思达的喷墨打印耗材向ITC提出337调查申请（337－TA－581）。这使得纳思达不得不同时面对爱普生和惠普这两大国际厂商的夹击，面对巨大的压力，为避免双线作战，在与惠普的纠纷中纳思达选择了妥协，2007年2月27日纳思达与惠普达成和解协议，条件是纳思达停止在美国出售涉案墨盒。

在这两件337调查中，纳思达没有占到便宜，相关墨盒产品不能进入美国市场这对纳思达的出口业务造成了沉重打击。但纳思达也从中深刻地领悟到了这样一个道理：仅做兼容性的通用打印耗材是远远不够的，通用耗材厂商不可避免地要受到原装厂商的制约，不仅利润空间有限，而且在市场上难以掌握主动权，只有像爱普生、惠普、佳能那样拥有自主核心技术，建立自己的品牌，走“机器—耗材—服务”的路子，才能脱离被动挨打的窘境，获得更大的发展空间。本着这样的发展理念，纳思达坚定了转型的决心。新成立的赛纳，不仅要立足于激光打印耗材，还要走向产业链的上游，去做自己的激光打印机。然而，自主创新这件事向来是说起来容易做起来难。当时激光打印机技术被少数几家国外公司所垄断，中国在这一领域尚属空白，赛纳在研制激光打印机之初并不被人看好。赛纳认为，从哪里跌倒了，就要从哪里爬起来，既然在专利上吃了亏，就要从专利上入手开展自主创新。于是赛纳组织了50多名研究人员逐条检索分析相关专利超过18万项，在获得激光打印机和硒鼓显像技术基础专利的合法许可基础上，依托 200 多项自有专利，构建起行业内最大的专利技术平台，解决了专利壁垒的问题，经过几年的不懈努力，2009 年 10 月赛纳成功研发出了中国第一台拥有自主核心技术的激光打印机样机，后来又历经 8 次技术改] 进，名为“奔图”的激光打印机终于诞生了（图 3－34－1），并于 2010 年 11 月正式进入批量化生产阶段，赛纳也成为全球唯一能自主研制打印机的通用耗材企业。奔图打印机的面世，宣告了日美打印机巨头近 30 年的技术垄断的终结，这台打印机的中央处理器、图像处理软件、精密光学零件和精密化工配件等核心部件全部是自主研发，各项关键性能达到国际先进水平，使用成本却比同类打印机低 30%。

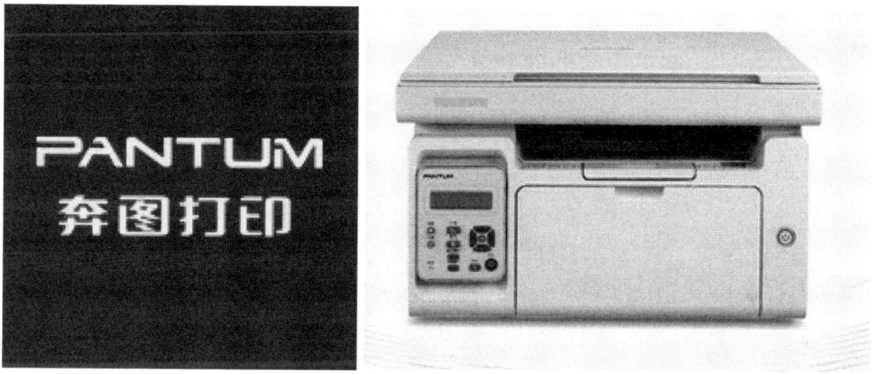

图 3－34－1　奔图激光打印机

然而，就在奔图打印机即将推出市场之际，另外两家全球打印机巨头佳能和利盟“不约而同”地向纳思达和赛纳发起了 337 调查。2010 年 6 月 28 日，佳能以 25 家企业的进口产品侵犯其墨盒及其组件的美国专利权为由，向 ITC 提出 337 调查申请（337－TA－731）。这一次中方企业采取联合应诉的方式，共同对抗佳能，2010 年 10 月 15 日被告提供了现有技术证据以进行不侵权的抗辩，经过一番激烈的交锋，2011 年 4 月 6 日申请人佳能与包括纳思达和赛纳在内的被告向 ITC 提出了基于同意令停止调查的联合动议，ITC 很快便裁定基于同意令停止调查，并决定不进行复审。根据同意令的内容，所有被告均承认申请人的专利有效，不进口和销售涉案墨盒产品。2010 年 8 月 20 日，利盟针对包括纳思达、赛纳和天威在内的全球25家调色墨盒生产商和经销商提起337调查（337－TA－740）。纳思达、赛纳等公司虽然积极应诉，但最终ITC还是于2011年9月27日发出了普遍排除令。与2006年的337调查极其相似，在2010年发起的这两起案件中，纳思达和赛纳同样面临着“双线作战”的压力，只不过这次的对手从爱普生和惠普换成了佳能和利盟。337调查的结果也与4年前极为相似，纳思达和赛纳依然在国际打印机巨头面前栽了跟头。

这两起调查的发起时机值得玩味。佳能和利盟通过其发达的商业情报网络早已得知奔图打印机即将进入量产阶段的消息，对于日益成熟、增速放缓的全球打印机市场而言，中国自主品牌打印机的出现将势必会冲击到老牌厂商的市场份额，为了尽可能地将潜在对手扼杀在摇篮中，佳能和利盟瞄准了这一时机，几乎同时出手，对纳思达和赛纳的打印耗材发起了337调查。这次调查主要有两个效果，一是打击纳思达和赛纳的商业形象，在业界造成纳思达和赛纳不遵守游戏规则的印象，进而影响日后奔图打印机的销路；二是压缩纳思达和赛纳的盈利空间，由于业内普遍采用“机器便宜，耗材昂贵”的营销模式，打掉纳思达和赛纳的耗材，将对日后奔图打印机的整体利润空间产生极其不利的影响。

虽然再次遭到重创，但奔图打印机还是顽强地生存了下来。2011～2014年，正式上市4年来，奔图打印机的市场份额保持增长趋势，2014年销量比入市时2011年销量增长了66%，连续4年稳居同类产品销售排行榜第七名。为了继续打压成长中的竞争对手，佳能于2014年5月7日以进口硒鼓及其组件侵犯其美国专利权为由再次向ITC提出了337调查申请（337－TA－918），被告为包括纳思达、赛纳、天威等在内的中外33家生产商和经销商。在提起337调查之前，佳能已于2014年1月29日向美国纽约南区联邦地方法院提起专利侵权诉讼。此次佳能再启硒鼓大战，依然是瞄准了全球激光打印市场。经过9个多月的缠斗，2014年2月19日ITC基于同意令终止了对纳思达和赛纳的调查，根据同意令的内容，纳思达和赛纳不进口和销售涉案硒鼓产品。2015年8月31日，ITC发出普遍排除令、停止和禁止令。

（2）另辟蹊径，收购国际巨头。

纳思达和赛纳的母公司艾派克的主业是打印机耗材芯片的生产与销售，2014年初完成借壳上市，当年的营业收入不过4.8亿元，市值过百亿元。之后，借助于A股上市平台，艾派克开启了并购模式，走上了跨越式发展的捷径。

2015年5月，艾派克进行了重大资产重组。一方面，在关联企业内部以总作价22.5亿元置入赛纳科技耗材业务和6家子公司100%股权，完成了自身优势资源的整合，优化了产业链结构。另一方面，斥资约6296.73万美元（约3.8亿元人民币）收购美国Static Control Components Inc.（简称“SCC”）100%股权。SCC是全球最大的第三方耗材配件生产及供应商，有超过25年的发展历史，拥有行业内最广泛分销渠道，为全球2万位客户提供15万多种产品。在并购SCC后，艾派克的芯片业务进一步加强，已占据了全球第一的市场份额。同时成为国内打印耗材芯片领域领先企业、全球通用耗材行业的领军企业、全球实力最强的耗材部件供应商。这一年，艾派克的营业收入为20亿元人民币，利润约3亿元人民币。

但艾派克并未就此满足，很快将目光瞄向了打印机巨头利盟国际（Lexmark）。利盟脱胎于IBM，1991年分拆出来，是全球最早从事打印领域研发的企业之一，拥有关于打印领域的大量核心专利，是市场占有率全球排名前十的打印机生产与服务商，尤其在欧美的中高端市场享有盛名。利盟2015年的营业收入达到35亿美元，是艾派克的近10倍。同期，利盟出现了4000万美元的亏损。如果剔除非经常性损益的影响，利盟盈利状况并不差，2015年度的净利润为2.18亿美元。不过，在市值上，艾派克在A股的优越性就体现出来了。利盟的营收规模是艾派克的10倍，但在纽交所的市值仅为25亿美元左右，与艾派克相差无几。如果艾派克能够将利盟并购，同样的资产在A股市值有望过千亿元人民币。

2016年11月，一则重磅消息横空出世，艾派克联手私募基金太盟投资和君联资本，顺利完成了对美国打印机巨头利盟的收购，根据中新社报道，此次并购最终交易额为39亿美元（约合260亿元人民币）。这成为办公打印行业中资企业对外资企业有史以来最大的一笔收购，也成为2016年规模最大的“蛇吞象”案例。这起并购完成后，艾派克从一个市值仅 200 多亿元人民币的中型上市公司，一举成为珠海第二家市值过千亿元人民币的公司，仅次于珠海老牌家电业巨头格力电器。[1]

从 337 调查的普遍排除令到并购全球打印机巨头利盟，“艾派克—纳思达—赛纳”在创新过程中砥砺前行。每一次 337 调查都如同试金石一样考验着艾派克的创新发展成果，每一次不利的调查结果成为了艾派克进一步创新的动力，“生存还是毁灭，这是一个问题”，艾派克给出了自己的答案：唯有迎难而上、坚持创新驱动发展，才能闯出属于自己的市场空间。

3.34.3 主要申请人的专利布局状况

以惠普、佳能、爱普生 3 家经常发起 337 调查的国际行业巨头为例，对其美国授权专利和中国专利申请量进行分析。在 WPI 数据库中，检索到惠普、佳能和爱普生的近 20 年的美国授权专利数量分别为 7157 件、15 848件和 6333 件（检索时间截至 2017 年 4 月 23 日），图 3－34－2 显示了惠普、佳能和爱普生近 20 年美国专利授权量的时间分布情况，由于专利保护期为 20 年，申请日距今超过 20 年的专利权已失效，所以这部分专利不在本节的研究范围内。需要注意的是，近两年的专利申请的授权数量少主要是因为专利审查周期产生的公告滞后性，即近两年的专利申请大多还处于审查阶段，尚未授权公告。

从图 3－34－2 中可以看出，佳能的美国专利拥有量明显高于惠普和爱普生，近 20 年中，仅申请年为 2001 年的专利授权量低于惠普，其他申请年份均远高于惠普和爱普生。从近 20 年的累计专利数量上看，佳能的 15848件甚至比惠普和爱普生的同期专利数量总和还要多。可见，佳能在美国埋伏了大量专利，做足了专利储备，表明了佳能非常重视美国市场。虽然佳能只是在 2010 年和 2012 年对中国打印耗材企业发起过 2 次 337 调查，相比于惠普的 5 次 337 调查，佳能发起 337 调查的数量并不算很多，但是佳能庞大的专利规模是中国企业不能忽视的。对于发起 337 调查，佳能拥

[1] http：//www. p5w. net/news/cjxw/201612/t20161202_ 1652936. htm.

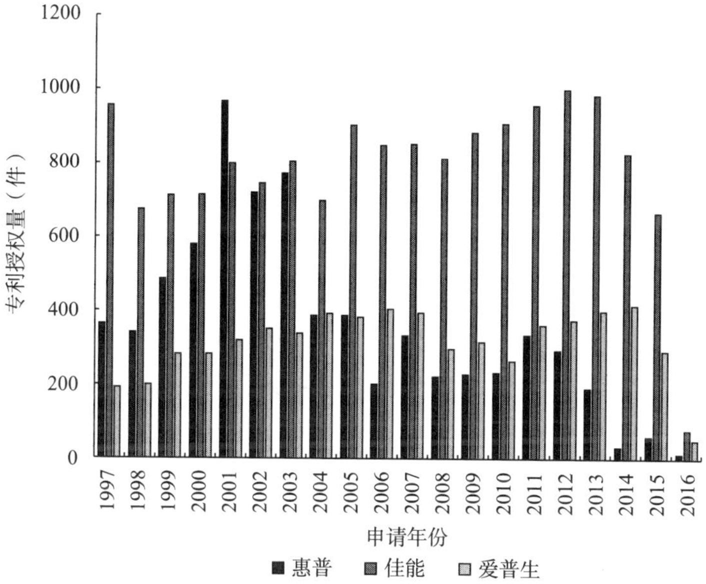

图3-34-2　近20年惠普、佳能、爱普生美国专利授权量情况

有足够的专利资本，也许佳能正在伺机而动，随时有可能给予中国企业严重打击。

图3-34-3显示了惠普、佳能和爱普生3家公司近20年美国授权专利的技术主题分布。经统计，上述3家公司在打印机及其耗材领域主要涉及的技术分支包括印刷机构、数据处理和识别、电气元件和电路、数据和图像传输、油墨等。从图3-34-3中可以看出，爱普生和惠普较为重视打印机的印刷机构，相关专利占各自近20年全部授权专利的61.7%和50.4%，而佳能较为重视数据处理和识别，相关专利占其近20年全部授权专利的57.3%。这表明，惠普、佳能和爱普生在技术研发和保护上各有侧重。中国企业在进行相关研究和设计时，应当考虑不同国际厂商在相应技术分支上的技术特点和专利布局情况。

对于337调查而言，美国专利当然是最应予以关注的，因为它直接构成了发起337调查的知识产权要件。但是，国际巨头在中国的专利状况也同样值得重视，因为在发起337调查的同时，国外厂商往往也会根据实际情况配合中国国内专利诉讼，给予中国企业跨地域的双重打击。在CNPAT数据库中，检索到惠普、佳能和爱普生的中国专利申请量分别为863件、

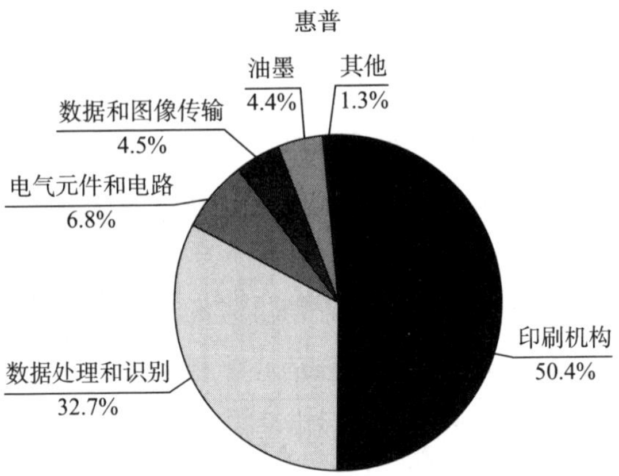

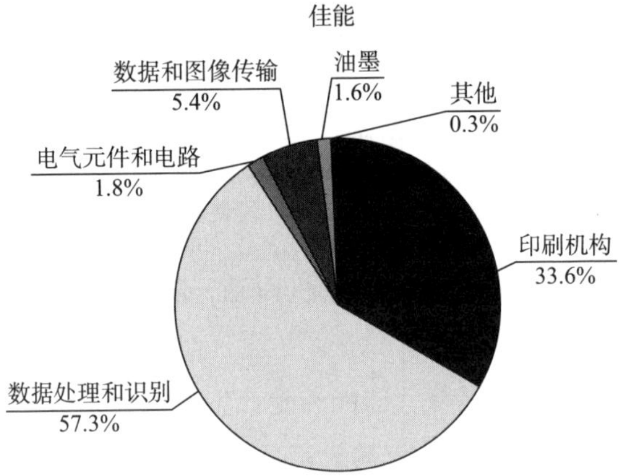

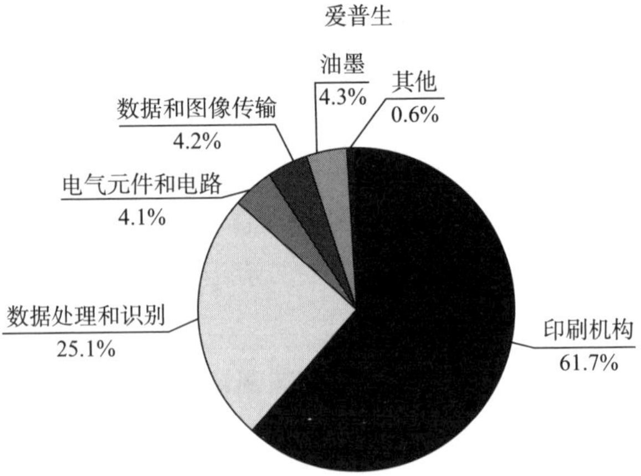

图 3－34－3　近 20 年惠普、佳能、爱普生美国授权专利技术主题分布

2386 件和 2751 件（检索时间截至 2017 年 4 月 23 日）。

图 3－34－4 显示了惠普、佳能、爱普生 3 家公司的中国专利申请趋势。图中近两年的申请量过少可能主要是由于专利公开的滞后性导致已经提交的专利文件尚未公开而未被检索到。从图 3－34－4 中可以看出，上述 3 家公司在中国的专利申请整体上均呈现上升态势，其中佳能和爱普生在中国布局了更多的专利，尤其是 2001 年以后，佳能和爱普生每年在中国的专利申请量一直维持在较高水平。中国企业尤其应当警惕的是那些在美国和中国均获得授权的专利技术，这些专利更有可能成为国外企业发起跨地域专利打击的利器。

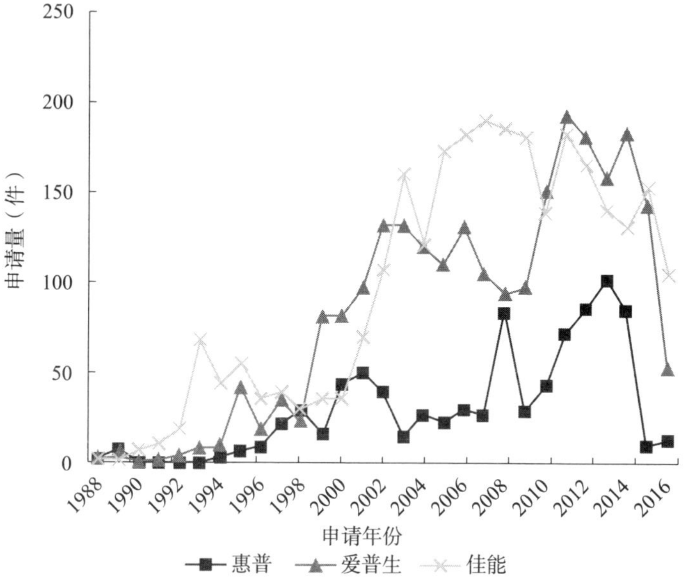

图 3－34－4　惠普、佳能、爱普生中国专利申请趋势

3.34.4　应对 337 调查的启示

打印设备及耗材产业是中国规模庞大的制造业当中具有代表性的一个环节，从引进外资和技术到自主创新发展、从劳动密集型到自动化生产、从产业链最下游的兼容墨盒到自主品牌的激光打印机，无不透视出中国制造业产业升级的缩影。应对好 337 调查，避免普遍排除令，对于产业的良性发展大有裨益。从珠海打印设备及耗材产业中，可以得到如下启示。

（1）提供有力的政策支撑，引导自主创新。自主创新是避免侵犯他人知识产权的根本途径。在政府层面上，需要落实知识产权政策与经济、科技、贸易、投资、金融等政策的衔接和配套，营造有利于企业自主创新的环境。促进和加快产业发展离不开政府所采取的统筹规划、政策引导、环境优化、公共服务等手段。在遵循产业自身发展规律和市场规律的基础上，通过政府的推动，创造出良好的宏观环境、制度环境和市场环境，并综合运用各种政策引导资源配置，着力维护市场公平，鼓励创新、创业。在制度上要通过深化产权制度改革、着力引进高端人才、培育中小企业发展、采取促进自主创新的政府采购等政策，营造、保障和完善产业发展环境。

（2）企业间“抱团取暖”，解决产业集群内部“集而不聚”的问题。以珠海的打印设备及耗材产业为例，应着力打造现代打印机及耗材产业创新示范基地，加快整合现有“珠海香洲办公自动化设备及耗材产业集群升级示范区”“广东省外贸转型升级专业示范基地”“广东省打印设备及耗材技术创新专业镇”等公共平台资源，创造出更优的企业交流渠道，使得产业集群的企业不仅在地理上聚集，也要在信息共享、技术创新、产业升级上“聚集”，从而充分发挥产业集群优势。对于屡遭337调查的企业，应当在行业内分享应对经验，针对国外337调查申请人的策略和手段进行剖析，制订应对预案，以供行业内部参考。

（3）依托行业协会，进一步加强信息咨询和法律服务。行业协会掌握行业宏观数据、熟悉本地区的行业发展状况、了解企业情况和需求，依托行业协会进行信息和法律方面的服务，能够做到有的放矢。例如，珠海很早便成立了耗材行业协会，依托该协会可以建立海外知识产权风险预警机制，在一定程度上帮助企业做到初步的海外预警，并协调有能力处理337调查的律师事务所等法律服务机构帮助企业应诉。

（4）依托高校、科研院所等智力资源，培育自主创新团队。以珠海打印设备及耗材产业集群为例，可以建立现代打印机产学研一体化研发中心，以现有现代打印机研发中心、国家认可实验室、重点实验室为基础，通过引入北京、上海、广州等地知名院校和研究机构，建立现代打印机产学研一体化研发中心，重点加强精密机械、精细化工、精密光学、图像处理、自动控制、微电子、经典学等领域的研发，以及加速研发成果推广和市场化应用。在此基础上，注重人才引进和培养，鼓励企业大力培育自己的自主创新团队。

（5）进一步调整产业结构、淘汰落后产能、避免同质化竞争、引导产业升级、树立自主品牌形象。通过产业升级和结构调整，在为国际厂商代工的同时，着力发展自主品牌。积极研制高端打印机产品，瞄准高端打印机产品设计生产，大力发展拥有自主知识产权的高端打印机产品，参与行业标准制定，增强行业自主创新和自主发展能力，向产业链上游发展，不断提高产品附加值。要凭借对重点领域研发创新的大力支持，加速核心技术的研发，在芯片、光电、精密机械等领域取得突破，以核心技术的突破促进产品创新体系的建立和完善，提升打印设备及耗材产品竞争力。

（6）积极运用337调查制度，助力开拓美国市场。随着中国企业自身能力的提高，不断有企业在海外布局专利，拥有美国专利的中国企业不再是凤毛麟角，这些具有良好基础的企业除了被动应对337调查之外，也可以主动利用这一制度保护自身的利益。目前，全球的制造业正在发生新一轮的产业转移，随着中国劳动力成本的升高，越来越多的制造业下游环节逐渐转移到东南亚、南亚、中南美的部分国家，这些国家制造的商品每天源源不断地被出口到美国，其中有的产品就可能侵犯了中国企业在美国的知识产权，所以相关企业应该提早准备、注意收集相关情报信息、做到早发现早处理，保护好自身合理利益。

3.35　天瑞铸钢车轮337调查案（337-TA-655）

该案是以侵犯商业秘密为单一理由提起的337调查，经过该案美国法院确立了ITC对完全发生在美国境外的侵犯商业秘密行为也拥有管辖权。该案还体现出对于由盗用商业秘密导致的不公平竞争行为，337调查对申请人国内产业的要求非常宽松。该案之后以侵犯商业秘密为由提起337调查的数量呈明显上升趋势。

3.35.1 当事双方及行业背景

1. 申请人

该案申请人安施德工业集团（Amsted Industries Incorporated）成立于1962年，位于美国伊利诺伊州的芝加哥，主要产品应用于铁路、车辆、建设和建筑市场，在美国拥有3家铸造工厂，是一家多元化工业组件制造商，在11个国家建立了49家工厂，世界各地员工超过18 000人。

2. 被申请人

该案的被申请人共计4家公司，分别是：（1）天瑞集团；（2）天瑞集团铸造有限公司；（3）美国标准卡车公司（简称“SCT公司”）；（4）巴布尔天瑞铁路产品公司（简称“Barber公司”）。其中天瑞集团于1983年成立于河南省汝州市，是包含铸造、水泥、煤电铝、旅游4个产业的综合性企业集团。天瑞集团铸造有限公司为天瑞集团的子公司，成立于2000年6月，在汝州设有铸钢火车轮工厂，其生产36英寸和33英寸车轮在2008年获得了美国铁路协会的认证。SCT公司位于美国特拉华，设计销售货运车厢，稳定系统和火车组件，其进口和销售天瑞的产品。巴布尔天瑞铁路产品公司是天瑞集团和SCT公司在美国的合资公司。

3. 涉案产品

该案中涉案产品为铸钢火车车轮，火车车轮通常用两种常规工艺加工生产，一种为铸造工艺，另一种为锻造工艺。铸造工艺成本更低廉并且安全可靠。

安施德工业集团（简称“安施德”）拥有两项生产铸钢车轮的工艺：一项称为ABC工艺，另一项称为Griffin轮工艺，两项工艺可以互相替代。安施德在美国境内的工厂采用Griffin轮工艺生产铸钢车轮，而将ABC工艺许可给其在不同国家投资的合资公司，其中包括中国大同爱碧玺铸造有限公司（简称DACC），该公司为安施德所属的ABC铁路产品中国投资公司与中国大同机车厂共同出资的合资企业。2005年天瑞集团高价雇用了DACC的9名前员工，包括2名中层技术管理人员，分别为工艺控制部经理和质检工程部经理，还有多名工艺技术人员。天瑞集团并从为DACC提供机床的齐齐哈尔机床厂购买性能、生产能力、技术参数都相似的机床，从为DACC提供石墨的山东淄博石墨制造厂购买相同的适合铸造车轮使用的专用石墨，最终得到了性能指标均相似的铸钢车轮产品，计划将这些铸钢车轮出口至美国市场。

3.35.2　337调查过程

1. 立案

2008年8月14日安施德向ITC提出申请，要求调查天瑞集团、天瑞集团铸造有限公司、SCT公司和Barber公司。其在请求书中指出，天瑞集团在没有获得授权的情况下使用安施德拥有的ABC工艺生产铸钢车轮，SCT公司、Barber公司将上述车轮进口至美国境内销售。安施德在请求书中进一步指出，DACC在2005年2月至2007年4月间，有包含4名核心员工的9名员工离职加入天瑞铸造有限公司（简称“天瑞铸造”），并列举了包括刘某某、谢某某等9名前员工在DACC工作时各年份的培训经历、工作职能等。其指出，安施德在2003年4月2日从Meridian铁路公司通过购买而获得了ABC工艺的所有权，随后在使用过程中进一步发展和完善了该工艺。请求书中还提供了购买协议副本以及公司生产用质保手册作为拥有该商业秘密的证据，并提供了离职进入天瑞的7名员工曾经签属的保密协议书。为了证明被申请人存在进口行为，提供了SCT公司销售副总裁于2007年10月19日的邮件附本，邮件中预期了天瑞集团生产车轮的购买者和使用者，并指出天瑞集团已经出口至美国一些产品用于检测和获取美国铁路协会产品认证（AAR）。此外，提供了2006年3月10日DACC针对天瑞集团侵权一事向河南省人民政府汇报的相关文件以及河南省人民政府关于支持信阳同合车轮有限公司建设发展有关问题的函。最后，安施德要求ITC签发普遍排除令和制止令禁止天瑞集团生产的铸钢火车车轮以及与之相关的所有上游下游产品如轴承、卡车、起落架、有轨车等进入美国市场销售，并建议排除令的期限为10年以上。

ITC于2008年9月16日立案（337－TA－655）。

2008 年 9 月 25 日天瑞集团提出动议要求终止 337 调查，其理由为涉嫌侵犯商业秘密的行为发生地是在中国，因此不适用美国法，而适用中国法，而且 337 条款不具有在境外适用的管辖权。该动议于 2009 年 2 月 27 日被行政法官驳回。

2008 年 10 月 14 日天瑞集团对请求书进行答复，在答复中对申请人宣称的商业秘密是否存在、商业秘密是否属为本领域的普遍公知技术、天瑞集团是否将相关的车轮出口至美国、申请人是否满足具有国内产业要件、申请人是否受到侵害等方面提出了质疑。针对其产品与申请人产品的区别、商业秘密为公知技术等方面提供了证据。

2008 年 12 月 1 日各方召开预听证会。

2009 年 3 月 9 日天瑞集团提出动议要求速裁安施德不存在国内产业，天瑞集团指出安施德在美国生厂使用的是 Griffin 轮工艺，该案涉案商业秘密 ABC 工艺并没有在美国应用，因此申请人不满足国内产业的相关要求。该动议于 2009 年 8 月 13 日被行政法官驳回。

2. 初裁

2009 年 8 月 17～28 日召开了证据听证会，申请人、被申请人及双方专家证人等均出席了听证会，并针对焦点问题进行了抗辩。

2009 年 10 月 16 日，行政法官发布初裁公告，认为：（1）ITC 拥有该案的管辖权；（2）被申请人将涉案产品进口至美国并进行了销售；（3）申请人对其宣称的商业秘密具有所有权，其在请求书中的理由能够得到支持；（4）被申请人盗用了 ABC 技术的商业秘密；（5）被申请人盗用的后果产生了对申请人美国工业的实质性侵害；（6）被申请人违反了 337 条款的规定。随后于 29 日，行政法官颁布初裁决定建议委员会签署为期 10 年的有限排除令、停止和禁止令以及在总统复核期间对进口到美国的相关产品按其价值 5% 的比例征收保证金。

3. 复审与上诉

2009 年 10 月 30 日，SCT 公司和 Barber 提出复审请求。2009 年 11 月 2 日天瑞集团以及安施德公司提出复审请求。2009 年 11 月 9 日和 10 日，安施德对 SCT 公司和 Barber 公司的复审请求进行了答复。SCT 公司、Barber

公司和天瑞集团以及调查律师也于 11 月 10 日进行了答复。2009 年 12 月 17 日，ITC 决定不予复审。12 月 23 日 ITC 发布公告，维持了行政法官的初裁决定。2010 年 2 月 16 日 ITC 签发排除令和制止令禁止天瑞集团使用了 ABC 工艺的产品进入美国市场。

天瑞集团随后将 ITC 的判决上诉至美国联邦巡回上诉法院。2011 年 10 月 11 日，该法院作出判决，维持了 ITC 的终裁决定。

至此，该案结束。

3.35.3　案件分析及启示

1. 关于商业秘密的认定

该案调查过程显示，ITC 对于商业秘密的认定主要通过以下两个方面进行考量：一是申请人是否是商业秘密的所有者；二是涉案商业秘密是否属于商业秘密的法律定义。

针对第一个问题，申请人安施德在请求书中详细描述了其拥有该项商业秘密的过程：在 1965 ~ 1970 年，ABC 工艺由 Abex 公司研发成功，而后 Abex 公司的铁路事业部被 ABC 公司收购。不久 ABC 公司与 NACO 公司合并组建成为 ABC-NACO 公司，ABC-NACO 公司由于经营不善而破产，随后 Meridian 铁路公司在收购破产的 ABC-NACO 公司的部分资产时购买了该商业秘密。最终于 2003 年 4 月 2 日，安施德签属了购买协议从 Meridian 铁路公司处购买了 ABC 工艺的商业秘密。在抗辩过程中，被申请人天瑞公司提出质疑认为，其盗用的商业秘密为 DACC 所有，并不属于安施德，安施德不是该项商业秘密的所有者。对此，行政法官认为，首先，上述质疑提出的时机是在庭前陈述之后，根据基础规则的要求，任何未在庭前陈述阶段提出的新理由都被视为无效。其次，天瑞集团并没有提供任何可信的证据以证明其论点，也未发现任何证据能够证明安施德将其商业秘密转让给他人，现在的证据仅能证明 ABC 公司曾经拥有过该商业秘密。而最终安施德拥有了上述商业秘密，另外，DACC 签署的许可协议上的具体内容也能从侧面加以证明。因此安施德的现有证据足以支持其是该项商业秘密的拥有者。

针对第二个问题，由于申请人以及除天瑞集团以外的被申请人的营业地均在伊利诺伊州，因此参照伊利诺伊州商业秘密法中对商业秘密的定义进行判断。伊利诺伊州商业秘密法对于涉案信息是否构成商业秘密通常从以下两个方面进行考虑：一是同领域工业者是否对相关信息有所了解；二是该信息的所有者是否作出了合理的努力来避免秘密泄露。在应用实践中则从6个细化要件加以判断：①除申请人以外同行业对该信息的了解程度；②申请人的雇员以及与相关事业有牵连的人对信息的了解程度；③申请人为保密信息所付出努力的手段和程度；④该信息对于申请人和竞争对手的价值；⑤申请人为研发或获得信息所付出的花费数额或努力程度；⑥信息为他人所获得或复制的难易程度。行政法官认为，商业秘密是能产生经济价值的信息，因为其在同领域中没有被普遍认识或清晰的理解。伊利诺伊州法律不需要信息完全的私密，将部分技术信息图纸向客户有限的分发或技术方案易于被反向研究都不能导致一项信息不属于商业秘密。一些领域普遍的认知不能被认定为商业秘密进行保护，但是对普遍定义的明确的细化或对于元素的组合可以作为商业秘密保护。在证据开示阶段，安施德提供了260项被盗用的商业秘密的列表，该列表是由其雇员列出的。到听证阶段，商业秘密的数量缩减至128项，同时，申请人将众多的商业秘密划分为12类：其中第1～11类涉及制造工艺步骤，第12类涉及用于实施上述工艺的铸造车间设计。天瑞集团的专家证人斯金纳（Skinner）博士在报告中指出，申请人所述的商业秘密对于任何一个铸造行业从业人员而言都是显而易见的。但是他在听证时承认他在准备专家报告时并没有把DACC的工艺手册全部看完。行政法官认为，天瑞集团的专家证人将每个商业秘密逐条孤立的进行分析，而没有将之作为整体看待，也没有将其与制造铁路铸钢车轮相关联，因此不足以采信。行政法官采纳了安施德的铸钢专家康利（Conley）博士以及美国铁路协会巡视员的证词，认为ABC工艺不属于本领域的普遍认知。行政法官认为，通过安施德与多家公司签属的许可也可以证明该商业秘密是有价值的。除此以外，安施德的多名证人在答辩时还描述了安施德如何采用一系列的手段保护商业秘密免予被泄露，如仅有名单上的少数人可以看到工艺手册，相关的设备禁止照相，接近或离开都需要签字以及设置了岗亭、有值班人员看护等。行政法官基于上述因素认定 ABC 工艺属于有价值的商业秘密。

2. 国内产业及侵害

认定违反 337 条款的一个重要前提条件是申请人必须具有相关的国内产业，而且由于被申请人对商业秘密的盗用，该国内产业遭到了实质性侵害。在抗辩中，被申请人天瑞集团认为安施德下属的位于美国的三个铸造厂均采用 Griffin 轮工艺生产火车车轮，而涉案的 ABC 工艺并没有在美国境内被实际应用，因此申请人不具有相关的国内产业。安施德则认为，铸钢车轮仅有两种生产工艺，两种生产工艺是可以互相替代的，其在美国境内生产铸钢火车车轮产品，实质上已经满足了国内产业的要求；此外，安施德还认为，被申请人已经获得了美国铁路协会的认证，即已取得了产品销往美国的资格，其必将破坏申请人的国内产业。对于双方的争辩，行政法官认为：基于盗用商业秘密导致的不公平行为与基于注册型知识产权（如专利）不公平行为对于国内产业的判断标准应该有所不同，应当看到“市场的本质”。根据 337（a）（1）（A）针对进口美国的物品或某些所有者、进口者、代销人在销售这些物品的过程中存在不公平竞争的手段或不公平的行为（除了 B、C、D 和 E 项之外）是指：（1）破坏或实质上侵害了美国的工业；（2）阻止了美国工业的建立；（3）抑制或垄断了美国的商业或贸易。基于不公平竞争的本质，对于商业秘密的盗用导致的不公平行为不必要像专利、商标、版权那样，申请人必须证明具备涉及相同技术内容的国内产业，对于商业秘密导致的不公平行为申请人只须证明确实其国内产业会遭受侵害，也就是说，存在一个不公平行为导致侵害的“目标”就已经满足 337 条款中针对国内产业的要求。安施德只需证明其存在一个国内产业由于被申请人的不公平行为而直接导致侵害即可，而该国内产业不必实施该案中被盗用的商业秘密本身。

申请人除了需要证明其具备国内产业，同时还需证明侵害的存在。侵害通常包括进口产品的数量、销售额的损失、申请人利润的降低、生产数量的减少等等一系列指标。安施德称，天瑞集团盗用商业秘密生产的产品已显示出进入美国市场的趋势，这将迫使安施德及其铸钢工厂不得不与外国企业进行竞争，而且这种竞争是基于安施德自己的商业秘密产生的。安施德还指出天瑞集团在美国境外的生产能力必将压低安施德产品的价格以及降低其销售数量，随后其还提供了一系列保密的数据以证明天瑞集团已经联系了安施德几乎所有的客户并对安施德造成了侵害。天瑞集团则认为安施德没有明确的证据证明其遭到侵害，安施德已经从Griffin轮工艺生产的车轮中获得了很高的收益。任何新进入美国的相关产品都必须拥有AAR的认证，另外，海外产品还面临高额的运费等困难，天瑞产品的销售量与申请人相比是非常小的。最终，行政法官根据已有证据认为安施德的国内产业已经受到了实质性的侵害，今后还可能遭到持续的侵害，因此认为侵害要件存在。

3. 管辖权

天瑞集团认为：该案中涉嫌侵犯商业秘密行为全部发生在中国，即美国境外，因此被控行为不适用美国法，而适用中国法，因此337条款对该案没有管辖权，请求停止调查。安施德反驳称，根据以往案例，一旦不公平行为与进口发生关联，ITC的官辖权就已经确立，由于天瑞集团存在商业秘密盗用行为，其通过不公平行为生产的车轮一进入美国，便违反了美国的法律。并举例：若某些人通过商业间谍行为成功取得了可口可乐公司的秘密配方，在美国境外使用该配方生产饮料进口至美国销售，如果可口可乐公司在此情况下仍不能从ITC处获得支援，则ITC就实质上处于一种“瘫痪”状态。而且，该案的被申请人一共有4位，包括2家中国公司和2家美国公司，显然天瑞集团的说法忽视了该案中还有两位美国的被申请人。除此以外，该申请中的商业秘密ABC工艺的拥有者安施德是位于伊利诺伊州的美国公司，该案中涉案商业秘密的研究、开发、设计、实现均在美国通过付出大量的资金和时间完成，商业秘密也是知识产权的一种，同专利一样，在美国开发的知识产权应当受到美国法律的保护。安施德还详细分析了天瑞集团的理由陈述，如表3－35－1所示。

表3-35-1　安施德对于天瑞集团理由的答辩

错误的表述	实际情况
涉案行为不涉及美国境内行为，而是发生在中国	天瑞集团、天瑞铸造、SCT公司和Barber 4家公司共同在中国和美国两地盗用了ABC工艺
所有的盗用商业秘密行为都发生在美国境外	3名DACC的前雇员，刘某某、谢某某、邓某某均被ABC公司送往美国位于阿拉巴马州的Calera工厂进行过培训，培训的内容包括直接接触操作手册，该手册包含了ABC工艺生产铸钢车轮的相关信息

行政法官认为，337调查的范围是“根据337（a）（1）（A）去判断是否存在违反337条款的进口、销售行为，该基于盗用商业秘密生产的铸钢火车车轮进口是否直接导致美国工业受到实质性侵害”。337（a）（1）（A）条款的重点在于“进口产生的不公平竞争手段或不公平行为”。该案中，天瑞集团生产的火车车轮属于发生进口行为的对象，天瑞集团通过盗用商业秘密的行为获得了生产火车车轮的工艺。一旦商业秘密盗用发生，违反337条款行为随即成立，不需要关注商业秘密位于美国境内还是境外。337条款给予救济的原因不是因为商业秘密被盗，而是基于盗用商业秘密产生的产品进口至美国。天瑞集团将视角引入获得商业秘密的发生地，而忽略了施用该商业秘密生产的火车轮的进口行为及其与不公平行为发生的联系。此外，即便认同337条款的管辖仅限于美国境内，天瑞集团的要求仍会被驳回，这是因为盗用商业秘密的行为还发生在阿拉巴马州的卡拉（Caera）工厂，在那里刘某某、谢某某和邓某某受到了ABC工艺的培训，因此驳回了天瑞集团请求终止调查的动议。在ITC发布终裁决定后，天瑞集团上诉至联邦巡回上诉法院，在上诉时也提出了管辖权的相关问题。联邦巡回上诉法院认为，某行为是否违反了337条款而构成不公平的竞争方法或不公平行为应适用统一的联邦法律标准而非依据某一州的侵权法解决。337条款的关注点在于进口行为，而进口行为本身就是发生在不同的国家之间，因此可以合理推定国会在立法时清楚该法也将适用于可能发生在境外的行为；ITC并未适用337条款惩罚纯境外的行为，而是针对境外不正当竞争行为导致美国国内产业受损的行为；337条款的立法历史支持了ITC对该法适用的解释，因此准于ITC审理发生在国外的行为。基于上

述理由，美国法院确立了 ITC 对完全发生在美国境外的侵犯商业秘密行为也拥有管辖权。

4. 启示

通过该案，中国企业可以获知 ITC 对商业秘密的判断要件和判断标准，需要指出的是，ITC 认为盗用商业秘密者对该项商业秘密在使用中进行了改进和开发而导致产品要素的改变也不影响商业秘密客体的判断，同样，也不能破坏盗用商业秘密行为存在。中国企业在国际化发展的进程中应当逐步加强对于商业秘密国内外相关法律的认识水平。在对企业核心技术进行管理时，合理利用商业秘密和专利权保护等多种手段，形成多层次、多角度的保护。其次，中国企业在技术、人员输入、输出时也应当存在防范意识，注意商业秘密保护，在签订合同时，应当充分考虑规避商业秘密诱发的法律风险。

第 4 章　中国企业应对策略

4.1　337 调查前的预防策略

337 调查程序快、费用高，通过之前的动态博弈分析和具体案例可见，作为被调查的主体，企业在 337 调查中取得胜诉的难度之大，即使胜利，还需要支付各项高昂的费用，并承担可能永久失去市场这样巨大的风险。如果立案以后再进行应对，对于大多数企业来说为时已晚。美国市场是我国企业最大目标市场，然而 337 调查涉及我国企业比例高，我国企业败诉率高，败诉企业乃至相关行业产品被迫退出美国市场。胜诉企业耗费巨额资金，取得和解的企业也支付了巨额专利使用费和诉讼费用。随着输美产品数量增加、技术含量提升，我国企业仍将不断地面临 337 调查。为使我国企业产品顺利进入美国市场，在出口前应对美国企业知识产权进行调查并消除侵犯美国企业知识产权的风险，努力实现我国企业对 337 调查的有效防范。

4.1.1　通过事前知识产权检索争取主动

长期以来，我国企业的传统出口营销策略往往通过低价销售占据国外市场，出口产品长期存在着技术含量偏低、附加值少等问题，企业知识产权保护意识普遍淡薄，境外专利布局严重不足。因此被卷入 337 调查后，我国企业往往处于非常被动的局面，这从以往 337 调查中我国企业多次因缺席调查而被发布有限排除令和普遍排除令的情况可见一斑。排除令的发布不仅直接导致我国涉案企业被迫放弃美国市场，而且一旦 ITC 裁定发布普遍排除令，涉案产品的下游产品及上游的零部件产品均有可能被排除出美国市场，被判侵权的结果还给“中国制造”的品牌蒙上了阴影。在当今知识经济时代，中国传统出口低成本的竞争优势有所弱化，知识产权壁垒已成为国际竞争的重要利器。因此走出国门的中国企业应牢固树立起知识产权意识，在产品出口或签订出口或加工合同前采取事前知识产权预警措施：我国出口企业应当充分重视防范专利风险，注意采取必要的防范措施，并将其制度化。首先，在研发、制造前，我国企业通过中国国家知识产权局、美国专利商标局免费专利检索系统，或德温特世界专利索引等商业数据库，对美国企业相关技术、工艺或外观设计专利进行检索，研究美国企业专利产品设计、权利要求、功能及特征，并根据美国企业申请专利时披露的在先技术、答复审查意见中的限制性解释和放弃的权利要求或审查员列举的对比文件进行比较分析。其次，在出口产品进入美国市场或产品出口前，为预防出现侵权情形，应再次检索美国企业相关技术、工艺或外观设计专利，将其与我国企业产品技术、工艺或外观设计进行比对分析。企业应尽量做好专利情报收集、分析工作，分解产品中涉及的专利技术或外观设计，并据此先进行知识产权检索，判断产品是否涉嫌侵权。或者聘请美国相关机构或律师出具知识产权分析报告，避免在之后的 337 调查中被判定为故意侵权，并要求承担 3 倍的赔偿金。事前的知识产权分析可能会花费不菲的资金，但能有效避免更为惨重的损失，使企业对市场决策更有信心和主动权。

4.1.2　通过产品规避设计避免侵权行为

如果通过分析发现产品涉嫌侵权，应对产品进行规避设计，或者通过更换非专利方法或非专利零部件来避开侵权。规避设计是指专门设计一种不同于涉案产品的新产品，用来规避可能涉及的专利权。根据美国国际贸易法 337 条款的规定，ITC 有权通过发布排除令而指示美国海关和边境保护局阻止侵犯美国知识产权的产品进入美国，排除令由海关执行；ITC 还可以通过发布禁止令以禁止美国境内的公司从事某种被认定侵犯美国知识产权的行为，禁止令由 ITC 执行。根据 337 条款，违反排除令不会受到罚款处罚，但违反禁止令将受到每违反一天罚款10万美元或标的货物价值的两倍（以两者较高者为准）的处罚。对此，尽早提供规避设计产品并使其通过ITC或海关的裁定是涉诉企业避免处罚并减少对业务中断影响的有效策略。337调查中，规避设计产品一旦获得行政法官或ITC的认可，将不受ITC最终作出的排除令等救济措施的影响，ITC和美国海关均不限制经过合理规避设计后的产品进入美国市场。例如，北京怡和嘉业睡眠障碍呼吸系统案（337-TA-890）中，在得知进行337调查后，怡和嘉业在2014年早些时候已经停止了涉案产品的销售，并积极进行了规避设计，并将新设计的面罩产品全面投放美国市场。这种方式可以有效避免万一337调查败诉所带来的风险。因此，规避设计是337调查中常见的应对策略。

在卷入337调查后，一方面，预先进行规避有利于促成被诉企业与337调查申请人达成和解，从而帮助被诉企业尽早从调查程序中脱身，控制应诉支出。另一方面，预先进行规避也有助于及时向美国市场提供被诉产品的替代品，减少因被诉而对市场开拓和经营带来的不利影响：如果相关规避设计后的产品已基本成型，被申请人可以在行政法官发布初裁和ITC发布终裁公告前请求其对规避设计后的产品是否侵权发表意见，获得认可后将利于保住美国市场份额；被诉企业也可在ITC颁布排除令后通过请求其进行咨询意见程序就规避设计后的产品是否侵权发表意见，或请求美国海关确认其是否落入排除令范围，此时涉案企业应确保其规避设计后的产品能轻易地与涉案产品区分开，即普通海关人员也能分辨二者的差别。例如，碎纸机案（337-TA-890）中，在律师的建议下，被申请人在案件的最开始阶段即着手进行规避设计，且将规避设计后相关产品资料纳入证据开示资料中，经过评估之后，申请人与被申请人达成和解，允许被申请人对美国出口规避设计后的产品。可见，由于337调查进程迅速、复杂的特点，更早地进行规避设计，尤其是在各方证据开示期间完成规避设计，使专家在庭审过程中可以就规避设计产品开展讨论，必然能够更为有效地节约缓解337调查进程迅速、复杂的弊端，做到未雨绸缪、有的放矢，增加与申请人谈判和解的筹码。

4.1.3 通过事前谈判获得专利许可授权

对于无法规避而又必须使用的核心技术专利，规避设计成本过大而美国企业专利对我国企业产品影响大时，企业应积极准备同竞争对手谈判，交纳专利许可费以获得专利使用许可，收购专利以获得专利权，或者成为代工厂制造商、设立合资企业或收购美国企业和品牌，避免进一步因337调查或侵权诉讼而失去美国市场。其中购买专利能在短期内迅速扩充企业的专利池，例如，电动平衡车案（337－TA－935和337－TA－3168）中，纳恩博科技有限公司通过从英国公司的手中买来赛格威的品牌和专利来增强品牌价值和专利的数量，实现了从被申请人到申请人的快速转变。即使在涉入调查的过程中，企业也可以通过向美国联邦法院的反诉、以及在中国提起关联诉讼发挥影响，如在337－TA－1000案中，杭州骑客在美国加利福尼亚中区联邦地方法院，以修改骑客最初于2016年5月19日提起的专利侵权诉讼起诉状的形式，对Razor的电动平衡车产品Hovertrax 2.0提起侵犯骑客US9376155号专利的诉讼；此外杭州骑客还向国家知识产权局专利复审委员会请求宣告CN203158157U专利权无效，CN203158157U的申请日先于涉诉专利的优先权日，2016年6月22日，专利复审委对CN203158157U作出“宣告专利权全部无效”的决定。华为公司在实施创新并积极申请美国专利的同时，已与高通等公司签署多份专利（交叉）许可协议；中兴通讯先后与高通、微软等企业达成知识产权交叉许可。联想集团先后收购了美国国际商业机器公司（IBM）的个人电脑业务、IBM X86服务器业务及摩托罗拉移动。中兴通讯、华为公司和联想集团因此拿到进入美国市场“入场券”。

但需要指出的是，在谈判的过程中，知识产权即代表着话语权，如果企业自身的知识产权储备不足，将导致其在谈判中陷入不利和被动局面。因此，中国企业应根据其发展的水平选择合适的专利布局的切入点，例如，在新的技术领域，企业可通过自主研发、与合作伙伴的联合研发甚至收购核心专利，也可以借鉴日本企业的“外围专利”策略，通过持有有价值的改进型专利对核心专利的持有人形成抗衡，达成专利交叉许可协议。

唯有构筑起企业自身的强有力的知识产权保护体系，实现谈判双方专利实力（数量与质量）势均力敌，才能在谈判中获得有利的筹码，以专利共享的方式化解侵犯专利权的难题。另外，值得一提的是，取得许可并不意味着不会遭受来自其他对手的起诉，例如，钕铁硼磁铁案（337 – TA – 372）中的三环新材料在案发之前取得了通用汽车和住友的专利许可，却仍遭到其他申请人提出的 337 调查，但获得专利许可带来的有利地位是毋庸置疑的。

4.1.4　通过主动签订协议规避侵权风险

1. 通过协议转嫁风险

对于美国进口商、承销商以及分销商委托加工、制造和销售的产品，并最终以代工厂、原始设计制造商方式进入美国市场的中国生产企业，应当通过协议明确约定知识产权产权免责条款，并要求美国委托人或进口商确认承担美国进口商、承销商以及分销商委托加工、制造和销售的产品可能存在的知识产权侵权责任，规避可能存在的 337 调查风险。同时，要保留委托方提供的原始资料，以便作为将来的抗辩证据。

2. 限定仲裁协议排除 ITC 管辖

在与对方签订知识产权许可协议等法律文件时，可在协议中增加仲裁条款，避免发生争议时被对方提起 337 调查。与 337 调查的法律程序相比，在仲裁程序中双方基本处于平等的法律地位，进行相关法律程序时具有更大的活动余地，较有可能取得公正的裁决结果。如果申请人为仲裁协议对方当事人，则中国的被申请企业可依据 1994 年《乌拉圭回合协议法》以仲裁条款排除 ITC 对案件的管辖，避免进行 337 调查。

4.1.5　提前在美申请专利

目前，在我国企业遭受的 337 调查案中，90% 以上涉及专利且败诉率高。其中原因之一是涉案企业缺乏美国专利。日本、韩国企业一度是 337 调查的主要对象。后来日本、韩国企业在美国积极申请专利，遭受 337 调查越来越少。

从日本的经验看，日本企业在应对调查时，首先，加大了专利申请力度，在美国构建起了知识产权保护网。日本企业每年在美国积极申请专利，获得专利的数量都位居世界前列。正是通过在美国构建自己的知识产权保护网，日本不再像之前一样，容易成为美国调查的目标，从根本上扭转了局面，在应对知识产权的案件中化被动为主动。其次，日本企业申请外围专利，组建专利组合。外围专利这一概念是相对于核心专利而言的，指的是某项专利技术并不是制造某种产品的核心和关键，但是为了提高产品的性能却需要运用到的专利技术，它是在核心专利基础上的改进和优化，体现了人类追求便捷和高效的探索，一般数量很多，易于形成专利网络体系，以突破技术层面的垄断格局，使企业更加主动。日本企业就是意识到外围专利对于突破垄断的重要作用，因此非常注重外围专利研发以及申请方面的策略，当其他国家在日本专利有关部门申请了一项新的专利，日本企业就立刻申请外围小的专利，当国外更新专利的方案时，就无法避免会涉及外围专利，从而需要通过“交叉许可”，即双方互相授权使用对方的专利来避免侵权，实现双赢。

因此，我国企业应根据研发及出口实际，结合国家相关科技创新计划及所在省、市或县鼓励创新的措施，加强原始创新、集成创新和引进技术消化吸收再创新，或者与其他企业、科研院所和高校，与美国一流科研机构、著名大学、企业合作或在美国设立研发机构，实施创新。然后，根据市场调研和《美国专利法》，通过《保护工业产权巴黎公约》（简称《巴黎公约》）途径、《专利合作条约》（简称PCT）途径或直接在美国专利商标局将发明或发现新颖而实用的工艺、机器、制造品，或物质组合，或其任何新颖而实用的改进，或者制造品的新颖、独创和装饰性外观设计申请美国发明专利、外观设计专利，并通过马德里商标国际注册途径或依《美国商标法》直接在美国专利商标局注册商标。必要时，在美国登记版权（含计算机软件）或掩膜作品。

触宝科技给我们提供了一个重要启示，即做好专利储备可以从几方面着手：一是要积极申请专利，申请美国专利花费较高，许多高科技企业，尤其是中小企业往往不愿意为之花费太多，拥有先进技术后却不申请专利保护或被其他企业率先申请，非常可惜；二是如果企业没有自主研发核心技术，则应尽量去从其他企业那里购买一些与自身技术相关的专利，这样既可以避免侵权，也可以化被动为主动，在必要时起诉竞争对手侵权；三是申请专利后要注重明确改进专利的权属。有的企业在进入美国市场前得到了专利授权，但在许可合同中却没有明确认定对该专利进行改进后知识产权的归属问题，使得自己花费成本改进的专利无法得到有效保护，这也应当引起注意。

4.1.6　深入了解 337 调查的程序和规则

我国出口企业应当充分了解、熟悉海外专利制度和规则，特别是出口产品的目的地和转运地的专利制度和规格，不可盲目出口。对于美国市场，企业应要通过常规培训、理论研讨等方式，全方位理解美国 337 条款的内容、使用条件、主要程序、救济措施、应诉策略等，做到知己知彼，这是迎战 337 调查案件的前提条件。对于产品以美国为主要出口市场的企业，应密切关注美国知识产权法律制度的立法及演变。企业应委托专业人员或者设立专项部门深入研究 337 条款，了解 337 调查各方面法律制度。详细了解 337 调查可能造成的损失，并熟悉合理规避 337 调查的有效措施。同时，要特别注意其中和我国知识产权保护相区别的地方，以防企业在认识时发生混淆，耽误了最佳的应诉时机。

4.1.7　建立动态的情报收集和对手跟踪体系

在国际商战中，竞争对手所掌握的大量、有效的美国专利、商标等知识产权，恰恰是竞争对手借以制胜的关键武器。尽管我们并不愿意看到这样的情景发生，但是由于事前缺乏对本行业海外市场主要企业的知识产权状况的调研，国内很多涉案企业，特别是一些中小企业，直到 337 调查兵临城下才惊觉。正因为中国大部分企业在国际业务拓展上缺乏海外营销经验，不了解市场规则，发展缓慢，纠纷频发，所以我们应当吸取外国公司良好的管理经验，在进入国际市场前，先对竞争对手的情况、国际市场的需求、市场情况做深入的探究。可考虑在当地成立分支机构，学习了解当地法律和规则，以及分析具体的市场环境。在后续可能面临的337调查中，赢得诉讼的关键是对自己和对手的专利诉讼证据的收集调取，而证据的收集难以一蹴而就，往往十分复杂和烦琐，如果缺乏专利信息储备则会困难重重，无从下手。专利证据的收集无法临时抱佛脚，需要注重平时的信息储备，以备诉讼使用不时之需。企业在拓展国际业务时，要做好大量准备工作，充分了解竞争对手的情况、国际市场的需求、当地的法律和规则。更要随时关注美国市场的变化，把握自身产品市场占有率的变动，调查竞争对手的动向，做到知己知彼。

在337调查前，申请人一般都会通过协商、律师交涉、诉讼等方式向被申请人主张权利，这些措施也许是申请人的试探性动作，应引起我国企业的高度重视。企业应当根据自身产品在美国市场份额的变化和竞争对手的动向，比如产品是否在美国市场份额增长迅速，竞争对手是否发送“停止侵权警告函”或收取专利许可费，在展会或海关等采取取证或执法行动、同行业其他公司的知识产权纠纷等。当某一侵权情况达到一定程度时，申请人可能会选择针对整个行业的行动，企业如果能提早预防，就能做到知己知彼，从容应对。

此外，企业还应关注《美国联邦公报》、ITC网站最新337指控（http：//www. usitc. gov/petitions_ and_ complaints）和337调查公告（http：//www. usitc. gov/secretary/fed_ reg_ notices/337. htm），看到其他生产相同或类似产品的企业遭受337调查时，通过EDIS系统（http：//edis. usitc. gov）检索美国企业起诉状及相关附件，并通过美国专利商标局检索美国企业相关知识产权，将美国企业知识产权、涉案进口产品与本企业出口产品分析对比。

4.1.8 增强创新能力并制定合理的知识产权战略

企业知识产权战略可以简单地定义为“企业为获取与保持市场竞争优势，运用知识产权保护手段谋取最佳经济效益的策略与手段”。[1]“市场未

[1] 冯晓青．企业知识产权战略初论［J］．湘潭大学学报（社会科学版），2000（5）．

动，战略先行”，这是跨国企业制定知识产权战略的基本原则。跨国企业往往在其产品和工厂未进入市场的情况下先进行专利申请，率先在相关领域抢夺专利权，这一情况在医药、生物工程、信息科技和新材料等高技术领域尤为突出。相比之下，我国企业知识产权储备普遍不足，有效发明专利的质量和数量偏低，海外专利布局意识薄弱，成为我国企业进军美国市场的软肋。专利的缺失使得我国企业缺少谈判的筹码，既不能通过专利交叉许可达成和解，也不能通过法院诉讼或其他方式约束对手，在贸易纠纷中往往处于被动。因此扩充企业的专利储备，通过合理的专利布局构筑知识产权保护体系，是避免我国企业卷入 337 调查的根本措施。专利取得的方式主要包括自主研发和购买专利两种，各有利弊，企业可通过专利技术价值评估并结合自身和竞争对手的科研实力、经济实力，以及行业技术的成熟度等因素自主选择。

从长期看，应对美国 337 调查的关键还是提高我国企业的创新能力，强化知识产权保护意识。第一，企业应当制定自身的知识产权战略，贯穿产品研发、专利申请、市场分布各个环节。第二，加强企业内部的知识产权宣传。通过广泛开展知识产权普及教育和宣传，提高企业各层次人员的知识产权意识，特别是领导人员、研发人员、管理人员。第三，企业要加大知识产权开发的投入。企业要想在市场上获得竞争力，就必须拥有自主知识产权和核心技术。如果企业想节省研发的经费和时间，可以引进国外新技术，通过紧跟国外同行的研发工作，及时了解国内外同类企业的研发动态和最新成果，加以消化吸收，在此基础上进行自主创新。一些中小企业可以建立战略合作关系，加强合作，交叉授权相互间的技术，形成联合技术优势。第四，企业还应具有知识产权保护意识。出口企业应提高专利申报和保护意识，及时在国内注册商标或申请专利，提高产品质量和服务质量，打造知名品牌。企业还应重视海外专利的申请，为了维护企业在海外市场的市场份额和竞争利益，可以选择企业主要市场所在国或者潜在市场所在国申请专利。并且，为更好地维护己有的创新成果，在加强自主知识产权研发的同时，还应当注意技术标准的制定，企业抢先申请知识产权，制定技术标准，一定程度上可以把握市场的主动权。

为了避免在337调查中屡屡被诉，在知识产权保护上通常处于劣势的中国出口企业应当重视知识产权的战略地位，建立符合自身特点的知识产权战略，尤其是对外贸易中的知识产权战略，这是解决中国企业在海外知识产权纠纷的根本所在。我们应学习借鉴日本、韩国和我国台湾地区的部分企业的经验，他们从开始在337调查中总是作为被申请人逐渐演变成以申请人的身份利用337调查机制保护其知识产权。这得益于这些企业在微观层面上吸取337调查中的经验教训、制定相应的企业知识产权战略并严格执行；同时也得益于这些国家或地区鼓励和支持企业发展和完善知识产权等因素。例如，我国台湾地区的企业在国际化的进程中不断完善自身知识产权的布局，开始作为申请人在ITC提起337调查申请，宏达电子（HTC）在2010年5月份向ITC提起调查请求，要求ITC认定苹果公司的可携带电子产品侵犯其5项专利权（337－TA－721）。

在当前的新形势下，我国应该以积极的态度应对美国337调查，充分认识知识产权储备已经成为未来公司发展的核心竞争力，不断开拓知识产权的领域，把专利“镶嵌”到产品中，甚至是未来的商业模式中；同时，在产品出口前进行产品的专利检索工作，确认是否有可能涉及美国相关的知识产权，在诉讼和调查来临时，积极组织应诉，最大限度地保护企业自身的合法权益。在我国从贸易大国走向贸易强国的过程中，贸易壁垒将始终贯穿，这就决定了应对贸易壁垒是一项长期而又艰巨的任务。但是，只要我们在充分正视自身问题的前提下，不畏艰难，积极探索，有效应对，定能实现我国“贸易强国”的战略目标。

4.2 我国企业决定是否应诉337调查的主要考虑因素

近年来，我国企业被提起337调查的情况越来越多，单纯从案件本身来讲，企业采取应诉的胜算总是大于不应诉，但是从企业自身来看，并不是对所有的企业而言，不应诉就一定代表着失败。应诉与否是需要综合考量的，企业不仅要考虑其产品在美国的市场份额、应诉费用和法律投资以及不应诉所导致的后果等方面的因素，更重要的是要基于企业的类型，考虑自身的定位和发展方向。下面分析了影响企业决定应诉的几个方面。

4.2.1　企业类型

我国涉及337调查案的企业主要包括以下几种类型：自主研发的制造企业、国外大企业的代工企业、国外品牌产品的销售商或代理商、被诉侵权产品的下游企业。每个企业的定位不同，导致他们的类型不同，其发展方向也是不同的。而企业的类型是企业是否需要进行应诉，以及是否具备应诉能力的首要因素。

对于我国的一些自主研发型制造企业而言，产品和技术是他们的命脉，一旦被ITC裁定为违反337条款，则会失去美国市场，因此，不应诉的结果通常是这些企业无法承受的。而国外竞争对手也正是利用了337调查应诉准备时间短、应诉程序专业复杂、应诉费用高等特点，对我国企业进口到美国市场的那些具有较大市场潜力、高附加值或高技术的产品进行打压，企图以此迫使中国企业放弃或退出美国市场。例如，在素食氨糖337调查案（337－TA－668）中，我国的南通医保经过前期几千万元人民币的投资、十多年的研发，于2007年自主研发成功经由玉米发酵之后再加工提取素食氨糖的技术。在向美国市场进行试探性销售后，市场反应强烈，美国经销商纷纷向南通医保批量订货，南通医保于2009年将素食氨糖进行大批量生产，向美国市场及其他国际市场提供素食氨糖。基于此种情形，南通医保的竞争对手美国嘉吉公司于2009年1月向ITC提出申请，请求审查南通医保等公司侵犯其专利权。对于南通医保而言，不应诉就意味着放弃美国市场这块大蛋糕，这对企业是巨大的损失。因此，南通医保虽然是一家小型的民营企业，但其基于自身的利益考虑以及今后的发展，在面临着巨大压力和困难的情况下，也只有选择积极应诉，以维护其在美国的市场利益。事实也证明，南通医保选择应诉的决定是正确的。

对于我国大部分中小型代工企业而言，由于企业本身缺乏技术，因此是否应诉，很大程度上取决于其所代工的国外大企业的选择，自己掌握主动权的机会比较小。例如，在照明控制设备337调查案（337－TA－776）

中，中国的温州惠尔电气科技有限公司等几家中国企业作为美国 American Top Electric Corp. 等几家大公司的代工厂，在被美国路创电子公司提起 337 调查时，由于美国几家公司均未应诉，作为代工企业的中国企业也没有应诉的能力，均缺席了 337 调查，放弃了美国市场。但是，也不是所有的代工企业在 337 调查案中都是处于被动挨打的地位，例如在手提电子设备 337 调查案（337 - TA - 769）中，被申请人中国的富士康公司虽然是代工企业，但其通过积极的创新和转型，已经拥有了自己的技术和知识产权储备，因此在与申请人美国微软公司的较量中，富士康公司并没有选择放弃应诉，而是依靠自己的实力与微软公司达成了和解。

申请人在向 ITC 提起诉讼时，不仅会对被诉侵权产品的制造商提起调查，通常也会将与被诉侵权产品相关的销售商、代理商一起列为被申请人，有时甚至是在对产品制造商提起诉讼存在障碍的情况下，直接将销售商和代理商列为被申请人。对于销售商和代理商而言，是否应诉一方面可以根据产品制造商的态度而定，即产品制造商如果采取积极应诉的情况下，销售商和代理商也可以跟其一起联合应诉；另一方面，也可以审时度势，在合理判断所销售或代理的产品是否侵权以及应诉成本的情况下，放弃应诉，对产品结构作出调整，如更换其他产品销售，以降低企业损失。在分娩模拟器 337 调查案（337 - TA - 759）中，被申请人是中国两家销售被诉产品的企业。由于涉案产品的价值较小，而侵权的可能性较大、应诉成本高昂，在高昂的应诉成本与较小的利润的权衡下，被申请人主动放弃应诉，缺席调查，这对企业今后的发展而言可以说是一种更优的选择。

对于使用被诉侵权产品的下游企业，虽然他们不是 337 调查的主要对象，但是通常也会被申请人一并列为被申请人。我国下游厂商大多因费用、程序等因素而放弃应诉。在韩国三星电子公司和美国飞索半导体公司关于闪存及其制品的 337 调查案（337 - TA - 685）中，深圳亿格瑞公司作为飞索公司的下游厂商，就未进行应诉，放弃了美国市场。但是对于一些大公司，即使因为某些产品的使用而作为下游企业被牵涉进 337 调查案，也应该从市场份额、经济利益、败诉的后果考虑，进行积极应诉。例如在微处理器 337 调查案（337 - TA - 781）中，虽然被诉侵权产品的主要被申请人是美国英特尔公司，但是苹果公司和惠普公司因为大量使用了英特尔的微处理器而被列为被申请人。基于涉诉产品对苹果公司和惠普公司下游产品的重要性，苹果公司和惠普公司采取积极应诉的方式，同制造商英特尔公司一起应对337调查案，并且取得了胜利。

4.2.2　美国市场

在被ITC认定为违反337条款的情况下，ITC有权对这些企业涉诉产品颁发普遍排除令、有限排除令、停止和禁制令，即禁止涉诉产品进入美国市场。因此，中国企业在被ITC进行立案调查时，一个重要的考量因素就是美国市场对企业切身利益以及今后发展的影响，这包括对企业涉诉产品在美国市场的占有份额、在美国市场的发展潜力等的考量。如果涉诉产品在美国市场份额小、或者在美国市场已经没有大的发展潜力，不会给企业带来较大的收益，而应诉成本却高达几十万或者上百万美元，在这种应诉成本和收益不平衡的情况下，企业选择不应诉，放弃美国市场，而投入其他市场，可以说是无奈中的明智之举。在设置有刀片的箭头及其部件337调查案（337 - TA - 977）中，申请人是经营户外产品的2家美国公司，被申请人为9家中国企业，涉案产品是用于野外捕猎的箭头。该案中全部9家被告企业均缺席，ITC发出普遍排除令。对于这9家不知名的小公司而言，涉案产品在美国的市场占有份额小，其总体的价值和利润空间并不大，并且作为小的销售商，被诉企业在美国市场也没有较大的发展潜力，而与高昂的应诉费用性比，胜诉带来的销售利润很可能都不够律师费，况且应诉也不一定能胜诉，在这样的情况下，缺席调查对于被申请人而言反而是更加理性和现实的选择。

4.2.3　应诉能力和应诉资本

根据337条款的相关规定，在ITC立案后，被申请人必须在文件送达之日起20日内予以书面答复，被申请人在美国境外的，行政法官一般会延长10日答辩期，即对于中国的大部分企业而言，最多只有30日的答辩期限，而答辩的内容包括：对申请书和立案公告中所指控的每项事实予以承认、否认或声明对某项事实并不知情，对申请书和立案公告中每项指控进行抗辩所依据的有关事实；关于涉案产品对美出口量、出口金额及被告生产能力的数据，以及关于美国市场对该被告的重要性的陈述等。这对于一个没有任何防备的中小型企业而言，在短短的时间内准备出这些材料是很困难的，即使勉强应诉，面对 337 调查复杂的应诉程序以及应诉过程中材料的准备对企业而言也是一大挑战。另外，应诉需要专业的律师团队，尤其是美国的律师团队，费用很高，通常一个 337 案件的诉讼费用少则几十万美元，多则几百上千万美元，而且 ITC 不能作出金钱赔偿的裁定，应诉方胜诉后不能收回成本。因此，对于大部分中小型企业而言，这高昂的应诉资本是其不得不面对的困难。在鞋类产品 337 调查案（337 – TA – 936）中，申请人为匡威公司，被申请人包括深圳市恒阳鞋业有限公司、福建新亚进出口贸易有限公司、浙江省瓯海对外贸易公司、温州市粮油食品对外贸易有限公司等 4 家中国企业，在 337 调查过程中，中国的 4 名被申请人均被裁定缺席。其中值得一提的是，其中的 2 名被申请人浙江省瓯海对外贸易公司和温州市粮油食品对外贸易有限公司在 337 调查过程中是有意愿应诉的，且其聘请了中国的律师团队进行应诉并提交了相关材料，但在 337 调查过程中，两名中国企业聘请的中国律师团队遭到了申请人以及 OUII 的反对和行政法官的拒绝。主要理由是该律所及其律师不具有美国任何州的职业律师资格，ITC 没有适当的机制对该律所及其律师有意或无意泄露与该案相关的商业秘密信息进行约束，因此，申请人动议排除洪某律师及其律所参与该案调查，拒绝其接触与该案相关的商业秘密信息。可见，在该案中，虽然被申请人有意愿进行应诉，但迫于高昂的律师费用而没有聘请美国律师团队，最终被裁定为缺席调查，遗憾地损失了美国市场。

4.2.4　认清申请人的真实意图

337 调查，对于申请人而言，提起诉讼的成本小、门槛低、救济力度大，而对于被申请人而言，其应诉的时间短、成本高、诉讼程序复杂，且败诉的后果严重，因此，337 调查目前成为相关企业或行业采用的一种主要商业竞争手段。既然是商业竞争手段，则其目的就不仅仅是为了维护自己的专利技术不被侵犯，其更深层次的目的是为了达到某种商业上的利益。因此，对于不同的337调查案，被申请人应该分析申请人的真实目的，进而选择合理的应对策略，以达到获胜或者双赢的效果。对于来势汹汹，其目的就是为了限制和排除竞争对手或者想要低价收购或打垮具有潜力的竞争对手的337调查，被申请人应该尽力积极应诉。例如，在新思公司诉汇顶科技触控技术337调查案（337－TA－957）中，由于被申请人汇顶科技的触控与指纹识别产品受到越来越多中国和国际终端品牌（例如华为、三星等）的认知与选择。申请人新思公司感受到汇顶科技所带来的威胁，为了阻挡和限制汇顶科技的发展势头，向汇顶科技提起了337调查，试图限制该强有力的竞争对手。汇顶科技也深知新思公司的目的，因此对于汇顶科技而言，积极应诉，为自身的发展扫清前行的道路是必然的选择，最终迫使申请人与汇顶科技握手言和。在Nuance公司诉触宝输入法337调查案（337－TA－864）中，申请人Nuance公司对触宝公司提起337调查的真实目的是迫使处于发展初期的触宝公司走投无路，最终以低价对其进行收购，并且Nuance公司一贯秉承的做法是“要不收购，要不打垮”。这种策略使得Nuance公司几乎垄断英文手机输入法市场，在收购被拒绝的情况下，Nuance公司就会起诉，在过去10年其起诉过8家公司，无一例胜诉，但已经有4家被其收购。在认识到申请人的真实目的后，触宝公司面临两种选择，一是进行应诉，花费高额诉讼费并承担可能败诉的风险，但如果胜诉则将保持自己产品的占有率；要么放弃应诉，被Nuance公司低价收购或放弃美国市场。权衡过后触宝公司决定进行生死一搏，准备应诉，事实证明触宝公司的坚决应诉是正确的选择。可见，汇顶科技和触宝公司正是在认清申请人的真实目的的基础上作出了正确的选择，积极应诉，才没有让申请人的目的得逞。而对于申请人只是以337调查为谈判的筹码，迫使被诉企业与其达成相关协议，则被申请人可以考虑以和解方式解决问题，避免不必要的繁杂诉讼过程以及高昂的律师费用。例如，在液晶显示器及其相关产品和制备方法337调查案（337－TA－760）中，申请人夏普公司是在其与被申请人友达光电签订的专利交叉许可协议到期之际，提起337

调查，其目的一方面是迫使友达光电与其谈判专利许可协议，另一方面是希望在和解或诉讼结束前，抢到友达光电的下游厂商订单。作为长期的竞争对手，友达光电对于夏普公司的真实目的了然于心，因此友达光电与夏普公司很快通过谈判达成了和解，并且双方签署了专利交互授权合约。该案中，友达光电明确对方的目的，采取快捷、有效的谈判手段进行和解，避免了人力、财力、时间的浪费。

4.3 企业应诉337调查的策略和技巧

4.3.1 抗辩理由

4.3.1.1 通用条款

《美国专利法》第282（b）条规定了对专利侵权指控可采用如下抗辩方式：（1）未侵权，不必承担侵权责任，或专利不可执行；（2）涉案专利或权利要求由于不具备本法第II部分所规定的可专利性条件，因而无效；（3）涉案专利或权利要求由于不符合该法第112条或第251条的任何要求，因而无效；（4）依据该法可以成为抗辩理由的任何其他事实或行为。

1. 专利有效性

337调查中对于证明存在侵犯知识产权行为的条件，与美国知识产权实体法中证明存在专利侵权、商标侵权、版权侵权等规定一致。申请人需要证明有一项有效的、可执行的美国知识产权权利，包括专利（产品或方法）、登记的版权、注册商标或注册的掩膜产品（即集成电路布图设计）。知识产权权利的有效性是被控侵权成立的基本条件。

具体而言，《美国专利法》第282（b）条所述的第II部分所规定的可专利性条件即第10章，《美国发明法案》（AIA）生效前包括第101至105条，AIA生效后废止了第104条，其中《美国专利法》101条规定了可授予专利的主题类型，《美国专利法》第102条涉及专利的新颖性，该法第

103条涉及专利的非显而易见性。此外，《美国专利法》第112条涉及对权利要求和说明书的撰写要求；《美国专利法》第251条涉及再颁专利的有效性。

（1）可专利的客体，实用性。

根据《美国专利法》第101条的规定，任何人发明或发现任何新的和实用的方法、机器、制造品或者任何物质的组合，或其新的和实用的改进，皆可依该法所定的规定和条件获得专利。《美国专利法》第101条所述的“制造品”应作广义的理解，即其既包括出售给消费者的产品，也包括该产品的一个组件。该条款不仅规定了潜在的可专利的客体，还涵盖了发明应具备实用性的要求。相较中国专利法，美国专利法对专利资格的限定略宽一些，如非天然且非人类的多细胞活生物体[1]等也属于可被授予专利权的客体，而近年的司法判例表明计算机软件、商业方法等也被纳入美国专利制度可授权的主题范围内。此外，美国专利法对满足实用性的认定门槛也较低。这是中国企业在作出侵权抗辩时需要注意的。因此，尽管35 U. S. C. 101在专利授权中占据重要地位，但在侵权诉讼和337调查实践中，鲜有被申请人以涉诉专利违反35 U. S. C. 101而无效作为抗辩理由。

（2）新颖性。

在2011年9月修改的《美国专利法》生效前，美国专利法体系遵循“先发明”制，故《美国专利法》第102（g）（1）条规定，在1993年12月8日以后（含）《北美自由贸易协定》签订国，以及在1996年1月1日以后（含）世界贸易组织成员国内，若另一发明人可以证明在本申请的申请人完成一项发明创造之前，该发明人已经率先作出该项发明创造且没有放弃、压制或者隐瞒其发明创造的，可导致本申请无法获得授权。此外，2011年9月修改的《美国专利法》生效前的第102条还规定：（a）在专利申请人完成发明创造以前，该项发明创造在美国已被他人所知或使用，或者在美国或外国已经取得专利或在印刷出版物上已有叙述的；（b）该项发明创造在美国或外国已经取得专利或在印刷出版物上已有叙述或在美国已

---

[1] US4736866B1，公告日1988年4月12日，权利要求1“A transgenic non-human mammal all of whose germ cells and somatic cells contain a recombinant activated oncogene sequence…”。

经公开使用或销售，在向美国申请专利以前已达 1 年以上的，也会导致专利申请因不符合《美国专利法》第 102 条而无权获得专利。2013 年 3 月 16 日后（含），随着 2011 年 9 月修改的《美国专利法》的生效，美国专利制度已经改为“发明人先申请制”，并扩大了现有技术的评价范围，根据修订后的第 102 条规定：①要求保护的发明在实际申请日之前已经被授予专利权,或已经在印刷出版物中公开，或公开使用、销售，或以其他形式为公众所知；②或者要求保护的发明已包含在根据第151 条授权的专利中，或已包含在根据第 122（b）条进行公开或认为已经公开的专利申请中，都将导致要求保护的发明丧失新颖性；但例外的是，在要求保护的发明实际提交日前一年内进行的公开不被视为根据上述①项的现有技术。此外，修订后的第 102 条也扩大了先用权抗辩的范围，由原来的方法专利扩展至所有类型的专利。

在涉及新颖性的判断中，需要进行对现有技术的评估和将现有技术与专利申请的技术方案进行特征比对两个步骤，新颖性的判断遵循“全原则”（All-limitations Rule），即专利申请技术方案的每一个特征均应被一份现有技术的对比文件公开。由于审查机构检索的局限性，各审查机构规定的最低检索策略并不相同，而各数据库的收录范围也有差异，在被申请人对涉诉专利的重新检索过程中可能发现足以证明其不具备新颖性的印刷出版物信息。判断“印刷出版物”的关键点在于考察该文献是否“可由公众获得”，影响的因素可能包括展示时间的长短、目标受众的专业水平、存在（或缺少）所展示材料不会被复制的合理预期，复制所展示材料的难易程度等。[1] 对于涉及公开使用、销售的举证阶段，被申请人应证明其公开水平足以使技术方案处于公众可知的状态。新颖性无效抗辩时还应特别注意 AIA 生效前后第 102 条的变化，即 AIA 生效后，在美国或国外进行在先发明的证据不再适用，但第 102 条采用了“绝对新颖性标准”，任何人在申请日之前的公开使用和公开发表都将使涉诉专利不具备新颖性。可见，修改后的 35 U. S. C. 102 删除了对于“公开使用”或“销售”行为在地理

[1] J. M. 穆勒. 专利法：第 3 版［M］. 沈超，等译，北京：知识产权出版社，2013：131.

位置上的区分，“公开使用”或“销售”行为的主体既可以是“除发明人以外、不受限制、约束或者对发明人无保密义务的其他人”，也可以是发明人本人，其判断的标准在于发明人是否对该发明创造的使用有所控制。

由于新颖性的评述标准较为客观，一旦获得合适的证据，在337调查中，以《美国专利法》第102（b）条为由提起的无效请求可以给申请人带来较大的压力。例如在A&J公司发起的337－TA－895号调查案中，针对涉诉设计专利D660646和D662773，被申请人就以在其申请日之前出售了超过一年的现有技术产品公开了该专利设计为证据，申请依据第102（b）条的规定裁定涉诉专利无效，从而迫使申请人主动提起动议撤回关于这两项专利的指控。

（3）非显而易见性。

判断《美国专利法》第103条规定的非显而易见性需要站位本领域技术人员，确定现有技术是否给出了结合对比文件以解决技术问题的动机。第103条中并未定义现有技术的含义，但基于案例法和法源说明可以确定，该法条中的现有技术范围与35 U. S. C. 102条相同。在结合动机的认定标准上，这一动机不需要现有技术包含明确表达如何将已知要素结合实现所要求保护的发明的启示。例如在英力士氟有限公司、英力士氟美国公司对中化近代环保化工（西安）有限公司等发起的337－TA－623号调查案中，被申请人基于现有技术专利EP0449614、EP0449617、US2005710等对涉诉US5559276号专利的不可预期性和非显而易见性提出质疑。涉诉权利要求涉及由两个以非特定顺序实施的步骤的制备工艺，而这两个步骤的反应均已被现有技术公开，在专家证人证言表明该制备工艺不须是个“整体”的基础上，行政法官判定本领域技术人员能够掌握权利要求1中全部的要素并知道如何将这些要素组合来生产目标化合物，因此作出涉诉专利权利要求1是显而易见的裁定。

由于非显而易见性的认定具有一定的主观性，申请人和被申请人通常会引入例如专家证人证言作为证据，以将本领域技术人员的水平确立在对己方有利的高低程度；行政法官则会综合考虑本领域的创新速度、涉诉技术的复杂程度、专家证人的受教育水平或专业资质等因素，确定出本领域技术人员的受教育水平或专业技能水平，并记载于初裁决定中。

此外，《美国专利法》第103条非显而易见性的分析中还需要考虑一些其他因素，这些因素通常由制造和销售发明创造中的经济以及动机方面的事实和数据来证实，包括但不限于由该发明创造的技术方案带来的商业上的成功、对该发明创造长期以来的需要等。

337调查程序的进程很快，给被申请人准备答复的时间非常有限，因此要想在指定的时间内提出具有说服力的《美国专利法》第102条或第103条无效理由，需要涉诉公司对相关领域的知识产权状况有足够的了解，自身的专利储备也具有重要的作用，才能在涉诉后快速作出反应。例如，在触宝公司涉入的337调查案（337-TA-864）中，触宝公司从成立之初就十分注重知识产权的储备和预警工作，实施有效专利布局，正确分析研判行业发展态势，向行政法官提交了大量的专利技术文献证据，使行政法官在开庭前的简易裁决中作出有利于触宝公司的裁定。在南通医保等涉入的337调查案（337-TA-668）中，被申请人收集了范围早至1912年的葡萄糖胺提取文献，整理出累计近万页的现有技术材料，从而向ITC提交了要求裁定涉诉专利全部权利要求无效的简易裁决动议，并部分获得了行政法官的支持。

（4）清楚、可实施性。

《美国专利法》第112（a）条规定，说明书应当包括对发明创造的书面描述以及制造和使用该发明创造的方式和方法，采用完整、清晰、简洁而确切的语言，使任何熟悉该发明创造所属或密切相关领域技术的人员都能制造和使用该发明创造，说明书还应该公开发明人或共同发明人所认定的实施其发明创造的最佳方式。上述规定体现了美国专利法对专利公开的3个要求：可实施性、最佳方式、发明创造的书面描述。上述要求应在专利申请递交的时候就得到满足，申请人可以通过如交叉引用的方式从美国专利或已公开的美国专利申请中将必要的内容引入本申请以满足上述要求，但不能通过在申请日之后增加的新内容或申请日之后他人公布的信息（即便他人在申请日前递交但在后公开的申请）予以补充。

就可实施性而言，根据相关判例法，只要专利申请公开的内容使本领域普通技术人员“无须进行过度的实验”就能制造和使用该发明创造，则该发明创造公开的内容就是具有可实施性的。[1] 因此在根据可实施性进行专利有效性抗辩时，被申请人可以从所需要的实验是否“过度”的角度进行考虑，如所需要进行的实验数量、申请文件中是否提供了实际完成的例子、现有技术的水平、本领域技术人员的水平、本领域技术的可预期性、申请文件中公开的具有可实施性的内容是否足以支持权利要求保护的范围等。例如，ARM 企业有限公司发起的涉及饮料冲泡容器的 337 调查案（337 – TA – 929）中，被申请人 Solofill 公司和东莞海瑞公司就提出证据证明涉案专利的权利要求得不到说明书的支持，并获得了 ITC 的支持，ITC 在终裁报告中裁定涉诉专利 US8720320B1 的权利要求 5 ~ 7、18 和权利要求 20 因为缺乏书面描述而无效。

《美国专利法》第 112（b）条规定，专利申请文件应以一项或多项权利要求作为结束，且权利要求必须具体而清楚地说明所要求保护的客体，即发明人或共同发明人视为其发明创造的内容。上述内容涵盖了对权利要求清楚性的要求。

（5）再颁专利。

USPTO 已授权专利可通过更正证书、再颁、再审查和提出放弃的 4 种方式进行更正。其中，更正证书、再颁和提出放弃均由专利权人或其专利律师或代理人提出，再审查可以由任何人提出。更正证书仅涉及授权专利的微小错误，对于更正证书无法补救的错误，专利权人可根据需要选择对其专利进行再颁。

再颁是 USPTO 内部的行政程序，用于更正已授权专利中的某些错误。《美国专利法》第 251（a）条规定，在任何时候，如果一项专利在没有任何欺骗意图的前提下，由于说明书或附图中的缺陷，或由于专利权人在专利中要求保护的范围大于或小于其有权要求保护的范围而导致的错误，使其专利全部或部分不能发挥作用或无效时，在专利权人放弃原专利并缴纳了法定费用的前提下，美国专利与商标局局长应根据修正后的新申请，对

[1] In re Wands, 858 F. 2d 731, 737 (Fed. Cir. 1988).

原专利所公开的发明创造进行再颁，其有效期限为原专利保护期的剩余部分。需要说明的是，虽然再颁意味着专利权人自再颁之日起主动放弃原专利，但原专利在再颁专利申请授权之前都维持有效。❶ 而且USPTO将对提出再颁申请的专利的所有权利要求进行再次审查，并可以依据任何法定理由驳回再颁申请的任何一项权利要求❷，但若没有发现错误，USPTO可以拒绝对该专利进行再颁。再颁专利的特殊之处还在于，专利权人可以通过再颁扩大权利要求的保护范围（即范围扩大型再颁）。根据案例法，判断范围扩大型再颁的标准为"任一方面的范围扩大"，即如果再颁专利针对原专利权利要求扩大了其中一个技术特征的范围，即使其他特征的范围未变甚至是缩小了，这样的再颁也属于范围扩大型再颁。❸ 而《美国专利法》第251条对此类再颁的提出时间做了明确的规定：第251（d）条规定，除非在原专利授权后的两年内提出申请，否则再颁专利不得扩大原专利权利要求的范围。再颁专利也不能用于收回"为了克服现有技术而放弃的特定客体"。❹ 例如，在美国提勒斯顿公司发起337调查案（337－TA－608、612）中，涉案专利US Re35.616就是美国专利US5014362的再颁专利。US Re35.616存在24项权利要求，涉案权利要求为其权利要求1、17～19。行政法官在发布的阐释令中指出：争议术语"Predetermined Pressure"并未出现在再颁权利要求中，而是记载于US5014362的原始权利要求1中，并裁定该术语应解释为戴上手套后，由手套对手施加的压力值并不等同于涉案再公布专利权利要求1中将其修改为"Initial Pressure"的含义，导致再颁专利权利要求的保护范围不适当地扩大。初裁决定中还指出：涉案再颁专利由US Re35.616专利权人在原专利授权日2年后进行修改所得，且该修改不适当地扩大了权利要求的保护范围，导致涉案专利权利要求无效。

2. 不侵权抗辩

专利不侵权抗辩，是指被申请人针对申请人提供的事实、证据和要求

---

❶ 《美国专利法细则》1.178（a）。

❷ Hewlett-Packard Co. v. Bausch & Lomb Inc.，882 F.2d 1556，1563（Fed. Cir. 1989）.

❸ Ball Corp. v. United States，729 F.2d 1429，1437－1438（Fed. Cir. 1984）.

❹ 998 F.2d 996（Fed. Cir. 1993）.

提出否认侵犯专利权或免责、减责的主张。这些抗辩事由力求能够直接对抗对方的理由或证据，以证明对方的请求不成立或不完全成立。

在 337 调查过程中，行政法官对被申请人是否构成侵权的判断通常由两个步骤构成：

①对涉案权利要求进行解释，以明确其含义和范围；

②将解释后的权利要求与被控侵权的产品或方法进行比较以确定是否构成侵权行为。

这两个步骤中，步骤①通过对涉案权利要求的文字进行解释，划出一个侵权行为发生的边界；步骤②将被控侵权的产品或方法与上述边界进行一一比对，来确定是否落入权利要求限定的范围。对于被申请人而言，这两个步骤都可以作为抗辩的落脚点，在调查中应争取每一处潜在的机会来争取利益。下面对上述两个步骤作进一步详细介绍。

（1）权利要求的解释。

美国议会在 1790 年建立了第一部联邦专利法，此时的申请文件仅要求提供说明书，直到 1870 年，权利要求才成为专利申请的法定必要部分。权利要求就是用精雕细琢的语言来定义专利权人排他性权利的单句。就像用语言构筑了一块地契约定了地产主禁止他人未经允许擅自进入的地理范围一样。[1] 虽然权利要求存在的目的要求其客观、准确、清晰，然而实际授权的权利要求往往难以满足上述要求，这是由多方面原因造成的。第一是基于审查过程的制约，一项发明创造最终授权的保护范围具有不可预期性，这个范围不仅与技术方案有关联，往往还与审查员检索到的现有技术相关（例如为满足授权要求而刻意删除权利要求中与对比文献重叠的数值范围），反复的修改破坏了权利要求的系统性，也构造了一些难以克服的缺陷。第二，基于权利要求的确权目的，申请人往往力求将权利要求范围最大化，以至于许多权利要求的技术特征都是用功能 + 手段的方式进行限定，并没有体现功能限定要素是如何被实施的，而功能限定是用模糊边界来限定客观要素构成的技术手段，因而必然存在可以争辩的空间。第三，

---

[1] J. M. 穆勒．专利法：第 3 版［M］．沈超，等译，北京：知识产权出版社，2013：8.

发明是作为有形的结构或具体的工艺步骤而存在着，文字描述是发明人为了满足专利法的要求事后进行的书面陈述。将有形的结构转化为无形的文字表述会碰到难以填补的、始料未及的观念性鸿沟。而语言文字还具有复杂性、多样性。因此在不同语境下同一个技术特征可以有多种不同的解读方式，不同的解读即产生了权利要求不同的保护范围，保护范围的差异常常成为侵权辩论的焦点。基于上述种种原因，大部分专利在调查或诉讼时都会产生理解上的分歧。如户外烧烤炉案（337－TA－895），申请人和被申请人对于权利要求中的术语“排气”“可开启的盖装置”产生了不同的解读方式。申请人认为上述两个词语应以通常含义理解为功能限定，而被申请人以从属权利要求的具体限定、说明书的实施例和审查过程中申请人的答辩理由为依据将上述词语解释为更为具体的连接方式。在具有打印头的墨盒案（337－TA－723）中，对于权利要求前序部分中的“打印头”对技术方案是否有限定作用，申请人和被申请人也产生了激烈的争辩：申请人认为权利要求的主体是一种芯片结构，“打印头”仅仅是用途方面的简单陈述，其对权利要求的主体没有任何结构贡献，因而没有实质限定作用。而被申请人认为专利的说明书中充满了对打印头的介绍，“打印头”限定了发明的改进是用于喷墨打印机的打印头而不是其他的发明，如果没有“打印头”，不能准确体现发明主题，发明不具备授权可能。又如，在生产 134a 制冷剂的工艺案（337－TA－623）中，涉案的权利要求是一个包含两个反应步骤的方法权利要求，被申请人认为权利要求的表述方式暗含了两个反应存在特定的操作顺序，而申请人对此给予否定，认为权利要求既包含正向反应，也包含反向反应，不需要特定顺序。由此可见，争辩点可能存在于技术特征含义的确认、技术特征对于技术方案所产生的贡献、技术特征之间的关联，多个技术特征之间的划分方式等等。基于不同的理解方式，同一个权利要求可以演变为完全不同的保护范围，最终导致侵权判断的不同结果。

行政法官以及 ITC 对于权利要求的理解在 337 调查中起决定作用。虽然不同的行政法官在调查过程中具备不同的个人特点，然而他们在实际操作中往往还是依据某些通用准则进行判断，如对于权利要求的解释是以专利的申请日为时间节点、基于此时本领域普通技术人员（技术专家的意见也予以考虑）在通常意义上的理解来对权利要求进行诠释的。对于权利要求中技术特征含义的确定也一般是以该时间点的普通和惯常含义来认定的，除非专利权人在说明书中记载了特定用语的含义。对于技术特征的范围、作用、技术特征之间的关系等等往往根据说明书、说明书附图、从属权利要求的内容、专利审批阶段的答辩记录等资料中体现的具体内容结合考虑字面及语境含义总体上客观地加以判断。

我国企业在进行侵权抗辩时往往处于被控侵权的角色，在面对侵权指控时，应在最短时间内收集和分析涉案专利的相关资料，不仅对授权专利的权利要求的每个技术特征、技术特征之间的关系加以分析，还要分析申请文件中原始的权利要求书、说明书、说明书附图方面的内容，以及专利审批阶段的答辩记录等相关信息，进一步的，还需要分析涉案专利的同族专利在本国或他国发生的无效或司法程序中所产生文件记录，分析权利要求的实际保护范围，力求将涉案专利的权利要求进行最窄化解读，压缩其保护范围，以期在调查中获得有利局面。

在 337 调查过程中，证据开示阶段申请人及被申请人被要求提供大量的理由和证据对权利要求中的术语、技术方案进行全面分析，双方分别表达自己对涉案权利要求保护范围的理解。对于双方的争议内容，行政法官会在调查中将争议点一一罗列，给双方对于争议点再次答辩的机会，在庭前会及开庭时双方还可以进一步陈述自己的理由和观点。最终行政法官根据所有的理由和证据进行综合判断，将结论写在决定中，并详细记录结论所依据的理由和证据。如果经过分析之后，被申请人比较有把握地确定被诉产品或方法并未落入涉案权利要求的保护范围，则可在调查中主动提出动议要求进行马克曼听证，这是一个独立的程序来界定权利要求的保护范围，若在马克曼听证中获得了对权利要求较为理想的解释，在后续调查中则会处于比较有利的形势。

（2）侵权行为的分类及抗辩。

在对权利要求进行合理解释之后，专利侵权分析的第二步是将经过合理解释的权利要求与被控侵权产品或方法进行一一比对，来判断是否落入其范围。

《美国专利法》在第 271 条规定专利侵权行包括：

“（a）除本法另有规定外，任何人于专利权存续期间，未经许可于美国境内制造、使用、许诺销售或销售专利发明创造，或将该专利发明创造进口至美国境内，都构成专利侵权。

（b）积极教唆他人侵害专利权者，应承担侵权责任。

（c）任何人在美国境内许诺销售或向美国进口受专利保护的机器、制造物、组合（物）和组成部分或用于实施受专利保护的方法的材料或装置，这些组成部分、材料或装置都构成该发明创造的重要部分，并且该人知晓这些组成部分、材料或装置是专门制造或专门适用于侵犯该专利之用，而非可适用于非侵权目的必需品或商业产品，该人应承担辅助侵权责任。”

由此可知，《美国专利法》对侵权行为的判定首先要求侵权行为的发生，即被申请人确有制造、使用、许诺销售、销售、进口或教唆他人等行为。若申请人不能证明被申请人存在上述行为，则侵权自然不能成立。因而在调查过程中，被申请人可以“没有发生相关的行为”作为抗辩理由。例如，如有关焊丝、桶装焊丝容器及其组件案（337－TA－686）中，被申请人四川大西洋焊接材料股份有限公司（简称“大西洋公司”）发现调查中被诉的产品与其公司产品有本质不同，经调查发现申请人林肯公司作为证据购买的侵权样品根本不是大西洋公司的产品。也就是说，申请人未能提供足够的证据证明被申请人具有生产、进口或销售等行为。又如前文提到的具有打印头的墨盒案（337－TA－723）中，芯片生产商亚太优势微系统股份（台湾）有限公司（简称“APM 公司”）在抗辩中否认申请人提供的侵权墨盒样品所包含的芯片由该公司生产，因为侵权样品墨盒中的芯片没有厂商名称或标记。APM 公司进一步辩称申请人同样无法提供证据证明市场上所有侵权墨盒中的芯片均由 APM 一家公司所生产。在 337 调查中，申请人负有侵权行为举证责任，对申请人而言，为证明侵权行为的存在需要大量前期准备工作，提供各种确凿的证据加以证明（如提供购买发票、侵权产品或照片、产品说明书、船运单据等，证明方法侵权有时还提供被申请人生产工艺的录像视频、工艺步骤单据等），而这些证据是否足够完善、是否有证明力都是被申请人可以充分利用的争辩点，若申请人不能证明侵权行为的发生，那后面的侵权判定就无从谈起。

与中国专利法不同，美国专利法依据侵权行为在侵权中的具体作用将专利侵权划分为直接侵权和间接侵权两大类。直接侵权是指被申请人在专利权有效期间内进行了制造、使用、许诺销售、销售、进口侵权产品中的某一项的行为。间接侵权是指行为人虽然没有直接生产出侵权产品，但对侵权行为存在着贡献行为，如协助制造侵权产品中的某个部件或生产设备等，这些间接行为也被认定为侵权行为，因而负有连带侵权责任。例如，在包含喷墨头的喷墨打印机墨盒及组件案（337－TA－723）中，被申请人研能科技股份有限公司（简称“MicroJet公司”）作为墨盒的加工制造商，其生产的墨盒完全落入涉案专利权利要求保护范围之内，因而构成直接侵权，另一被申请人中国麦普科技有限公司是一家进出口公司，其存在对侵权产品进口行为，也构成直接侵权。该案中的另一被申请人APM公司，为芯片制造商，其将生产的芯片出售给MicroJet公司，并由MicroJet公司将芯片与其他零部件组装成为落入权利要求保护范围之内的侵权产品墨盒，也就是说，APM公司对MicroJet公司生产侵权产品的行为存在贡献，因此构成间接侵权。

判断直接侵权行为成立与否仅与被申请人的具体行为有关，与其是否存在主观故意并无关联，而是否存在主观故意是判断间接侵权的关键因素。下文将对直接侵权和间接侵权的异同作更为详细的介绍。

1）直接侵权。直接侵权是进行了制造、使用、许诺销售、销售、进口侵权产品中的某一项的行为。直接侵权的判断过程将其划分为两种基本类型一是字面侵权；二是等同侵权。

字面侵权，即按照权利要求包含文字的字面意思判断，被申请人的产品或方法的技术特征与涉案专利权利要求记载的技术特征刚好完全一致，即满足“全覆盖原则”，如涉案专利的权利要求由a、b、c、d 4个技术特征构成，而侵权产品经解构后发现也由a、b、c、d这4个技术特征构成，则构成了字面侵权，即产品明确地落入权利要求的保护范围，侵权已确立，判断即可以结束。

字面侵权的一个例外是，当涉案权利要求技术特征较少，覆盖了一个很大的保护范围时，有时技术方案虽然形成字面侵权却实质上不同。因此字面侵权的抗辩可以使用反向等同原则（又称“非等同原则”）来进行抗辩。反向等同原则是用来阻止专利权人对那些落入其权利要求的字面范围，然而实质上不同的技术方案也享有排他权。例如，一个专利限定了一种具有 6 根弦的传统吉他，而康奈尔大学研究者发明了一种纳米吉他，吉他手用激光演奏 100 原子宽的琴弦。虽然技术方案的技术特征与权利要求中的特征限定完全相同，然而实质上却完全不同，因此不构成侵权。[1] 此种争辩的关键点在于技术方案实质上的不同。

很多情况下，一些产品或方法没有完全一模一样地落入权利要求的保护范围之内却与权利要求实质上相同，美国专利法认为这些产品和方法虽然不属于字面侵权，却构成了等同侵权。等同侵权起源于 1853 年美国最高法院审理的 Winans 诉 Denmead 案，在该案中，专利权人发明了一种车身结构为圆锥形的运煤轨道车。被控侵权人吸纳了专利权人的构思，将圆锥形车身结构改为八角棱锥形车身结构。在该诉讼中，美国最高法院判决认定被控侵权人的侵权行为成立。判例中指出：如果仅作出足以使仿制产品落在权利要求字面范围之外的、微小的、非实质性的改变就可以对一项专利进行规避，那么专利所赋予的排他性权利将会变得意义不大。一项专利禁止未经许可制造与专利产品“基本相似”的产品，专利权人的发明创造才得到真正的保护。在等同侵权判断时，一个主要的判断方式被称为“方式/功能/效果三重测验标准”（Function-way-result），具体来讲是考虑涉案产品或方法与权利要求是否以实质上相同的方式，实现了相同的功能，并达到了相同的效果。除此以外，还存在“非实质性差异测试法”，该法通过对被控侵权产品与权利要求之间的差异进行考量，若这些差异是微不足道的、非实质性的，则认为侵权成立。1997 年美国联邦最高法院在 Warner-Jenkinson Co，诉 Hilton Davis Chem.，Co 一案中明确表明，被诉侵权行为必须满足“全部技术特征限定”的情况下才构成所称的“等同”，侵权

---

[1] 蔡晓东．反向等同原则，美国专利字面侵权抗辩的利器［J］．科技与法律，2012（2）：80－85.

判定依据如表 4－3－1 所示。

表 4－3－1　侵权判定依据

被诉侵权技术方案是否落入专利保护范围	判定依据
是	被诉侵权技术方案包含与权利要求记载的全部技术特征相同或者等同的技术特征
否	被诉侵权技术方案的技术特征与权利要求记载的全部技术特征相比，缺少权利要求记载的一个以上的技术特征，或者有一个以上技术特征不相同也不等同

在 337 调查过程中，作为被申请人面对直接侵权的指控，主要有 3 种抗辩理由：技术方案不同、禁止反悔原则、公知技术抗辩原则。

“技术方案不同”是指被诉产品或方法与涉案专利的权利要求既不构成字面侵权也不构成等同侵权。作为抗辩理由，被申请人应证明产品或方法与涉案的权利要求具有实质上的不同。具体情形如下：A. 缺少了权利要求中某项或某几项必要的特征，即省略了权利要求中某些技术特征或者以简单或低级的技术特征替换权利要求中相应技术特征，舍弃了相应的技术效果或性能技术方案明显变劣；B. 技术方案的技术特征与权利要求中对应技术特征相比完全不同或虽然字面相同然而含义不同、技术特征之间关系不同，该技术特征在功能、效果上明显优于权利要求中对应的技术特征，并且所属技术领域的普通技术人员认为这种变化具有实质性的改进，而不是显而易见的，形成了一项新的技术方案。为了证明不同，被申请人在对权利要求进行解读时，以压缩保护范围为目的，将权利要求进行差异化解释，这些解释最好是有依据的，如出自从属权利要求、说明书、说明书附图、字典、工具书的记载、专家的证言、审批阶段的陈述等等。在技术特征对比时，着力描述技术特征的区别点，将技术特征的区别进行分解细化，详细解释每一个区别所产生的功能、效果，也可提供实验数据以证明这些功能、效果均是非显而易见的，因而产品和方法与涉案专利的技术方案属于实质上的不同。

“禁止反悔原则”是指涉案专利在审批的过程中，申请人为了获得专利权在与审查员答辩的过程中对权利要求书进行修改（如缩小保护范围），此时放弃保护的内容被视为一种贡献，不得被重新纳入专利保护范围。同样，若涉案专利进行过复审、无效或其他诉讼程序，这些程序中申请人对技术方案的解释、说明、修改也都将视为对权利要求的解释和限制。该原则在美国专利司法实践中是非常重要的一条原则，美国通常不允许一个人背弃其先前作出的使他人对之产生信赖作用的承诺。无论申请人或被申请人在整个调查过程中都通过各种努力证明自己“诚实信用”，力求增加行政法官的好感。被申请人在面对 337 调查时应尽量提取全部历史文献，对这些文献进行详细解读分析，从中挖掘证据和理由，若能从中找到抗辩点，则会为应诉过程添加有重量的筹码。

“公知技术抗辩原则”是指涉案专利保护的技术方案与公知技术相同或等同，若公知技术抗辩成功，即使涉案产品或方法与专利的技术方案完全相同，由于公知技术是公众均可以无偿使用的技术，因此仍然不构成侵权。在进行公知技术抗辩时，被申请人主要是对涉案专利的技术方案进行充分检索，寻找大量的现有技术证据。配合专家证人的报告和证辞，来证明涉案专利相对于本领域的普通技术人员而言是显而易见的。例如，生产 134a 制冷剂的工艺一案（337 - TA - 623），涉案专利最终被委员会认为：一个普通的本领域技术人员能够掌握权利要求 1 中全部要素，也知道如何将这些要素组合来生产 134a，权利要求 1 与现有技术覆的范围没有区别，是显而易见的，因此侵权不成立。

除此以外，被申请人还可以“对公众的贡献”“对权利要求特征的损害”等理由作为抗辩理由，其中“对公众的贡献”是指专利说明书中有记载而未在权利要求书中要求保护的内容。未记载在权利要求中的内容被视为对公众的技术贡献，不能被赋予独占权。“对权利要求特征的损害”是指如果对权利要求的某一特征以等同原则为手段进行简单替换，如将“安装”替换为“未安装”将会对原技术方案进行损害，不能实现原功能，此时使用等同原则扩展侵权范围是不恰当的。

2）间接侵权。间接侵权是指虽然没有直接生产出侵权产品，但对侵权行为存在着贡献行为。

如通过提供与专利技术实质特征相关联的非专利产品的方式，促使他人对专利进行直接侵权的侵权行为，包括诱导、怂恿、唆使等多种间接行为。《美国专利法》第271（b）条规定了以诱导侵权方式产生的间接侵权：任何积极引诱专利侵权者应承担侵权责任。第271（c）条规定了以辅助侵权方式产生的间接侵权：许诺销售、销售或进口专利产品的零部件、组成成分或用于实施专利方法的原材料和设备，这些零部件、组成成分、原材料和设备构成发明的重要部分，且行为人知道这些物品是为了专利侵权使用而专门制造或改造的，同时这些物品不是普通物品或适于非侵权之用以外的其他实质性用途。

京瓷案（337－TA－543）以后，337调查中，申请人只能针对已经被列为被申请人的企业的下游产品获得救济。因此申请人通常将尽可能多的涉案企业列入被申请人名单中，这些企业包括零部件企业、生产加工企业、生产设备制造企业、原材料生产企业、进出口公司、批发商、零售商等。这些被诉企业处于产业链的不同位置、侵权行为的参与程度不同。当侵权成立时，行政法官依据不同企业在侵权行为中的不同角色来认定侵权种类。

行政法官在判断间接侵权是否发生时，一般考虑以下要件：①间接侵权行为与直接侵权行为之间的关系，即考查间接侵权行为是否产生了直接侵权的后果。②非专利产品与专利实质性特征是否有关，即考查间接侵权的产品是否具有非专利用途以外的其他实质性用途。③行为人具有诱导、帮助的主观故意。

对于专利间接侵权的抗辩理由可以分为专利权人非法性证明和自身行为合法性证明，如“实质性非侵权用途”以及“默示许可”。

“实质性非侵权用途”是指某一产品除了只能作为侵权产品的零部件以外，不具有其他非侵权实质性用途，则构成间接侵权。其来源于1871年美国的Wallace诉Holmes案。该案中，专利权人拥有一项关于煤油灯的技术方案。被告虽然仅仅销售灯头，但是购买灯头后只需购买灯罩就可以组装成煤油灯。该灯头虽然既不构成字面侵权也不构成等同侵权，然而其唯一作用就是作为侵权煤油灯的组件使用，因此行政法官认为其构成间接侵权。在侵权抗辩中，若被申请人有足够的证据证明其产品具有“非侵权用途”，即除了构成侵权产品的组件以外还拥有其他合理用途，例如一个生产商生产普通开关，虽然其产品被安装于侵权装置上，由于该开关可以应用于其他非侵权装置，因而生产商存在侵权主观故意的可能非常小，因而可能免于间接侵权的追究。包含喷墨头的喷墨打印机墨盒及组件案（337－TA－723）中，APM 公司辩称该公司生产的芯片除了可以应用于墨盒，还可以用于平板电视和分配人类细胞的生物学用途，对于该论点，行政法官认为 APM 公司没有提供足够的证据加以证明，因此不予认可。可见在抗辩中不仅要有理由，更要有客观证据加以证明才能更有说服力。

“默示许可”是指专利权人已经默示放弃了排除另一方制造、使用、销售、许诺销售或进口所要求保护的发明的法定权利。这种默示许可不是申请人明示的告知或授权，而是从其任何语言或任何行为能够正当地推定出的结论。产生默示许可的另一种常见原因如专利权人许可他人实施其专利技术后又取得或受让了覆盖该技术的一项或多项其他专利。专利权人基于后获得的专利提出侵权诉讼，意在限制被许可人的行为或要求支付额外的费用。此时，被许可人往往会提出默示许可抗辩。

3. 衡平法则

在普通法之外，英美法系还使用“衡平法”来弥补普通法所导致的不公平情况。衡平法是英国自 14 世纪末开始与普通法平行发展的、适用于民事案件的一种法律。在裁决法律诉讼时，当衡平法与普通法出现矛盾，以衡平法为归依。具体来说，在 337 调查中，若涉案专利有效，侵权行为成立（即满足普通法要求），然而如果专利权人自身不清白，如在获得、使用专利的过程中曾存在不正当行为，ITC 就不会给专利权人签发救济令。因此很多被申请人在答辩时均尝试采用“不洁之手”作为抗辩理由，试图将争辩重点从侵权判定转移至衡平法中。“不洁之手”原意为“进入法庭之人需要双手洁净，不洁之手入法庭者不得救济”。被申请人一方往往意欲将申请人在专利审批阶段的某些认识错误或笔误强化为不诚信行为。ITC 在调查时，往往会考虑两个标准，其一是行为的“重要性”，其二是行为的“意图”。只有这两个方面都被证实时，才会支持被申请人的抗辩理由，继而认为涉案专利是不可执行的。以下主要有对衡平法中“专利权滥用”“不正当行为”“申请历史懈怠”这几个抗辩理由作简要的介绍。

“专利权滥用”是指专利权人以自己享有的专利权为条件、谋求法律许可范围之外的市场垄断利益，具体做法包括：（1）搭售协议。专利权人要求被许可人向自己或指定人购买非专利材料、设备或者其他服务作为授予专利许可的条件。（2）一揽子许可。被许可人只需专利权人的某一项或几项专利，但被迫接受专利权人全部专利的许可为条件才能取得所需要专利的许可。（3）不经营竞争性商品的协议。要求一方当事人不经营与专利产品相竞争的产品的专利许可。（4）过期使用费。专利权保护期届满后仍需支付许可使用费。在337调查实践中，即使专利权人拥有的专利权有效、侵权行为也确实存在，只要认定专利权人存在专权利滥用行为，ITC随即认为专利权无法有效行使，因而免予追究侵权人的责任。例如，2002年荷兰飞利浦提起337调查要求调查19家厂商所生产制造的光盘侵犯其6项专利权。ITC行政法官认为虽然被诉厂商生产的产品确实侵害飞利浦的专利，但是飞利浦要求搭售协议的行为构成专利权滥用，因而无法有效行使专利权，因此被申请人并未违反337条款，ITC最终没有对申请人予以救济。

“不正当行为”是指：如果一项专利是通过对美国专利商标局作出不当行为获得的，则法院应当拒绝执行该专利。美国专利商标局的细则规定，要求实质上参与专利申请过程的人对该行政机关负有坦诚义务，这包括向该行政机关披露对可专利性起关键作用的所有已知信息的义务。此外，美国专利商标局还对在后续专利诉讼中违反该义务的行为设置了严厉的处罚：如果不正当行为抗辩得以证实，则整个专利都被判定为不可执行。美国司法系统对诚信行为的要求是非常严格的，在Ferring B. 诉Barr Labs. Inc. 一案中可以窥见一斑。专利申请人Ferring公司先后向专利复审委员会递交了8份专家意见，用以解释其申请与某项在先技术的关系。其中5份意见的出具人分别是：一位发明者、一位Ferring公司的顾问、一名曾受雇于该公司的顾问、一位Ferring公司的研发主任和一名接受该公司科研资助的个人。这5位出具专业性意见的个人都曾受雇于Ferring公司或接受过公司的资助。在他们呈交的专家意见中只有一人附上了简历，其他4人都没有说明自己与该公司之间的关系。法院认为专家意见在申请专利中至关重要，它们将直接影响审查员对申请的判断。但是申请人刻意隐瞒了其与出具意见专家之间的利益关系，而这种关系也将直接影响审查员对专家意见的认可，因此法院认定该行为是不正当行为。[1] 除了该案中申请人未披露专利申请重要意见相关信息的情形之外，在专利申请过程中未披露与专利申请有关的在先技术、隐瞒已知的最佳实施方案、虚假的叙述并未发生过的事实（如证明效果的实验数据）、专利申请材料中存在臆测、推测、或者臆想的非事实信息都可以被ITC认定为存在欺诈行为。

"申请历史懈怠"是指专利权人通过不合理地延长其在专利申请过程中所花费的时间来不适当地延迟该专利的授权。其源于symbol Techs.，Inc. 诉Lemelson Med. 案，该案中，专利权人在1998年诉称专利被侵权，涉案专利要求享有分别于1954年和1956年递交的两件申请的申请日。法庭认为即使专利满足了所有的法规，如果一件授权专利在申请过程中经历了不合理且无法解释的延迟，可以适用懈怠原则来禁止该专利权的执行。

衡平法则为被申请人提供了侵权抗辩之外的新思路，即被申请人在侵权问题难于应对时，可以从申请人在专利申请或其他司法程序中存在的瑕疵着手，挑战其存在不正当行为的可能性。若不正当行为成立，则无需再纠缠该案侵权的具体细节。值得注意的是，不正当行为的相关证据需要由被申请人提供，在证据收集时注意体现不正当行为的重要性和不正当意图的明确性。

4. 国内产业

ITC对于专利侵权行为的管辖有一定的范围限制，它只能向拥有美国国内产业的申请人提供救济措施。这项要求源自1974年国会对于337条款的修改，修改中新增加了内容"必须破坏或实质性损害在美国高效且经济运作的产业"的内容，也就是说，彼时要求涉案专利必须在美国有实质性生产，且需证明遭到了损害。后来随着时代的发展，美国的制造业逐渐移出美国境内，美国国内更多的是研发、设计、销售、维修等业务，337条款中对美国国内产业的要求阻碍了一部分未在境内拥有制造实体的美国企业，使之丧失了寻求专利权保护的机会。美国国会于1988年再次对337条

[1] 刘文琦. 解读美国专利法"不正当行为"理论的适用［J］. 电子知识产权，2010（5）：53－57.

款进行修改，此次修改降低了对“损害”要求，并扩大了美国国内产业的范围。增加了 337 条款（a）（3）（C），该项规定，如果专利、版权、商标、集成电路设计权、专属设计权所保护商品在美国存在商品开发的实质性投资，包括设计、研究、开发或者许可，就认为美国存在该产业，修改后的 337 条款一直延用至今。

具体来讲，337 条款关于美国国内产业的规定体现在 337 条款（a）（2）和（3）项。申请人在美国是否存在国内产业从两个方面进行考量。第一方面是经济要件（Economic Prong），第二方面是技术要件（Technical Prong）。经济要件是指：受保护的专利、版权、商标、掩膜作品或设计需要在美国具备：

（A）对工厂和设备有相当数量的投资；

（B）有相当数量的雇用劳动力和资金；

（C）对应用（包括研究、工程、开发或许可）有相当数量的投资。

上述 3 个条件满足其中任何一条就认为经济要件得到了满足。技术要件的判断标准与侵权判断基本相同，专利权人必须充分证明其国内的产品实施了涉案专利的一个或多个权利要求（即将产品的技术特征与权利要求限定的技术特征一一比对，证明二者相同）。需要指出的是，技术要件只需要满足与涉案专利的某一个权利要求相应即可，而不必是被诉侵权的哪一个权利要求。也就是说，侵权涉案技术方案为某专利的独立权利要求 5，如果申请人能够证明其实质上生产或投资了该专利的独立权利要求 1 的相关产品，即满足了技术要件的要求。

另外，虽然经过了修改的 337 条款放宽了对损害的要求，但是在 ITC 的排除令（Temporary exclusion order，TEO）救济措施准备程序中，仍然需要证明经济上的损害。对于“损害”的判断和解释并无统一适用的模式，而是针对具体案件的不同性质、特定的条件等进行个案认定，被称为“个案认定原则”，考虑的因素包括进口数量、进口产品价格水平、价格抑制、价格打压、销售损失等，根据每个案情的具体情况进行综合考量。除了损害判断之外，还需判断申请人是否具有“重大投资”或“实质性投资”。然而根据近年的判例，ITC 对投资的要求是很宽松的。如特定潜水音响报警器案中，发明者是其企业的创立者和唯一的工作人员，开业 3 年卖出了少量的专利产品，将产品承包给其他人来生产，生产的地点在租用的场地，行政法官仍然认定其存在国内产业。[1] 在特定变速风涡轮机案中，申请人停止制造专利产品后，ITC 仍然认为其存在国内产业，因为其停止之前进行了重大的投资，停止之后还存在着服务、维修等工作。虽然 ITC 对国内产业的要求并不严格，被申请人仍然可以利用国内产业作为抗辩关键点，在两种情况下，申请人有可能被认定为不具备国内产业，第一，产品并非全部于美国生产，而且美国国内行为并未显著增加产品价值。第二，申请人的产品种类广泛，虽然其在知识产权保护上进行了不少投资，但投资是针对所有产品进行的总投资，难以证明针对涉案专利进行单独的投资和开发。如汽车及其相关设计案（337 - TA - 722），被申请人星月集团在调查中发现，涉案专利为申请人克莱斯勒公司的一个概念产品，其在获得专利后并没有针对该专利进行投资、制造等，而克莱斯勒公司举证的厂房、雇佣员工，员工收入等都难以证明应用于该涉案专利产品，于是星月公司在抗辩中以置疑申请人不存在国内产业作为主要抗辩点。为了弥补国内产业证据的不足，克莱斯勒公司对申请文件进行修改，新增加了一个许可协议，该许可的具体内容是涉案专利曾许可给费雪公司生产儿童玩具车以及汽车模型。申请人显然也感到这个证据不具有足够的证明力，于是在短时间内与星月公司达成了和解协议。

最后需要补充的一点是，337 调查没有对申请人、被申请人的国籍进行限制。不具有美国国籍的公司也可以作为申请人，美国公司若构成了侵权行为，同样被 337 条款约束。近年来，许多外国企业或跨国企业在美国发起了多次 337 调查，成功保护了其美国市场。

4.3.1.2 外观设计和商标

1. 外观设计

中国企业涉及 337 调查有关外观设计侵权的案件数量虽然不多，但是，

---

[1] 朱鹏飞．美国关税法 337 条款的国内产业要件研究及其应对［J］．南京社会科学，2011（7）．

一些典型案例仍然具有值得借鉴的经验。

“汽车案”（337－TA－722）是一个较为典型的外观专利侵权调查案。外观设计专利权的保护范围通常以表示在图片或照片中的外观设计专利产品为准，其保护的是产品的装饰性的美学外表，不保护功能性的外观设计部分以及外观设计中的公知部分。侵权的认定通常是基于判定被控侵权产品是否落入到原告专利的保护范围。该案中，星月公司决定应诉后聘请了由多人组成的美国律师团队，对与克莱斯勒公司相关的全部信息进行详细分析，寻找突破口，采用3个主要防御手段：（1）不存在和涉案专利有关的国内产业；（2）涉案专利应被宣告无效；（3）星月公司的涉案产品不侵犯涉案专利的专利权。另外，星月公司一方面积极抗辩，同时还积极着手在被诉方中寻找抗诉联盟。星月公司良好的应对策略削弱了克莱斯勒公司的信心，降低了克莱斯勒公司进一步调查侵权的欲望，保全了星月公司最大的利益。

2004年7月20日，美国最大的制笔企业——美国世孚公司向ITC提出启动337条款调查申请，指控包括宁波贝发集团在内的中国12家企业出口到美国市场的记号笔侵犯了其品牌记号笔的“商业外观权”，该案成为中国制笔业知识产权337调查第一案。涉案的记号笔，贝发集团出口到美国市场的数量并不大，还不足其总出口额的1%。而应诉337调查，一般需要一年以上的时间，仅应诉的律师费就要120万美元左右，单算眼前账，官司不值得打。但是从长远看来，如果不应诉可能会失去巨大的潜在市场——涉案产品无论是源头生产厂家，还是分销商，将一律禁止进入美国市场，已进入的也将被停止销售。贝发集团意识到这实质上是一场以法律名义开展的市场争夺战。进退之际，贝发集团决定单独应诉。在美国律师的指导下，贝发集团质询阶段有理有节，迫使对方主动要求和谈。公司高层还亲自赴美谈判，最终，美方同意贝发集团可在不改变所有涉案产品的外形、尺寸的前提下，继续在包括美国在内的世界范围内销售自己的产品。贝发集团终于保住了美国市场，同行也因此受益。

在“轮胎案”（337－TA－894）中，申请人东洋橡胶向ITC提起了针对包括中国和泰国轮胎生产制造商及相关美国经销商的337调查，7家中国轮胎生产制造巨头和1家泰国轮胎制造商的轮胎产品被指侵犯多个东洋橡胶所拥有的带有胎面及胎壁外观设计的轮胎产品。围绕着轮胎，美国市场上的中国、美国、日本、泰国4国企业展开了一场历时半年的激烈博弈。最终，四国企业大多以“和解”收场。但同样是和解，中泰两国却损失悬殊。中国几家轮胎企业陆续收到了全球市场的禁售令，不仅如此，还得支付巨额赔偿。这意味着，涉案中国企业不仅得支付申请人巨额索赔，其相关产品也将失去了全球市场，包括中国市场。而在同样的困境下，涉案的泰国企业却得到了最有利的和解，不需要全球禁止销售，只是同意在包括美国在内的少数国家停止销售涉案轮胎，也不需要支付给东洋橡胶公司赔偿费用。此外，东洋橡胶还书面同意这家泰国公司可以在美国销售规避设计后的轮胎。泰国企业获胜的经验值得中国企业反思和借鉴。

据媒体调查报道，泰国企业刚收到起诉书时，并没有及时应诉，而是聘请了美国大型律师事务所花了大量的律师费直接与东洋橡胶和解谈判未果。委托代理的是美国美科律师事务所（Mei &MarkLLP）和其主管合伙人华裔律师梅雷，这是一家曾多次代理多家中国公司成功应诉的律师团队。梅雷提出建议，如果美国市场对被告公司很重要的话，应该从应诉初始阶段就开始着手研发规避设计产品，以保证即使诉讼结果不利于被告的涉案产品的话，也可以透过规避设计产品保留美国市场份额。应诉后，泰国企业便积极参与抗辩，其积极有力的抗辩是对申请人施加压力的最直接有效的方法，包括对对方不合理的要求严词拒绝，必要时向法庭提起动议。除此之外，ITC官方资料显示，泰国企业在该案中是唯一一个拿到向东洋橡胶日本证人进行询问取证资格的应诉方，许多日本公司以及他们的证人十分不愿意在诉讼案件中被询问取证，因此泰国企业的这一举动对东洋橡胶公司产生了巨大的压力。此外，泰国企业也是唯一一个反对东洋橡胶公司向法庭提出普遍排除令请求的应诉方，继续对东洋橡胶公司施压和积极抗辩。外观设计侵权在判定虽然相比发明简单，但同样需要专业的分析和比对，比如轮胎外观，在一般人眼里，基本都是相似的，但在专业人士眼里，细微的变化都可能导致两者存在差异。如果被申请人让行政法官认识到这一点，对方的指控就不会成立。泰国企业在双方谈判过程中就很好地把握了这一点，在应诉过程中由被动变为主动。另外，泰国企业向法庭成功申请到了对日本企业的取证资格，这让日方申请人感觉到压力，谈判的主动性明显扭转。由此可见，泰国企业在该案中积极应诉，组建了优秀的律师团队，确定了合理的应诉策略，诉前准备充足，这些都为最终的获胜奠定了基础。

2. 商标

美国现行商标法是 1946 年颁布的《兰哈姆法》（Lanham Act，15 U. S. C.），以后历经数次修订。《美国商标法》（《兰哈姆法》）规定，商标包括文字、名称、符号、图形或者其组合，由制造者或者销售商用以识别其商品，以区别于其他生产商或者销售商。商标可以是平面视觉商标，也可以是立体（三维）的视觉商标。

商标的功能在于区分商品或者服务的来源，而商标侵权是指在类似商品或者服务上未经许可使用了与他人相同或者近似的商标，并且有造成消费者对于商品或服务来源的混淆。

根据《兰哈姆法》第 32 条，获得联邦注册的商标所有人，可以在以下情况下提起诉讼。

（1）他人未经许可而复制、假冒、模仿或欺骗性地仿造其商标，用于商品或服务的销售、提供、广告等商业活动，并且有可能造成混淆、误导、欺骗。

（2）他人未经许可而复制、假冒、模仿或欺骗性地仿造其商标，并在商业活动中将此种商标用于标签、标记、印刷物、包装盒、包装纸、包装容器和广告，有可能造成混淆、误导、欺骗。

由此可见，商标的功能在于区分商品或服务的来源，而商标侵权是指在类似商品或者服务上未经许可使用了与他人相同或者近似的商标，并且有造成消费者对于商品或服务来源的混淆。判断商标是否侵权的根本问题在于商标的相同或者相似是否会导致消费者对于商品或服务来源造成混淆。如果只是商标近似，但由于销售途径、销售方法的原因，消费者不会因为商标的近似而混淆商品或服务的来源，则不会构成商标侵权。

那么，对于以商标侵权为由提起的 337 调查案件，应诉时同样可以采取专利侵权的主要抗辩方式：商标无效以及抗辩不侵权。在不侵权抗辩时，被申请人除可以从商标的差异性不会导致消费者可能混淆商品或服务来源的角度主张不侵权以外，还可以就商标的有效性和权属提出挑战。只有具有以下四种性质之一的商标才有可能取得注册权：①想象商标，即此商标纯系人为想象所构造的产物，不可能从现有的词典中找到；②任意商标，即此商标名称与其标示的商品或服务毫无联系；③示意商标，即此商标间接地暗示出其标示的商品或服务；④描述商标，即此商标直接描述其标示的商品或服务。但如果当商标名称成为其所标示商品的通用名称后，此商标权将被取消。

在“鞋类产品案”（337－TA－936）中，被申请人采取了商标无效以及抗辩不侵权两种方式，使得ITC在终裁决定中以涉案商标不会引起公众混淆为由维持了初裁中对涉案商标的部分普通法权利无效；基于涉案商标没有使得文字或图案具有显著性的第二含义而推翻了初裁决定中有关涉案专利有效的裁定，推翻全部诉讼中和缺席的被诉方的涉案产品对该涉案商标构成商标侵权的裁定。在“多功能袖珍刀案”（337－TA－398）中，被申请人Arrow Trading Co.和International Branded Cutlery，Inc.认为“Swiss Army”的商标是大众普遍承认的不起商标作用的术语，“Swiss Army”刀具的商标保护不符合美国相关法规的规定，是“不可用”的，主张其商标应被无效。该应诉策略成功使申请人SABI撤回申请和终止调查。被申请人还针对申请人撤回投诉的动议提出了反对意见，要求行政法官作出其注册商标无效的简易裁决，尽管ITC未支持被申请人的上述动议，但其反击已使得公司全身而退。此外，“多功能袖珍刀案”在美国地方法院的平行诉讼中，SABI主张被申请人出售红色袖珍刀具属于不公平竞争行为。但是，被申请人销售的瑞士军刀的外观——红色手柄以及交叉盾牌的标志与申请人的产品在外观上有明显区别，且红色手柄作为产品的主要部分已经成为行业内通用的做法，若禁止制造商生产消费者满意的产品，则会让制造商在竞争中处于不利地位。另外在售价上被调查人的商品售价仅为申请人的十分之一，因此双方不构成竞争销售。该案申请人的产品，只有在为用户特殊定制时才会用到美国产的零部件，亦不足以构成对相关产业或贸易的实质性损害或实质性损害威胁。

在商标淡化的判定中，美国国会在 2006 年制定了《商标淡化修订法案》（TDRA），将“淡化可能性”作为商标淡化的前提，而不是将某种程度的相似性作为判断淡化的必要前提。其对淡化中的弱化给予的规定为：在判断商标或商业名称是否可能导致弱化，法院可以考虑以下相关因素：①商标或商业名称与驰名商标的相似程度；②驰名商标所具有的固有显著性或获得显著性程度；③驰名商标的权利人实质性地对商标独占使用的程度；④驰名商标的认可程度；⑤商标或商业名称使用人是否主观上想要将其与驰名商标建立联系；⑥任何商标或商业名称与驰名商标之间存在的实际联系。

在“农用机械案”（337 - TA - 487）中，申请人迪尔公司指控被申请人对美出口或在美销售的拖拉机造成了该颜色商标的“稀释”，侵犯了其黄绿色的颜色商标。在多家被诉企业与申请人和解，以及江苏悦达集团主动放弃美国市场的情况下，东风农机集团和江铃拖拉机有限公司仍然坚持继续应诉。两家公司准备了大量而充实的文字资料和物证，并提交了证人证言和专家意见，坚称自己并未侵犯申请人的注册商标，针对迪尔公司的材料提出强有力的抗辩，同时，ITC 调查律师也明确认为申请人指控的侵权行为不存在，在此基础上，终迫迪尔公司主动提出和解撤诉，东风农机集团和江铃拖拉机有限公司可以继续进入美国市场。由此可见，相比于发明专利侵权调查，商标比较容易明确侵权与否，因而相对容易应对。企业在经过合理分析后，如果判断商标不涉及侵权，可以大胆应诉，以此作为应对 337 调查的突破口。

4.3.1.3　商业秘密

“商业秘密”作为法律术语最早出现在 1623 年《英国垄断法令》。商业秘密也具有知识产权的本质特性，相比具有一定期限性的传统知识产权，商业秘密的保护期限在法律上没有规定，其自商业秘密产生之日起即形成，只要其不被权利人公开或不被侵权行为人泄露，就一直受到法律保护，经典的案例就是可口可乐的配方。

《ITC操作与程序规则》第201.6（a）条规定，商业秘密基本要素包括：（1）没有公开；（2）具有商业价值；（3）与以下任何因素有关：行业秘密、工艺、运营、工作方式、设备或者生产、销售、装运、购买、转让、客户身份、存货目录或任何人、商号、合伙、公司或其他经济组织的收入、利润、亏损或花费的数额和来源，以及其他类似信息；（4）未依法律规定披露该信息将导致如下后果：损害ITC对实现法定职能所需信息的获取能力或者对提供信息的人、商号、合伙、公司或其他组织的竞争力造成严重损害。可见，商业秘密不仅包括如配方、制造工艺、测试技术、技术文件、数据库等技术信息，还涵盖了如管理方法、营销策略、客户名单、采购渠道、产品发展方向和趋势等经营信息。例如TS诉深圳瑞莱普的电子壁炉337调查案（337－TA－791/826）中，申请人的商业秘密就涉及产品的制备工艺和/或材料及部件、容差值，以及零售消费者名单、供货商名单和商业合同等。有鉴于中国企业已经成为美国商业秘密法律诉讼和调查程序指控的重点对象，产品出口美国的以及在美投资经营的中国企业对于涉及商业秘密的337调查必须引起高度重视。

就管辖范围而言，1996年美国总统签署《经济间谍法》，第一次将侵犯商业秘密规定为联邦刑事犯罪，并将保护范围扩展到美国域外。联邦巡回上诉法院于2011年作出了维持ITC对美国Amsted公司诉天瑞铸钢铁路车轮337调查案（337－TA－655）的终裁决定的判决，该判决确定了ITC对完全发生在美国境外的侵犯商业秘密行为拥有管辖权，适用《美国统一商业秘密法》。为弥补立法上的不足，2016年5月11日《美国保护商业秘密法案》（Defend Trade Secrets Act of 2016，简称DTSA）生效，该法案对《美国联邦法典》第18卷第90章（即1996年《经济间谍法》）进行了修正，使联邦司法获得对窃取商业秘密行为的管辖权，加强了对商业秘密的保护力度。其中，DTSA对《美国联邦法典》第18卷第1839节修改中明确了“不正当使用”一词的含义为：1）知道或有理由知道他人商业秘密是以不正当手段获得而获取该商业秘密；2）或者未经明示或默示许可而披露或使用他人的商业秘密，且①使用了不正当手段获取该商业秘密的内容；②在披露或使用时，知道或有理由知道该商业秘密的内容系来源于或通过第三人以不正当手段获取的商业秘密，或在负有保守商业秘密或限制性使用商业秘密之义务的情况下获取的商业秘密、或来源于或者通过向寻求救济方承担了保守商业秘密或限制性使用商业秘密的第三人处获取的商业秘密；③或者在接触商业秘密者的角色发生实质性改变之前，知道或者有理由知道所接触的商业秘密系商业秘密且商业秘密的内容系偶然或无意中获取。还明确了“不正当手段”包括窃取、贿赂、虚假陈述、违反或诱使违反保密义务，或通过电子或其他手段进行间谍活动；不包括反向工程、独立推导或其他任何合法获取方式。[1]

与之相比，中国司法界对于商业秘密的介入较晚，“商业秘密”一词在我国法律条文中首次出现是在《民事诉讼法》(1991) 第 66 条和第 120 条。近年来，随着相关诉讼的增多，中国司法体系对商业秘密的重视程度和保护力度也逐渐加大。2017 年 3 月 15 日，十二届全国人民代表大会第五次会议通过的《中华人民共和国民法总则》，第 123 条第 2 款第 (5) 项明确将商业秘密纳入知识产权客体予以保护。

在 337 调查案可能涉及的商业秘密案件纠纷类型主要包括：①离职雇员把保密信息提供给新雇主（如 337 – TA – 665 的天瑞铸钢铁路车轮案和 337 – TA – 849 的华奇树脂案）；②申请人和被申请人签署了保密协议，但是被申请人非法使用或者披露了商业秘密（如 337 – TA – 791/826）；③商业秘密信息通过盗窃或者商业间谍的方式被提供给被申请人（如 2016 年美国钢铁公司申请的 337 – TA – 1002 案）。

从应诉实践上，双方可能需要针对如下抗辩理由进行取证/质证：商业秘密的范围（秘点确认）；申请人是否拥有该商业秘密；商业秘密是否存在或是否符合“国内产业”需求；申请人是否对该商业秘密采取了合理的保密措施；被申请人对该商业秘密是否拥有合法的使用权；被申请人是否实施了侵权行为；被申请人是否主观上存在过错；被申请人的侵权行为对申请人的经营是否产生了损害后果等。

---

[1] 130 STAT. 381.

1. 秘点确认

与专利权相对清晰的权利边界不同，商业秘密由权利人秘密持有，外界并不知悉其具体内容，秘点的确定过程就是商业秘密权利范围的确定过程。为了充分保护自身的权益，申请人在提出指控时通常不会主动、全面地披露秘点的准确范围，更不会主动地将商业秘密与相关的公知技术清晰地区分开来，尤其是希望在获取被告的相关实质证据之后再确定秘点，还会发生申请人在被申请人开示证据后调整其商业秘密范围的情况（如扩大商业秘密范围，或者主张将商业秘密点的组合列为可保护的商业秘密）。商业秘密过于宽泛，甚至游离不定，将导致案件争议的焦点难以固定，给被申请人在证据开示范围、确定应诉策略、进行有针对性的抗辩、聘请相应的专家方面带来不利影响。因此，被申请人在确定应诉后应促使申请人早期披露秘点以尽早确定争议焦点从而便于确定有效应诉策略。从应诉实践中看，被申请人可以通过如下方式获得秘点信息：①问卷，在问卷中要求申请人尽可能详细地描述被申请人所侵犯的商业秘密；②对知情的人员调取宣誓证言以及对专家证人调取宣誓证言，了解商业秘密的具体内容和细节；③发起强迫披露动议，要求申请人做进一步详细披露，在提交该动议时可以附上授权被申请人专家证人的声明，证明申请人的秘点模糊，或者与现有公知技术无法区分开。

2. 是否存在商业秘密

信息的价值性和秘密性是判断其是否属于商业秘密的关键。商业秘密之所以能成为有价值的无形资产，其主要原因之一是因为它的保密性，即该信息的状态应是没有被公开过、不为公众所知悉的。因此作为商业秘密的拥有者，必须采取合理、有效的保密措施以维护商业秘密权利。通常，当申请人采取了在正常情况下足以防止涉密信息泄漏的措施，如已限定涉密信息的知悉范围，对于涉密信息载体采取加锁等防范措施，在涉密信息的载体上标有保密标志，对涉密信息采用密码或者代码，签订保密协议或对于涉密的机器、厂房、车间等场所限制来访者或者提出保密要求，通常可以认定申请人已经采取了合理、有效的保密措施。需要特别指出的是，符合要求的保密协议应明确其约定了哪些信息为商业秘密，并约定相对人对哪些商业秘密负有保守秘密的义务。例如在 TS 诉深圳瑞莱普电子壁炉案（337－TA－791/826）中，行政法官就以相关协议中未明确何为“电子壁炉”，即未对商业秘密的技术内容作出清楚的限定，判定被申请人未违反保密性合同。

3. 反向工程

如果第三方通过反向工程发现商业秘密保护的对象，商业秘密权利对于反向工程成功的第三方是没有限制力的。因此，在商业秘密诉讼中的被申请人最常使用的抗辩理由之一是涉案技术是由其工程技术人员自主研发，通过反向工程发明出来的，这就要求企业在自主研发过程对研发记录应树立证据保管意识并切实履行保管责任，对相关文件、资料等做好归档工作，以便于在涉入 337 调查时快速作出反应。

4.3.2　应诉技巧

4.3.2.1　通过马克曼听证和证人证言获得有利地位

1. 马克曼听证

马克曼听证程序即权利要求解释听证程序，是美国专利诉讼中通过单独的听证方式对权利要求进行解释的程序。在专利诉讼中，权利要求的解释对于侵权判定和无效裁定都起到重要作用，其中新颖性和侵权的判断均遵循“全特征原则”（All-limitations rule）。以侵权分析为例，其涉及两个步骤：首先是对专利权利要求进行解释，之后对经过合理解释的权利要求与被控侵权产品进行比较。全特征原则要求以每一项特征的方式为基础来适用等同原则，因此权利要求的解释方式对于专利有效性和侵权的认定至关重要。在 337 调查中，行政法官具有对权利要求的解释权，其有权决定该调查案是否需要进行马克曼听证及其何时进行马克曼听证程序，并通过初裁决定、对简易裁决动议作出的裁定或单独的裁定的形式就权利要求作出解释。

就解释的根据而言，权利要求的用语通常应赋予对本领域普通技术人员来说普通和通常的含义，除非专利权人作出了重新定义；还需要结合说明书合理解释权利要求，与将说明书中的限制读入权利要求以致不当的限缩权利要求区分开来。[1] 例如，在英力士氟有限公司发起的337－TA－623调查案中，涉诉US5559276号专利权利要求1的解释就对侵权判定起到了重要作用，该权利要求为一个以方法包括“（1）在反应区①内将三氯乙烯和氟化氢反应生成1,1,1-三氟-2-氯乙烷；（2）在反应区②内将1,1,1-三氟-2-氯乙烷与氟化氢反应生产1,1,1,2-四氟乙烷”的表述形式撰写的制备方法，该权利要求是否限定了固定的（1）至（2）的反应顺序是被申请人工艺是否侵权的重要因素。在该案的初裁决定中，行政法官正是基于说明书中实施例实施了不同顺序的制备工艺而裁定权利要求1的工艺不需要特定的顺序，进而裁定被申请人的工艺落入涉诉专利权利要求保护的范围内。而在惠普发起的337－TA－723调查案以及Litepanels发起的337－TA－804案中，权利要求前序部分的技术特征是否具有限定作用对判定被申请人是否构成对涉诉专利的侵权起到重要作用，上述案件中行政法官均裁定前序部分具有限定作用。

有时，行政法官还需要考察授权专利的审理历史确定等同原则的适用范围。例如，在美国A&J发起的337－TA－895调查案中，被申请人就提出，基于审查程序中的放弃，应采用实施例中的结构对术语“排气”进行限定；然而行政法官在初裁决定中认为专利申请人没有为了使得要求保护的发明与Nemec和Ganard的现有技术区别开而限定排气是烟囱，ITC认定了根据权利要求的语言表明专利权人无意中在第一盖装置中的“排气”一词之后省略了“装置”一词，审查历史也表明上述省略是权利要求撰写笔误和专利权人的无意疏忽导致的。对于涉诉专利权利要求10中“可开启的盖装置”的技术特征，行政法官则裁定，根据审查历史中专利申请人的放弃，确定权利要求10中“可开启的盖装置”主张的功能是选择性地覆盖烤炉，其相应的结构是一个盖，其排除了不可开启的（即固定的）烤炉围栏的任何部分。

尽管马克曼听证需要申请人和被申请人投入大量精力，但其给调查带来的好处也是不言而喻的。首先，马克曼听证有利于当事双方尽早确定有

[1] J. M. 穆勒. 专利法：第3版［M］. 沈超，等，译. 知识产权出版社，2013：324－325.

争议的权利要求，从而缩小证据开示的范围，降低应诉成本。其次，马克曼听证也能使当事双方尽早明确行政法官对争议问题的意见，对案件结果趋于明朗，在和解谈判中占据有利位置。

2. 证人证言

337 调查涉及搜证的范围包括：申请人的专利所有权资格、与涉诉专利有效性相关的资料、与涉诉专利的权利要求保护范围相关的资料、申请人在申请专利过程中的相关文件、申请人对于现有技术认识的相关资料、有关涉诉专利或技术协商授权的记录或资料、与申请人所主张的损害相关的资料等；涉及的专家证人主要包括技术专家（就技术问题发表意见）、经济学专家（就国内产业、公众利益等发表意见）和法律专家（就法律程序、关联诉讼等发表意见）。其中，专家证人的证言在技术分析的过程中十分重要，专家证人的书面报告中应说明其所有的意见以及支持该意见的理由、形成相关理由的信息、专家证人的资历、著作等，专家证人的瑕疵会直接给行政法官对证人提供方留下不好的印象，进而作出不利证人提供方的调查结论。而行政法官对相关方专家证人的证词的信任度将影响到行政法官对“本领域技术人员”水平的确定，对案件走向产生显著的影响。

通常情况下，当事人通常质疑对方专家证人的理由包括：（1）指出专家专业领域的局限性，使专家证人承认他不是某领域的专家，而案件中的专门问题要求依据该领域的知识提供意见；（2）强调对方聘请的专家缺少资格证明；（3）将本方专家作证资格和对方专家作证资格进行对比，使对方专家证人承认本方的专家在该领域内具有相同的或者比其更有资格；（4）对专家意见形成的根据、立场的中立性或意见的准确性及专家的调查能力等方面提出质疑。质疑对方证言的理由还可以从证言提交的时效性、证言的关联性等方面进行，即使是有关联性的证据，也可以以其证明力非常小，且如果进行质证的话会带来明显的不公正的危险、混淆争点、不当延迟、拖延诉讼或不必要的重复等情形予以排除。

例如，在 ResMed 诉北京怡和嘉业医疗科技有限公司关于睡眠障碍呼吸系统的 337 调查案（337 - TA - 890）中，被申请人在听证程序及听证后的简短书面陈述中质疑申请人提供的技术专家证人 Mr. Sheehan 在 CPAP 器械领域的经验有限，无法满足其作为本领域技术人员在产品设计领域的经验要求，因此在侵权和无效抗辩阶段不应考虑其证言。而申请人则认为被申请人未在动议初期或听证前的简短书面陈述中提出上述反对意见，且该案中本领域技术人员只需具有产品设计的通常经验即可，不应局限于特定CPAP领域的设计经验；申请人还以被申请人未在动议初期或听证前的简短书面陈述中提出上述质疑为由提出反对意见。行政法官在综合各方意见后认为，相比被申请人提供的技术专家证人，Mr. Sheehan对CPAP器件的从业经历很少；但由于被申请人未能在调查初期提出动议，也未能在听证前的简短书面陈述中提出该议题，因此视为被申请人放弃了其质证Mr. Sheehan作为本领域技术专家的权利。但由于该案中发明本申请并不复杂，且涉案组件在其他医疗器械中较为常见，因此行政法官认为Mr. Sheehan具备该案中本领域技术人员所需的教育和经验水平，其能力处于本领域技术人员水平的边缘。

又如美国立维腾制造公司提起的337-TA-739调查案中，行政法官质疑中方专家证人Mr. Moslehi的能力，认为其对于接地故障断路器的了解非常有限，没有达到本领域技术人员的技术水平，甚至该专家证人曾向行政法官承认他提供的专家报告是由被申请人的律师首先起草的，这一问题显著降低了行政法官对其证言的采信度。

而在闪点科技针对华为、中兴通讯、HTC等发起的337调查案（337-TA-850）中，申请人和被申请人均利用了对方证据提交程序上的缺陷，通过提交了多份动议，以证言超出了其专家报告和书面证词的范围、未按时提交为由，申请排除不利于己方的证据。

4.3.2.2 促其撤诉或不予立案

1. 对申请人的惩罚动议

在337调查中，被申请人通常承担着比申请人更多的压力，在确定应诉后，被申请人企业应充分利用各种资源寻求救济机会、减少对企业正常经营行为的影响。在某些情况下，以申请人的程序缺陷为由提出惩罚动议，可以给申请人施加一定的压力，迫使其作出让步甚至撤诉。最典型的例子可以参见前述四川大西洋焊接材料股份有限公司应诉美国林肯公司有关焊丝、桶装焊丝容器及其组件的337调查案（337－TA－686），在大西洋公司发现林肯公司起诉前的调查工作有重大缺陷时，大西洋公司敏锐地抓住该突破口，为ITC提供了大量事实证据阐述了林肯公司的诉前调查缺陷，并向ITC提出针对林肯公司有关诉前调查缺陷的处罚动议，迫使林肯公司迅速结束对大西洋的调查程序。在Kaneka公司发起的辅酶Q10的337调查案（337－TA－790）中，被申请人浙江医药也以申请人Kaneka公司在证据披露过程中未能及时对其质询作出回应为由，提出申请人赔偿其损失的律师费用，并得到ITC批准。

2. 特殊申请人

NPE又称“非经营实体”，NPE本身并不进行涉诉专利产品的制造，其所拥有的涉诉专利既可能由其研发获得，也可以通过向研发机构或初创企业购买获得。一般而言，NPE倾向于选择持有发展潜力较大但利用率不高，甚至是权利要求界限不清晰的专利，并利用这些专利向目标生产企业提出许可费或赔偿的主张。由于NPE企业起诉具有很强的目的性，在达到其获利目标的情况下更容易通过和解结束调查，因此被申请人应在应诉时事先对涉诉专利进行准确的有效性分析，明确申请人的目的，适时提出和解。此外，鉴于NPE企业的特殊性，且近年来NPE提起的337调查案日益增多，由此产生的问题也引起了美国有识之士的重视。美国行政司法系统也逐渐开始对NPE企业提出限制，因此被申请人可以利用公众利益、衡平法则等措施提出抗诉，并控制应诉成本。在Walker Digital，LLC针对东芝、三星、海尔等提出的蓝光影碟播放器337调查案（337－TA－824）中，东芝在ITC立案前即致信ITC，主张该案申请人的专利运营公司属性，涉诉专利的有效性并不稳定，以及ITC立案并发布了包括普遍排除令、制止令在内的救济措施将给美国公众利益带来损害。

这一对于频繁发起诉讼的竞争对手也可以采用，例如在联发科技应诉飞思卡尔发起的337调查案（337－TA－822）中，联发科技在立案前就致信ITC指出支持专利持有人的系列调查行为将妨碍司法的一致性，并对司法资料及调查各当事方的资源造成浪费等问题；并向行政法官展示了在先关联调查和司法诉讼的情况，这些有利证据使得行政法官和 ITC 支持了被申请人提出的在“786 案”结案前暂停“822 案”的动议，并在“786 案”结案后迅速实现了“822 案”的结案，将 337 调查对企业的影响降到了最低。

4.3.2.3 简易裁决动议

根据《ITC 操作与程序规则》第 210.18（a）条的规定，对于双方没有争议的案件事实，任何一方当事人可以请求 ITC 针对某些问题或全部问题作出简易裁决。若申请人提出动议，则其可以送达申请书和调查通知后 20 日提起，若为被申请人或其他方提起动议，其可以在《联邦公报》公布立案公告后的任何时间申请作出简易裁决。但任何简易裁决的动议最迟应当在开庭日 60 日以前提出。《ITC 操作与程序规则》第 210.18（b）条规定，在收到简易裁决动议后，该方应该在 10 日内提出答复。除无争议的事实之外，当事人也会请求 ITC 就国内产业是否存在以及被申请人缺席等事宜作出简易裁决。此外，一些当事人会请求 ITC 作出专利无效的简易裁决，获得无效的裁决可直接导致 337 调查结案。

作为一个有效的策略，实践中，很多被申请人向 ITC 提出简易裁决的申请，要求 ITC 针对涉案知识产权的有效性进行裁判，如果 ITC 作出认定所有涉案知识产权无效的简易裁决，则整个调查结束，大大节省了时间和精力。但是，如果被申请人期望以简易裁决的方式胜诉，或期望通过简易裁决动议给对方造成压力，使得申请人主动撤诉或以有利于被申请人方的方式和解是非常困难的。从时间上看来，简易裁决离正式听证仅有几个月时间，主要靠法官审核包括专家报告在内的证据，而不是依据当事人在正式听证时的充分质证来进行裁决，因此其对证据的质量要求比正式听证要高得多。在提出申请前，被申请人需要作深入的研究，保证有充分的证据和理由证明涉案专利无效，否则，行政法官将拒绝作出认定知识产权无效的简易裁决。

中国企业在应诉 337 调查中，存在利用简易裁决胜诉的成功案例。例如，在“双道锁案”（337 - TA - 689）中，涉诉专利的权利要求涉及一种改进航空行李安检的方法，具体为，通过使用一种既可以由旅客使用以保护他们行李安全又可以由安检人员通过万能钥匙打开的双道锁来保障航空行李检查安全进行的方法。而检查航空行李的主体为美国交通安全管理局，该案的被申请人及其许可人并不是涉诉权利要求的实施主体，因此，被申请人的产品并没有直接侵犯涉诉专利的专利权。因此在该案立案后不久，被申请人即向 ITC 提出动议，要求行政法官作出该案被诉产品不侵权的简易裁决，随后，该项动议获得了行政法官和 ITC 的支持。最终，行政法官发布初裁公告认定被申请人的被诉产品对申请人所拥有的两项涉诉专利均不构成侵权，终止对该案的 337 调查。行政法官指出："如果部分方法由消费者实施，部分方法由机场安检部门实施，则不存在对使用行李箱锁具的方法专利的侵权，因为申请人不能证明机场的安检行为受消费者控制"。在"素食氨糖案"（337－TA－668）中，南通医保组建了优秀的应诉团队，在立案之后即着手从国际文献中收集了大量的证据并整理出累计近万页的现有技术材料，经过专家分析和论证，立即向 ITC 提交了基于大量现有技术的申请嘉吉公司涉案专利全部权利要求无效的简易裁决动议。南通医保充分的诉前准备以及诉讼到底的决心给申请人造成了很大的压力，迫使其主动提出了撤诉动议，同时也撤销了美国地方法院的平行司法诉讼。在"输入法案"（337－TA－864）中，作为被申请人的触宝科技诉讼策略应用得当，律师团队在细致分析案情后制定了以指控涉诉专利无效的方式进行反击，即向 ITC 提出了简易裁决的动议，ITC 支持了触宝科技的此项动议并在随后作出初裁判决，判定对触宝科技的侵权指控不成立。该案的平行诉讼案件在美国地方法院开庭前，原告主动提出与触宝科技进行和解。向 ITC 及美国地方法院提出撤诉申请，撤销所有针对触宝科技的专利诉讼。

"双道锁案""素食氨糖案"以及"输入法案"，作为中国企业利用简易裁决策略成功应诉 337 调查的典型案例有许多值得借鉴的宝贵经验。（1）提出简易裁决动议的时间：《ITC 操作与程序规则》规定若为被申请人或其他方提起动议，其可以在《美国联邦公报》公布立案公告后的任何时间申请作出简易裁决，但任何简易裁决的动议最迟应当在开庭日 60 日以前提出。由此可见，提出简易裁决对时间的要求很高，遭遇337调查的中国企业获悉被诉之后，应当在第一时间迅速地展开应诉准备，积极应战。但是另一方面，因为简易裁决不进行开庭审理，没有双方质证环节，行政法官主要通过审核包括专家报告内的证据进行裁判，因此，对被申请人提交的证据要求同样很高。由此可见，在短时间内提交出高质量的证据是保证简易裁决获得成功的关键。（2）简易裁决的应诉方式：在337调查中，申请人提起简易裁决动议的内容包括国内产业是否存在、被申请人缺席等，而被申请人提出简易裁决的应诉策略以指控涉诉权知识产权无效以及抗辩不侵权两种方式居多。如上述3个典型案例，“双道锁案”以被诉产品不侵权为由提起简易裁决，而“素食氨糖案”以及“输入法案”则是通过指控涉诉专利权无效提出简易裁决，迫使申请人主动撤销调查。由此可以看出，在337调查案件中，美方企业及其个人的专利并非无懈可击，许多专利也是参差不齐、鱼龙混杂。中国企业在被诉后不要轻言放弃，只要仔细、认真地进行专利检索、分析和比对，完全可以提出知识产权无效申请以及进行合理的不侵权抗辩，利用简易裁决的手段获得胜诉。

4.3.2.4　和解、调解、同意令

1. 和解、调解

《ITC操作与程序规则》第210.21（b）条规定，一方可以基于一项特许协议或其他和解协议，提出动议申请终止调查。达成和解的各方在提交终止调查的动议中应提交保密版和非保密版和解协议。一旦行政法官作出同意和解动议的命令，则该命令即成为初裁，ITC有权决定是否对该初裁进行继续审查。

在ITC处理案件的人员结构和组成没有发生改变的情况下，337案件的显著增加造成了案件积压，这导致ITC需要更长的时间才能作出最终裁决。为节省ITC和涉案各方的资源，ITC鼓励各方达成和解，因此，如果申请人和被申请人提出和解动议，ITC一般会同意。同时，为了保证能在调查时限框架内顺利结案，部分行政法官修改了自己的“基本规则”，引入调解程序。2008年11月4日，ITC启用了一项调解试行项目。该项目提

供了一个低成本、无风险、保密和快捷的机制，以促成各方在337调查中达成和解。该项目可以由一方当事人、双方当事人、行政法官或ITC档案办公室的督办律师在ITC办公室的授意下，提请进行调解。调解现在已经成为ITC日益推崇的争端解决方式。

虽然调解具有自愿性，需在各方一致同意条件下才能达成和解，但ITC首席行政法官勒肯（Luckern）于2010年1月26日对他的“基本规则”进行了修订，其规定，如果档案办公室的督办律师要求参与调查各方应当参加调解项目，各方应当参加调解员安排的会议并服从调解员的要求。例如，提供陈述或安排公司领导参加。在确定调解员之后，各方应当服从调解员的任何请求。该修订积极鼓励甚至强制当事人采用调解程序。在调解案件的选择上档案办公室的督办律师拥有广泛的裁量权，挑选可调解的案件，并在ITC志愿调解人名单上指派调解员，调解员的服务是免费的，调解过程中有关的信息将高度保密。而调解只有在调解员认为调解可能且相信调解对解决争端有利的情况下才予以进行。调解不是行政法官延长案件审理期限的理由，因此，该程序不会造成337调查的迟延。

虽然调查各方可以自愿决定是否动议申请和解，但是如果该和解安排影响到公共利益，如涉及垄断问题，则行政法官有权拒绝同意和解动议。此外，为了鼓励各方达成和解，行政法官会在审理日程中安排和解会议并要求各方向行政法官报告和解会议情况。行政法官通常会在337调查的日程表中安排两次或多次和解会议。

在中国企业应诉337调查的实践中，有许多通过和解方式结案从而成功应诉的案例。那么，对于企业而言，是否选择和解的应诉策略以及如何与申请人进行和解谈判，应注意以下几点。

（1）当被诉企业确实存在侵权行为且胜诉无望时，应综合考虑诉讼成本以及市场份额等成败因素。如果美国市场份额较大，市场前景乐观，那么，在权衡利弊的前提下，应积极争取与申请人达成和解协议，从而保住美国市场。337调查中有很大比例的案件就是以被申请人向申请人支付专利费而和解结案的，庭外和解可以保证不会因败诉而遭致ITC下达进口禁止令，因而使得企业至少能够保住一定的市场份额。如前面提到的外观设计侵权调查“记号笔案”（337 - TA - 522），被申请人宁波贝发公司成功地与申请人世孚公司通过达成和解的方式，保住了来之不易的美国市场。另外，可以通过事前谈判取得专利许可或通过协议转嫁风险，以规避 337 调查。对于无法规避的专利技术，要和对方进行积极磋商，采取缴纳专利许可费的方式；或通过协议约定知识产权的免责条款，将 337 调查的风险转移到承销商、进口商头上。无论是事前谈判还是应诉过程中的和解谈判，选择怎样的策略与对方进行谈判也是至关重要的。通常情况下，对方申请人通常要求中国企业支付高额的许可费作为和解条件。如果中国企业拥有这些技术的外围专利，则可以交叉许可为理由降低和解成本。

（2）当被诉企业不存在侵权行为或涉诉专利被无效的可能性很大的情况下，积极应诉，准备充分，给对方造成压力，可以迫使申请人申请和解动议。如“吉西他滨案”（337 - TA - 766），涉案双方在 337 调查之外已经在多个国家和地区涉及多项专利侵权诉讼，因此，江苏豪森对涉案专利、行业市场等总体情况，尤其是竞争对手的相关专利和专利布局有充分的了解和储备。江苏豪森拥有强大的研发团队，对自己的产品以及生产方法与竞争对手的差别认识清楚，并没有被对方所吓倒或者迷惑。江苏豪森充分的知识产权应对机制和较为成熟的贸易纠纷处理机制也使得其面对 337 调查时不会畏惧慌乱，及时地组建了有力的法律团队。诉前充足的准备工作以及应诉到底的决心也给申请人造成了较大的压力，最后江苏豪森的局面由被动转为主动，迫使申请人提出了和解动议，而江苏豪森也据此成功突破贸易壁垒，保稳全球市场。在“液晶显示器系列案”（337 - TA - 741/749/760）审理过程中，被申请人友达光电在积极应诉“741 案”的同时，在美国地方法院对夏普公司提起了反诉，使得对方随后与其进行谈判和解。在“749 案”和“760 案”中，涉案双方于 2005 年的首次 337 调查交锋中，友达光电就对申请人汤姆森公司提起了 337 调查反诉，双方最终也以和解结案。由此可见，作为中国企业，在具备一定的知识产权储备的情况下，一方面要正面积极应诉，另一方面要利用自己的有效专利选择合适的时机向对方发起反诉，这样不仅会制约对方的诉讼，使得对方在出击的同时权衡利弊，而且还能增加之后和解谈判的机会和筹码。对于被申请人而言，以和解的方式结案可以大大降低经济和时间成本，因此，和解结案也是一种胜诉结果。在“触控技术案”（337 – TA – 957）中，被诉中国企业汇顶科技拥有长期独立自主电容检测技术开发积累，触控及指纹识别领域已经申请和获得国内外 260 多项专利，产品均为自主研发，因此，汇顶科技坚信不存在侵权行为。调查过程中，汇顶科技多点出击，结合 IPR 程序把申请人拖入多面应诉、疲于应对的不利局面。但是对正处于 IPO 排队上市关键时期汇顶科技而言，市场更迭日新月异，337 调查的时间拉得越长对其越是不利。因此适时和解，早日结束各种诉讼程序，对其而言更为有利。因此，在手握足够份量谈判筹码的前提下，汇顶科技与申请人新思公司达成和解，握手言和，最终汇顶科技在 2016 年 10 月成功在上海证券交易所顺利上市。

2. 同意令

与和解功能相似，同意令可以使被申请人尽早从 337 调查中脱身。根据《ITC 操作与程序规则》规定，对一个或多个被申请人的调查可以基于一个同意令而终止。同意令本质上与和解协议相同，它由 ITC 监督执行。同意令的动议可以由一方当事人单独提出，也可由双方当事人或 OUII 调查律师提出。同意令的动议通常应在开庭前提出。在决定是否准许同意令动议时，ITC 将考虑公众健康和社会福利、美国经济的竞争条件、美国同类或直接竞争产品的生产情况、美国消费者利益等因素。同意令对被申请人具有约束力，并且应当包含某些特殊的条款，此外，同意令还应说明“被申请人签署该同意令仅为了和解，并不意味着申请人承认存在侵权行为”。如果签署了同意令的被申请人未遵守同意令中的相关规定，申请人可以请求 ITC 启动执行程序。在执行程序中，ITC 可以修改同意令，处以罚款以及撤销同意令并颁布制止令和有限排除令。如“数字电视案”（337 – TA – 617），在同意令的基础上，申请人就请求 ITC 启动了执行程序，被申请人在后续还提出了赎回保证金的申请。

同意令虽然使被申请人暂时放弃美国市场，但其有助于使被申请人尽早从 337 调查中脱身，还可以避免使企业在 ITC 留下不良记录。因此对于如果目前在美国市场占有率有限但希望保留未来进入市场的灵活性的被诉企业，同意令可能是一个不错的选择。但需要注意的是，同意令的动议一旦提出，将不能撤销。而且被申请人切勿忽视同意令对其的约束力，一旦未遵守同意令中的相关规定，申请人可以请求 ITC 启动执行程序，在该程序中，ITC 可以对违反同意令的行为处以民事处罚、修改或撤销同意令并颁布制止令和有限排除令。在“照相闪光灯案”（337－TA－804）中，涉诉中国企业采取了“边打边谈”的灵活应诉策略，积极谋求以合理的代价快速解决纠纷，以免贻误商业契机，引起更大的商业损失。最终，除缺席调查的企业之外，其余涉诉国内企业综合权衡各方面利弊和诉讼风险，都选择通过同意令来终止 337 调查，降低了应诉成本。在“播放器案”（337－TA－824）中，海尔公司为控制应诉成本，推动协商谈判，减少涉诉对实体企业生产带来的影响，通过与申请人签署同意令结案，这也是基于其涉诉产品为供货商提供产品而作出的合理选择。

4.3.2.5 规避设计

专利规避即企业为了避开竞争公司所持专利保护范围的阻碍而进行的新设计，是一种绕道的策略，属于一种合法竞争行为。在 337 调查之外，规避设计作为对专利的进一步研究，可以为企业带来经济利益，如三星的 TRIZ 团队针对 DVD 播放器进行专利规避研究，不仅减少了装置成本和复杂程度，同时产生了 13 个专利，这些创新从 2000～2006 年为三星公司降低上亿元的成本。在 337 调查过程中，被申请人可以以有效的规避设计作为与申请人谈判的筹码，以加快调查程序的进行，如“制冷剂案”（337－TA－623）中，被申请人中化公司一边进行不侵权抗辩，与此同时快速组织专家团队对涉案专利进行规避设计，在半年之内就提出一种“新工艺”，并在很短时间内根据“新工艺”的要求完成了工业园区内部分生产线的改造。中化公司还利用“新工艺”作为筹码将“旧工艺”以同意令方式结束调查，有效地减少了精力、时间、金钱的消耗。需要注意的是，在行政法官颁布初裁和 ITC 颁布终裁前，被申请人可以请求其对规避设计的产品是否侵权发表看法。在 337 调查判定侵权之后（即 TIC 颁布排除令以后），被申请人仍然可以对涉案专利进行规避设计，ITC 并不限制经过合理规避设计后的产品进入美国市场。此时也可以请求进行咨询意见程序（Advisory Opinion Proceeding），由ITC对规避设计的产品是否侵权发表意见。此外，美国海关也有权判断规避设计是否落入排除令的范围，若没有则允许产品进入美国市场。

规避设计的要求是从法律层面来看，不会被判定侵权，同时技术层面上可行，能够满足企业获得利润的要求，并且能够安全生产产品。在进行专利规避设计时，必须对涉案专利的保护范围做详细的分析，明确专利的保护范围，在此基础上分析归纳专利规避的方法和侵权判定流程设计合理的专利规避策略，如表4-3-2所示，才能够成功地实现专利规避。[1]

表4-3-2 专利规避设计策略

侵权判定	专利规避设计策略
全面覆盖	组件删减
	特征替代防止字面侵权
等同原则	技术特征发生实质性改变
禁止反悔原则	利用专利中的限制承诺或放弃保护部分

4.3.2.6 平行诉讼、反诉

在很多案例中，337调查都是与司法程序同时进行。一些熟于知识产权诉讼的大型企业往往在地方法院提起诉讼的同时向ITC申请337调查。如接地故障断路器案中，立维腾制造公司同时在4个地方法院以同一份专利起诉通领公司侵犯其专利权，随后又紧接着向ITC提出了针对相同专利的337调查。面对此种情形，被申请人可根据美国法律暂停地方法院并行诉讼[2]（该要求必须在地方法院诉讼提起后30日或在该方当事人被列名为337条款诉讼被告后30日之内提出），或可以基于法院的指令中止337调查。

---

[1] 刘宁．基于TRIZ的印刷机械专利规避创新机理研究［D］．北京印刷学院，2014.

[2] 1994年乌拉圭回合协议法，规定了平行诉讼中的中止审理程序，允许被申请人在同时面临同一行为引发的337调查和联邦地区法院侵权诉讼时，申请暂时中止联邦地区法院的诉讼程序，允许被申请人向ITC提出反诉，该反诉将被迅速移送对同案有管辖权的联邦地区法院审理，联邦地区法院仅对源于本诉的同一件事的反诉有管辖权。

被申请人在应诉337调查的同时也拥有反诉的权利。337调查规定，调查发起后至听证会开始前10个工作日内，被申请人可以向联邦法院提起反诉，反诉必须与正在进行中的337调查同属一个诉由。然而ITC并不审理反诉，当被申请人向ITC提交反诉请求后，该反诉将被立即移送至具有管辖权的联邦地区法院。反诉案件不影响该案的进度。

被申请人在面对调查时，可以合理利用反诉对申请人进行反击。如“输入法案”（337-TA-864）中，被申请人触宝公司面对申请人Naunce公司的进攻，一方面提出Nuance公司的专利无效，另一方面在中国法院起诉Nuance公司，诉称其侵权触宝公司的中国专利权。触宝公司的起诉起到制衡Naunce公司的效果，换取了最终和解的结果。又如“液晶显示器案”（337-TA-741/749/760）中，被申请人友达光电在积极应诉337调查的同时，在美国地方法院对该案的申请人夏普公司提起了反诉，迫使对方进行谈判并得以和解。

4.3.2.7 保护商业秘密

首先，被申请人若认为其提交的信息属于商业秘密，应向ITC说明要求其得到ITC规则中商业秘密待遇，并按照要求提交相关材料，从而限制能接触到这些信息的人员和对公众的披露程度。被申请人还可以利用马克曼听证限制需要开示的证据范围。

其次，在涉及商业秘密的337调查案中，双方对商业秘密范围确定的争议可能持续到整个开示过程中。被申请人的证据开示过程也是其商业秘密的披露过程，被申请人除应避免申请人过于延迟披露秘点外，还要注意避免与涉诉商业秘密无关的开示请求、阻止申请人的钓鱼行为以及通过开示的方式获得己方的商业秘密。

从披露秘点的时机上，在337调查中，行政法官主要根据《ITC操作与程序规则》中的相关规定及其基础规则来审理案件，其制度本身并没有制作专门针对商业秘密案件的基础规则，而是直接利用了专利案件中的基础规则，根据在先判例，[1]部分州所要求的早期披露在337调查中通常不适用，各行政法官对秘点确认的时机可根据具体案件情况进行自由裁量，这给双方律师提供了较大的发挥空间，常称为申请人与被申请人博弈的焦点。通常，如果申请人披露的商业秘密过于宽泛或者模糊，被申请人可以在申请人合理详细地披露商业秘密之前拒绝开示；还可以在首轮问卷中要求申请人确定商业秘密；在对方拒绝配合开示程序后，申请人或被申请人可提起动议要求强制开示（如337－TA－791、337－TA－804）；申请人和被申请人也可通过约定确定秘点的披露时间并体现在进度表里（如337－TA－863）；对于申请人在后补充的秘点，被申请人可以未及时披露商业秘密为由发起动议请求将该部分的商业秘密排除在审理范围之外。

在范罗士公司对新誉集团发起的337调查案（337－TA－863）中，经双方协商，确定了以初步披露和最终披露相结合的商业秘密披露方式，并获得了行政法官的许可。根据行政法官确定的进度表，申请人在案件初期先初步披露其商业秘密，被申请人在申请人未披露之前无义务提供与商业秘密实质相关的开示信息；在申请人进行初步披露之后，被申请人才开始提供与商业秘密相关实质信息，尤其是相关涉案产品的研发生产信息；申请人在开示进展一段时间后证据交换截止日前两个月左右确定最终秘点，就最终版的秘点给予被申请人足够的开示机会。上述披露方式较好地体现了对双方利益的平衡合理，降低双方的证据开示成本，也避免了申请人发起强制开示动议或者被申请人发起保护令动议，有效推动了调查进程。

4.3.2.8　充分利用资源

337调查已成为美国企业遏制中国企业在美国市场扩张的利器，该调查往往刻意选择影响力较大或实力较弱的中小企业，以打击中国具有较大市场潜力、高附加值或高技术含量的产品对美出口，中国被诉企业胜诉率很低。在应对国际贸易壁垒的路上，中国企业走得很艰辛。面对汹涌而来的“出口壁垒”和诱人的美国市场，进与退，去与留，已成为很多中国企

[1] 337－TA－849号SI集团诉华奇化工橡胶树脂案的第7号令。

业的两难选择。不过，在经历了最初的恐慌、避让之后，伴随着走向海外市场的中国企业的一步步成长和成熟，中国企业慢慢开始尝试迎击，并取得了一定的成果。在 ITC 近几年涉及中国企业的 337 调查案件中，充分利用资源，合理制定策略，积极应诉和抗辩的中国企业胜诉的越来越多，有很多值得借鉴的宝贵经验。

1. 组织内部团队

组建一支高质量的应诉团队对于企业非常重要，优秀的应诉团队能够奠定坚实良好的胜诉基础，也可以使应诉调查的过程事半功倍。337 调查的节奏快、工作量大，经常需要应诉企业在很短时间内准备大量的证据材料和信息，也需要企业在诸多关键点上迅速作出决策，因此，组织内部应诉团队又成为团队组建的首要任务，在团队配备方面一般考虑以下几个方面。

（1）领导层人员，即对案件的大部分事情作出决策的人统筹安排。全球知名的律师事务所之一——凯威莱德国际律师事务所从事 337 调查事务的律师在介绍应诉经验时也曾表示，在组建企业内部应诉团队时应委派一名值得信赖、可随时联系的高层管理人员负责案件。这名高层管理人员要能够代表公司作出决策（包括作出和解决定），能够在公司内快速获取案件信息。因为 ITC 的案件审理得很快，它需要当事人对案件的事实问题给出快速的回答，并及时作出决定。事实证明，在抗辩时被告派一位高层管理人员和律师默契配合，会得到更好的诉讼结果。而企业总裁不一定是最佳人选，因为总裁要掌控公司的总体运营情况，不可能全身心地投入到案件中。

（2）技术层人员，即精通涉案技术的工程技术人员。在涉及专利侵权的 337 调查案件中，涉案产品的技术相关问题往往是调查的核心问题，这就要求团队中应配备熟谙企业技术知识，尤其是涉案技术的核心科技人员。

（3）市场层人员，在 337 调查中，申请人往往会要求企业提供大量的市场销售方面的数据和材料，而理清涉案产品进入美国市场的来龙去脉也很重要，因此，内部应诉团队往往需要吸收负责市场销售的管理人员加入。

（4）行政层人员，即负责整理文字资料的工作人员。如上所述，企业需要在短时间内向 ITC 提供大量的证据，若有专门的工作人员负责所需证据的收集以及文字资料的整理，并将文件资料有序地交付给外部律师，能够为应诉准备工作的顺利进行提供保证。

（5）法务人员，如果企业自身拥有法务部门，那么法务部门的律师自然应当成为内部团队的成员，在 337 调查中也应该发挥重要作用。因为法务人员具备基本的法律素养，法律知识丰富，熟悉相关的诉讼流程，与外部律师沟通起来比较顺畅，便于沟通协作。

中国企业应诉 337 调查的案例中，存在成功组建应诉团队、科学应诉的成功案例。如“覆铜板案”（337 – TA – 659），被申请人广东生益公司在充分了解了 337 调查的来龙去脉之后决定应诉，并随即成立了以总经理、运营总监、法务主管、总工程师、总工助理、市场工程师组成的 6 人专项工作小组。由此可见，生益公司在组建内部应诉团队时，考虑充分，完整配备了领导层、技术层、市场层、行政层以及法务各个层面的相关人员。应诉过程中，“6 人小组”先后进行了律师团队海选、寻求政府主管部门的支持和指导、制定应诉策略、与申请人进行海外谈判等一系列事宜，为最终胜诉奠定了良好的基础。

2. 选择外部律师

申请人在提出调查申请之前很早就已经开始准备诉讼的相关材料了，一旦调查程序开始便会强势推进，因此，作为被申请人，越早采取行动越好，最好是在调查程序正式启动前的 30 日诉前审查期内聘请顾问律师并立即开始准备抗辩。事实证明，前期准备至关重要，做好了这项工作，被申请人在 ITC 正式立案并展开调查时，就可以有良好的组织、策划和布置，以对抗有备而来的申请人。不仅如此，提前准备还可以降低成本，提高效率，便于被申请人在存在多种可能的情况下，将精力集中在最佳的抗辩方案上。因此，好的律师团队是 337 调查胜诉的关键。

由于被申请人的应诉准备时间非常短，如果被调查后才组建团队会使自己非常被动，所以，中国相关企业要提前寻找具有 337 调查经验的国内外律师组建团队，一旦接受调查可以迅速作出回应，决策者、技术人员、贸易人员要与律师紧密配合，形成一个有效合作的精干团队。在选择外部律师时要充分考虑律师参与 337 调查程序的实战经验、律师与美国海关进行沟通工作的经验以及收费情况等。在此基础上，企业应当经常与律师见面互动，建立良好的沟通机制，经常性地与律师讨论案件的进展状态，请律师解答问题，并了解律师对企业方面有什么需要等等。选择得力的律师团队能够使企业处于准备应诉的最佳状态，争取胜诉并得以继续保有美国市场。

在“辅酶 Q10 案”（337 - TA - 659）中，浙江医药股份有限公司依赖快速的决策、良好的专业支持和富有经验的律师团队，使得申请人 Kaneka 公司应对来自浙江医药股份有限公司的质询力不从心，未能对其质询作出及时回复，浙江医药股份有限公司获得了来自 Kaneka 公司的律师费用补偿，并使得 Kaneka 公司在诉讼进程过半时更换了主要的律师团队。由此可知，好的律师团队不仅可以在诉讼过程中作出快速有力的回复，也可以对申请人造成压力，增加本方的胜诉可能性。在“覆铜板案”（337 - TA - 659）中，“6 人小组”的第一项工作就是律师海选战。经过多方面考虑，最终生益聘请美国 Steptoe & Johnson 律师事务所团队作为其代理律师。该律师事务所在美国的资源、人脉条件很好，派出的 4 位律师之一 Charles Schill 是 337 专家，从事 337 的案件已经 40 余年，参加过 337 条款的立法、修订，以前曾经是 337 调查委员会律师。除此之外，律师团队中有一位华人律师，能够帮助生益准确无误地沟通信息，保证方方面面的对接和有效配合。在“吉西他滨案”（337 - TA - 766）中，被申请人江苏豪森聘请了多个美国著名的律师团队，为这场贸易纠纷出谋划策，提供应对机制，且中美律师团队配合默契，完成了无效及其技术的解读、证据的合法性、程序的合法性、鉴定报告的可信性、举证责任等工作。

3. 政府和行业协会支持

337 调查针对的是中国的整个相关行业及其所有的企业，损害的是产业与企业的整体利益。所以，337 调查所危及的企业应当积极地向所属行业协会、同行业伙伴等进行详情通报，第一时间与政府部门沟通相关信息，力争借助于行业协会的力量团结相关企业，“抱团应对”国外竞争对手挑起的337调查。以行业协会为主体参与应诉国际贸易争端，可以起到引导、团结、凝聚各企业的作用，行业协会还可以通过同业专项捐款或建立行业应诉专项基金的方式弥补单个和少数企业巨额应诉资金不足的难题。这样既能降低企业单独应诉的成本，又能提高胜诉的概率。

在“覆铜板案”（337－TA－659）中，生益公司在应诉过程中积极寻求政府主管部门的支持和指导，企业内部团队领导先后赴广东省外贸厅公平贸易局、商务部公平贸易局寻求相关指导和帮助，商务部为生益公司提供了合理的应诉建议，如生益公司曾经考虑过与中国台湾的其他几个被申请人联合抗辩，分担费用，但是商务部指出联合抗辩这种方式有许多潜藏的问题，生益公司接受了商务部的建议，独自应诉。此外，广东省外经贸厅公平贸易局的相关人士也给予了生益公司很大的帮助，他们找出337案件实例，针对案子的过程、细节进行了详细说明，给出了重要的提示。由此可见，企业在应诉过程中可以充分利用政府和行业协会的资源，获得专业的指导和建议。在“LED照相闪光灯案”（337－TA－804）中，各级知识产权维权援助机构就发挥了积极的作用。被申请人福州富莱仕公司在获知涉案后，认真分析产品研发过程的技术依据、技术参考标准以及各部件的选型标准，第一时间联系中国机电商会和商务部相关部门，并将案件情况上报福州市外经贸局和福建省外经贸厅，分析了该案胜诉或败诉对公司乃至中国同行业将产生的负面影响，积极寻求政府和行业的支持和帮助。

那么，行业协会如何充分发挥作用，完善工作机制，可以从以下几个方面考虑：第一，行业协会可以成立专门机构，收集与分析历年相关产品的情况，发现异常便要特别关注。密切关注和跟踪国外政府的相关信息。第二，行业协会在企业的知识产权战略中发挥引导和协助作用，支持企业提高自主研发能力，组织企业进行联合研发，并在单个企业有困难时，牵头建立专利等知识产权权利机制。第三，建立规范的对应人员培训机制。定期邀请相关方面专家、学界学者、其他人士为企业讲解介绍337条款制度，并培训应对337调查的相关人才。第四，行业协会还应加强在应诉阶段协调组织作用。

4. 应对策略合理

中国已连续多年位居337调查涉案国家的榜首，知识产权已经成为国际市场竞争工具。一方面，中国的高新技术产品出口比重越来越大，产品技术含量不断提高，但是大多数公司尚未建立健全完善的知识产权管理体系，知识产权意识薄弱；另一方面，337调查对中国出口公司的威胁巨大，中国企业一旦败诉，全部涉案产品将不能进入美国市场，因此，337调查成了国外企业打击中国竞争对手的利器。面对这场没有硝烟的战争，中国企业如何审时度势，迎接挑战，达到胜诉的目的，选择适合自己的最佳应诉策略尤为重要。

一般来说，申请宣告对方涉案知识产权无效、进行不侵权抗辩以及规避设计在实际应诉中最为常见，被申请人也是根据应诉具体情况适时地选择与申请人进行和解。需要强调的是，以上4种应诉策略并不是孤立存在的，而是相辅相成。例如，若被申请人不能将所有涉案知识产权申请宣告无效，即可以仅针对剩余部分知识产权进行产品不侵权抗辩；在不侵权抗辩无法获得成功时，被申请人完全可以仅针对剩余的涉嫌侵权的权利范围作规避设计研究，大大降低了规避设计难度。同时，在应诉之初选择好应诉策略，也能达到节省应诉费用的目的。

一个337调查案件，往往存在多家涉案企业，在一些涉及被申请人共同利益的问题上，如挑战对方专利无效等抗辩点，被申请人之间可以选择联合抗辩的应诉形式，一方面，各涉案企业之间可以实现资源共享，另一方面，联合应诉使得企业分工合作，不仅提高了应诉效率，还可以大大节省应诉费用。在LED照相闪光灯案（337－TA－804）中，该案的被申请人余姚富图斯摄影器材有限公司、余姚瑞丽对外贸易有限公司和余姚利帅影视器材有限公司与其总公司美国富图斯联合应诉，其应诉策略主要由美国富图斯确定。而本土企业富莱仕公司与汕头南光公司在中国机电商会的召集下也采取了联合应诉的方式积极抗辩。为了避免联合应诉出现弊端，双方还签订了《联合应诉承诺书》，决定双方责任共担、利益共享、联合应对、共同进退。应诉期间，富图斯、福州富莱仕、汕头南光和IKan等应诉方联合提出了对涉案专利的无效抗辩。最终，在综合权衡各方面利弊和诉讼风险的基础上，涉案中国企业选择通过同意令来终止 337 调查，降低了应诉成本。在“辅酶 Q10 案”（337 - TA - 659）中，4 个涉诉企业中有 3 个是中国企业，如果此次 337 调查败诉，中国辅酶 Q10 行业将面临巨大损失，甚至破产。浙江医药、厦门金达威、神州生物科技、GMC 等被申请人选择联合应诉，共同提供了有力的证据以及多项联合动议。此外，该案诉讼过程中，各个被申请人的律师团队之间进行了有效的沟通和交流，分工协作，在有限的时间内提供了全面、有效的证据，争议焦点集中、突出，逻辑清晰严谨，使得 ITC 作出了有利于被申请人方的裁定结论。

4.4　主动利用 337 调查程序

目前美国 337 调查对不少中国企业发布了排除令、制止令，限制了中国企业在美国市场的销售和进一步发展，看似中国企业始终以受害者的角色出现，然而从长期来看，337 调查对中国企业的发展带来的也不完全是负面影响，其中还存在积极的一面。

337 调查迫使中国企业放弃对国外先进技术的简单模仿，将发展的重心转移到研发和技术创新中，当中国企业拥有了真金白银，生产出品质好、价格优并拥有完全自主知识产权的产品时，337 调查就无法阻挡中国企业进入美国市场的脚步。如海尔公司在国际化的发展历程中，技术创新不仅带来了生产能力的提高，更促使产品在国际市场上具有更强的竞争力。

另外，中国企业在不断遭受 337 调查、应诉的过程中逐步提高了知识产权保护意识和法律意识，了解美国市场通用的知识产权和法律规则。在失败中汲取了丰富的斗争经验，对美国行政程序和司法程序的基础规则、司法解释、操作流程等方面的了解不断加深，不但提高了应诉能力，同时还提高了防范意识，更进一步从企业管理层面上改进基础操作流程以及事务处理方式使之与国际接轨。

337 调查是一把双刃剑，中国企业虽屡屡受之创伤，然而也可以将之作防御手段保护已经占领的美国市场。中国企业可以从日本企业在应对337调查40多年之间从被申请人向申请人转换的过程中学习其经验。1972年起，日本的机电、轻工、化工、医药等行业多次遭受美国申请人发起的调查，其中日立、东芝是最早被调查的企业，也是日本截至目前为止被调查案件数量最多的企业。然而从1997～2016年，日本变为除美国以外主动发起337调查最多的国家，其中东芝公司5次主动提起调查，佳能公司4次提起调查，夏普、索尼、船井公司均3次提起调查，[1] 可见，在应诉的过程中，日本企业摸清了游戏规则，开始以337调查为经济手段，阻止韩国、中国等企业占领其美国市场。

中国企业如何能化被动为主动，像日本企业一样让337调查为我所用？首先要做的就是拥有美国法律认可并予以保护的知识产权。当中国企业计划进入美国市场前，首先应当进行市场调研，在确定手中的技术具备专利申请价值后通过《保护工业产权巴黎公约》《专利合作条约》或直接在美国专利商标局申请专利。在拥有核心专利的基础上，进一步对技术方案进行改进和优化，条件允许的情况下最好申请大量外围专利，形成专利网。一旦中国企业成功地在美国设置了完备的专利布局，则重器在握，不但竞争对手不敢轻易进攻还可以打击美国市场的后来者，彻底扭转被动挨打的局面。如果企业没有自主研发技术，或需要在短时间内获得美国专利权，则可以通过许可或转让的方式从其他企业手中购买与自身技术相关的专利。如“电动平衡车案”（337－TA－935和337－TA－3168）中纳恩博科技有限公司通过从英国公司的手中买过来了赛格威的品牌和专利来增强品牌价值和专利的数量，实现了从被申请人到申请人的快速转变。很多337调查案例中请求人拥有的知识产权，如专利、版权、商业秘密等都是通过购买等途径获得的，只要能证明合法地拥有相关知识产权，就可以作为申请人对竞争对手提起337调查。除此以外，中国企业还需要增强进攻意识，337调查中申请人相较于被申请人占有很大的优势，能在短时间迅速打击对手，巩固自己的市场地位，因而当具有足够的知识产权储备时，中国企

[1] 谢薇，彭耀林．日本应对美国“337调查”的统计、分析及启示［J］．中国发明与专利，2017（3）：51.

业要建立动态的情报收集和对手跟踪体系，密切注意竞争对手的市场动态，积极地利用 337 条款主动出击。

337 调查给中国企业带来威胁的同时也带来了机会。在 337 调查中取胜不但可以提升知名度，增加市场占有率还能促进销售增长甚至便利融资，如三氯蔗糖一案中捷康公司虽然耗资 300 多万美元进行知识产权维权和开发，却换来了全球第二大三氯蔗糖供应的市场，市场机会估值 200 多亿元。中国企业面对 337 调查要增强信心，相信经过 337 调查的洗礼，中国企业必将以更坚实的脚步走入国际市场。

附录 2009~2017年所有涉中国企业的美国337调查汇总表[1]

ITC 编号	主题	申请人	被申请人（仅列出中方企业和个人）	立案日
337-TA-617	数字电视以及同类产品及其使用方法	AmTran Logistics, Inc. - Irvine, CA, USA; Funai Corporation, Inc. - Rutherford, NJ, USA; Funai Electric Company, Ltd. - Osaka 574 - 0013, Japan; Suzhou Raken Technology Ltd. - Jiangsu, China; Vizio, Inc. - Irvine, CA, USA	深圳唯冠科技有限公司；台湾瑞轩科技股份有限公司；苏州乐轩科技有限公司；香港冠捷科技有限公司；福建捷联电子有限公司；冠捷科技有限公司（香港）；冠捷台北捷联电子股份有限公司；冠捷投资有限公司（香港）	2009/9/11
337-TA-617	数字电视以及同类产品及其使用方法	Funai Corporation, Inc. - Rutherford, NJ, USA; Funai Electric Company, Ltd. - Osaka 574-0013, Japan	冠捷科技有限公司（香港）；冠捷台北捷联电子股份有限公司；冠捷投资有限公司（香港）	2010/8/4
337-TA-623	生产134a制冷剂的工艺（又称为"1,1,1,2-四氟乙烷"）	INEOS Fluor Americas LLC-St. Gabriel, LA, USA; INEOS Fluor Holdings Limited-Runcorn, Cheshire, WA74QX, United Kingdom; INEOS Fluor Limited-Runcorn, Cheshire, WA74QX, United Kingdom	中化环保化工（太仓）有限公司	2009/2/23

[1] 2008年之前所有案例请参见张平主编的《产业利益的博弈——美国337调查》的附录三。

续表

ITC编号	主题	申请人	被申请人（仅列出中方企业和个人）	立案日
337－TA－659	黏结片、覆铜板和制成品线路板	Isola USA Corp. － Chandler, AZ, USA	广东生益科技股份有限公司；台湾联茂电子股份有限公司；台耀科技有限公司；腾辉电子（香港）有限公司；腾辉电子（苏州）有限公	2008/11/12
337－TA－664	闪存芯片及相关产品	Spansion LLC-Sunnyvale, CA, USA; Spansion, Inc. －Sunnyvale, CA, USA	联想集团有限公司；北京索爱普天移动通信有限公司	2008/12/18
337－TA－668	非贝壳提取的葡萄糖胺及其同类产品	Cargill, Inc. － Wayzata, MN, USA	南通市外贸医药保健品有限公司；中国上海Hygieia Health公司	2009/3/4
337－TA－674	发光二极管芯片、激光二极管芯片及其产品	Gertrude Neumark Rothschild-Hartsdale, NY, USA	厦门三安光电科技有限责任公司；台湾奇力光电科技股份有限公司；台湾泰谷光电科技股份有限公司；台湾东铼科技股份有限公司；台湾鼎元光电科技股份有限公司；台湾全新光电科技股份有限公司	2009/4/6
337－TA－685	闪存及其产品	Samsung Electronics Co., Ltd. － Seoul 100 － 742, Republic of Korea	深圳亿格瑞科技有限公司；友讯系统公司；群辉科技股份有限公司	2009/9/2
337－TA－686	焊丝、桶装焊丝容器及其组件	Lincoln Global, Inc. － City of Industry, CA, USA; The Lincoln Electric Company-Cleveland, OH, USA	四川大西洋焊接材料股份有限公司	2009/9/8

续表

ITC编号	主题	申请人	被申请人（仅列出中方企业和个人）	立案日
337－TA－689	双道锁及其产品	David Tropp-Brooklyn，NY，USA；Safe Skies LLC-Brooklyn，NY，USA	中山皇冠箱包制造有限公司；杭州杰玛箱包有限公司；江门丽明珠箱包皮具有限公司；东莞怡丰制造有限公司；珠海市天宏科技实业发展公司；宁波先锋工艺饰品有限公司；杭州信天游贸易有限公司；台湾泰联工业股份有限公司；台湾竟泰股份有限公司；台湾金泰工业有限公司；台湾富尔亿实业有限公司；台湾Paloma Enterprises有限公司；台湾Tekraft Industrial有限公司；香港The Sun Lock公司；香港雅来金属制品厂有限公司；香港M-Power Lock Manufactory公司；	2009/10/21
337－TA－691	喷墨墨盒及其组件	Hewlett-Packard Company-Palo Alto，CA，USA	香港麦普国际有限公司；傲为有限公司；上海安捷打印材料有限公司；深圳普林美亚电子有限公司；泰达电子科技有限公司；珠海中润靖杰打印机耗材有限公司；珠海格力磁电有限公司	2009/10/29
337－TA－693	折叠凳	B & R Plastics，Inc. －Denver，CO，USA	宁波宁丰进出口有限公司；宁波中天有限公司	2009/12/9

续表

ITC 编号	主题	申请人	被申请人（仅列出中方企业和个人）	立案日
337－TA－696	运输集装箱的控制系统、内部构成及使用方法	Matthew Bullock-McLean, VA, USA; Walnut Industries, Inc. – Bensalem, PA, USA	青岛奥昂特工贸有限公司	2009/12/29
337－TA－707	动态随机存储半导体及其产品和存储器模块	Infineon Technologies AG-Neubiberg, Germany; Infineon Technologies North America Corp. – Milipitas, CA, USA	威刚科技有限公司（台湾）；宇瞻科技有限公司（台湾）；海盗船内存（台湾）；金士顿科技（上海）有限公司；金士顿科技（台湾）有限公司；瑞晶电子股份有限公司（台湾）；台湾创建资讯股份有限公司	2010/3/25
337－TA－711	带有打印头的喷墨墨盒及其组件	Hewlett-Packard Company-Palo Alto, CA, USA	台湾研能科技股份有限公司；中国麦普科技有限公司；香港麦普科技有限公司；香港 PTC 控股有限公司	2010/4/6
337－TA－713	显示设备包括数字电视和监视器	Sony Corporation-Tokyo, Japan	冠捷科技（北京）有限公司	2010/4/21
337－TA－716	大型半导体集成电路芯片	Panasonic Corporation-Osaka 571－8501, Japan	飞思卡尔强芯（天津）集成电路设计有限公司；飞思卡尔半导体有限公司；中国飞思卡尔半导体研发中心；飞思卡尔半导体台湾公司；飞思卡尔半导体公司中国西青制造厂	2010/5/5

续表

ITC编号	主题	申请人	被申请人（仅列出中方企业和个人）	立案日
337－TA－718	电子纸巾分配装置及其组件	Georgia-Pacific Consumer Products LP-Atlanta，GA，USA	进力国际有限公司；六采（香港）有限公司；台湾六采国际公司	2010/5/21
337－TA－722	汽车及其相关设计计案	Chrysler Group LLC-Auburn Hills，MI，USA	上海天顿实业有限公司；上海星月动力机械公司；星月集团；浙江星月车业有限公司	2010/6/17
337－TA－723	包含喷墨头的喷墨打印机墨盒及组件	Hewlett-Packard Company-Palo Alto，CA，USA；Hewlett-Packard Development Company，L. P. －Houston，TX，USA	亚太优势微系统股份（台湾）有限公司；台湾研能科技股份有限公司；香港麦普科技有限公司，中国麦普科技有限公司；香港PTC控股有限公司	2010/6/25
337－TA－727	地下电缆和探管仪	Radiodetection Ltd. －Bristol，United Kingdom	雷迪有限公司	2010/7/19
337－TA－728	合作系统产品及其组件	eInstruction Corporation-Denton，TX，USA	普罗米修斯（深圳）公司	2010/7/19
337－TA－730	包含喷墨头的喷墨打印机墨盒及组件	Hewlett-Packard Company-Palo Alto，CA，USA；Hewlett-Packard Development Company，L. P. －Houston，TX，USA	香港麦普国际有限公司；傲为有限公司；上海案捷打印材料有限公司；深圳普林亚科技有限公司；泰达电子科技有限公司；珠海中润靖杰打印机耗材有限公司	2010/8/3
337－TA－731	部分墨盒及其同类产品	Canon U. S. A.，Inc. －Lake Success，NY，USA；Canon Virginia，Inc. －Newport News，VA，USA；Canon，Inc. －Tokyo 146－8501，Japan	中国纳思达公司；香港纳思达公司；纳思达科技公司；纳思达管理公司；香港赛纳公司；珠海赛纳科技公司	2010/7/30

续表

ITC编号	主题	申请人	被申请人 （仅列出中方企业和个人）	立案日
337-TA-732	具有弹性凝胶的组件及装置	Interactive Life Forms, LLC-Austin, TX, USA	香港兆邦洋行有限公司；深圳夏奇实业有限公司	2010/8/4
337-TA-734	可调节高度的床和组件	Invacare Corporation-Elyria, OH, USA	上海顺隆康复器材有限公司	2010/9/9
337-TA-735	闪存芯片及其产品	Spansion LLC-Sunnyvale, CA, USA	上海创建科技发展有限公司；上海创建科技发展有限公司（上海工厂）	2010/9/13
337-TA-739	接地故障断路器和包含其的产品	Leviton Manufacturing Co., Inc. -Melville, NY, USA	福建宏安电器有限公司；上海益而益电器制造有限公司；上海佳奥电子公司；浙江三蒙电气科技有限公司	2012/12/18
337-TA-740	部分墨盒及其同类产品	Lexmark International, Inc. -Lexington, KY, USA	中国惠州Jahwa电子公司；中国纳思达公司；中国纳思达国际公司；天威控股有限公司	2010/10/12
337-TA-741	液晶显示装置，包括显示器、电视机，及相关零部件	Thomson Licensing LLC-Princeton, NJ, USA; Thomson Licensing SAS-Issyles-Moulineaux, France	台湾明基公司，湾群创光电公司，台湾晨星半导体公司；苏州佳世达公司；台湾佳世达公司；台湾瑞昱半导体公司	2010/10/18
337-TA-746	自动化媒体库设备	Overland Storage, Inc. -San Diego, CA, USA	比迪特自动化科技（珠海保税区）有限公司	2010/11/24
337-TA-749	液晶显示装置，包括显示器、电视机及相关零部件	Thomson Licensing LLC-Princeton, NJ, USA; Thomson Licensing SAS-Issy-les-Moulineaux, France	台湾友达光电公司；台湾明基公司；苏州佳世达公司；台湾佳世达公司	2010/11/30

续表

ITC编号	主题	申请人	被申请人（仅列出中方企业和个人）	立案日
337-TA-754	手袋、箱包、配件及其包装	Louis Vuitton Malletier S.A. - Paris, France; Louis Vuitton U.S. Manufacturing, Inc. - San Dimas, CA, USA	广东Rimen皮革公司；广州瑞玛皮具公司；张金安；广东Sanjiu皮革公司；广东T&T手袋公司	2011/1/5
337-TA-755	启动电机和发电机	Remy International, Inc. - Pendleton, IN, USA; Remy Technologies, L.L.C. - Pendleton, IN, USA	浙江临海永磁电机有限公司；无锡苏盛汽车部件有限公司；浙江永康博宇汽车电机公司	2011/1/19
337-TA-759	分娩模拟器	Gaumard Scientific Company, Inc. - Miami, FL, USA	上海埃文基国际贸易有限公司；上海弘联医学器械发展有限公司	2011/2/7
337-TA-760	液晶显示器及其相关产品和制备方法	Sharp Corporation-Osaka 545-8522, Japan	台湾友达光电；台湾明基公司；青岛海尔公司；广东TCL公司	2011/3/2
337-TA-763	无线电控制玩具发射器和接收器及其产品	Horizon Hobby Inc. - Champaign, IL, USA	广东深圳旋风玩具公司；广东深圳可可科技公司	2011/3/9
337-TA-766	手提电子计算设备	Microsoft Corporation-Redmond, WA, USA	香港富士康国际控股公司；富士康精密组件（深圳）有限公司；台湾鸿海精密集团；台湾英华达公司	2011/4/25
337-TA-768	手持式电子计算设备相关软件及其组件	Eli Lilly and Company-Indianapolis, IN, USA	江苏豪森药业有限公司	2011/3/23

续表

ITC编号	主题	申请人	被申请人（仅列出中方企业和个人）	立案日
337－TA－773	动感声效器、图像显示器、零部件及其同类产品	Ogma, LLC-Longview, TX, USA	联想集团有限公司	2011/5/19
337－TA－776	照明控制设备	Lutron Electronics Co., Inc. －Coopersburg, PA, USA	温州惠尔电器科技公司；浙江勒克斯电器公司；浙江跃龙机电公司	2011/6/15
337－TA－780	手机及平板电脑保护壳	Otter Products, LLC-Fort Collins, CO, USA	敦煌网	2011/6/30
337－TA－781	微处理器及其相关部件和产品	X2Y Attenuators, LLC-Erie, PA, USA	英特尔成都分公司；英特尔上海分公司	2011/7/7
337－TA－790	辅酶Q10产品及其制备方法	Kaneka Corporation-Osaka 530－8288, Japan	神舟生物科技有限责任公司；厦门金达威集团股份有限公司；浙江医药股份有限公司	2011/7/19
337－TA－791	电子壁炉产品和配件、使用指南和制造工艺	TS Investment Holding Corp. － Miami, FL, USA; Twin-Star International, Inc. － Delray Beach, FL, USA	深圳瑞莱普（Reliap）工业有限公司	2011/7/20
337－TA－795	视频分析软件、系统、零部件及同类产品	ObjectVideo, Inc. － Reston, VA, USA	博世（珠海）安保有限公司	2011/8/1

续表

ITC 编号	主题	申请人	被申请人（仅列出中方企业和个人）	立案日
337－TA－800	具有 3G 功能的无线设备	IPR Licensing, Inc. －Wilmington, DE, USA; InterDigital Communications, Inc. －King of Prussia, PA, USA; InterDigital Holdings, Inc. －Wilmington, DE, USA; InterDigital Technology Corporation-Wilmington, DE, USA	华为技术有限公司；中兴通讯股份有限公司	2011/8/31
337－TA－804	LED 照相闪光灯设备及其组件	Litepanels, Inc. － Van Nuys, CA, USA; Litepanels, Ltd. －Suffolkf, United Kingdom	福州富莱仕影像器材有限公司和汕头市南光摄影器材有限公司；台湾 Visio 照明有限公司；余姚富图斯摄影器材有限公司；余姚瑞丽对外贸易有限公司和余姚利帅影视器材有限公司；天津市武清区环宇影视器材设备厂	2011/9/7
337－TA－816	雨刮器	Robert Bosch GmbH-Stuttgart, Germany	丹阳镇威汽配有限公司；台湾复冈有限公司；台湾金顶实业有限公司）	2011/11/29
337－TA－820	使用交互式节目指南和家长控制技术产品	Gemstar Development Corporation-Santa Clara, CA, USA; Index Systems, Inc. － Tortola, British Virgin Islands; Rovi Corporation-San Carlos, CA, USA; Rovi Guides, Inc. － San Carlos, CA, USA; United Video Properties, Inc. －Santa Clara, CA, USA	海尔集团公司	2011/12/21

续表

ITC编号	主题	申请人	被申请人 （仅列出中方企业和个人）	立案日
337－TA－822	集成电路、芯片及电视机等含有上述零部件的产品（包括电视机）	Freescale Semiconductor, Inc. －Austin, TX, USA	台湾AmTran科技有限公司；台湾联发科技（MediaTek）有限公司；香港TPV科技有限公司；冠捷（Top Victory）电子（福建）公司；冠捷（Top Victory）电子（台湾）公司	2012/1/10
337－TA－823	运动疗法设备产品及相关零部件	Standard Innovation (US) Corp. －Wilmington, DE, USA；Standard Innovation Corporation-Ottawa, Ontario, Canada	莱珞中国公司；Lelo（上海）贸易有限公司	2012/1/10
337－TA－824	蓝光影碟播放器、组件及相关产品	Walker Digital LLC-Stamford, CT, USA	海尔集团公司	2012/1/11
337－TA－826	电子壁炉产品和配件、使用指南和制造工艺	TS Investment Holding Corp. －Miami, FL, USA；Twin-Star International, Inc. －Delray Beach, FL, USA	深圳瑞莱普（Reliap）工业有限公司	2012/1/19
337－TA－829	硒鼓及其同类组件	Canon U. S. A., Inc. －Lake Success, NY, USA；Canon Virginia, Inc. －Newport News, VA, USA；Canon, Inc. －Tokyo 146－8501, Japan	昊群数码科技国际有限公司（香港）；上海昊群数码科技有限公司；珠海富腾打印耗材有限公司；珠海中润靖杰打印机耗材有限公司	2012/2/29

续表

ITC 编号	主题	申请人	被申请人（仅列出中方企业和个人）	立案日
337－TA－830	可调节紧凑型荧光灯及其相关零部件	Andrzej Bobel-Lake Forest，IL，USA；Neptun Light，Inc. －Lake Bluff，IL，USA	深圳金优田（Golden U）照明科技有限公司；上海 Jensing 电子电气设备有限公司；上海强凌电子有限公司；上海天灿宝（TCP）照明电器有限公司；TCP 中国公司；厦门通士达（Topstar）照明有限公司；浙江强凌电子有限公司	2012/2/27
337－TA－832	油墨应用设备产品及其相关零部件和用法（主要用于纹身和整容，尤其是为减少健康风险的一次性针匣）	MT. Derm GmbH-Berlin，Germany；Nouveau Cosmetique USA Inc. －Orlando，FL，USA	广州市越秀区朋成美容用品公司；义乌比优得（Beyond）纹刺设备有限公司	2012/3/6
337－TA－838	食物垃圾处理器和组件及其包装方法	Emerson Electric Co. －St. Louis，MO，USA	江苏美佳马达有限公司；浙江中大技术出口有限公司	2012/4/20
337－TA－843	具有伸缩式 USB 连接器的电子设备	Anu IP LLC-Longview，TX，USA	Aiptek 国际公司；华为技术有限公司；RITEK 公司；台湾台北市硅电脑计算机有限公司	2012/5/24
337－TA－849	橡胶树脂及其制备方法	SI Group，Inc. －Schenectady，NY，USA	杨全海	2012/6/26
337－TA－850	电子成像设备	FlashPoint Technology，Inc. －Peterborough，NH，USA	宏达电子美国有限公司和台湾宏达电子公司；深圳华为终端有限公司；美国华为终端有限公司；中兴通讯美国有限公司；深圳中兴通讯股份公司	2012/6/29

续表

ITC编号	主题	申请人	被申请人 （仅列出中方企业和个人）	立案日
337－TA－853	无线消费电子设备	Patriot Scientific Corporation-Carlsbad，CA，USA；Phoenix Digital Solutions LLC-Cupertino，CA，USA；Technology Properties Limited，LLC-Cupertino，CA，USA	宏碁公司；HTC公司；华为设备有限公司；中兴通讯股份有限公司	2012/8/24
337－TA－855	烧结稀土磁铁	Hitachi Metals North Carolina，Ltd. －China Grove，NC，USA；Hitachi Metals，Ltd. － Minato-ku，Tokyo，Japan	安徽大地熊新材料有限公司；宁波金鸡强磁材料有限公司；Techtronic实业有限公司烟台正海磁性材料有限公司	2012/9/21
337－TA－861	便携式电子设备保护套	Speculative Product Design，LLC-Mountain View，CA，USA	Anbess电子有限公司；伟讯科技（香港）有限公司；ROCON数码科技公司；香港SW-Box. com公司；深圳市森泰鑫科技有限公司	2012/11/16
337－TA－863	碎纸机	Fellowes Office Products（Suzhou）Co.，Ltd. －Suzhou，China；Fellowes，Inc. －Itsaca，IL，USA	江苏新誉集团有限公司；江苏新誉办公设备有限公司；深圳艾兰特办公设备有限公司；香港艾兰特办公设备有限公司；新誉办公设备（美国）有限公司；江苏新瑞重工科技有限公司	2013/1/25

续表

ITC编号	主题	申请人	被申请人（仅列出中方企业和个人）	立案日
337-TA-864	输入法	Nuance Communications, Inc. - Burlington, MA, USA; Swype, Inc. - Burlington, MA, USA; Tegic Communications, Inc. - Burlington, MA, USA; ZI Coporation of Canada, Inc. - Burlington, MA, USA	触宝科技公司	2013/1/31
337-TA-867	便携式电子设备保护套	Speculative Product Design, LLC-Mountain View, CA, USA	台湾En Jinn Industrial公司；环球数码之星有限公司；深圳Shengda Huanqiu Shijie公司	2013/1/31
337-TA-868	具有3G和/或4G功能和组件的无线设备	IPR Licensing, Inc. - Wilmington, DE, USA; InterDigital Communications, Inc. - King of Prussia, PA, USA; InterDigital Holdings, Inc. - Wilmington, DE, USA; InterDigital Technology Corporation-Wilmington, DE, USA	华为技术有限公司；中兴通讯股份有限公司	2013/2/5
337-TA-880	线性作动器	Dewert Okin GmbH-Kirchlengern, Germany; Okin America, Inc. - Frederick, MD, USA	常州凯迪电器有限公司	2013/5/6
337-TA-884	具有显示和处理能力的消费电子产品	Graphics Properties Holdings, Inc. - New Rochelle, NY, USA	安泰科技有限公司；中兴通讯股份有限公司	2013/6/25

续表

ITC 编号	主题	申请人	被申请人（仅列出中方企业和个人）	立案日
337－TA－887	履带式起重机和部件	Manitowoc Cranes LLC-Manitowoc，WI，USA	三一重工有限公司	2013/7/17
337－TA－888	硅麦克风	Knowles Electronics，LLC-Itasca，IL，USA	歌尔声学股份有限公司	2013/7/26
337－TA－890	睡眠障碍呼吸系统	ResMed Corp. －San Diego，CA，USA；ResMed Inc. －San Diego，CA，USA；ResMed Ltd. －Bella Vista，Australia	北京怡和嘉业医疗科技有限公司嘉业	2013/8/23
337－TA－894	轮胎	Nitto Tire U. S. A. Inc. －Cypress，CA，USA；Toyo Tire & Rubber Co.，Ltd. －Osaka，Japan；Toyo Tire Holdings of Americas Inc. －Cypress，CA，USA；Toyo Tire North America Manufacturing Inc. －White，GA，USA；Toyo Tire U. S. A. Corp. －Cypress，CA，USA	广东东风轮胎有限公司；广州华南轮胎橡胶有限公司；香港三轮胎有限公司；山东恒宇科技有限公司；山东玲珑轮胎有限公司；山东粤泰化工集团有限公司；华南轮胎橡胶有限公司；潍坊顺发昌橡塑有限公司	2013/9/20
337－TA－895	多功能户外烧烤架及其零部件	A&J Manufacturing，Inc. －Green Cove Springs，FL，USA；A&J Manufacturing，LLC-St. Simons，GA，USA	Chant 厨房用具（香港）公司；东莞勤上集团公司	2013/9/26
337－TA－898	海洋声纳成像设备	Navico Holding AS-Egersund，Norway；Navico，Inc. －Tulsa，OK，USA	深圳市科技电子（深圳）有限公司；（中国深圳宝安）科技科技研发有限公司；香港九龙观塘科技电子有限公司	2013/11/13

续表

ITC编号	主题	申请人	被申请人（仅列出中方企业和个人）	立案日
337-TA-901	手持电子助视器	Freedom Scientific，Inc. -St. Petersburg，FL，USA	北京奥美达科技有限公司	2013/11/15
337-TA-904	声磁电子器件监控系统及其组件和含其产品	Sensormatic Electronics，LLC-Boca Raton，FL，USA；Tyco Fire & Security GmbH-Neuhausen am Rheinfall，Switzerland；Tyco Integrated Security LLC-Boca Raton，FL，USA	All-Tag安保香港公司；宁波讯强电子科技有限公司	2014/1/15
337-TA-905	无线设备，包括手机和平板电脑	Pragmatus Mobile，LLC-Alexandria，VA，USA	中兴通讯股份有限公司	2014/1/24
337-TA-910	电视机、电视接收机、电视调谐器及其组件	Cresta Technology Corporation-Santa Clara，CA，USA	鸿海精密工业股份有限公；冠捷电子（福建）有限公司；纬创资通股份有限公司	2014/3/5
337-TA-914	甲磺草胺、其组合物以及制作方法	FMC Corporation-Philadelphia，PA，USA	北京颖泰嘉和公司	2014/4/14
337-TA-918	硒鼓及其组件	Canon U. S. A.，Inc. -Melville，NY，USA；Canon Virginia，Inc. -Newport News，VA，USA；Canon，Inc. -Tokyo 146-8501，Japan	中山研脱打印机设备有限公司；江西亿铂电子科技有限公司	2014/6/12
337-TA-919	射箭器材及相关的推广材料	Bear Archery，Inc. -Evansville，IN，USA；SOP Services，Inc. -Las Vegas，NV，USA	宁波北仑顶点户外体育用品有限公司	2014/6/16

续表

ITC 编号	主题	申请人	被申请人 （仅列出中方企业和个人）	立案日
337－TA－920	集成电路以及含有同类组件的产品	Freescale Semiconductor, Inc. －Austin, TX, USA	联想集团有限公司	2014/7/2
337－TA－923	手链编织架	Choon's Design Inc. － Wixom, MI, USA	香港豪冠塑料五金制品有限公司，中国深圳；Itcoolnomore 公司；深圳市鑫港帝科技有限公司	2014/8/6
337－TA－924	反光镜及其组件、包装和相关广告	IP Holdings, LLC-Vancouver, WA, USA; Sunlight Supply, Inc. －Vancouver, WA, USA	中国水电建设集团国际工程有限公司；赛诺韦尔实业（上海）有限公司	2014/8/12
337－TA－927	降噪耳机及其组件	Bose Corp. － Framingham, MA, USA	富港电子（东莞）有限公司	2014/9/2
337－TA－929	饮料冲泡容器及其组件和相关产品	ARM Enterprises, Inc. －Santa Fe Springs, CA, USA; Adrian Rivera-Whittier, CA, USA	万宝路国际（香港）有限公司；东莞海瑞精密模具有限公司；Evermuch 有限公司	2014/9/9
337－TA－935	电动平衡车	DEKA Products Limited Partnership-Manchester, NH, USA; Segway Inc. －Bedford, NH, USA	北京万向创新机器人有限公司；FreeGo 高科技股份有限公司；UPTECH 机器人技术有限公司；Ninebot Inc.（天津）科技有限公司；PowerUnion（北京）科技有限公司；Robstep 机器人有限公司；深圳市创新科技有限公司	2014/11/10
337－TA－936	鞋类产品	Converse Inc. －North Andover, MA, USA	福建新亚进出口贸易有限公司；深圳市恒阳鞋业有限公司	2014/11/17

续表

ITC编号	主题	申请人	被申请人（仅列出中方企业和个人）	立案日
337－TA－946	墨盒及其组件	Epson America, Inc. – Long Beach, CA, USA; Epson Portland, Inc. – Portland, OR, USA; Seiko Epson Corporation-Nagano, Japan	氖锘数码科技有限公司；中润靖杰打印机耗材有限公司；富腾打印耗材有限公司；悦达电子科技有限公司；傲威科技有限公司；诚威电子有限公司；华人科技有限公司；奥美亚数码科技有限公司；里程发展有限公司	2015/1/27
337－TA－947	发光二极管产品及其组件	Cree, Inc. – Durham, NC, USA	费特电气公司；东贝光电科技有限公司	2015/2/18
337－TA－949	音频处理硬件、软件和产品以及含有同类组件的产品	Andrea Electronics Corp. – Bohemia, NY, USA	联想集团有限公司	2015/3/18
337－TA－957	触摸屏控制器及包含其的产品	Synaptics Incorporated-San Jose, CA, USA	深圳汇顶科技股份有限公司	2015/5/26
337－TA－959	电子皮肤护理设备、刷子、充电器及包含该产品的套装产品	Pacific Bioscience Laboratories, Inc. – Redmond, WA, USA	上海安自康电子有限公司；温州艾尔电气科技有限公司	2015/6/25
337－TA－961	唇膏产品、组分及其容器	The Kind Group LLC-New York, NY, USA; eos Products, LLC-New York, NY, USA	无锡圣马塑料有限责任公司；无锡圣马科技有限责任公司	2015/7/15

续表

ITC 编号	主题	申请人	被申请人（仅列出中方企业和个人）	立案日
337－TA－968	放射治疗系统和治疗计划软件及其组件	Varian Medical Systems-Cham, Switzerland; Varian Medical Systems, Inc. －Palo Alto, CA, USA	医科达（北京）医疗器械有限责任公司；医科达（上海）医疗器械有限公司	2015/10/30
337－TA－974	水族箱配件及其零件	HYDOR USA Inc. －Sacramento, CA, USA	捷宝有限责任公司	2015/12/11
337－TA－975	计算机电缆、充电器、适配器、有关外围设备及包装	Belkin International, Inc. －Playa Vista, CA, USA	东莞市品特电子有限公司；东莞石碣 Fresh 电子制品厂	2015/12/17
337－TA－977	设置有刀片的箭头及其部件	FeraDyne Outdoors LLC-Cartersville, GA, USA; Out RAGE LLC-Cartersville, GA, USA	临沂军兴运动器材有限公司；宁波 Faith Sports 有限公司；宁波 Forever Best 进出口有限公司；宁波 Linkboy 户外运动有限公司；深圳 Zowaysoon 贸易有限公司；厦门 Xinhongyou 工贸有限公司；厦门众鑫源工贸有限公司；郑州 IRQ 贸易有限公司；郑州 Paiao 贸易有限公司	2015/12/22
337－TA－985	外科缝合器装置及其部件	Covidien, LP-Mansfield, MA, USA	重庆康美唯外科器械有限公司	2016/2/16
337－TA－986	尿布处理系统、组件，包括尿布填充盒	Edgewell Personal Care Brands, LLC-Chesterfield, MO, US; International Refills Company Ltd. －Christ Church, Barbados	连云港花茂日用品有限公司；连云港彩虹日用品有限公司；香港满聚金亚洲有限公司	2016/2/29

续表

ITC编号	主题	申请人	被申请人（仅列出中方企业和个人）	立案日
337－TA－988	吸奶胸罩	Simple Wishes，LLC-Sacramento，CA，USA	深圳BabyPreg有限公司；南京Buywish有限公司；深圳Deal Perfect有限公司；深圳TANZKY有限公司	2016/3/14
337－TA－994	手持电子设备和产品	Creative Labs，Inc. －Milipitas，CA，USA；Creative Technology Ltd. －，Singapore	HTC公司；联想集团有限公司有限公司；中兴通讯股份有限公司	2016/5/11
337－TA－995	电导体复合芯及其部件	CTC Global Corporation-Irvine，CA，USA	深圳中美合盛电力发展有限公司	2016/5/16
337－TA－997	睡眠呼吸障碍治疗系统产品	ResMed Corp. －San Diego，CA，USA；ResMed Inc. －San Diego，CA，USA；ResMed Ltd. －Bella Vista，Australia	北京怡和嘉业医疗科技有限公司	2016/5/18
337－TA－1000	平衡车	Inventist，Inc. －Camas，WA，USA；Razor USA LLC-Cerritos，CA，USA；Shane Chen-Camas，WA，USA	纳恩博公司	2016/5/26
337－TA－1002	碳钢和合金钢产品	United States Steel Corporation-Pittsburgh，PA，USA	鞍钢集团香港有限公司；鞍钢集团国际贸易公司；鞍山钢铁集团；宝山钢铁股份有限公司；本溪钢铁（集团）国际经济贸易有限公司；本溪钢铁（集团）有限公司；渤海钢铁集团；	2016/6/2

续表

ITC 编号	主题	申请人	被申请人（仅列出中方企业和个人）	立案日
337－TA－1002	碳钢和合金钢产品	United States Steel Corporation-Pittsburgh，PA，USA	EQ 金属（上海）有限公司；河北钢铁（香港）国际；河北钢铁集团衡水带钢轧制有限公司；河北钢铁集团有限公司；湖南华菱钢铁有限公司；湖南华菱仙桃钢铁股份有限公司；江苏沙钢集团；江苏沙钢国际贸易有限公司；济钢香港控股有限公司；济南钢铁国际贸易有限公司；昆山新北国际贸易有限公司；马鞍山钢铁有限公司；马钢集团控股有限公司；山东钢铁股份有限公司;；山东钢铁集团公司有限公司；上海宝钢集团公司；首钢集团；泰安 JNC 实业有限公司；天津管道（集团）总公司；天津国际经济贸易总公司；天津天岗观业有限公司；天津新海贸易有限公司；天津新联新钢铁天津新悦工贸有限公司；武汉钢铁股份有限公司；武汉钢铁集团公司；无锡阳光鑫瑞科技有限公司；西安林顿材料（钢管供应）有限公司	
337－TA－1003	复合气凝胶绝缘材料及其制造方法	Aspen Aerogels，Inc. －Northborough，MA，USA	广东艾莉森高科技股份有限公司；纳米科技有限公司	2016/6/8

续表

ITC编号	主题	申请人	被申请人（仅列出中方企业和个人）	立案日
337－TA－1007	平衡车	DEKA Products Limited Partnership-Manchester, NH, USA; Ninebot Inc. (Tianjin) Technology Co., Ltd. – Beijing, China; Segway Inc. – Bedford, NH, USA	纳恩博公司	2016/6/24
337－TA－1008	碳纤骨板，颈圈和各种医疗人体模型装置	Laerdal Medical AS-Stavanger, Norway; Laerdal Medical Corp. – Wappingers Falls, NY, USA	江苏永新医疗器械有限公司；江苏永新医疗器械制造有限公司；江阴市永爱医疗器械有限公司；Medsource国际有限公司和Medsource工厂公司；上海Evenk国际贸易有限公司；上海鸿联医疗器械发展有限公司；上海乔利医学教育有限公司；张家港新中药材有限公司；张家港协合医疗器械有限公司	2016/6/24
337－TA－1009	充气产品及制造工艺	Intex Marketing Ltd. – Road Town, British Virgin Islands; Intex Recreation Corp. –Long Beach, CA, USA	Bestway（香港）国际有限公司；Bestway（南通）娱乐有限公司；百威环球控股有限公司；百威热带材料股份有限公司	2016/6/24
337－TA－1014	复合中间散装容器	Schutz Container Systems, Inc. –NorthBranch, NJ, USA	镇江润州金山包装厂	2016/7/27
337－TA－1015	干手器及其外罩	Excel Dryer Inc. – East Longmeadow, MA, USA	福建Oryth实业有限公司；金华市正威电器有限公司；Penson公司；台州迪奥电器有限公司；TC Bunny有限公司；Sovereign实业有限公司；浙江艾克电器有限公司	2016/8/1

续表

ITC 编号	主题	申请人	被申请人（仅列出中方企业和个人）	立案日
337-TA-1016	门禁系统及其零件	The Chamberlain Group, Inc. -Elmhurst, IL, USA	香港创科实业有限公司；亿腾科技（无锡）有限公司	-
337-TA-1017	用作台面的石英板材	Cambria Company LLC-Belle Plaine, MN, U.S.A.	Fasa 工业股份有限公司；佛山市法萨建材有限公司	2016/8/16
337-TA-2919	己酸羟基孕酮	K-V Pharmaceutical Company-St. Louis, MO, USA	贝达药业（上海）公司；湖北葛店人福药业有限公司；湖北赛搏化工有限公司；济南浩化实业有限公司；上海金鸿医药科技有限公司；武汉祥和医药有限公司；仙居鸿雁医药化工有限公司	-
337-TA-3053	音频处理硬件、软件和产品，以及含有同类组件的产品	Andrea Electronics Corp. -Bohemia, NY, USA	联想集团有限公司	-
337-TA-3093	车载智能手表系统，相关软件及其组件产品	Intellectual Capital Consulting, Ltd. -Westminster, CO, USA	联想集团有限公司	-
337-TA-3168	平衡车及其部件、包装和手册	DEKA Products Limited Partnership-Manchester, NH, USA; Ninebot Inc. (Tianjin) Technology Co., Ltd. -Beijing, China; Segway Inc. -Bedford, NH, USA	Fastwheel 公司；广州柯比电子科技有限公司；杭州西克智能科技有限公司；深圳市盈都兴电子科技有限公司；深圳市卓摩科技有限公司	-